高等院校经济学管理学应用技能型精品教材
上海市精品课程
上海普通高校优秀教材

第 2 版

管理学原理

张慧文　雷岁江　富立友　主　编
曹　俐　熊鸿军　副主编

上海财经大学出版社
SHANGHAI UNIVERSITY OF FINANCE & ECONOMICS PRESS

图书在版编目(CIP)数据

管理学原理/张慧文,雷岁江,富立友主编．—2版．—上海:上海财经大学出版社,2024.7

(高等院校经济学管理学应用技能型精品教材)

ISBN 978-7-5642-4364-7/F·4364

Ⅰ.①管… Ⅱ.①张…②雷…③富… Ⅲ.①管理学-高等学校-教材 Ⅳ.①C93

中国国家版本馆CIP数据核字(2024)第073578号

□ 责任编辑 廖沛昕
□ 封面设计 张克瑶

管理学原理

(第二版)

张慧文 雷岁江 富立友 主 编

曹 俐 熊鸿军 副主编

上海财经大学出版社出版发行

(上海市中山北一路369号 邮编200083)

网 址:http://www.sufep.com

电子邮箱:webmaster@sufep.com

全国新华书店经销

上海叶大印务发展有限公司印刷装订

2024年7月第2版 2024年7月第1次印刷

787mm×1092mm 1/16 22.5印张 576千字

印数:3 001—6 000 定价:59.00元

前　言

近年来，随着我国工商管理教育事业的快速发展以及环境的不断变化，国内管理类教材的品种越来越多，出版和更新速度明显加快。为满足高等学校管理学课程教学需要，我们在《管理学原理》（第一版）基础上，结合多位主讲教师的教学改革经验，充分调研学生学习诉求，征求管理学领域内同行与专家的建议，将平时积累的新理论知识与实践资料进行精细补充与完善，重新修订了《管理学原理》这本教材，增补新的内容，并对部分结构进行调整，以顺应管理教育发展的大趋势。

首先，为深入贯彻落实习近平总书记关于教育的重要论述、全国教育大会精神以及中共中央办公厅、国务院办公厅《关于深化新时代学校思想政治理论课改革创新的若干意见》，我们按照国家教材委员会《全国大中小学教材建设规划（2019—2022 年）》《习近平新时代中国特色社会主义思想进课程教材指南》和教育部《普通高等学校教材管理办法》《高等学校课程思政建设指导纲要》等文件精神，将课程思政内容融入教材，每章前突出“思政目标”，每章后增设“思政园地”，以坚持正确导向，强化价值引领，落实立德树人根本任务，立足中国实践，形成具有中国特色的管理学教材体系。

其次，本书第二版没有变动教材的基本框架，而是结合近年来管理学的发展和教学需要，对教材的案例、知识阅读、思政元素和习题自测内容进行了补充更新、加强完善。每章前均增加了包含“知识目标”“能力目标”“素质目标”“思政目标”在内的“学习目标”的概括提炼，以及“思维导图”的推演描述；对每章的“案例引入”及相关内容的原文链接（即“阅读材料”）均重做了更新；对每章后的“复习思考题”及“自测题”进行了大幅度的调整与修订。在充分吸收国内外管理学教材精华的基础上，以适应性、实用性和应用性为准，力求突出本教材修订的开放性和综合性。

《管理学原理》（第二版）的出版得益于上海电机学院商学院、上海海洋大学经管学院骨干教师的共同努力。全书由张慧文、雷岁江和富立友任主编，曹俐（上海海洋大学经管学院）、熊鸿军任副主编。具体修订分工为：张慧文、富立友负责本书的总体设计并由张慧文完成最后统稿。张慧文编写修订第一章、第二章，熊鸿军编写修订第三章、第四章，雷岁江编写修订第五章、第八章，曹俐编写修订第九章、第十章，赵楠编写修订第七章、第十三章，许照成编写修订第六章、第十一章、第十四章、第十五章，潘红梅编写修订第十二章。

本书在编写修订过程中参阅了许多学者的大量文献，引用了不少研究结论和企业实践案例，所查资料均注明了资料来源，但难免会有遗漏，在此向各位作者表示衷心的感谢！另有部分资料来源于互联网，无法查到作者，仅以网络出处标识，如果您看到您的作品在本书中被引用，欢迎您告知我们，以便再版时修改。上海财经大学出版社的编辑为本书的出版付出了很多辛勤的劳动，在此，对他们的认真工作一并表示衷心的感谢！

需要特别说明的是，依据国家教材委员会办公室《关于做好党的二十大精神进教材工作的通知》(国教材办〔2022〕3 号)的要求，推动党的二十大精神进教材、进课堂、进头脑，除了本教材中已经体现的二十大精神内容外，为了与时俱进地增补与本教材相关的思政案例与二十大精神内容，及时修改在教学过程中发现的本书错误之处，我们与出版社共同建设新媒体动态服务窗口，使用本教材的教师可以通过手机微信扫以下二维码，获取相关最新内容。

内容持续更新窗口

编者

2024 年 6 月

目　录

第一章

管理导论

学习目标

知识目标：理解管理的含义，明确管理的认知误区；掌握管理的基本职能，管理者的概念、层次、角色与技能；识别管理者及其工作场景；领会管理的科学性与艺术性，懂得学习管理的意义。

能力目标：感知并体验管理过程与管理技能的学习能力，提高自身认识并解决综合管理问题的能力。

素质目标：管理者角色的转换，管理者技能的侧重，管理者层次与管理职能的联系。

思政目标：充分认识到管理活动与人类发展进步的关系与作用，培养并锻炼学习者自身通过理论学习进而转化为管理实践并解决管理难题的勇气和能力。

思维导图

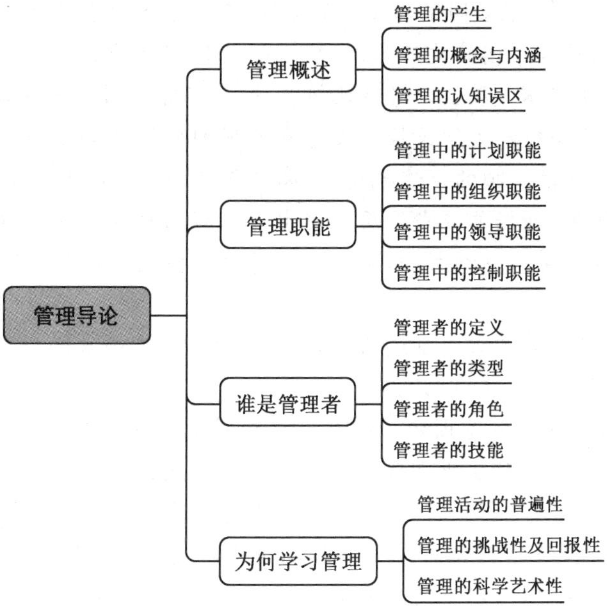

案例引入

“改革先锋”TCL集团董事长李东生专访

庆祝改革开放40周年大会于2018年12月18日在北京人民大会堂举行。作为“电子产业打开国际市场的开拓者”，TCL集团董事长、CEO李东生被授予“改革先锋”称号，并颁授“改革先锋”奖章。环球时报记者就以下专题对“改革先锋”获得者李东生进行了访谈。

环球时报：您在庆祝改革开放40周年大会现场聆听习近平总书记重要讲话，并被授予“改革先锋称号”，您对此有何感想？

李东生：最近聆听了习近平总书记在改革开放40周年纪念大会上的讲话，我心潮澎湃。习近平总书记的讲话高屋建瓴、气势磅礴。企业家作为中华民族的一分子，作为中国经济发展动力的重要组成部分，为改革开放伟大使命奉献力量，是我们光荣的责任，我们必须为此努力奋斗，敢于赴汤蹈火，敢于承担责任。获得“改革先锋”的称号和奖章，我非常荣幸，感谢党中央对我本人和TCL在改革开放进程中取得成绩的认可和赞许。中国改革开放的40年，是给中国带来历史性巨变、让世界为之惊叹的40年，也是中国大踏步赶上世界前进潮流，迎来民族伟大复兴的40年，我很庆幸自己参与并见证了这一历史进程。1982年我大学毕业后参与创立了中国第一批中外合资企业之一的TCL，从一名懵懂青年成长为企业的领导者。40年间，TCL从一家作坊式的地方小企业，发展成具有全球竞争力的跨国公司。我深深感恩这个时代，时代成就了李东生，时代造就了TCL。时代潮起潮落，大浪淘沙，改革开放造就了一批曾经叱咤风云的知名企业，也淘汰了落伍者。我认为顺势者昌，革新者强，唯坚韧实干者赢！作为与改革开放并肩共进的中国企业家，在进一步扩大开放的新时代背景下，我希望能继续为国家的昌盛、民族的复兴，做出自己的贡献，打造世界级企业，助力中国向世界展示一个创新、奋进的大国形象。不负这个时代，不枉此生！

环球时报：过去40年，很多国家都实施了改革，在您看来，为什么中国的改革成果尤为突出？

李东生：我认为，这和中国的政治体制、政府管理体制有很大关系。中国共产党执政是一个持续的过程，对国家整体发展规划考虑比较长远，经济顶层设计有很高的传承性。从世界范围看，像中国这样一直坚持制定国民经济五年发展规划的国家并不多。中国集中资源办大事的能力也是很多国家无法比拟的。这也说明，高度集中的领导决策效率更高，政府的执行力更强。而在一些其他国家，新任总统当选后会提出一套新的政策。这种政策法规的不延续性会给一个国家的长期发展带来不利影响，大部分政党轮流执政的国家，在国家经济规划方面，都存在这样的问题。

环球时报：作为与改革开放同步成长的企业，TCL近40年来经历了怎样的发展历程？改革开放给实体经济带来了怎样的机遇？

李东生：TCL非常重要的基因之一就是变革和创新。我记得1998年，我第一次系统提出企业创新的变革，那时候针对企业要从一个小企业向正规化大企业过渡，要建立新的能力，要有企业的文化、企业的品牌、企业的战略，这些都要首先改变大家的观念，包括我自己。那时候的变革保持了我们企业快速成长的势头。第二轮变革是如何从“工贸技”转向工业能力的提升。产品一定要成为主导，而不是简单地模仿学习，要在产品创新上突破。当时，做电视机从28英寸进行突破，除了产品要创新，商业模式也要创新，这些创新都建立在我们工业能力提升的基础上。第三轮变革创新是大家讲得比较多的“鹰的重生”，那时我们在全球化过程中摔了跟头，但是我们不能就此倒下，要在并购的基础上，将全球化能力真正建立起来。第四轮变革于2016年第四季度开始启动，即我们如何面对未来的竞争建立全球竞争能力？如何为企业发展注入新的动力？在哪些方面要下功夫？这轮变革创新正在推进过程中。作为TCL的核心文化之一，变革创新是企业在每一次大的经济环境变化中，在每一轮产业竞争、迭代升级的过程中，都能保持活力的重要原因。改革开放40年，中国实体经济在全球的影响力大幅提高，虽然一些产业与发达国家相比还有一些差距，但差距已经大大缩小。我有信心，未来中国在主要的产业领域里能够占据世界的领先地位。

环球时报：近两年，中国民间投资增速放缓。您认为原因是什么？民营企业的发展目前是否遭遇壁垒？

李东生：改革开放发展到今天，民营企业看得见的壁垒已经很少了。从法律法规和实际管理层面看，民营企业进入各产业的障碍已基本消除或正在消除。2017年国家出台了一系列鼓励非公经济发展的政策。比如，原来军工产业对非公经济有限制，去年政府明确提出军工产业允许民间企业进入。金融产业也对民营企业更加开放，近年涌现了很多民营银行。这几年国家推进反腐，对于净化营商环境效果非常好。与此同时，部分民营企业家对未来预期比较保守，主要原因是对个人产权保护方面心里没底。我认为这是造成民间投资放缓的原因之一。国家对此很重视，近年已出台相关政策，加大对民营企业家人身、财产权的保护力度，增强民营企业家的安全感。

环球时报：当前越演越烈的反全球化浪潮对中国企业的国际化发展有何影响？如何应对？

李东生：反全球化总体上对中国企业国际化会构成一定影响。但解决问题的方向也很明确，就是我们一定要把制造工厂、研发中心、品牌渠道等延伸到投资所在国家和地区，成为当地企业，这个壁垒就会被打破。比如，我们在波兰设有彩电工厂，波兰是欧盟成员，进入欧盟市场就没有障碍。

环球时报：中国经济发展已从高速发展转为高质量发展，高质量发展的关键点是什么？您将如何带领TCL迎接进一步深化开放？

李东生：在今年两会期间，习近平总书记以“四个走在全国前列”激励广东继续做好改革开放排头兵的角色，包括在构建推动经济高质量发展体制机制、建设现代化经济体系、形成全面开放新格局、营造共建共治共享社会治理格局上走在全国前列。“四个前列”的理念与企业相关度很高，也是我们企业的发展方向。我们要在高质量发展、人才、创新等方面走在前列。我们已经在美国硅谷设立研发中心，在法国巴黎设立设计中心，下一步将在波兰设立人工智能研发中心。东欧国家有很多高端数学人才，可为人工智能应用技术做好基础数学开发。

高质量增长代表经济增长能创造更高附加价值。对于企业来说，增长应从规模驱动变成创新驱动。今年的政府工作报告中，有一句话让我印象很深：“来一场中国制造的品质革命。”我理解的品质包含两层意义：第一是高质量，第二是高品质。在高质量的基础上，我们要通过新材料、新工艺、新设计、新技术等的导入，提升产品的综合品质，将产品从中低端向中高端扩展。只有做到高品质，中国制造才能真正在世界建立自己的优势和竞争力。

资料来源：根据环球网网站资料(2018－12－22)整理而得。

【问题思考】

1. 环球时报记者在对李东生的访谈中，涉及了哪些管理职能？
2. 案例中李东生扮演了哪些管理角色？主要体现了何种管理技能？
3. 访谈中一共分析了哪些外部力量对TCL的影响？又带来了哪些机遇与挑战？

阅读材料

TCL 集团董事长、CEO 李东生

作为“电子产业打开国际市场的开拓者”，TCL 集团董事长、CEO 李东生被授予“改革先锋”称号，并颁授“改革先锋”奖章。事实上，这位“先锋”曾经历了中国社会的很多个第一：1978 年恢复高考后的第一批大学生；1982 年，以工程师身份进入 TCL 的前身——中国第一批合资企业 TTK 家庭电器有限公司；1986 年，这家公司开发出我国第一台免提按键电话，创立 TCL 品牌；后来，TCL 向市场投放了第一代大屏幕彩电，一炮而红；2003 年，李东生担任 TCL 集团董事长兼 CEO，随后 TCL 集团整体上市。在他的领导下，TCL 于 2004 年成功收购法国汤姆逊集团全球彩电业务与阿尔卡特公司全球移动终端业务；2005 年，TCL 彩电销量居全球首位。然而，国际化并非一帆风顺，TCL 曾遭遇巨大挑战。李东生最终顶住压力，没有转行赚快钱，也未投身虚拟经济，而是选择坚守家电，坚守实业，坚守国际化。

资料来源：根据环球网网站资料(2018-12-22)整理。

第一节　管理概述

自从人类诞生以来，欲望无限与资源有限之间的矛盾就一直困扰着人类。人类的发展史，从某种程度上而言也是人类寻找这一对矛盾协调方法的历史，组织和管理就是在人类寻求解决这一对矛盾的过程中产生和逐步发展起来的。

一、管理的产生

从原始社会如何索取必要的食物以满足人类生存的需要，到奴隶社会如何获得更多的土地、财富和奴隶以满足奴隶主们奢侈的生活，一直到现在人类如何合理地配置有限的资源以保持人类与自然的和谐发展，人类致力于协调这一对矛盾的努力从来没有间断过。

管理产生的根本原因：人类欲望的无限性与所拥有的资源的有限性之间的矛盾。

管理的功能：通过科学的方法，力求以有限的资源实现尽可能多或高的欲望。

管理与生产劳动、战争掠夺、贸易交换、道德教育等一样，是协调资源有限与欲望无限的一种手段。协调矛盾的五种方式见图 1—1。

生产：通过劳动向大自然要资源，从而在一定程度上满足自身欲望。

战争：通过掠夺他人资源来扩展自身资源，从而满足自己的欲望。

贸易：通过将自身多余或价值不大的资源与他人交换，获得自身稀缺的资源，以更好地满足自身的欲望。

道德：通过教育约束每一个人的欲望，使有限的资源足以满足众人的欲望。

管理：通过科学的方法提高资源的利用率，力求以有限的资源实现尽可能多的欲望。

管理的实质是人们用以克服资源的有限性，以有限的资源实现尽可能多或高的目标的一种手段。其主要内容是协调。

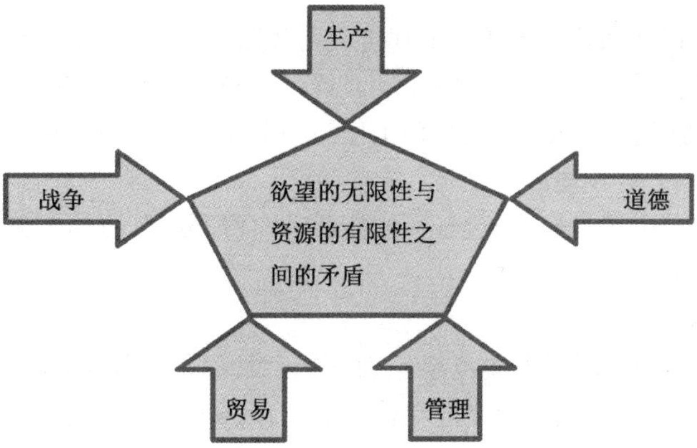

图 1—1 协调矛盾的五种方式

二、管理的概念与内涵

管理的定义有多种。在国外,“管理”一词的英文是 management,是从意大利语 maneggiare 和法语 manage 演化而来,原意是“训练和驾驭马匹”。我国古代,把开锁的钥匙称为“管”,《左传·僖公三十二年》中就有“郑人使我拿其北门之管”。“管”,后来词义延伸为管辖和处理的意思;“理”是条理、梳理。从字面上看,“管理”可以简单理解为,对人和事进行安排与处理。但在管理活动中,管理的含义远不止这些。

多年来,西方许多管理学家和学者从不同的研究角度对管理的概念做出了不同的解释。但迄今人们对管理的含义仍未取得一致认识。

“科学管理之父”弗雷德里克·温斯洛·泰勒(Frederick Winslow Taylor)认为,管理是一门怎样建立目标,然后用最好的方法,经过他人的努力来达到的艺术。在泰勒看来,管理是一门艺术,是通过他人努力实现管理目标的。

“现代经营管理之父”亨利·法约尔(Henry Fayol)则认为,管理是所有人类组织(不论是家庭、企业还是政府)都存在的一种活动,这种活动由五项因素组成,即计划、组织、指挥、协调和控制。管理就是计划、组织、指挥、协调和控制。

斯蒂芬·罗宾斯(Stephen Robbins)认为,管理是指通过与其他人共同努力,既有效率又有效果地把事情做好的过程。过程泛指管理者所执行的主要活动或职能;效率和效果要回答的是“我们要做什么”和“我们怎么做”的问题,效率即正确地做事,关注的是手段;效果即做正确的事,关注的是结果。

曾经获得诺贝尔经济学奖的赫伯特·西蒙(Herbert Simon)认为,管理即制定决策。西蒙认为,决策贯穿管理的全过程,管理的本质是决策,或者说是围绕着决策的制定和组织实施而展开的一系列活动。

彼得·德鲁克(Peter Drucker)认为,管理就是界定企业的使命,并激励和组织人力资源去实现这个使命。界定企业的使命是企业家的任务,而激励与组织人力资源是领导力的范畴,两者的结合就是管理。

周三多指出,管理是社会组织中,为了实现预期的目标,以人为中心进行的协调活动。

芮明杰认为,管理是对组织的有限资源进行有效整合,以达成组织既定目标与责任的动态创造性活动。

对管理的众多解释之间并不矛盾。上述定义可以说是从不同的侧面、不同的角度揭示了管理的含义，或者是揭示管理某一方面的属性。透过不同的解释，可以发现管理工作的诸多基本点，如管理的目的性、管理的重要性、管理工作与一般作业活动的区别等。

综合上述定义，本书对管理的定义是：

管理是指为了实现组织目标，通过各项职能活动，合理分配、协调相关资源的过程。

对管理内涵的理解如下：

(一)管理的载体

管理的载体是组织，管理不能脱离组织而存在。管理是任何组织所必需的活动，是有意识、有组织的群体活动。组织包括企事业单位、国家行政机关、政治党派、社会团体以及宗教组织等。

(二)管理的目的

管理的目的是实现组织预期目标。而该目标仅凭单个人的力量是无法实现的，这也是建立组织的原因。

(三)管理的职能

管理的职能包括决策、计划、组织、领导、控制和创新。

(四)管理的对象

管理的对象是组织资源，包括人力、物力、财力、技术、信息、文化、时间、空间等资源。其中，对"人"的管理是管理的中心问题。

(五)管理的本质

管理的本质是协调。协调就是使个人的努力与集体的预期目标相一致。每一项管理职能、每一次管理决策都要进行协调。

从管理的应用范围来看，管理普遍适用于任何类型的组织。

营利性组织需要管理，这类组织十分重视投入与产出的比较，十分强调对资源的利用效果。

从非营利性组织来看，政府、军队等组织需要管理，学校、医院、诊所和医疗保险单位需要管理，研究所、报社、博物馆以及大众性广播、邮电和交通服务需要管理，各种基金会、联合会、俱乐部，以及政治党派、学术团体和宗教组织等也都需要管理。管理活动遍布人类社会的方方面面，无时无处不在。

当然，不同类型的组织，由于其业务活动的目标和内容存在一些差异，因而管理的具体内容和方法也不尽相同；但从管理基本的职能和管理原理、方法来看，各种不同类型的组织具有相似性。

三、管理的认知误区

(一)管理是为了实现组织目标的，管理本身不是目的

帕金森定律："在行政管理中，行政机构会像金字塔一样不断增多，行政人员会不断膨胀，每个人都很忙，但组织效率越来越低下。这条定律又被称为'金字塔上升'现象。"

尽管诺斯古德・帕金森(Northcote Parkinson)于 1958 年出版的《帕金森定律》一书中提出的帕金森定律主要是针对行政机构，但同样也适用于企业和其他各类组织。

彼得・德鲁克：90%的，我们所称的"管理"，只是使完成任务变得更加困难。管理并非越多越好，糟糕的管理比没有管理更糟糕！

综上所述，管理的最终目的是实现组织目标，但管理本身不是目的，不能为了管理而管理。

事实上，现实企业中，管理规章健全、规范，而企业效益一般甚至较差的不在少数。

【拓展知识】　　**帕金森定律**

（二）管理是“协调”，是“激发”人，绝非把人“管住”

管理是合理分配和协调各类人力、物力、财力等资源与组织各种事务的过程，是要“激发”人，而不是把人“管住”。

激发、激活员工，要尽力做到：一是使员工具有做出决定和采取行动的知识、技能、职权和意愿；二是使员工对其行动后果以及对企业的成败负有责任。

（三）管理是“把正确的事情做对”

管理是“把正确的事情做对”，仅仅“做正确的事”或“正确地做事”远远不够，“做正确的事”涉及的是效果（Effectiveness）问题，意味着方向和目标的达成情况。

“正确地做事”涉及的是效率（Efficiency）问题，强调做事的多、少、快、慢，侧重于投入和产出的比较。

概括讲，管理就是“把正确的事情做对”。

第二节　管理职能

管理职能是指管理的职责与功能。

迄今为止，管理活动具有的最基本职能仍存在许多观点。最早系统地提出管理各种具体职能的是法国的亨利·法约尔。他认为，管理具有计划、组织、指挥、协调和控制五种职能。他为后人的研究奠定了基础。之后，又有“三职能派”“四职能派”或“七职能派”等。

各种学派对管理职能的探讨，是随着社会实践与理论的发展而演变的。

尽管划分不尽相同，但计划、组织、控制是各管理学派普遍公认的职能。后来，鉴于领导在管理中的作用日益突出，领导被列为一个管理职能。20 世纪 30 年代以后，由于出现了人际关系学说，管理的重心由重视“物”转向重视“人”，因而将激励、沟通、协调等作为管理职能。后来，由于决策理论的创立，有的学者为了强调决策在管理中的作用，又把决策从计划职能中分离出来作为一个单独的管理职能。以后，伴随着经济的发展，为了突出创新在管理中的作用，有的学者又将创新列为一个管理职能。这些职能已经被简化为四项：计划（Planning）、组织（Organizing）、领导（Leading）和控制（Controling），即管理者行使的四大职能（P-O-L-C）。

一、计划

由于组织的存在是为了实现某些目的，因此就需要制订组织要实现的目的和实现目的的方案，这就是管理计划职能应做的工作。计划是管理的首要职能，管理活动从计划工作开始。

所谓“计划”，就是指制定目标并确定为达成这些目标所必需的行动。组织中的高层管理者负责制定总体目标和战略，其他层次的管理者都必须为其工作小组制订经营计划，以便为组织做贡献。另外，他们必须制订一个支配和协调他们所负责的资源计划，从而能够实现工作小组的目标。

二、组织

计划的执行要靠他人的合作，组织工作正是源自人类对合作的需要。合作的人们如果要在执行计划的过程中，能有比各合作个体总和更大的力量、更高的效率，就应根据工作的要求与人员的特点，设计岗位，通过适当的授权和分工，将合适的人员安排在适当的岗位上，用制度规定各个成员的职责和上下左右的相互关系，形成一个有机的组织结构，使整个组织协调地运转。这就是管理的组织职能。

组织目标决定着组织结构的具体形式和特点。例如，政府机关、企业、学校、医院、军队、教会、政党等社会组织由于各自的目标不同，其组织结构形式也各不相同，并显示出各自的特点。反过来，组织工作的状况又在很大程度上决定着这些组织各自的工作效率和活力。在每一项计划的执行中，都要做大量的组织工作，组织工作的优劣同样在很大程度上决定着这些计划和管理活动的成败。任何社会组织是否具有自适应机制、自组织机制、自激励机制和自约束机制，在很大程度上也取决于该组织结构的状态。因此，组织职能是管理活动的根本职能，是其他一切管理活动的保证和依托。

三、领导

计划与组织工作做好了，也不一定能保证组织目标得以实现。因为组织目标的实现要依靠组织全体成员的努力。配备在组织机构各种岗位上的人员，由于在个人目标、需求、偏好、性格、素质、价值观、工作职责和拥有信息量等方面存在很大差异，在相互合作中必然会产生各种问题。因此，就需要有权威的领导者进行指挥与协调，指导人们的行为，通过沟通增强人们的相互理解，统一人们的思想和行动，激励每个成员自觉地为实现组织目标共同努力。管理的领导职能是一门非常奥妙的艺术，它贯彻在整个管理活动中。

四、控制

人们在执行计划的过程中，由于受到各种因素的干扰，常常使实践活动偏离原来的计划。为了保证目标及为此而制订的计划得以实现，管理必须进行监控与控制。

控制的实质就是使实践活动与计划相符合，计划就是控制的标准。管理者必须及时取得计划执行情况的信息，并将有关信息与计划进行比较，发现实践活动中存在的问题，分析原因，及时采取有效的纠正措施。纵向看，各个管理层次都要充分重视控制职能，越是基层的管理者，控制的时效性越强，控制的定量化程度也越高；越是高层的管理者，控制的时效性越弱，控制的综合性越强。横向看，各项管理活动、各个管理对象都要进行控制。没有控制就没有管理。有的管理者以为有了良好的组织和领导，目标和计划自然就会实现。实际上，无论什么人，如果对他放纵不管，仅给他下达计划、布置任务、给他职权、给他奖励而不对他工作的实绩进行严格的检查、监督，发现问题不采取有效的纠正措施，听之任之，那么这个人迟早将会成为组织的累赘，甚至会把他完全毁掉。所以，控制与信任并不完全对立。

需要注意的是，尽管理论上四项职能间存在逻辑上的先后关系，但现实的管理活动，由于在时间上相互交融，在空间上彼此重叠，在内容上交叉关联，因而很少有管理者按部就班地依次完成某一特定管理职能，大多数情况是同时进行跨职能的多项管理活动。

许多管理实践者和研究者都认为，把零散的管理知识和技巧通过系统的框架整合在一起，有利于对管理进行分析和研究，借助计划、组织、领导和控制这四大职能框架来架构管理体系，被越来越多的教科书所采用。通过这四大彼此关联的职能过程，一个管理完善的组织将把获取的资源，以高效率和有效益的方式，转换为组织的目标绩效，进而获取利益和竞争力（见图1—2）。

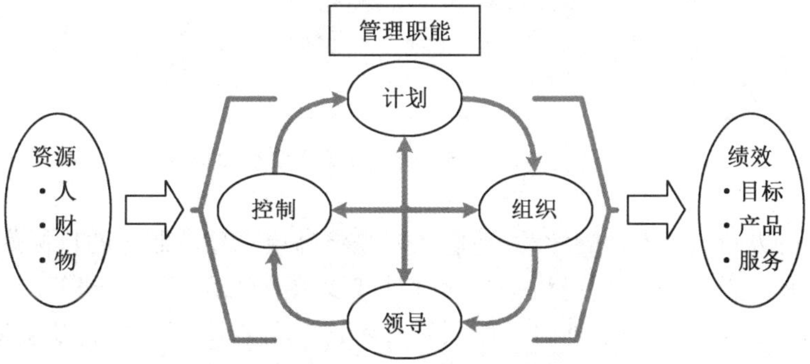

图1—2　管理过程

第三节　谁是管理者

一、管理者的定义及类型

管理者是指组织中履行管理职能的人，他们通过协调和监督其他人的活动，来促进整个组织目标的实现。他们与一般员工的区别是，在大多数情况下，前者告诉后者该做什么，以及如何去做。

由于管理者协调与监督的层次和范围不同，管理者又分为不同的类型。以传统的金字塔形的组织结构为例，越往上，管理的范围越大，管理者的数量越少；而越往下，管理者的人数越多，管理的范围越具体。根据管理者所处的层次，习惯上将管理者划分为基层管理者、中层管理者和高层管理者（见图1—3）。

基层管理者又称一线管理者，是最底层的管理人员。他们的主要职责是管理着非管理类员工，将上层管理者的计划和指示，安排给每一个成员，并随时协调下属的活动，促进其工作积极性，监督和控制任务的完成进度，解答下属提出的问题，反映下属的要求。他们工作的好坏，对组织计划能否落实、目标能否实现起直接作用。基层管理者履行的组织协调职能较多，对技术操作能力及激励下属的能力要求较高，但并不要求其拥有全盘计划与统筹的能力。基层管理者常用的头衔有班长、组长、店长等。

中层管理者涵盖的范围很广，包括所有处于基层和高层之间的各层次的管理者。他们负责制订具体的计划及有关细节和程序，以贯彻执行高层管理者做出的决策和计划。中层管理

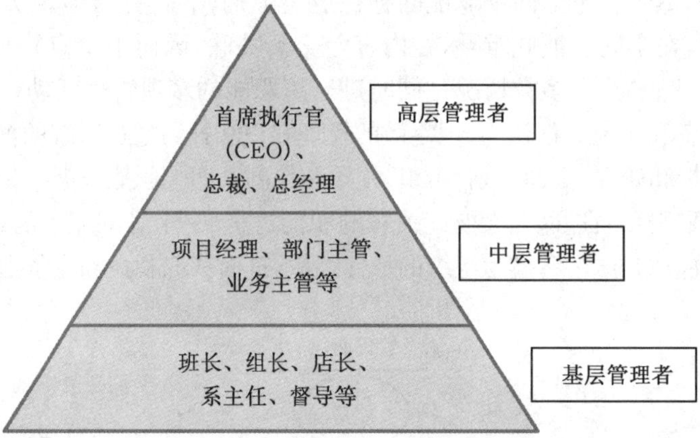

图 1—3 各层次管理者及其常用头衔和称谓

人员不直接指挥、协调一线人员的活动，他们主要是将高层管理者制定的目标落实到具体事务中去，让基层管理者监督执行，同时将基层的意见和要求反映到高层管理部门，他们是连接高层管理者与基层管理者的桥梁和纽带。中层管理者还要负责协调和控制基层生产活动，保证完成各项任务，实现组织目标。中层管理者常用的头衔有项目经理、部门主管、业务主管等。

高层管理者位于组织的最高层，他们需要对整个组织负责，其职责包括确定组织目标，制订实现目标的战略计划，还需要根据外部环境的改变及时做出调整，进而影响整个组织。他们需要面向更长远的未来考虑问题，需要关心外部大环境的发展变化趋势，抓住机会以引导整个组织走向成功。高层管理者的主要责任是向全体成员阐明共同的愿景，塑造公司文化，发现并培育有助于公司各方面发展的专业人才。高层管理者还应了解主要中层管理者的独特知识、技能和能力，建立一套合理的薪酬和奖罚系统，采用科学有效的管理体系帮助组织快速完成任务，达到预期目标。高层管理者一般具有如下职位或称呼：首席执行官、总裁、总经理等。

二、管理者的角色

从角色的视角来分析管理者的工作，这一观点最早由加拿大学者亨利·明茨伯格（Henny Mintzberg）提出，他是一位享誉全球的管理学大师。所谓“角色”，是指人们对在一个社会单元中占据某个特定位置的个人，希望其表现出来的行为模式。而管理者的角色，就是占据组织中管理位置的人，应该表现出的一系列行为特征。

【拓展知识】　　亨利·明茨伯格与《管理工作的本质》

明茨伯格很早就注意到管理者的行为呈现出“碎片化”，他曾经带着秒表去记录管理者真正在做什么，用时多久，而不是仅听他们讲自己做了什么。在观察了多位 CEO 的工作活动后，他发现，在企业管理过程中，管理者很少花时间做长远的考虑，他们总是被这样或那样的事务和人干扰，而无暇顾及长远的目标或计划。根据他的测算，管理者平均仅用九分钟的时间，去考虑一个企业组织的问题，若想在较长的时间内固定做一类事，这样的努力注定要失败，因为他会不断被其他人打断，总会需要他去处理其他事务。因此，明茨伯格认为，管理者很难指出当下正在做的事情反映出管理的何种职能，是计划、组织、领导还是控制，要分析管理者的工作，应该从管理者与其他人员的互动中扮演的角色入手，把管理者看成各类角色的结合体。

明茨伯格将管理者的工作分为 10 种角色，这些角色又从属于 3 大类别，即人际关系方面的角色，信息传递方面的角色和决策制定方面的角色。它们间的关系如表 1—1 所示。

表 1—1　　管理者的角色

大类别角色	小类别角色	特征行为
人际关系方面	挂名首脑	接待来访者，签署法律文件，主持仪式
	领导者	对下属的工作进行指导，鼓励下属
	联络人	借会议等方式，建立和保持组织内外的联系
信息传递方面	信息收集者	浏览各级提交的报告，从外部媒体获取信息
	信息传播者	向组织内的成员传递信息，分发报告
	发言人	通过演讲、采访等将信息传向组织外部
决策制定方面	企业家	识别机会，发起创新活动
	危机处理者	解决下属之间的冲突，应对外部出现的危机
	资源分配者	开展财务预算，安排下属的工作
	谈判者	参与各项合同拟定过程中的谈判

人际关系方面的角色是指管理者需要维护与其他人（包括下属及组织外的人）之间的关系，履行一些具有礼仪性和象征性意义的职责。这方面的角色又体现为 3 类小角色，即挂名首脑、领导者和联络人，挂名首脑要求管理者代表组织，与外部建立和保持良好的关系；领导者角色体现为和内部员工之间的关系，作为管理人员，应在与员工互动的过程中，带领大家去实现组织目标；联络人角色主要体现为把管理者作为一个桥梁，帮助不同人和组织间建立起联系。

信息传递方面的角色涉及信息的收集、接受和传播信息，管理者应确保和其一起工作的人具有足够的信息，从而能够有效完成工作。管理者在这方面的具体角色包括信息收集者、信息传播者和发言人 3 类小角色。信息收集者的角色要求管理者持续关注内外环境的变化，以获取对组织有用的信息，接触下属或从个人关系网获取信息，依据信息识别组织潜在的机会和威胁；信息传播者的角色体现为管理者应保证员工具有必要的信息，以便切实有效开展工作；发言人则体现为管理者应把信息传递到组织以外，让利益相关者（包括股东、客户、供应商、政府等）了解组织内的情况。

决策制定方面的角色要求管理者制定决策和做出选择，具体表现为企业家、危机处理者、资源分配者和谈判者 4 类小角色。企业家角色要求管理者发现机会、利用机会，并做出创新；危机处理者要求管理者对组织运行过程中遇到的危机或问题，及时采取措施，防止对组织的进一步破坏；资源分配者体现为管理者对组织资源（包括人、财、物等）的使用做出决策，具体用于哪些项目；谈判者角色要求管理者在决策过程中，与包括员工、供应商和客户等进行必要的谈判，为组织争取最大利益。

管理者的角色概念提出以后，有大量的研究跟进，去检验明茨伯格分类的有效性，实证证据一般都支持这个观点。但有研究表明，不同管理者角色的关注程度随其在组织中层次的不同而变化，处于较高层次的管理者，挂名首脑、信息传播者和谈判者的角色更加重要，而基层管理者更应扮演好领导者和信息收集者的角色。总之，明茨伯格的管理角色分类法，为我们提供了一个有效的参考框架，有助于更好地理解管理者的工作。

三、管理者应具备的技能

管理者要担负起自身的众多角色，这并非一件易事，需要具备多种技能。所谓"技能"，是完成某些任务、做出某些表现背后的一系列行为技巧、模式和方法，它不是一种与生俱来的个人属性或特质倾向。管理技能由一系列可识别的个人表现和可导致某种效果的行为构成。罗伯特·卡茨(Robert Katz)比较早地对管理者技能进行了系统化研究，成果也获得了广泛认可。在他看来，管理者需具备至少三种关键技能：专业技术技能、人际关系技能和概念抽象技能，不同层级的管理者对这三种技能的要求程度也不相同(见图1—4)。

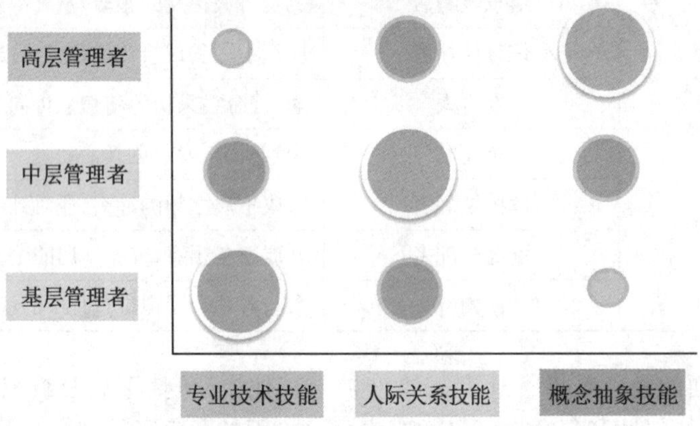

注：圆圈的面积代表改技能的重要程度。

图1—4 不同层次管理者所需的技能

专业技术技能是指管理者所具备的与工作相关的知识或技术，以及运用这些知识完成工作任务的能力。例如，企业生产部门主任，就要熟悉各种设备的性能、使用方法、操作程序，各种材料的用途、加工工序，各种成品或半成品的指标要求等。专业技术技能对基层管理者来说尤为重要，因为他们的大部分时间都是指导、训练、帮助下属人员处理有关产品生产、销售与服务方面的具体问题，因而必须熟悉下属人员所做的各种工作。因此，只有具备专业技术技能，才能更好地指导下属工作，更好地培养下属，被下属所信赖。

人际关系技能是指管理者与其他个体和群体形成良好合作关系的能力。管理者需要借助于其他人的合作才能完成工作，因而离不开良好的人际关系，包括同上级、下属、同行、他人的关系等。协调与上级的关系，应努力做到不越位；与下属之间，应保证公正、民主和平等；与同级之间，应开诚布公，相互依靠，取长补短，避免冲突。良好的人际关系是开展管理工作的前提，否则，各项管理职能的作用将很难发挥出来。人际关系技能对于各个层次的管理者都是必要的。

概念抽象技能是指管理者分析和判断复杂形势的能力，是否能从中抽象出规律，厘清不同因素之间的关系，并有助于做出正确的决策。管理工作通常要面对复杂性的局面，要求管理者在处理问题时必须综观全局,把握关键,洞察组织与环境之间的关系,以及组织内部各部分之间的关系,发现背后隐藏的规律性,进而创造性地解决问题。对于高层管理者来说,这种技能是非常重要的,基层管理者的任务相对简单,因而对这种技能的要求并不高。

第四节 为何学习管理

作为一名大学生,你是否有这样的困惑:我为何要学习管理?如果告诉你,管理活动是普遍存在的,而且越来越重要;将来成为一名管理者,将有丰厚的回报;管理理论具有科学性,是有章可循的。明白了这些,你是否具有更强的学习积极性,要学好管理学呢?

一、管理活动是普遍存在的

组织对管理的需要是普遍的吗?可以说,对于所有的组织,无论这个组织位于哪个国家,无论组织的工作领域是什么,无论组织规模的大小,无论在组织的哪一个层次上,管理都是绝对必要的,这一事实称为管理的普遍性。在所有上述的组织环境中,管理者都要计划、组织、领导和控制,当然这不是说管理都采用同样的方式,如联想公司负责国内电脑销售的事业部经理,与联想全球总裁的工作内容和方法可能存在很大差异。尽管如此,这种差异仅仅是程度和强调的重点不同,并非职能不同,因为这两类管理者都在从事计划、组织、领导和控制。

管理活动对组织绩效的影响,有了越来越多的实证研究支持。在最近完成的一项研究中,斯坦福大学的尼古拉斯、哈佛商学院的拉法埃拉、雅典经济与商业大学的克里斯多斯,以及伦敦经济学院的约翰·瑞恩四位学者,用了十多年的时间,调查了位于二十多个国家的一万多家组织,在开发问卷量表、详细测度管理实践的基础上,他们研究发现,企业管理水平与生产率之间呈显著正相关关系(见图1-5),而且,国内生产总值的增长,越来越依靠管理带来的效率提升,并非要素投入的绝对增加。

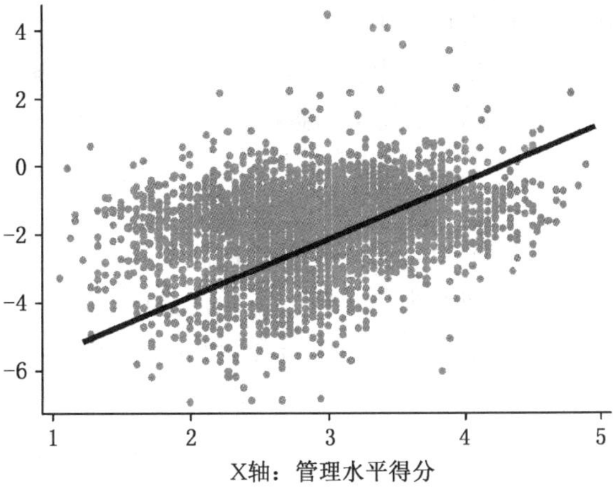

图1-5 管理水平与生产率之间呈显著正相关关系

尽管管理的重要性无可辩驳,但管理水平在不同企业、不同行业和不同国家间存在很大差距。总体上看,我国组织的管理水平还比较低,这反映出管理学教育和研究在我国起步较晚,懂管理、会管理的人才比较少,这一情况已经难以适应社会发展要求。中央领导层已经明确提出要转变经济发展方式,从过度依赖资源消耗和破坏环境为代价,向低碳、绿色、集约的发展方式转变;同时,中国已逐渐融入全球化的竞争,拥有很高管理水平的跨国公司早已"抢滩登陆",中国企业也正走向国际,充分开发利用海外资源和市场,为了应对这些新的挑战,无不需要组织拥有高水平的管理作为支撑,因此,学好管理在中国将大有用武之地。娃哈哈集团董事长宗庆后曾说过:今后的年轻人,如果往职业经理人方向发展,会比较有前途。因为今后的企业肯定会交给职业经理人去打理,而中国的职业经理人还没有真正成长起来。一是职业道德有问题,二是业务水平不达标。未来,职业经理人将会获得很高的收入和期权。

从新闻媒体对各类组织铺天盖地的报道中,我们能够发现,管理良好的组织会发展出忠诚的顾客基础,而且会不断成长和繁荣。管理不善的组织,它们的顾客基础在萎缩,相应的收益也在下降。通过学习管理理论和知识,我们能够识别出不良的管理,并采取措施予以纠正。此外,这些知识也能够帮助我们发现优秀的管理并不断完善,不管这些管理是发生在你与之打交道的组织还是你受雇的组织中。

二、管理有挑战,更有回报

管理是一项充满挑战性的活动。第一,管理者的命运并不完全掌握在自己手中,因为管理者需要协调其他人,共同来完成设定的目标,而他人的不配合、不正确的行为,可能成为管理者无法实现目标的干扰因素。第二,管理者需要具备多样化的知识和技能,这种多样化与管理工作发生的情境有关。一方面,管理者需要与各种性格的人打交道,以整合有限的资源完成各项任务;另一方面,管理者的处境很有可能是混乱和不确定的,需要充足的技能和经验储备,以应对突发情况。第三,管理者的工作也比较艰辛,大部分管理者的日常工作都在10小时以上,需要额外加班,此外,工作内容中还有相当一部分是文案工作,包括整理和填写报告、审阅报告、处理流程程序和文案工作等。

尽管管理工作充满挑战,但作为一名管理者,也能够获得丰厚的回报,这些回报既有物质方面,也有精神方面。管理者的薪酬无论在绝对数额还是增长速度上,都远高于非管理者,特别是高层管理者更是如此,例如,根据2011年中国上市公司发布的公告,沪深两市2 082家有数据可比较的上市公司中,高管人均薪酬为62.38万元,员工人均薪酬的平均值为11.44万元,前者是后者薪酬的5.45倍,高管薪酬与普通职工的收入差距越来越大。这一差距在不同国家和地区间具有普遍性。据调查,美国公司的经营层高管人员和普通人员的差距最大,尤其是CEO,差距上百倍;日本的差距小一些,大概在20倍上下;韩国比其略小一些,大概在12倍到13倍左右。图1—6是麻省理工学者弗莱德曼及其合作者调查的美国高管与员工薪酬变化趋势,从中可以明显看出,随着时间的推移,两者之间的差距越来越大,这是为什么呢?一个解释是,随着组织规模的扩大,高水平管理者的作用会借助员工的人数呈几何级数的放大。假如一个管理者实施了新的举措,能将一个员工的效率提高1%,每天多生产1件产品,对于一个10人的组织来说,总产出增加10个;而对于一个1 000人的组织来说,总产出将增加1 000个,高管因而能获得更多的回报。

除物质回报外,管理工作还有丰富的精神回报。管理工作能带来一种责任感,管理者能帮助他人发现其工作的意义和成就,创造一种使成员充分发挥自身能力,实现目标的工作环境。管理工作有助于培养一种开放的心态,因为管理者需要帮助、教导和培养他人,与他人一起做

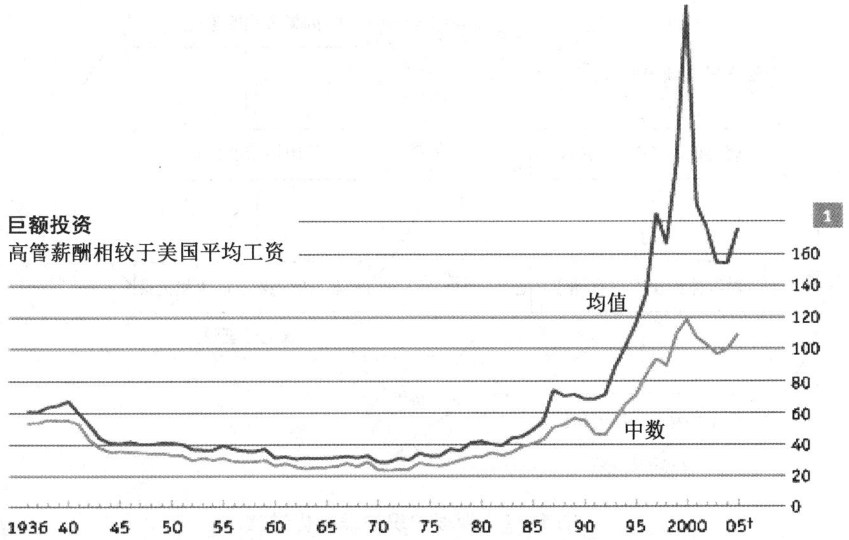

＊包括 1940 年、1960 年和 1990 年标普 500 指数前 50 名最高薪酬高管的工资、奖金、长期奖金、股票期权津贴

资料来源：麻省理工学院和美联储。

图 1－6　美国高管与员工的平均薪酬比较

出妥善的决策。此外，作为一名管理者，有机会发挥自身的创造性和想象力，优化现有问题的解决方法，管理工作还能使一个人在组织和社区中获得地位和认可。

三、管理兼具科学性和艺术性，有章可循

学好管理学困难吗？要回答这一问题，首先要明白管理既有科学性，又有艺术性。科学性的一面强调管理是有章可循的，学习过程中要明白每一条知识的理论逻辑；艺术性的一面强调管理并没有“放之四海而皆准”的法则，实践过程中如何运用管理学的理论知识和框架，更多地依赖于经验和所处的具体情境。

管理学的科学性同物理学、化学、医学等自然科学一样，其理论知识的发展也是按照科学范式所倡导的认识论与方法论。哈佛商学院教授克里斯滕森总结了管理知识的理论化（Theorizing）的过程（见图 1－7），认为理论化可分为两个阶段，即描述性理论阶段和规范性理论阶段。描述性理论从对研究现象的观察开始，通过对现象中存在的共性进行抽象而产生关键的研究变量，在此基础上，研究者计算何种属性的变量与所关心的因变量间的相关性显著，剔出不显著的属性后，建立自变量与因变量之间的描述性理论“模型”。用该模型进一步预测检验，针对描述性理论无法解释的“特例”现象，再依据其他的视角重新分类和验证。由于描述性理论仅建立在相关关系基础上，缺乏内部因果机制的分析，因而描述性理论之间经常是不一致的，对实践的指导意义不大。规范性理论关注的是现象中存在的因果关系，找到某类现象出现的机制，不仅仅局限于相关性分析。规范性理论是描述性理论的一个跳跃，需要实地研究与演绎分析，构建现象产生的因果关系，这种理论的预测有效性要大大高于描述性理论。规范性理论同样需要验证和完善，研究者也需要在不同的因素下评价规范性理论的解释能力，针对实际现象与理论预测不一致的“特例”，研究者需要找到该规范性理论的适用情景。

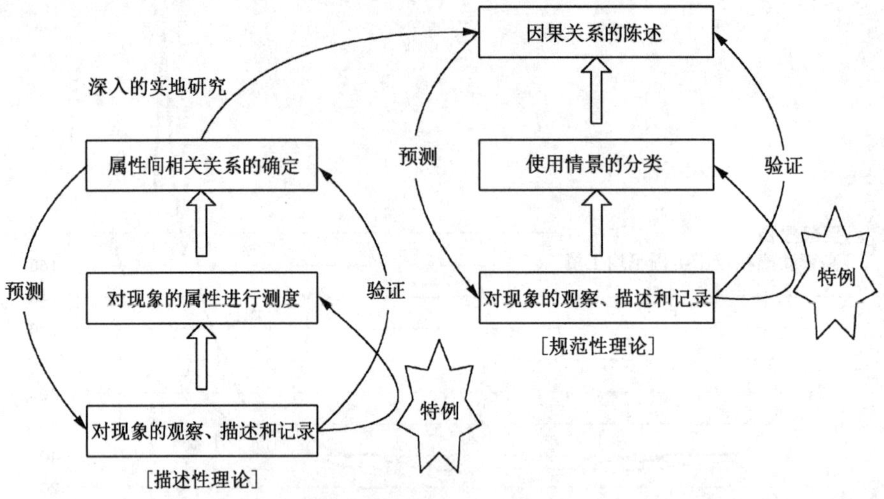

图 1—7 管理知识的理论化过程

在这一过程的指导下,管理研究者前仆后继,提出了犹如“丛林”般的形形色色的管理思想。但需记住一点,这些知识均带有某种程度的抽象和简化,与纷繁复杂的管理事实并不完全一致,因而是相当粗糙、不精确的。即使如此,现有的管理知识肯定能够改进管理工作——医生若不掌握科学的理论,几乎跟巫医一样;而管理者如果不具备管理的科学知识,那工作只能是随机的碰运气。

但是,只要学好书本上的管理知识就一定能管理好一个组织,这种想法也是片面的。打一个比方,管理学为我们提供了十八般兵器,但战场上遭遇敌人后该使用哪种兵器才能取胜,这是一门艺术。管理人员只有从实践中去检验所学,并结合自身的经验,边干边摸索,才能融会贯通,做到科学性与艺术性的统一。

思政园地

改革开放中勇于创新的企业家

习近平总书记在企业家座谈会上的讲话中指出:“改革开放以来,我国经济发展取得举世瞩目的成就,同广大企业家大力弘扬创新精神是分不开的。”①创新是引领发展的第一动力,以敢为天下先的气魄推动企业不断创新,是企业家精神的本质体现。

改革开放初期,计划经济体制的壁垒被打破,企业家的探索和创新精神被激发出来,一大批企业家在商品经济的浪潮中成长成熟。20 世纪 90 年代中后期,在以互联网为代表的信息技术革命背景下,相继涌现出一批在新兴信息产业中不断探索并取得成功的企业家。党的十八大以来,新一轮科技革命和产业变革加速演进,国内国际市场蕴含着更多机遇,任正非等大批企业家竞相在大数据、人工智能、数字芯片等领域继续开拓进取,取得骄人的业绩。以他们为代表的中国企业家,勇于推动技术创新、管理创新、模式创新、产品创新,努力强化企业创新

① 2020 年 7 月 21 日,习近平在企业家座谈会上的讲话。

主体地位，为经济快速发展、高质量发展注入了强大活力。

新在发展思路

鲁冠球，万向集团创始人，是思想解放、改革创新的典范。万向集团从一个小乡镇企业成长为现代化跨国企业集团，靠的是不断创新。20 世纪 80 年代初，乡镇企业试行承包制，与大多数人的观望不同，鲁冠球以勇于开拓的创新精神主动向乡里承包了万向节厂，开创了浙江企业承包改革的先河。1984 年，万向节销往美国，创造了中国汽车零部件首次进入美国市场的历史。2000 年后，万向集团先后收购了美国舍勒公司、百年老店美国洛克福特公司、美国 UAI 公司。鲁冠球认为，敢闯才能出新，他敢为人先、与时俱进，带领万向成为中国成功上市的乡镇企业，收购海外上市公司的乡镇企业。在庆祝改革开放 40 周年大会上，党中央、国务院授予鲁冠球同志“改革先锋”称号。

新在管理模式

张瑞敏，从“砸冰箱”到“砸组织”，他带领海尔从一个资不抵债、濒临破产的青岛电冰箱总厂发展成为实力雄厚的全球化企业，被称为中国制造业的标志性人物。在海尔持续壮大的过程中，张瑞敏一方面狠抓产品质量，另一方面始终以勇于创新的企业家精神顺应时代潮流，不断创新经营管理模式。自 1984 年创办海尔以来，张瑞敏一直坚持探索管理创新。2005 年，他再次突破传统管理模式，将中华文明的系统论思想与互联网时代零距离、分布式思维结合，首次提出“人单合一”模式，即把用户和员工连接在一起，让每个员工成为自己的总裁(CEO)，并组成直面市场的自组织，通过为用户创造价值来实现自身价值。张瑞敏的企业管理实践，是不断颠覆旧想法、提出新思路的过程。

新在关键技术

曹德旺，被誉为“玻璃大王”，是福耀玻璃工业集团股份有限公司创始人、董事长。曹德旺说：“可以说，这辈子我只做了一件事，那就是做一片属于中国人自己的玻璃。”为此，他投入大量资金用于技术研发，努力掌握世界最先进的玻璃技术。在科技研发过程中，曹德旺果断拒绝外国公司提供的玻璃技术，坚定创新自信，绝不受制于人。正是因为曹德旺对技术创新的重视，福耀公司牢牢掌握了无可替代的玻璃制造技术，凭借过硬的核心竞争力快速抢占全球市场，顺利攻克了“卡脖子”难题，将福耀玻璃打造成为高知名度的中国品牌，为提高“中国制造”在全球产业链中的地位做出了贡献。

新在激励机制

任正非，被誉为中国高科技企业的领军人物，43 岁时创立华为技术有限公司，寓意“中华有为”。20 世纪末，面对国外垄断产品技术给中国企业带来的压力，他高度重视研发投入，努力通过自主创新掌握自有技术和自有品牌。在创新精神的引领下，华为已拥有了一个由七百多位数学家、八百多位物理学家、一百二十多位化学家、六七千名基础研究专家和六万多名工程师组成的研发系统。任正非还致力于推动企业管理创新，实行全员持股模式，建立完善的激励机制，形成广泛的利益共同体，推动企业持续健康发展。依靠创新，华为屡次突破外国技术封锁，市场地位不断提升，成为全球通信领域的引领者。任正非在接受媒体采访时表示，未来将会继续加大基础研究投入，持续激发企业创新活力，点燃更多科学的灯塔。

优秀的企业家犹如中国企业界的一面面旗帜，正是因为有这样一大批勇于创新的企业家，中国企业才能发展壮大，才能不断提高在国际市场上的竞争力。当前，世界经济低迷、全球市场萎缩，国内经济面临多重压力，但危中有机，唯创新者胜。新时代的企业家要不断创新，推动企业实现更大发展，推动经济实现高质量发展。

资料来源：钟以瑞，何艳. 中国共产党百年政治智慧·精神谱系[N]. 中国教育报日报，2023-09-28.

复习思考题

1. 如何理解管理的概念和内涵？管理的认知误区有哪些？
2. 管理的职能有哪些？各种职能之间的关系如何？
3. 根据明茨伯格的研究，管理者应扮演哪些角色？
4. 根据卡茨的研究，管理者应具备哪些基本技能？
5. 不同层次的管理者，对各项基本技能的要求有何不同？
6. 学习管理知识的必要性主要体现在哪些方面？

自测题

一、填空题

1. 1916 年，法国实业家法约尔提出，管理是由________、________、________、________和________等职能为要素组成的活动过程。

2. 根据彼得·德鲁克教授的观点，管理就是界定企业的________，并________和________人力资源去实现这个使命。

3. 管理者行使的四大职能（P-O-L-C）具体是指________、________、________和________。

4. 所谓________，就是指制定目标并确定为达成这些目标所必需的行动。

5. 根据亨利·明茨伯格的一项被广为引用的研究，管理者扮演着十种角色，可归为________、________、________ 3 大类。

6. 1978 年，诺贝尔经济学奖的获得者赫伯特·西蒙提出，管理就是________。

7. 管理的本质是________，协调的中心是________。

8. 纵向看，越往上，管理的范围________，管理者的数量________；越往下，管理者的人数________，管理的范围________。

9. 管理的________职能通过目标的制定和行动的确定表现出来；________职能通过组织结构的设计和人员的配备表现出来；________职能通过领导者和被领导者的关系表现出来；________职能通过偏差的识别和纠正表现出来。

10. 根据罗伯特·卡茨的研究，管理者要具备 3 类技能：________、________和________。

11. 管理的目的是________。

12. 控制等实质就是为了________。

13. 管理二重性指的是管理既具有________，又具有________。

14. 管理者的决策角色包括________、________、________和________。

15. 概念抽象技能是指管理者________的能力。

16. 管理是任何组织所必需的活动，是________、________的群体活动。

17. “做正确的事”涉及的是________问题，意味着方向和目标的达成情况。

18.“正确地做事”涉及的是________问题，强调做事的多、少、快、慢，侧重于投入和产出的比较。

19.根据管理者所处的层次，习惯上将管理者划分为________管理者、________管理者和________管理者。

20.对于所有的组织，管理都是绝对必要的，这一事实称为________。

二、单项选择题

1.管理工作的科学性，这是强调管理的(　　)。

A.规律性　　B.有效性　　C.实践性　　D.精确性

2.管理过程中的首要职能是(　　)。

A.计划　　B.组织　　C.领导　　D.控制

3.为了保证目标及为此而制订的计划得以实现，就需要有(　　)职能。

A.计划　　B.组织　　C.领导　　D.控制

4.管理者在处理与组织成员和其他利益相关者的关系时，他们就在扮演(　　)。

A.人际角色　　B.信息角色　　C.决策角色　　D.谈判角色

5.在(　　)中，管理者处理信息并得出结论。

A.人际角色　　B.信息角色　　C.决策角色　　D.公关角色

6.在同不合作的供应商进行谈判的时候，管理者扮演的是(　　)。

A.企业家角色　　B.干扰应对者角色　　C.资源分配者角色　　D.谈判者角色

7.对于基层管理而言，最重要的是(　　)。

A.技术技能　　B.人际关系技能　　C.概念技能　　D.诊断技能

8.(　　)对于高层管理最重要，对于中层管理较重要，对于基层管理不重要。

A.技术技能　　B.人际关系技能　　C.概念技能　　D.诊断技能

9.(　　)对于所有层次管理的重要性大体相同。

A.技术技能　　B.人际关系技能　　C.概念技能　　D.诊断技能

10.管理是一门艺术，是强调管理的(　　)。

A.精确性　　B.延续性　　C.随意性　　D.实践性

11.“凡事预则立，不预则废”，说的是(　　)的重要性。

A.组织　　B.预测　　C.预防　　D.计划

12.作为(　　)，管理者把重要的信息传递给工作小组成员。

A.监督者　　B.传播者　　C.发言人　　D.收集者

13.当管理者接待来访者、参加剪彩仪式等社会活动时，他行使的是(　　)的角色。

A.发言人　　B.组织联络者　　C.领导者　　D.挂名首脑

14.在做出是否收购其他企业的决策中，管理者必须从多个角度出发全面分析拟购企业的目前状况及可能的发展余地等情况，这时管理人员需要的技能主要是(　　)。

A.诊断技能　　B.人际关系技能　　C.概念技能　　D.技术技能

15.田力是某大型企业集团的总裁助理，年富力强，在助理岗位上工作得十分出色。他最近被任命为集团销售总公司的总经理，从而由一个参谋人员变成了独立部门的负责人。下面是田力最近参与的几项活动，你认为这其中的(　　)几乎与他的领导职能无关。

A.向下属传达他对销售工作目标的认识

B. 与某用户谈判以期达成一项长期销售协议

C. 召集各地分公司经理讨论和协调销售计划的落实情况

D. 召集公司有关部门的职能人员开联谊会,鼓励他们攻克难关

16. 关于管理的应用范围,人们的认识不同,你认为下列(　　)说法最好。

A. 只适用于营利性工业企业　　B. 普遍适用于各类组织

C. 只适用于非营利性组织　　D. 只适用于营利性组织

17. 管理人员与一般工作人员的根本区别在于(　　)。

A. 需要与他人配合完成组织目标　　B. 需要从事具体的文件签发审阅工作

C. 需要对自己的工作成果负责　　D. 需要协调他人的努力以实现组织目标

18. 企业管理者可以分成基层、中层、高层三种,高层管理者主要负责制定(　　)。

A. 日常程序性决策　　B. 长远全局性决策

C. 局部程序性决策　　D. 短期操作性决策

19. 越是处于高层的管理者,其对于概念技能、人际技能、技术技能的需要,就越是按以下顺序排列(　　)。

A. 概念技能、技术技能、人际关系技能　　B. 技术技能、概念技能、人际关系技能

C. 概念技能、人际关系技能、技术技能　　D. 人际关系技能、技术技能、概念技能

20. 美国管理学教授彼得·德鲁克说过,如果你理解管理理论,但不具备管理技术和管理工具的运用能力,你还不是一个有效的管理者;反过来,如果你具备管理技术和能力,而不掌握管理理论。那么充其量你只是一个技术员,这句话说明(　　)。

A. 有效的管理者应该既掌握管理理论,又具备管理技术与管理工具的运用能力

B. 是否掌握管理理论对管理者工作的有效性来说无足轻重

C. 只要理解管理理论,就能成为一名有效的管理者

D. 有效的管理者应该注重管理技术与工具的运用能力

三、多项选择题

1. 管理与(　　)一样,是协调资源有限与欲望无限的一种手段。

A. 生产劳动　　B. 战争掠夺　　C. 贸易交换　　D. 道德教育

2. 彼得·德鲁克认为,管理就是界定企业的使命,并(　　)人力资源去实现这个使命。

A. 领导　　B. 控制　　C. 组织　　D. 激励

3. 管理的(　　),管理不能脱离组织而存在。

A. 载体　　B. 组织　　C. 过程　　D. 目的

4. 管理的职能包括(　　)以及控制和创新。

A. 决策　　B. 计划　　C. 组织　　D. 领导

5. 在行政管理中,行政机构会像金字塔一样不断增多,行政人员会不断膨胀,每个人都很忙,但组织效率越来越低下。这条定律被称之为(　　)现象。

A. 墨菲定律　　B. 帕金森定律　　C. 金字塔上升　　D. 彼得原理

6. 最早系统地提出管理各种具体职能的是法国的亨利·法约尔,他为后人的研究奠定了基础。之后,又有"(　　)派"等。

A. 三职能　　B. 四职能　　C. 六职能　　D. 七职能

7. 管理的对象是组织资源,包括人力、物力、财力、技术、信息、(　　)等资源。

A. 文化　B. 空间　C. 时间　D. 行动

8. 为了保证目标及为此而制订的计划得以实现，管理必须进行(　　)。

A. 监控　B. 激励　C. 协调　D. 控制

9. 中层管理者涵盖的范围很广，他们负责制定(　　)，以贯彻执行高层管理者做出的决策和计划。

A. 计划　B. 细节　C. 程序　D. 目标

10. 人际关系方面的角色又体现为(　　)小角色。

A. 挂名首脑　B. 领导者　C. 联络人　D. 企业家

11. 决策制定方面的角色，要求管理者制定决策和做出选择，具体表现为(　　)小角色。

A. 企业家　B. 危机处理者　C. 资源分配者　D. 谈判者

12. 基层管理者更应扮演好(　　)角色。

A. 领导者　B. 信息传播者　C. 信息收集者　D. 谈判者

13. 概念抽象技能，对于(　　)来说，技能的重要性不同。

A. 高层管理者　B. 中层管理者　C. 基层管理者　D. 商务谈判者

14. 明茨伯格通过实证研究发现管理者在组织中扮演十种角色，这些角色被分为(　　)。

A. 人际关系角色　B. 资源控制角色　C. 信息传递角色　D. 决策制定角色

15. 管理者在行使各种管理职能、扮演三类管理角色时，必须具备以下技能(　　)。

A. 逻辑推理技能　B. 专业技术技能　C. 人际关系技能　D. 概念抽象技能

四、简答题

1. 简述彼得·德鲁克关于管理概念的观点。
2. 简述西蒙关于管理概念的观点。
3. 简述各层次管理者在履行管理职能时的异同。
4. 为什么说管理既是一门科学又是一门艺术？请简述之。
5. 简述管理的认知误区。

五、问答题

1. 人类活动的特点是什么？为什么管理实践与人类历史同样悠久？
2. 何谓管理？管理的基本特征是什么？
3. 管理活动具有哪些基本职能？它们之间的关系是什么？
4. 一个有效的管理者需要扮演哪些角色？需要具备哪些技能？
5. 联系实际说明为什么要学习、研究管理学？

请用手机微信扫以下二维码，获取自测题参考答案。

第一章　自测题
参考答案

第二章

管理思想的演进

学习目标

知识目标：理解管理思想演进的主要历程，熟悉各阶段理论的代表人物及其主要思想，了解各阶段理论产生的历史背景，领悟“管理丛林”阶段主要学派的优缺点，认识现代及当代管理理论的核心思想。

能力目标：能够正确把握管理理论发展的逻辑主线及其时代背景，对各管理流派观点有解读与分析的能力，学会运用现代管理理论分析并处理管理实践相应问题。

素质目标：立足管理现实，尊重管理思想演进轨迹；历史地、辩证地看待管理问题并客观科学地评价管理现象与事实。

思政目标：了解管理思想演进的过程，综合考量各阶段管理理论及相关流派产生的时代背景及适用条件以及对现实管理环境的影响作用，培养并锻炼学习者科学严谨、辩证务实的态度与作风。

思维导图

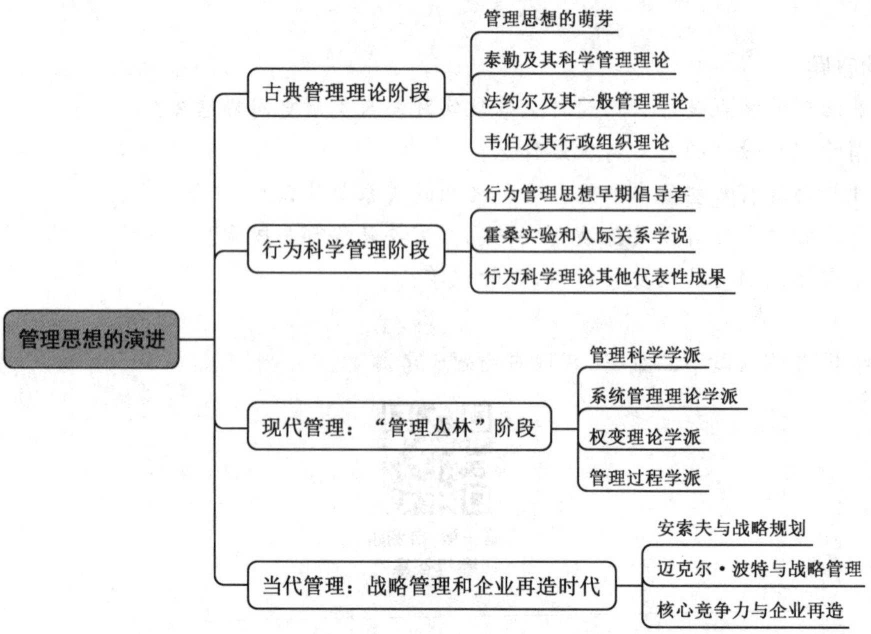

案例引入

理论之光能否照进现实管理世界

大李、小吴、老王、周群四个人分别为某品牌新能源车销售公司和生产企业的管理人员。大李和小吴属于该品牌新能源车销售公司人员，负责车辆销售工作。老王和周群则是该品牌新能源车生产企业人员，负责生产管理工作。他们刚参加过集团总部举办的为期两天的管理理论培训班。在培训班里主要学习了管理学的基本理论，比如，科学管理理论、行为科学理论、权变理论、社会系统理论和一些有关职工激励方面的内容。他们对所学的理论有不同的看法，现正展开激烈的争论。

小吴首先说："我认为系统管理理论对于像我们这样的公司是很有用的。例如，如果生产工人偷工减料或做手脚，原材料价格上涨，则会影响我们的产品销售。系统理论中讲的环境影响与我们公司的情况很相似。我的意思是，在目前这种经济环境中一个公司会受到环境的极大影响。在油价暴涨期间，我们受到市场非能源车的竞争压力要小很多，我们市场销售基本在可控范围之内。现在呢？我们要想在销售方面每前进一步，都要经过市场激烈的竞争。这方面的激烈程度你们大概都深有感触吧？"

周群插话说："你的意思我已经知道了。我们的确有过市场激烈博弈的时期，但是我不认为这与系统管理理论之间有什么必然的联系，我们曾在这种经济系统中受到过伤害。当然，你可以认为这与系统理论是一致的。但是我并不认为我们就有采用系统管理理论的必要。我的意思是，如果每个东西都是一个系统，而所有的系统都能对某一个系统产生影响，我们又怎能预见这些影响带来的后果呢？所以，我认为权变理论更适用于我们。如果你说事物都是相互依存的，那么系统理论又能帮我们什么忙呢？"

大李对他们这样的讨论表示有不同的看法。他说："对系统管理理论我还没有很好地考虑。但是，我认为权变理论对我们是很有用的。虽然我们以前经常采用权变理论，但是我没有认识到自己是在运用权变理论。例如，我有一些职业白领顾客，听到他们经常讨论关于出游和如何度周末之类的问题，从他们的谈话中我就知道他们一定程度的消费意愿和倾向。顾客也不希望我们'逼'他们去买不需要的东西。我认为，如果我们花上一两个小时与他们自由交谈的话，那肯定会扩大我们对其诉求信息量的掌握，从而在一定程度上促进我们新能源车的销售。但是，我也碰到一些截然不同的顾客，他们一定要我向他们推荐车型，要我替他们在购车中做主。这些人也经常到我这里来走走，但不是闲谈，而是更多询问车辆情况。因此，你可以看到，我每天都在运用权变理论来应对不同的顾客。为了适应形势，我经常改变销售方式和风格，许多销售人员都是这样做的。"

老王显得有些激动地插话说："我不懂这些总部培训中反复宣讲的管理理论是什么。但是，关于系统管理理论和权变理论问题，我同意周群的观点。培训的老师们都把管理理论吹得天花乱坠，这些理论虽然听起来很好，但是无助于我们的管理实际。也就是说，理论是苍白的，而现实却更复杂多变，理论之微光难以照亮深邃的管理世界。"

小吴接过老王的话反驳道："我不同意你的说法。管理理论都是前人管理实践的经验总结，有些理论虽然创立于19世纪末期，但是至今对我们的管理实践仍有指导意义。我就信奉泰勒的科学管理理论。他认为，管理的中心问题是提高劳动生产率，这是工厂主和工人共同达到繁荣的基础。工厂主得到最大的利润，工人得到最高的工资，才能促进生产的继续发展。泰勒强调,要用科学的管理代替传统的管理,建立科学管理原理。我觉得,这些观点在今天都不过时。”

资料来源:根据简书网站资料(2020-07-19)整理而得。

【问题思考】

1. 古典管理理论创立于哪个时期?其典型的代表理论有哪些?
2. 什么是系统管理理论?什么是权变理论?
3. 你是否认为理论之光能够照进现实管理世界?为什么?
4. 当前又有哪些新兴的管理思想?

阅读材料

彼得·德鲁克

管理学科开创者,他被尊为“大师中的大师”“现代管理学之父”,他的思想传播并影响了超过130个国家;他称自己是“社会生态学家”,他对社会学和经济学的影响深远,他的著作架起了从工业时代到知识时代的桥梁。

1909年,彼得·德鲁克,生于维也纳的一个书香门第;1931年获法兰克福大学国际法博士学位;1937年与他的校友多丽丝结婚,并移居美国;终身以教书、著书和咨询为业。

在美国,他曾担任由美国银行和保险公司组成的财团的经济学者,以及美国通用汽车公司、克莱斯勒公司、IBM等大企业的管理顾问。为纪念其在管理领域的杰出贡献,克莱蒙大学的管理研究生院以他的名字命名;为表彰他为非营利领域所带来的巨大影响,国际慈善机构“救世军”授予彼得·德鲁克救世军奖项“伊万婕琳·布斯奖”。

他曾连续20年每月为《华尔街日报》撰写专栏文章,在《哈佛商业》上共发表38篇文章,至今无人打破这项纪录。他著述颇丰,包括《管理的实践》《卓有成效的管理者》《管理:使命、责任、实践》《旁观者》等几十本著作,被翻译成超过30种文字,总销售量超过1 000万册。其中《管理的实践》奠定了他作为管理学科开创者的地位,而《卓有成效的管理者》已成为全球管理者经典。

他曾七次获得“麦肯锡奖”;2002年6月20日,获得当年的“总统自由勋章”,这是美国公民所能获得的荣誉。

20世纪80年代,德鲁克思想被引入中国;2004年,德鲁克管理学全面进入中国的管理教育。

资料来源:彼得·德鲁克著,廖月娟译.旁观者:管理大师德鲁克回忆录[M].北京:机械工业出版社,2009:后勒口“彼得·德鲁克小传”。

管理是人类的一种实践活动。彼得·德鲁克曾说,所谓“管理”,指的是人类为实现一定的目的而进行的有组织的实践活动。因此,从人类社会诞生的那一天起就有管理,人类历史可以说也是一部管理实践和管理思想的发展史。

第一节 古典管理理论阶段

随着不断的积累和总结，人们对管理活动有了初步的认识和理解，从而开始形成一些朴素、零散的管理思想。随着社会的发展、科技的进步，人们又对管理思想加以概括和提炼，找出其中带有规律性的东西，并将其作为假设，在管理活动中进行检验，继而对检验结果加以分析研究，从中找出属于管理活动普遍原理的东西。这些原理经过抽象和综合，就形成了管理理论。

一、早期人类管理实践和管理思想的萌芽

大约在公元前2000年到1700年间，古巴比伦国王汉谟拉比就制定了当时最出色的《汉谟拉比法典》。其中既有关于最低工资和控制的记录外，也有关于社会责任的记载，说明古巴比伦人已经开始意识到了管理的最终目的不单是为了利益，还要考虑社会责任以及伦理道德等因素。如沃利斯·巴奇(Wauis Budge)在《巴比伦创世神话》一书中记载："如果一位医生为一个受铜矛所伤的人或失去眼睛的人动手术，而致病人死亡，则该医生的手要被砍去""如果一个酒店店主让一群闹事的人在他的酒店中集合而不予赶出，要判处死刑。"从那时起，就已经出现了管理思想的萌芽。

古埃及在国家制度上，建立了以法老为首的一整套专制体制的管理机构，掌握行政、司法、军事大权。国家统一后，开始统一管理灌溉系统，观测、记录尼罗河的水位，以便发展农业生产。法老下面设有各级官吏，最高的是宰相。宰相辅助法老处理全国政务，并且总管王室农庄的司法和国家档案，监督公共工程的兴建；宰相每天向法老汇报工作，接受指示并经常代表法老巡视各地，了解和监督地方工作。宰相下设一批大臣，分别管理财政、水利建设和各地的事务。这些机构和人员的设立，说明他们已经有了自上而下的管理者的责任和权力规定，有了较严格的国家管理机构和体制的管理思想。埃及金字塔的修建，也反映了古埃及时代在管理方面的重大成就。其中最有代表性的是建于公元前27世纪的胡夫金字塔。据估计，埃及人在修建该金字塔上花费了10万人次20年以上的劳动。这表明他们已经有了分工和协作的思想，较好地把科学技术运用于劳动过程，体现了较严密的组织制度。

公元前5世纪至公元前4世纪，随着希腊经济的强盛，奴隶制度的确立，管理水平不断提高，出现了诸如苏格拉底、柏拉图、亚里士多德等思想家，他们的伟大思想对后人影响很大。例如，苏格拉底主张，国家的领导及国家的各种职务，应由经过挑选并受过训练的人来担任。他认为，公众事业的管理技术和私人事业的管理技术是可以相互通用的。实际上，他已经认识到管理的普遍性。柏拉图在他的代表作《理想国》里研究了国家范围内的分工和组织国家的原则。

我国古代典籍中也有大量关于管理的记载和论述。其中，以孔子、老子、庄子、孙子、韩非子、商鞅等为代表人物的诸子百家的思想对东方管理学的发展起到了深远的影响。如儒家提倡民本、中庸、人和，法家提倡依法治国等，但这些思想最终并没有形成像西方泰勒制那样比较完善的科学管理理论。

18世纪60年代，以英国为代表的西方国家开始了第一次产业革命。由于资本主义社会的初步形成和产业革命的顺利进行，对管理提出了新的要求。这一时期虽然没有形成完整的管理理论，但许多著名的经济学家、思想家、工程学者对管理思想进行了积极的探索，出现了一

批卓有贡献的思想家、经济学家和管理学家，其代表人物有亚当·斯密、查尔斯·巴贝奇和罗伯特·欧文等。斯密在1776年发表《国富论》，认为劳动分工能带来劳动生产率的提高，并提出了经济人观点，认为人们在经济行为中追求的完全是私人利益。巴贝奇1832年发表《论机器与制造业的经济》，认为要提高工作效率，必须仔细研究工作方法，同时还提出了一种工资加利润的分配制度，为现代劳动工资制度的发展和完善做出了重要贡献。欧文提出要缩短工人的劳动时间、提高工资、改善住房，并在自己的企业进行改革试验证明：重视人的作用、尊重人的地位可以使工厂获得更大利润。这一阶段的管理基本上处于积累经验阶段，为后来泰勒等人创立科学管理体系打下了基础，开始从经验管理向科学管理的过渡。

【拓展知识】 **《汉谟拉比法典》**

二、古典管理理论

19世纪后期至20世纪30年代，西方资本主义各国的生产规模不断扩大，生产技术更加复杂，生产组织形式——工厂制度日益普及，市场竞争也日渐激烈。面对新的生产组织形式和激烈的竞争态势、劳动生产率低下、劳资冲突加剧等问题，客观上要求人们更加重视管理。于是，泰勒的科学管理理论、法约尔的一般管理理论和韦伯的行政组织理论应运而生。这一时代也被称为科学管理时代。

（一）泰勒及其科学管理理论

最先突破传统的经验管理桎梏、创立科学管理理论的代表人物是美国的弗雷德里克·温斯洛·泰勒(Frederick Winslow Taylor)。他被西方管理学界誉称为“科学管理之父”，他的《科学管理原理》一书和他的其他论文，研究提出了一系列提高工人劳动效率的基本理论和方法。

泰勒中学毕业后由于眼疾无法继续深造，曾先后进入美国米德维尔和贝瑟利恩钢铁公司做技工，由于工作勤奋，最后被提升为总工程师。泰勒特殊的个人经历使他非常了解当时美国工厂生产效率低下的根本原因，他相信，实施科学的管理能够大大提高工厂的生产效率，从根本上解决困扰经济发展的问题。

针对工厂效率低下的问题，泰勒在工具改革、动作研究、职能管理等方面都进行了科学的管理和大幅度的改革。在工具改革方面，较为典型的事例是泰勒对钢铁公司工人使用铁锹的改革。泰勒对贝瑟利恩钢铁公司工人的铁锹进行了系统研究，并重新进行了设计，使每种铁锹的载荷都能达到21磅左右，同时训练工人使用新的操作方法，结果使平均每人每天的工作量从16吨提高到59吨。

泰勒寻求在工人和雇主之间掀起一场思想革命，其方法是明确规定提高生产率的指导方针。泰勒提出了管理工作的四项原则，具体如下：

（1）对工人操作的每个动作进行科学研究，用于替代老的单凭经验的办法。

（2）科学地挑选工人，并进行培训和教育，使之成长。

（3）与工人们亲密地合作，以保证一切工作都按已发展起来的科学原则去办。

(4)由于“泰勒制”的推行,使美国当时的劳动生产率提高了2~3倍,对企业管理产生了巨大的影响。随后,泰勒的追随者也对科学管理做出了重大贡献,主要有:亨利·甘特,创造了“甘特图”,提出了“劳动报酬奖金制”等;弗兰克·吉尔布雷,在建筑业中研究发展科学管理,在动作研究、工作简化方面做出了独特贡献;哈林顿·埃默森,著有《十二条效率原则》一书,提出提高效率的十二条原则以及直线组织和参谋组织形式,被称为“效率大师”。

泰勒的科学管理在历史上第一次使管理从经验上升为科学,在管理中引入讲求效率的优化思想和调查研究的科学方法,将计划职能与执行职能相分离。但是,科学管理理论存在着严重不足:首先,它是建立在“经济人”假设的前提下的,这无疑限制了泰勒的视野和高度;其次,泰勒仅重视技术的因素,不重视人群社会的因素。

【拓展知识】　　弗雷德里克·温斯洛·泰勒

(二)法约尔及其一般管理理论

法约尔和韦伯及泰勒在同一时期,不过他们关注的焦点是整个组织,在发展更一般的管理理论方面,即解释管理者的工作是什么以及有效的管理由哪些要素构成方面,他们发挥了重要作用。

法约尔被称为“管理过程之父”,他对管理科学最大的贡献是他在1916年出版的《工业管理与一般管理》中构建了管理工作的基本职能,提出了管理工作的基本原则。法约尔认为,企业不论大小,其全部活动都可以概括为六种,它们分别是:技术活动(指企业的生产、创造和加工等工作),商业活动(指企业的购买、销售和交换等工作),财务活动(指企业筹集和最适当地利用资本的工作),安全活动(指企业保护企业财产和人员的工作),会计活动(指企业的财产清点、资产负债表、成本、统计等工作)和管理活动。其中,管理包括企业的计划、组织、指挥、协调和控制五项职能。无论是管理者还是被管理者,都需要培养完成六种活动的能力,特别是管理能力和技术能力。但不同的人,能力需求侧重点不一致,对于基层的工人,主要要求其具备技术能力,随着在组织中职位的提高,人员的技术能力相对重要性降低,而管理能力则要求不断加大。

法约尔对管理原则做了极为精彩的论述。在叙述管理人员工作应遵循的基本原则时,法约尔列举了如下14条原则:

1. 劳动分工

法约尔认为,劳动分工属于自然规律的范畴,不仅适用于技术工作,在管理方面和职能的权限划分方面也同样适用。但需要注意的是专业化分工要有一定的限度,不能超出这个限度,如果分工过细或过粗,效果都不好。

2. 权力与责任

应贯彻权力与责任相符的原则,应该建立有效的奖惩制度,用来鼓励好的行为,制止不良行为的发生。

3. 纪律

纪律是以尊重而非恐惧为基础的,纪律是企业领导人同下属员工之间在服从、积极、勤勉、举止和尊敬等方面所达成的一种协议,领导也要和下属员工一样,必须接受纪律的约束,遵守纪律。

4. 统一指挥

认为无论什么时候、什么工作,一名下属都应接受且只应接受一名上级的命令,必须避免出现多重指挥的现象。

5. 统一领导

统一领导与统一指挥既有区别,又有联系。统一指挥是一名下属人员只能听从一名领导者的指挥,而统一领导则是指组织机构设置的问题,统一指挥必须在统一领导下才能实现。

6. 个人利益服从集体利益

在一家企业中,个人利益不能置于企业利益之上。

7. 人员的报酬

报酬要公平且有一个合理的限度,要奖励努力工作的员工。

8. 集权

一个组织,必须有某种程度的集权,集权程度也要根据实际情况进行相应的变化。

9. 等级链

等级链是从最高权力机构直至低层管理人员的直线职权。信息应当按等级传递,如果按等级传递会导致信息传递的延误,则应允许横向交流,但应使所有当事人同意和通知各自的上级。

10. 秩序

包括物的秩序和人的秩序,不仅要物归其位,而且要让适当的人从事适当的工作。

11. 公平

法约尔认为,"公平"原则就是"善意"加上"公道"。在对待下属人员时,应该特别注意他们希望公平、希望平等的愿望。组织领导应经常把自己最大的能力发挥出来,努力使公平感深入各级。

12. 保持人员的稳定

人员变动频繁的企业或组织是很难成功的,当然,人员的稳定是相对的,对于企业而言,关键是要把握好人员流动的合适尺度,保持企业中人员工作的稳定性与适应性。

13. 首创精神

管理人员不仅自己要有首创精神,而且还要尽可能地鼓励和发展职工的首创精神。高明的领导者可以牺牲自己的荣誉心去满足下级的荣誉感和责任心。

14. 团结精神

一个机构内集体精神的强弱取决于机构内部职工之间的和谐与团结,它是企业发展的巨大力量,所以领导者应尽一切可能,维护和巩固组织中人员的团结。

法约尔一般管理理论的提出不仅揭示了管理的本质,还为管理理论提供了一套科学的理论框架,使人们认识到,管理是一种普遍存在于各种组织中的具有共性的活动,人们可以在工作中摸索管理的规律性,把这种规律性提炼上升为管理理论,再反过来指导人们的管理实践。

(三)韦伯及其行政组织理论

马克斯·韦伯(Max Weber)被称为"组织理论之父",他在管理理论上的重要贡献是提出了所谓"理想的行政组织体系"。在韦伯的《社会和经济组织的理论》一书中,他主张建立一种高度结构化的、正式的、非人格化的"理想的行政组织体系",他认为这是对个人进行强制控制的最合理手段，是达到目标、提高劳动生产率的最有效形式，而且在精确性、稳定性、纪律性和可靠性方面优于其他组织。表 2—1 是韦伯理想的行政组织体系的详细特征概要。

表 2—1　　韦伯理想的行政组织体系的详细特征

劳动分工	把各种工作分成简单、例行和明确的任务，明确规定每个人的权力和责任
权力等级	公职和职位应按等级来组织，每个下级应当接受上级的控制和监督
正式选拔	全体组织成员必须根据经过培训、教育的技术资格或通过正式考试来挑选组织中的正式成员
规章制度	为了确保一贯性和全体雇员活动的一致性，管理者必须倚重正式的组织规则
非人格化	组织中每个人都必须遵守规则和制度，它不受个人情感和个人背景的影响
职业导向	组织中的管理者是职业化的上级，而不是组织的所有者，他们领取固定的工资，并在组织中追求他们的职业成就

韦伯认为，任何组织都必须以某种形式的权力作为基础，没有某种形式的权力，任何组织都不能达到自己的目标。人类社会存在三种为社会所接受的权力：传统权力（来自传统惯例或世袭）、超凡权力（来源于别人的崇拜与追随）和法定权力（法律规定的权力）。只有法定权力才能作为行政组织体系的基础，因为它为管理的连续性提供了保障。

可以看出，“理想的行政组织体系”在现实中是不存在的，但由于这种组织模式强调规则而不是个人，强调能力而不是裙带关系，因而有利于组织提高工作效率，有利于防范任人唯亲、组织涣散、人浮于事的不良现象，从而成为设计许多现代大型组织的原型。

第二节　行为科学管理阶段

20 世纪 20—30 年代，随着资本主义社会的发展，员工的觉悟不断提高，不仅要求经济状况的改善，而且也越来越要求政治上的民主权利。为了改善劳资关系，调和矛盾，西方学者开始专门研究人与人的关系。

一、行为管理思想早期倡导者

在行为管理思想早期的研究中，最突出的是罗伯特·欧文（Robert Owen）、雨果·明斯特伯格（Hugo Munsterberg）、玛丽·帕克·福莱特（Mary Parker Follett）等人。

罗伯特·欧文对管理学的贡献是，摈弃了过去那种把工人当作工具的做法，着力改善工人的劳动条件，诸如提高童工参加劳动的最低年龄，缩短雇员的劳动时间，为雇员提供厂内膳食，设立按成本向雇员出售生活必需品的模式，从而改善当地的整个社会状况。欧文设想了一个乌托邦式的工作场所。正如一位学者所评论的：欧文的成功没有载入管理史，人们记得的是他减轻工人阶级痛苦的勇气和承诺。

雨果·明斯特伯格开创了工业心理学领域——对工作中的个人进行科学研究以使其生产率和心理调适最大化。1913 年，明斯特伯格出版了著作《心理学与工业效率》，这本书共包括三个部分：（1）最合适的人；（2）最合适的工作；（3）最理想的效果。在这本书中，他论述了对人类行为进行科学研究以辨认出一般模式和解释个人之间差异的重要性。明斯特伯格建议用心理测验来改进雇员的选拔，用学习理论评价培训方法的开发，以及对人类行为进行研究，以便搞清什么方法对激励工人是最有效的。

玛丽·帕克·福莱特是最早发现应当从个人和群体行为的角度考察组织的学者之一。有人认为，福莱特的思想超前了半个世纪甚至80年。20世纪60年代以后管理学的诸多探索，追根溯源都能从她那里得到启示。由于她对管理学的巨大贡献，当代管理学大师德鲁克把她称为“管理学的先知”。福莱特认为，组织应该基于群体道德而不是个人主义，个人的潜能只有通过群体的结合才能释放出来，否则永远是一种潜能。管理者的任务是调和与协调群体的努力。管理者和工人应将他们看作合作者——共同群体的一个部分。因此，管理者应当更多地依靠其知识和专长去领导下属，而不是依靠其职务的正式权力。她的著作有《新国家》《创造性的经验》等。

二、霍桑实验和人际关系学说

行为科学作为一种管理理论，开始于20世纪20年代末30年代初的霍桑实验。霍桑实验是心理学史上最著名的事件之一。这一系列在美国芝加哥西部电器公司所属的霍桑工厂进行的心理学研究是由哈佛大学心理学教授梅奥主持的。

霍桑工厂是一个制造电话交换机的工厂，具有较完善的娱乐设施、医疗制度和养老金制度，但工人们仍愤愤不平，生产业绩很不理想。为找出原因，美国国家研究委员会组织研究小组开展实验研究。实验从1924年开始，当时关于生产效率的理论占统治地位的是劳动医学的观点，认为也许影响工人生产效率的是疲劳和单调感等。于是，当时的实验假设便是“提高照明度有助于减少疲劳，使生产效率提高”。可是经过两年多的实验发现，照明度的改变对生产效率并无影响。具体结果是：当实验组照明度增大时，实验组和控制组都增产；当实验组照明度减弱时，两组依然都增产，甚至实验组的照明度减至0.06烛光时，其产量亦无明显下降；直至照明减至如月光一般、实在看不清时，产量才急剧下降。研究人员面对此结果感到茫然，失去了信心。从1927年起，以梅奥教授为首的一批哈佛大学心理学工作者将实验工作接管下来，继续进行。

梅奥等学者随后在霍桑工厂进行了长达五年的一系列试验，他们通过变换车间的照明条件（照明试验），改变职工的福利条件（福利试验）以及对群体工人工作动机和行为的观察（群体试验），广泛同职工接触和谈话（谈话试验）等方法，仔细地了解和分析了社会与心理因素对职工行为和生产效率的影响，第一次把工业生产中的人际关系问题提到了首要地位。1933年，梅奥在《工业文明中的人性问题》一书中，发表了著名的“人际关系学说”。

人际关系学说提出了与古典管理理论不同的新观点，主要包括以下几个方面：

（一）企业的职工是“社会人”

梅奥的这种看法是从亚当·斯密开始的，直至科学管理阶段理论中的把人视为“经济人”的否定。梅奥认为，人们的行为并不单纯出自追求金钱的动机，还有社会、心理方面的需要，即追求人与人之间的友情、安全感、归属感和受人尊敬等，而后者更为重要。因此，不能单纯从技术和物质条件着眼，而必须首先从社会心理方面考虑合理的组织与管理。

（二）组织中实际存在着“非正式组织”

梅奥指出，非正式组织与正式组织有重大差别。在正式组织中，以效率逻辑为其行为规范；而在非正式组织中，则以感情逻辑为其行为规范。如果管理人员只是根据效率逻辑来管理，忽略工人的感情逻辑，必然会引起冲突，影响企业生产率的提高和目标的实现。因此，管理者必须重视非正式组织的作用，注意在正式组织的效率逻辑与非正式组织的感情逻辑之间保持平衡，以便管理人员与工人之间能够充分协作。

（三）新的领导能力在于提高工人的满意度

在决定劳动生产率的诸因素中，置于首位的因素是工人的满意度，而生产条件、工资报酬只是第二位的。职工的满意度越高，其士气就越高，从而生产效率就越高。高的满意度来源于工人个人需求的有效满足，不仅包括物质需求，还包括精神需求。

三、行为科学理论其他代表性成果

人际关系论尽管有不少缺点，但它为管理理论的研究打开了一个新的局面，随后，在梅奥研究的基础上，西方管理学界涌现了一大批关注行为科学发展的学者，他们进行了更为深入和广泛的研究。

（一）马斯洛的“需求层次理论”

亚伯拉罕·哈罗德·马斯洛（Abraham Harold Maslow）是美国心理学家，他在1954年发表的代表作《动机与个性》中提出的需求层次理论认为，人的需求由低级到高级分五个层次：生理需求、安全需求、社会需求、尊重需求和自我实现需求。

需求层次理论认为，人的需求是依次要求、依次满足且逐级上升的。例如，当生理需求满足后，第二层安全需求就出现了，并要求得到满足。这种需求是按先后顺序发展的，已经满足了的需求不再是激励因素。

（二）赫茨伯格的“双因素理论”

弗雷德里克·赫茨伯格（Frederick Herzberg）是英国心理学家。20世纪50年代末期，赫茨伯格和他的助手们在美国匹兹堡地区对200名工程师、会计师进行了调查访问。访问主要围绕两个问题：在工作中，哪些事项是让他们感到满意的，并估计这种积极情绪持续多长时间；又有哪些事项是让他们感到不满意的，并估计这种消极情绪持续多长时间。以对这些问题的回答为材料，着手去研究哪些事情使人们在工作中快乐和满足，哪些事情造成不愉快和不满足。结果发现，使职工感到满意的都是属于工作本身或工作内容方面的；使职工感到不满意的，都是属于工作环境或工作关系方面的。后来，赫茨伯格在《工作的激励因素》等著作中，首次提出“双因素理论”，即激励因素-保健因素理论。他认为：工资、奖金、政策与行政管理、工作安全性、工作环境等属于保健因素（也称维持因素），这类因素不具备或强度太低，容易导致员工不满意，但即使充分具备，强度很高，也很难使员工感到满意，保健因素没有激励作用。工作本身、职务上的责任感、受表扬和得到提升、个人发展的可能性等，构成激励因素。这类因素具备后，可使员工感到满意，但员工感到不满意时很少是因为缺少这些因素，只有这些因素才能激发起人们在工作中的积极性、创造性，产生使员工满意的积极效果。主管人员必须抓住能促进职工满意的因素。

（三）麦格雷戈的“X－Y理论”

美国行为科学家道格拉斯·麦格雷戈（Douglas Gregor）于1957年在其《企业中的人性面》一文中，提出了著名的“X－Y理论”。

他以经济人人性假设为理论依据的管理，概括为X理论。

X理论以下面四种假设为基础：

（1）员工天生不喜欢工作，只要可能，他们就会逃避工作；

（2）由于员工不喜欢工作，因此必须采取强制措施或惩罚办法，迫使他们实现组织目标；

(3)员工只要有可能就会逃避责任，安于现状；

(4)大多数员工喜欢安逸，没有雄心壮志。

从上述假设出发，管理者必然要采取“命令与统一”“权威与服从”的管理方式。管理者把人看作物件一样，忽视人的自身特征和精神需求，只注意人的生理需求和安全需求的满足，把金钱作为主要的激励手段，把惩罚作为有效的管理方式，采用软硬兼施的管理办法。X 理论把人放在被动的位置，强调外因和客观因素，远不适应人类科学文明水平不断提高的需要。随着社会科学的发展，麦格雷戈对人的需要、行为的动机进行了重新研究，又提出另一种新的假设，即 Y 理论。

Y 理论的主要观点是：

(1)人的本性不是厌恶工作，如果给予适当机会，人们喜欢工作，并渴望发挥其才能；

(2)多数人愿意对工作负责，寻求发挥能力的机会；

(3)能力的限制和惩罚不是使人去为组织目标而努力的唯一办法；

(4)激励在需要的各个层次上都起作用；

(5)想象力和创造力是人类广泛具有的，因此，人是“自动人”。

按照 Y 理论的观点，管理者激励员工时，应扩大工作范围，尽可能把员工工作安排得富有意义，并具挑战性；工作之后引起自豪，满足其自尊和自我实现的需求；使员工达到自我激励。只要启发内因，实行自我控制和自我指导，在条件适合的情况下，就能实现组织目标与个人需求统一起来的最理想状态。

除了以上三种理论以外，相关理论还有弗鲁姆的“期望理论”、美国亚当斯的“公平理论”、麦克利兰提出的“成就需要理论”、斯金纳提出的“强化理论”，以及美国的布莱克和莫顿提出的“管理方格图理论”等，这些理论我们会在后面的章节详细阐述。总之，行为科学的最大特色是更全面地发现和认识了人的本质，认为人不是“经济人”，而是“社会人”，是复杂的社会系统的成员。除了物质需求以外，他们还有社会、心理等各方面的需求，要求得到人与人之间的友情、安全感、归属感和受人尊重。这些认知给组织的管理模式、管理方法带来了重要影响。

第三节　现代管理：“管理丛林”阶段

20 世纪 40 年代之后，随着社会生产力和现代科学技术的迅速发展，世界各国特别是发达国家对管理理论、方法、手段的研究也日臻深入，形成了各具特色、流派纷呈的现代管理思想，美国著名管理学专家哈罗德·孔茨(Harold Koontz)称这一阶段为“管理的丛林”。在 1980 年孔茨发表的《再论管理理论的丛林》中，孔茨认为当时林林总总的重要管理学派共有 11 个。它们是：经验主义管理学派、人际关系学派、组织行为学派、社会系统学派、决策理论学派、系统管理理论学派、管理科学学派、权变理论学派、管理过程学派、经验主义学派、经理角色学派、经营管理理论学派。下面介绍一些主要学派的观点。

一、管理科学学派

管理科学学派又称数量学派，或计量学派，也称数量管理科学学派，是现代管理理论中的一个主要学派。管理科学学派是第二次世界大战时兴起的，1939 年，英国军事当局为了解决雷达系统的合理布置问题，召集了一批英国科学家组成运筹学小组进行研究。这个小组由英国曼彻斯特大学著名物理学家、前海军军官布莱克特教授领导，小组成员包括三位生物科学家、两位数学物理学家、一位天文物理学家、一位军官、一位土地测量学家、一位普通物理学家以及两位数学家。事实证明，这种混合小组方法有助于取长补短，开阔思路，解决问题。随后，美国也在国防部门采用运筹学方法，解决商船护航部署、侦察敌方潜艇、空中轰炸准确度等问题。

管理科学学派的最大贡献是将数学引入管理领域，以电子计算机作为工具，建立模型，如目前在管理中应用比较广泛有效的数学模型有决策理论模型、盈亏平衡模型、库存模型、资源配置模型（线性规划）、网络模型，以及排队论、投入产出模型等，使管理问题的研究由定性分析发展为定量分析，其主要特点为：

（一）力求减少决策的个人艺术成分

管理科学学派依靠建立一套决策程序和数学模型以增加决策的科学性。他们将众多方案中的各种变数或因素加以数量化，利用数学工具建立数量模型，研究各变数或因素之间的相互关系，寻求一个用数量表示的最优化答案。决策的过程就是建立和运用数学模型的过程。

（二）各种可行的方案

各种可行的方案均是以经济效果作为评价的依据，如成本、总收入和投资利润率等。

（三）广泛地使用电子计算机

现代企业管理中影响某一事务的因素错综复杂，建立模型后，计算任务极为繁重，依靠传统的计算方法获得结果往往需要若干年时间，致使计算结果无法用于企业管理。电子计算机的出现大大提高了运算的速度，使数学模型应用于企业和组织成为可能。

必须指出，管理科学方法的应用有它的局限：首先，管理科学学派的适用范围有限，并不是所有管理问题都是能够定量的，这就影响了它的使用范围。例如，有些管理问题往往涉及许多复杂的社会因素，这些因素大多比较微妙，难以定量，当然就难以采用科学管理的方法去解决。其次，实际解决问题过程中存在许多困难。管理人员与管理科学专家之间容易产生隔阂。实际的管理人员可能对复杂、精密的数学方法很少理解，无法做出正确评价。而另一方面，管理科学专家一般又不了解企业经营的实际工作情况，因而提供的方案不能切中要害、解决问题。这样，双方就难以进行合作。此外，采用此种方法大多需要相当数量的费用和时间。由于人们考虑到费用问题，也使它往往只是用于那些大规模的复杂项目。这一点，也使它的应用范围受到限制。因此，管理科学不是万能的。我们要充分认识到它是一种重要的管理技术和方法，而起决定作用的还是人。所以，要求管理人员要尽快地掌握管理科学，使之与各种管理技术、管理方法相结合，以便发挥更大的作用。

二、系统管理理论学派

系统管理理论主要应用系统理论的范畴、原理，全面分析和研究企业和其他组织的管理活动和管理过程，重视对组织结构和模式的分析，并建立起系统模型，以便分析。系统管理理论向社会提出了整体优化、合理组合、规划库存等管理新概念和新方法，因此，系统管理理论被认为是20世纪最伟大的成就之一，是人类认识史上的一次飞跃。系统管理理论是卡斯特（Kast）、罗森茨威克（Rosenzweig）和约翰逊（Johnson）等美国管理学家在一般系统论的基础上建立起来的。主要观点如下：

(一)一个组织是由许多子系统组成的

组织作为一个开放的社会技术系统,是由五个不同的分系统构成的整体,这五个分系统包括:目标与价值分系统,技术分系统,社会心理分系统,组织结构分系统,管理分系统。这五个分系统之间既相互独立,又相互作用,不可分割,从而构成一个整体。这些系统还可以继续分为更小的子系统。

(二)企业是由人、物资、机器和其他资源在一定的目标下组成的一体化系统

企业的成长和发展同时受到这些组成要素的影响,在这些要素的相互关系中,人是主体,其他要素则是被动的。管理人员需力求保持各部分之间的动态平衡、相对稳定、一定的连续性,以便适应情况的变化,达到预期目标。同时,企业还是社会这个大系统中的一个子系统,企业预定目标的实现,不仅取决于企业内部条件,还取决于企业外部条件,如资源、市场、社会技术水平、法律制度等,它只有在与外部条件的相互影响中才能达到动态平衡。

(三)企业是一个投入-产出系统

如果运用系统观点来考察管理的基本职能,可以把企业看成是一个投入-产出系统。投入的是物资、劳动力和各种信息,产出的是各种产品(或服务)。运用系统观点使管理人员不至于只重视某些与自己有关的特殊职能而忽视了大目标,也不至于忽视自己在组织中的地位与作用,可以提高组织的整体效率。

三、权变理论学派

20 世纪 70 年代以来,权变理论在美国兴起。当时的美国,社会不安定,经济动荡,政治骚动,达到了空前的程度,石油危机对西方社会产生了深远的影响,企业所处的环境很不确定。以往的管理理论主要侧重于研究加强企业内部组织的管理,大多追求普遍适用的、最合理的模式与原则,而这些管理理论在解决企业面临瞬息万变的外部环境时又显得无能为力。正是在这种情况下,人们不再相信管理会是一种最好的行事方式,而是必须随机因地制宜地解决管理问题,于是形成了一种管理取决于所处环境状况的理论学派。

权变理论学派认为,在企业管理中要根据企业所处的内外部条件随机应变,没有什么一成不变、普遍适用的"最好的"管理理论和方法。该学派是从系统观点来考察问题的,它的理论核心就是通过组织各子系统内部和各子系统之间的相互联系,以及组织与其所处环境之间的联系,来确定各种变数的关系类型和结构类型。它强调在管理中要根据组织所处的内外部条件随机应变,针对不同的具体条件寻求不同的最合适的管理方式或方法。因此,环境变量与管理变量之间的函数关系就是权变关系。

美国学者卢桑斯(Luthans)在 1976 年出版的《管理导论:一种权变学》中系统地概括了权变管理理论。卢桑斯认为,权变理论就是要把环境对管理的作用具体化,并使管理理论与管理实践紧密地联系起来;环境是自变量,而管理的观念和技术是因变量,如果存在某种环境条件下能够更快地达到目标的方法,就要采用某种管理原理、方法和技术。比如,如果在经济衰退时期,企业在供过于求的市场中经营,采用集权的组织结构,就更易于达到组织目标;如果在经济繁荣时期,在供不应求的市场中经营,那么采用分权的组织结构可能会更好一些。

根据权变的思想,权变管理学派的学者们提出了各自对企业管理的看法。例如,在企业的结构模式上,权变理论学派把企业看成是一个开放的系统,并把企业分成不同的结构模式。英国的伍德沃德(Woodward)按照生产系统工艺技术的复杂性和其他特点,把企业分成单件和小批量生产、大批量和大量生产、长期的流水作业生产,并认为,凡是成功的企业,都是组织结构适合工艺技术的。在领导方式的选择上，美国菲德勒(Fiedler)提出的权变领导模型，美国豪斯(House)提出的"目标-路径"理论等，都认为在组织的领导方面不存在一种普遍适用的"最好的"或普遍不适用的"不好的"领导方式，方式的选择要由企业的特点、领导个人的状况和被领导者素质等因素决定。

应当肯定的是，权变理论为人们分析和处理各种管理问题提供了一种十分有用的方法。它要求管理者根据组织的具体条件及其面临的外部环境，采取相应的组织结构、领导方式和管理方法，灵活地处理各项具体管理业务。这样，就使管理者把精力转移到对现实情况的研究上来，并根据对于具体情况的具体分析，提出相应的管理对策，从而有可能使其管理活动更加符合实际情况，更加有效。同时，权变理论学派首先提出管理的动态性，人们开始意识到管理的职能并不是一成不变的，以往人们对管理行为的认识大多从静态的角度，而权变理论学派使人们对管理的动态性有了新的认识。

但权变理论学派存在一个根本性的缺陷，即没有统一的概念和标准。虽然权变理论学派的管理学者采取案例研究的方法，通过对大量案例的分析，从中概括出若干基本类型，试图为各种类型确认一种理想的管理模式，但始终提不出统一的概念和标准。权变理论强调变化，却既否定管理的一般原理、原则对管理实践的指导作用，又始终无法提出统一的概念和标准，每个管理学者都根据自己的标准来确定自己的理想模式，未能形成普遍的管理职能。权变理论使实际从事管理工作的人员感到缺乏解决管理问题的能力，初学者也无所适从。

四、管理过程学派

管理过程学派在西方是继古典管理理论学派和行为科学学派之后影响最大、历史最久的一个学派。古典管理理论的代表人物之一法约尔就是这个学派的创始人，这个学派后来经美国管理学家哈罗德·孔茨等人的发扬光大，成为现代管理理论丛林中的一个主流学派。管理过程学派是以管理的职能及其发挥作用的过程为研究对象，认为管理就是通过别人或同别人一起完成工作的过程。管理过程与管理职能是分不开的，管理过程也就是管理诸职能发挥作用的过程。在研究方法上，这一学派首先把管理人员的工作划分为各种职能，然后对这些职能进行分析研究，并结合管理实践探索管理的基本规律和原则。该学派认为管理是一个过程，此过程包括计划、组织、领导、控制等若干个职能。这些管理职能对任何组织的管理都具有普遍性，管理者可以通过对各个职能的具体分析，归纳出其中的规律与原则，指导管理工作，提高组织的效率和效益。

孔茨在介绍"管理的丛林"并认为每种理论都对管理理论有一定贡献的同时，也指出，一些人力资源方法和数量方法更像是一些管理的具体方法，并同时认为，过程方法(Process Approach)是可以涵盖各种管理理论的理论。虽然诸多学者并不认同孔茨的意见和看法，但目前国内外有关管理学方面的教材都按管理过程方法进行编写，从这个侧面也表明，管理过程方法越来越成为一种被众人接受的管理理论框架。

第四节　当代管理：战略管理和企业再造时代

20世纪60年代末至70年代初，美国经济面临石油危机、崛起的日本及欧洲的挑战，科技竞争越演越烈，管理学界开始重点研究如何适应充满危机和动荡环境的不断变化，谋求企业的生存发展，并获取竞争优势。较为突出的是，来自战争的词汇——“战略”，开始被引入管理界。

一、安索夫开创战略规划的先河

1965年，安索夫(Ansof)的《公司战略》一书的问世，开了战略规划的先河。在《公司战略》出版之前，战略管理和规划还仅仅是一种笼统又模糊的概念。当时的管理者虽然已经开始对企业进行一些长远的规划，但实际上只是浅尝辄止，知其然不知其所以然。同时，有些学者也提出了关于战略管理的理论，然而这些理论零散、不成体系且可行性低，很难运用到企业实际的经营管理之中。在该书中，安索夫明确提出战略管理的概念，将战略管理明确解释为“企业高层管理者为保证企业的持续生存和发展，通过对企业外部环境与内部条件的分析，对企业全部经营活动进行的根本性和长远性的规划与指导”。根据安索夫的观点，战略管理与以往经营管理的不同之处在于：战略管理是面向未来，动态地、连续地完成从决策到实现的过程。1979年，安索夫《战略管理》一书的出版，标志着现代战略管理理论体系的形成。

《战略管理》明确而系统地提出了战略管理的八大要素模式——外部环境、战略预算、战略动力、管理能力、权利、权力结构、战略领导和战略行为。他的第一部著作《公司战略》主要提出公司战略的概念以及对管理者适用的操作方法进行系统的阐述，而《战略管理》则是在复杂多变的经济环境下，对企业战略管理更加系统的研究。《公司战略》是对企业目标、战略决策、多元化战略和战略协同等概念的阐述，以及分析程序和工具，实质上是就何为公司战略以及这些战略的分析和形成进行论述的；而《战略管理》则是确定企业使命，根据企业内部条件及外部环境界定组织目标，保证目标的正确落实并使其使命最终得以实现的动态过程。

二、迈克尔·波特把战略管理推向高峰

迈克尔·波特是哈佛大学商学院著名教授，当今世界上最有影响的管理学家之一，是商业管理界公认的“竞争战略之父”。他开创了企业竞争战略理论，并引发了美国乃至全世界的竞争力讨论。

迈克尔·波特对竞争情有独钟，他的第一部广为流传的著作是1980年出版的《竞争战略》，书中许多思想被视为战略管理理论的经典。波特在书中总结出了五种竞争力，它们分别是行业中现有对手之间的竞争和紧张状态、来自市场中新生力量的威胁、替代的商品或服务、供应商的还价能力以及消费者的还价能力，这就是著名的“五力模型”。在激烈的商业竞争中，只有灵活运用战略才能胜出，因此，波特为商界人士提供了三种卓有成效的战略——成本优势战略、差异化战略和缝隙市场战略。公司应视具体情况和自身特点来选择战略方针，比如五种竞争力(进入威胁、替代威胁、买方砍价能力、供方砍价能力和现有竞争对手的竞争)、三种基本战略(成本领先、标新立异和目标集聚)、价值链的分析等。通过对产业演进的说明和各种基本产业环境的分析，得出不同的战略决策。这套理论与思想在全球范围产生了深远的影响。《竞争战略》与后来的《竞争优势》以及《国家竞争优势》成为著名的“波特三部曲”，中国管理学界以及很多实务工作者对此都不陌生。

1985年，他又出版了《竞争优势》一书，作为对竞争战略的补充，提出了价值链理论，认为企业应该考虑连接产品或者供给的价值链。他在每一条价值链上区分出内部后勤、生产或供给、外部物流及配送、市场营销及售后服务五种主要的活动，而每项活动都伴随着各自的派生活动，每家公司的价值链相应地融入一个更为广阔的价值体系。

波特继而将研究方向从企业之间的竞争转为国家之间的竞争，在《国家竞争优势》一书中，他分析了国家为何有贫富之分，一个重要的因素就是国家的价值体系，他把这种价值体系形象地称为“钻石体系”。

【拓展知识】　　迈克尔·波特的崛起与哈佛商学院的革命

三、核心竞争力和企业再造

1990年，美国学者普拉哈拉德（Prahalad）和哈默尔（Hamel）在《哈佛商业评论》上发表《企业核心竞争力》一文，提出了“核心竞争力是企业持续竞争优势之源”的观点。

核心竞争力，又称“核心（竞争）能力”“核心竞争优势”，是指组织具备的应对变革与激烈的外部竞争，并且取胜于竞争对手的能力的集合。在普拉哈拉德和哈默尔看来，核心竞争力首先应该有助于公司进入不同的市场，它应成为公司扩大经营的能力基础。其次，核心竞争力对创造公司最终产品和服务的顾客价值贡献巨大，它的贡献在于实现顾客最关注的、核心的根本的利益，而不仅仅是一些普通的、短期的好处。最后，公司的核心竞争力应该是难以被竞争对手复制和模仿的。

因此，核心竞争力是企业竞争力中那些最基本的能使整个企业保持长期稳定的竞争优势、获得稳定超额利润的竞争力，是将技能资产和运作机制有机融合的企业自身组织能力，是企业推行内部管理性战略和外部交易性战略的结果。现代企业的核心竞争力是一个以知识、创新为基本内核的企业某种关键资源或关键能力的组合，是能够使企业、行业和国家在一定时期内保持现实或潜在竞争优势的动态平衡系统。以核心竞争力为理论基础，管理学界引出了所谓“虚拟组织”的概念。1994年，史蒂文·戈德曼（Steven Goldman）、罗杰·内格尔（Roger Nagel）及肯尼斯·普瑞斯（Kenneth Preiss）合著的《灵捷竞争者与虚拟组织》是反映虚拟组织理论与实践的较有代表性的著作，书中认为虚拟组织与传统的实体组织不同，它是企业以自身核心能力为中心，利用计算机信息技术、网络技术及通信技术，围绕核心能力，与全球伙伴进行合作。这种合作可以是短期的，也可以是长期的。虚拟组织可以快速获取处于全球各处的资源，避免环境的剧烈变动给组织带来的冲击。

在核心竞争力提出的同时，围绕着如何构造企业优势，组织学习、企业再造、知识管理等理论也在20世纪末期开始盛行。1990年，彼得·圣吉（Peter Senge）所著的《第五项修炼》出版，该书出版不久，即在全球范围内引起轰动，并于1992年荣获世界企业管理协会最高荣誉奖——开拓奖，彼得·圣吉也被冠以20世纪90年代的“管理学宗师”。该书的主要内容旨在说明：企业唯一持久的竞争优势源于比竞争对手学得更快更好的能力。在该书中，他将系统动力学与组织学习、创造原理、认知科学、群体深度对话与模拟演练游戏融合，透彻领悟了导师深奥理论的要义，同时着力使系统动力学的要领简单化、通俗化和可操作化，从而发展出了影响世界的学习型组织理论。

学习型组织理论认为，企业持续发展的源泉是提高企业的整体竞争优势，提高整体竞争能力。未来真正出色的企业是使全体员工全心投入并善于学习、持续学习的组织——学习型组织。通过营造学习型组织的工作氛围和企业文化，引领不断学习、不断进步、不断调整的新观念，从而使组织具有长盛不衰的生命力。

1993年，詹姆斯·钱皮(James Champth)的《再造企业 管理革命的宣言书》出版，该书明确提出了再造理论概念，认为现代企业普遍存在着“大企业病”，面对日新月异的变化与激烈的竞争，要提高企业的运营状况与效率，迫切需要脱胎换骨式的革命，只有这样才能应对生存与发展的挑战；企业再造的首要任务是BPR——业务流程重组，它是企业重新获得竞争优势与生存活力的有效途径；BPR的实施又需要两大基础，即现代信息技术与高素质的人才，以BPR为起点的企业再造工程将创造出一个全新的工作世界。因此，所谓“企业再造”，简单地说，就是以工作流程为中心，重新设计企业的经营、管理及运作方式，在新的企业运行空间条件下，改造原来的工作流程，以使企业更适应未来的生存发展空间。它以一种再生的思想重新审视企业，并对传统的管理学赖以存在的基础——分工理论提出了质疑，是管理学发展史中的一次巨大变革。

这一全新的思想震动了管理学界，一时间“企业再造”“流程再造”成为大家谈论的热门话题，受到了广泛关注。但是，企业再造也有很高的风险。到1996年年底，企业再造理论的吸引力开始减弱。原因有许多，后来的研究指出，主要原因是再造工程对人员和组织的本质产生了副作用。

思政园地

中国传统管理思想

管理的实践和理论是与各个民族的文明史和各个国家的社会文化背景相联系的。各个国家和民族对管理学的发展都有各自的贡献和价值，西方中心论不符合人类历史发展的事实。

中国传统的管理思想，分为宏观管理的治国学和微观管理的治生学。治国学适应中央集权的封建国家的需要，包括市场管理、货币管理、国家行政管理等方面。治生学是在生产发展和经济运行的基础上通过官、民的实践逐步积累起来，包括农副业、手工业、市场经营等多方面的学问。这两方面的学问作为中国传统管理的指导思想和主要原则，可以概括为如下一些要点：

顺“道”

中国历史上的“道”有多种含义，属于主观范畴的“道”，是指治国的理论；属于客观范畴的“道”，是指客观经济规律，又称“则”“常”。这里采用的是后一种含义，指的是管理要顺应客观规律。

重人

“重人”是中国传统管理的一大要素，包括两个方面：一是重人心向背，二是重人才归离。要夺取天下，治理好国家，办成事业，人是第一位的，故我国历来讲究得人之道，用人之道。得民是治国之本，欲得民必先为民谋利。得人才是得人的核心。我国素有“求贤若渴”一说，表示对人才的重视。能否得贤能之助，关系到国家的兴衰和事业的成败。

求和

求和中的“和”就是调整人际关系，讲团结，上下和，左右和。对治国来说，和能兴邦；对治生来说,和气生财。故我国历来把天时地利人和当作事业成功的三要素。

求和的关键在于当权者,只有当权者严于律己、严禁宗派、公正无私,才能团结大多数人。

守信

孔子说:"君子信而后劳其民。"治国要守信,办企业要把诚信放在第一位,办一切事业都要守信。信誉是人们之间建立稳定关系的基础,是国家兴亡和事业成功的保证。

利器

孔子说:"工欲善其事,必先利其器。"生产要有工具,打仗要有兵器,中国历来有利器的传统,使用利器可达到事半功倍的效果。"利器说"贯穿古今,成为兴邦立业的重要思想。

求实

实事求是,办事从实际出发,是思想方法和行为的准则。儒家提出"守正"原则,看问题不要偏激,办事不要过头,也不要不及,"过犹不及",过了头超越客观形势,犯冒进错误;不及于形势又错过时机,流于保守。两种偏向都会坏事,应该防止。

对策

我国有一句名言:"夫运筹帷幄之中,决胜于千里之外。"这说明在治军、治国、治生等一切竞争和对抗的活动中,都必须统筹谋划,正确研究对策,以智取胜。有备无患,预则立,不预则废。

节俭

我国理财和治生,历来都提倡开源节流,崇俭黜奢,勤俭建国,勤俭持家。节用思想源于孔子和墨子。纵观历史,凡国用有度,则会国泰民安,凡国用无度,则会天下大乱。

法治

我国的法治思想起源于先秦法家和《管子》,后来逐渐演变成一整套法治体系。如果制定法规公之于众,违者以法纠正,那么治理国家就方便多了。韩非还主张法应有公开性和平等性。

资料来源:周三多等. 管理学——原理与方法[M]. 7 版. 上海:复旦大学出版社,2021:3.

复习思考题

1. 泰勒提出了科学管理的哪几项基本原则?
2. 法约尔提出的五项管理职能是什么? 与今天的提法有何异同?
3. 泰勒、法约尔和韦伯研究管理问题的视角有何不同?
4. 人际关系学说的代表人物及其主要观点是什么?
5. 管理科学理论的含义是什么? 它与科学管理有何关联?
6. 何谓"管理理论的丛林"? 其中有哪些主要的管理流派?
7. 怎样理解和认识核心竞争力理论?

自测题

一、填空题

1. 管理思想的发展分为________、________、________和________四个发展阶段。

2. 19世纪后期至20世纪30年代，泰勒的________、法约尔的________、韦伯的________应运而生，这一时代称为科学管理时代。

3. 行为科学作为一种管理理论，开始于20世纪20年代末30年代初的________。

4. 人际关系学说是由________提出的。

5. 人际关系学说主要包括以下观点：企业的职工是________；组织中实际存在着________；新的领导能力在于提高工人的________。

6. 行为科学理论其他代表性的成果包括马斯洛的________，赫茨伯格的________；麦格雷戈的________；弗鲁姆的________；亚当斯的________；麦克利兰提出的________；斯金纳提出的________，以及布莱克和莫顿提出的________等。

7. 20世纪40年代之后，形成了各具特色、流派纷呈的现代管理思想，美国著名的管理学专孔茨称这一阶段为________。

8. 除经验主义管理学派、人际关系学派、决策理论学派、组织行为学派之外，“管理丛林”时期的理论流派还有________、________、________、________以及经理角色学派、经营管理理论学派。

9. 1965年，安索夫________一书的问世，开了战略规划的先河。

10. 迈克尔·波特开创了企业竞争战略理论，是商业管理界公认的“________”。

11. ________、________以及________被称为著名的“波特三部曲”。

12. 美国学者________和________在《哈佛商业评论》上发表________一文，提出了“核心竞争力是企业持续竞争优势之源”的观点。

13. 1993年，詹姆斯·钱皮的________一书出版，该书明确提出了再造理论。

14. 1990年，________所著的《第五项修炼》出版，该书出版不久即在全球范围内引起轰动。

15. 企业再造的首要任务是________，它是企业重新获得竞争优势与生存活力的有效途径。

16. 泰勒的科学管理在历史上第一次使管理从________上升为________。

17. 法约尔一般管理理论的提出不仅揭示了管理的本质，还为管理理论提供了一套科学的________。

18. 在韦伯著作《社会和经济组织的理论》一书中，他主张建立一种高度结构化的、正式的、非人格化的________。

19. 行为科学的最大特色是更全面地发现和认识了人的本质，认为人不是________，而是________，是复杂的________成员。

20. 权变理论学派认为，在企业管理中要根据企业所处的内外部条件________，没有什么一成不变、普遍适用的、最好的管理理论和方法。

二、单项选择题

1. 管理学形成的标志是(　　)。

A. 泰勒的科学管理理论　　B. 法约尔的管理过程理论

C. 韦伯理想行政组织理论　　D. 梅奥的霍桑实验结论

2. 管理产生的萌芽阶段是(　　)。

A. 19世纪末20世纪初　　B. 18世纪到19世纪末

C. 6 000年以前　　D. 20世纪30年代

3. 上级管理人员把一般的日常事务授权给下级管理人员去处理，而自己只保留对例外事项的决策和监督权，这是泰勒提倡的（　　）。

A. 工作定额原理　　B. 例外原则

C. 心理革命　　D. 职能工长制

4. 法约尔的代表著作是（　　）。

A.《科学管理原理》　　B.《国富论》

C.《工业管理和一般管理》　　D.《君主论》

5. 企业中存在着"非正式组织"的观点来源于（　　）。

A. 泰勒　　B. 法约尔　　C. 韦伯　　D. 梅奥

6. 法约尔提出的管理五职能或要素是（　　）。

A. 计划、组织、决策、领导、控制　　B. 计划、组织、领导、协调、控制

C. 计划、组织、指挥、协调、控制　　D. 计划、组织、决策、指挥、控制

7.（　　）提出了重视管理中人的因素。

A. 铁锹实验　　B. 金属切制实验　　C. 霍桑试验　　D. 搬运生铁试验

8."管理的十四条原则"是由（　　）提出的。

A. 泰勒　　B. 法约尔　　C. 马克斯·韦伯　　D. 切斯特·巴纳德

9. 马克斯·韦伯认为，宜于作为理想组织体系的基础的权力是（　　）。

A. 理性-合法权利　　B. 超凡的权力

C. 传统的权力　　D. 继承的权力

10. 人的需求由低级到高级共分为五个层次：生理需求、安全需求、社会需求、尊重需求和自我实现需求，这是（　　）。

A. 波特劳勒综合激励模式　　B. 马斯洛的需求层次理论

C. 韦伯的理性-合法权利理论　　D. 斯金纳的强化理论

11. 赫茨伯格在《工作的激励因素》著作中首次提出双因素理论，即（　　）。

A. 需求层次理论　　B. 双因素理论　　C. X－Y 理论　　D. 强化理论

12. 赫茨伯格认为：工资、奖金、政策与行政管理、工作安全性、工作环境等属于（　　）因素，这类因素只能消除员工不满。

A. 需求　　B. 强化　　C. 激励　　D. 保健

13. 行为科学的最大特色是认为人不是（　　）。

A. 经济人，而是社会人　　B. 社会人，而是复杂人

C. 自然人，而是自我实现　　D. 复杂人，而是自我实现人

14. 在麦格雷戈的 X-Y 理论中，按照 X 理论，管理者必然要采取（　　）管理方式。

A. 命令权威，统一服从　　B. 扩大工作，丰富工作

C. 自我控制，自我指导　　D. 自我实现，自我满足

15.（　　）学派又称数量学派，或计量学派，是现代管理理论中的一个主要学派。

A. 科学管理　　B. 系统管理　　C. 管理科学　　D. 行为科学

16."组织是由许多子系统组成的"，这是（　　）理论的主要观点。

A. 科学管理　　B. 系统管理　　C. 管理科学　　D. 行为科学

17. 经美国管理学家哈罗德·孔茨等人的发扬光大，（　　）理论成为现代"管理丛林"中的一个主流学派。

A. 科学管理　　B. 系统管理　　C. 管理过程　　D. 行为科学

18. 根据权变思想，在领导方式的选择上，(　　)提出权变领导模型。

A. 美国的菲德勒　B. 美国的马斯洛　C. 美国的泰勒　D. 美国的斯金纳

19. 在(　　)发表之前，战略管理和规划还仅仅是一种笼统又模糊的概念。

A.《竞争战略》　B.《战略管理》　C.《公司再造》　D.《公司战略》

20. 波特为商界人士提供了三种卓有成效的战略，它们是(　　)、差异化战略和缝隙市场战略。

A. 成本优势战略　B. 一体化战略　C. 核心能力战略　D. 重组再造战略

三、多项选择题

1. 管理学形成之后，管理理论可以划分为(　　)。

A. 早期管理实践与管理思想萌芽阶段　B. 古典管理理论阶段

C. 行为科学管理阶段　D. "管理丛林"阶段

E. 当代管理理论阶段

2. 梅奥等人对霍桑试验的材料总结后得出的结论主要有三点，它们是(　　)。

A. 职工是"社会人"　B. 职工是"经济人"

C. 企业中有"非正式组织"　D. 新型领导能力在于提高职工满足度

3. 古典管理理论是指(　　)。

A. 科学管理理论　B. 管理科学理论　C. 管理过程理论　D. 一般管理理论

E. 行政组织理论

4. 以下属于行为科学理论范畴的有(　　)。

A. 需求层次理论　B. X-Y 理论　C. 团体行为理论　D. 组织行为理论

E. 公平理论

5. 古典管理理论的代表人物有(　　)。

A. 泰罗　B. 德鲁克　C. 韦伯　D. 法约尔

E. 马斯洛

6. 法约尔认为企业的职能包括管理以及(　　)。

A. 技术　B. 商业　C. 财务　D. 会计

E. 安全

7. 法约尔认为管理这一职能活动由(　　)职能组成的。

A. 计划　B. 组织　C. 指挥　D. 协调

E. 控制

8. (　　)属于泰罗科学管理原理提出的管理原则。

A. 科学研究　B. 工人素质　C. 协作　D. 职能分开

E. 设备排列

9. 泰罗在管理方面的文献有(　　)。

A.《国富论》　B.《科学管理原理》

C.《工业管理与一般管理》　D.《计件工资制》

E.《车间管理》

10. 韦伯认为，人类社会存在三种为社会所接受的权力，下列选项中属于这三种权力的有(　　)。

A. 传统权力　B. 超凡权力　C. 法定权力　D. 人本权力

11. 科学管理理论的代表人物有(　　)。

A. 泰罗　B. 亨利·甘特　C. 卡尔·乔治·巴恩　D. 弗兰克·吉尔布雷

12. 法约尔认为企业的基本活动包括(　　)。

A. 技术活动　B. 商业活动

C. 财务活动和会计活动　D. 安全活动

E. 管理活动

13. 下面属于法约尔的 14 条管理原则的是(　　)。

A. 劳动分工　B. 统一领导

C. 个人利益服从整体利益　D. 公平

E. 团结

14. 权变理论学派代表人物主要有(　　)。

A. 卡斯特　B. 卢桑斯　C. 菲德勒　D. 豪斯

15. 管理科学学派的最大贡献是将数学引入管理领域,以下属于管理科学领域应用模型的有(　　)。

A. 库存模型　B. 决策理论模型　C. 排队论　D. 对策论

E. 搜索论

四、简答题

1. 简述泰勒制的核心观点。
2. 简述法约尔提出的管理原则。
3. 简述人际关系学说的主要观点。
4. 简述行为科学主要代表人物及其理论。
5. 简述“管理理论丛林”的主要流派。
6. 简述学习型组织的核心思想。

五、问答题

1. 为什么泰勒被称为“科学管理之父”?
2. 为什么法约尔被称为“管理过程之父”?
3. 为什么韦伯被称为“组织理论之父”?
4. 霍桑实验和人际关系学说产生之间有何联系?
5. 行为科学研究最大的特色是什么?
6. 为什么说迈克尔·波特把战略管理推向了高峰?

请用手机微信扫以下二维码,获取自测题参考答案。

第二章 自测题
参考答案

第三章

管理环境

学习目标

知识目标：理解外部环境内涵及其重要性，掌握外部环境对管理者的影响，掌握外部环境分析的多种方法，理解组织文化及其对管理者的影响。

能力目标：能够应用各种不同方法分析组织所处的外部环境，能够根据环境不确定性矩阵准确判别组织所处的场景，能够根据组织文化不同维度的强弱判断组织个性。

素质目标：培养学生宏大视野，学会从大处着眼、小处着手；培养学生应变思维，学会以变制变；培养学生文化意识，强化对文化的认同感。

思政目标：增强学生的危机意识、忧患意识，做到居安思危；培养学生大局观念和全局意识，提升学生系统性思维；增强学生组织认同、身份认同，坚定文化自信。

思维导图

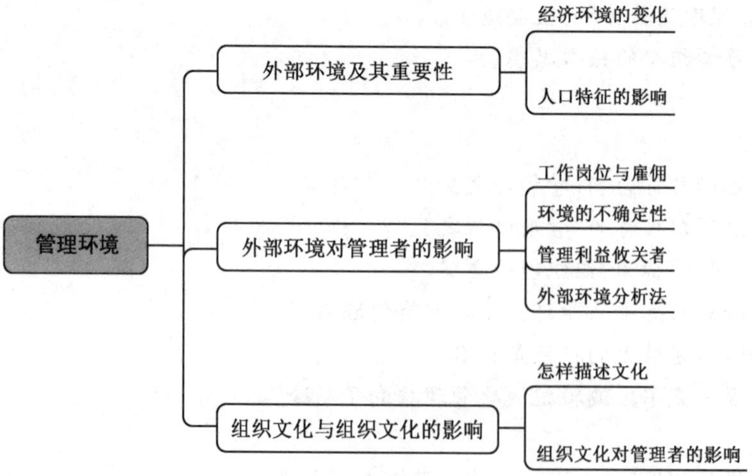

案例引入

以变制变:海尔的战略定力与创新活力

刚刚过去的2022年,一言难尽又终生难忘。

全球经济增速放缓;

美国通过《芯片科技法案》,对中国芯片等高科技产业进行全面围堵;

中国国家创新能力综合排名稳步提升,上升至世界第12位;

……

这一年,我们经历着巨变,在时代的洪流中,更能体会到个体“渺小”与“伟大”的并存。

这一年,国际环境风高浪急,国内改革发展稳定、任务艰巨。

哪有什么岁月静好?不过是很多人一起负重前行,不过是勇敢者在奋力经营。

一、拥抱变化,创新求胜

国际格局和国际体系正发生深刻变革,国际力量对比正经历近代以来最具革命性的变化,新一轮科技革命和产业变革也在重塑世界。

那些在2022年幸存下来的,那些在2022年逆势增长的,都是勇敢者。

“狭路相逢,勇者胜”。他们又是凭什么取胜的呢?

就凭他们敢于先行一步、敢于站立潮头!

创新是把握时代之变的终极密码,是勇敢者披荆斩棘的永恒利器。谁先创新满足时代的需求,谁就能先胜一筹。

海尔集团召开2022年工作总结表彰大会暨第八届职工代表大会第四次会议,海尔集团董事局副主席、总裁梁海山发布了“海尔集团2022年度创新成果”。

2022年,海尔集团所获中国专利金奖增至11项,海外发明专利申请量超1.6万件,均为行业第一;累计主导和参与国际标准发布97项、国家标准和行业标准发布706项;实现气悬浮压机、零嵌冰箱、航空温控集装箱等原创技术重大突破,新增“国际领先”技术鉴定23项,累计264项,位居行业第一。

这一系列科技创新,也在海尔的业绩上有了硬核映照:2022年,海尔集团全球营业收入3 506亿元,增长5.4%;生态收入450亿元,增长16.3%;全球利润总额252亿元,增长3.7%。

困境中的逆势增长,无疑是海尔这类时代勇敢者的典型形象。

海尔的经验落在“创新”二字之上,这其中既包括我们传统认知中的科学技术创新,又包括了管理模式创新以及品牌范式创新。

1. 科技创新

科技创新的直观表现就是那些跃动的专利、标准数字,背后则是人才的吸引、平台的搭建等一系列幕后之劳。

2022年初,海尔成立科学与技术委员会:发挥优势、强化能力、突破难题,持续加码科技创新,推动企业勇闯行业无人区。一年时间,成果迭现。

例如,海尔生物以填补国内企业在航空温控技术领域的空白为目标,在海尔开放的创新体系优势吸引下,行业专家抢入,只用1年时间就实现自主研发的航空温控箱国际首飞。

卡奥斯主导的“工业互联网系统功能架构”IEC国际标准5月获得高票通过,并于10月正式发布，填补了该领域的全球空白。

成熟性技术如果在新的价值向度上比不过创新技术，就会被迅速击败；而当创新技术本身成为成熟技术后，就会有新的创新技术创造新的价值向度，重新定义市场。

以干衣机为例，基于用户痛点，海尔历时6年研发、68次迭代创新推出全世界第四代干衣机——海尔双擎净滤干衣机。立足科技创新，能够给用户带来不一样的体验，这也使得海尔干衣机稳居行业第一。

海尔的脚步没有停下，这次大会的现场，海尔集团举行了2022年度“科学家”聘任仪式。这不仅是其持续聚焦科技创新的体现，还是对两万多名海尔科研工作者的激励。

2. 管理模式创新

从海尔集团创始人张瑞敏先生提出“人单合一”模式，到这一模式被全球四十多万家企业学习、交流，当中的历程包括了这一模式在海尔的内化于心、外化于行。

根本原因在于这一模式让人人创客变成现实。员工的价值得到彰显，用户的需求得到满足，这也造就了海尔2022年在市场端的多维胜利。

海尔智家在中国市场全年零售增长10%，市场份额达27.2%，在海外多个市场则均以超行业平均增速2倍以上的速度增长；工业互联网平台卡奥斯COSMOPlat连续4年蝉联全国“双跨”工业互联网平台榜首；大健康产业依托海尔生物和盈康生命两家上市公司，构建“设备＋服务＋平台”健康产业生态；海纳云打造了城市安全风险综合监测预警平台，为智慧城市发展保驾护航……

3. 品牌范式创新

中国制造与中国品牌曾经处于“微笑曲线”的底端。正是先行企业对自主品牌的执念，才有了今天中国品牌立于世界商业之林的豪迈。

海尔是先行者之一。其自主品牌之路，从创业至今已有三十余年。海尔已连续14年蝉联全球大型家电第一品牌，成为最受全球用户认可的品牌之一。

海尔的品牌创新之路，并不止步于全球创牌。还有基于用户需求、产业发展等多维度考量，打造的高端品牌、场景品牌和生态品牌三级品牌体系。根据用户的个性化需求与生态方一起定制场景和服务，从而打破了自身传统家电企业的标签，成为面向物联网时代的生态型企业。

二、敦笃厉行，行稳致远

海尔集团董事局主席、首席执行官周云杰提出，海尔要成为一个“时代的企业”，必须以归零心态，创业再出发。

这种心态，无疑既是海尔人的信心与勇气，也是海尔人对时代的尊重与回应。

海尔人坚信，事情一点一点地做，成果便一点一点地累积。目光需放长远，不能因一时的风暴而失去用户与社会的信任。

早在1933年，全美人寿就在上海设点，开始了中国的保险业务，而第二次世界大战爆发导致全美人寿于1941年被迫临时关闭了中国办事处。战后最早经营现代人寿保险业的华人李祖法重新把这些文件挖出，数年间追寻客户的下落，向中国保单持有人做出理赔。全美人寿正是因为李祖法的长期主义，不贪一时之财，赢得了当时保险业的极高信誉。

从2023年开始，未来的市场将属于有战略定力的长期主义者。

1. 坚持主赛道不偏航

如果你是游鱼，就不要与雄鹰争锋；如果你是草木，就不要与猎豹比先。每个企业都有自己适合的领域，我们要做的，是在对的赛道上发力，而不是一边偏航、一边死磕。

正如周云杰在1月9日的演讲中所说的，“没有战略的企业没有未来，所以做什么很重要；偏离战略，会给企业带来毁灭性的灾难，所以不做什么更重要”。

海尔持续聚焦智慧住居和产业互联网两大赛道：以海尔智家为载体，实现在物联网智慧住居领域的全球引领；抓住数字经济的新机遇，做优卡奥斯工业互联网平台，做深大健康产业、城市治理互联网、汽车产业互联网和新能源产业互联网4个垂直领域。

在追求理想的路上，光有努力是远远不够的。海尔聚焦主业不偏航、始终坚持创新驱动的举动，是经得起诱惑、耐得住寂寞的长期主义的一种表现。

2. 坚持用户至上

乔布斯提倡“将用户体验做到极致”；贝索斯则言“世界上有两种公司，一种是尽可能地说服客户支付一个高的利润；另一种是拼命把价格降到最低，把利润都让给用户的公司”……这些商业案例几乎都在诠释和践行“用户至上”。

而“以用户为中心”，是海尔始终坚持并不断赋予新时代内涵的核心理念。

早在产品品牌时代，海尔就不是以某一款产品行销全球，而是根据不同地区用户的不同需求研发差异化的产品，本质上就是满足全球用户的个性化体验。像在巴基斯坦推出一次可放入12头羊的冷柜，在印度推出大容量冷藏保鲜的冰箱，在西班牙推出可以储存大量海鲜的多门冰箱，这些产品都是根据当地的文化特点和用户使用习惯推出的。

如今，用户的需求从产品转向场景。为了满足不同用户对智慧家千差万别的需求，海尔推出了首个场景品牌三翼鸟，以“1+3+5+N”全屋智慧全场景解决方案，定制智慧生活，不管是洗烘联动的智慧阳台、一键烹饪的智慧厨房，还是影院级别的智慧客厅，三翼鸟有“400+”智慧场景解决方案随心选，其中包含了“1 000+”生活场景，超过2 000个生活技能，覆盖衣食住娱的方方面面。依托智家大脑的技术升级，用户可以一屏控全屋，真正体验自然、无感、主动的智慧生活体验。

用户的难题就是海尔必修的课题。

3. 坚持共赢共生

面对难以预测的未来，立足开放互惠、共创共赢的生态品牌范式，有助于实现跨界资源的打通、整合和应用，不仅打破了行业界限，而且破解了发展困境。

海尔旗下卡奥斯工业互联网平台链接企业90万家、服务企业8万多家，“1+N+X”工赋模式“青岛能突破、山东能推广、全国能借鉴”，其中，“工赋青岛”2022年赋能企业超过4 500家，新增产值超过300亿元。海创汇构建赋能中小企业“专精特新”发展的创业生态，服务中小企业超过4 000家，孵化出7家上市公司、80家专精特新“小巨人”企业。

4. 坚持人的价值最大化

在创客的发展上，海尔坚持认为，充分释放“人”的潜能才能更好地应对外部环境的不确定性，从而实现组织的良性发展。

“己欲立而立人，己欲达而达人”，优秀的企业创造高质量的产品，而卓越的企业创造引领的价值。周云杰强调海尔在传承文化基因的基础上，要培育、创建卓越的企业文化，引领海尔生态生生不息。

海尔通过创客合伙人激励与约束机制，即创客制释放创客活力、激发潜能，让创客成为企业持续发展的主人。目前海尔的创客合伙人已近1.5万人。

2023年，海尔继续推进创客制升级，创客可以将创客股权/份额跟投自己所在的事业中，机制完全市场化。这也将更利于激励创客持续创业、与事业共进退。

三、美美与共,永不停歇

1993 年,费孝通写下“各美其美,美人之美,美美与共,天下大同”,这是基于中华文明内在精神的话语表达。

当前,全球化虽遇阻挡,仍在不断深入,智能技术变革以及时代不确定性加剧,即使是头部企业也意识到无法凭一己之力应对变革。

这也是生态品牌应运而生的时代背景。

周云杰表示,为了支持两大赛道的引领,海尔将生态转型、数字化转型和科技自立自强放在了战略高度上进行布局。

生态品牌的建设,正是海尔向前进化的重中之重。海尔通过与生态方共同进化发挥生态合力,不断满足持续迭代的用户需求,为用户及生态方创造价值、传递价值、分享价值,形成价值循环。

从用户维度来说,用户是企业的根基,没有一家成功的企业能够脱离用户而存在。想用户所想,实现用户的最大价值,才能实现企业的价值。

从生态方维度来说,企业之间的竞争已从以产品为中心、客户为中心的竞争上升到企业生态系统之间的竞争。面对需求的复杂化和分工的专业化,推动传统的价值链模式向生态模式转型迫在眉睫。

从国家社会发展维度来说,中国经济的飞轮想要成功运转,需要国家在产业层面进行新的战略布局,数字经济、科技强国,这些都构成了中国经济发展的全新底色和全新动力。同时需要数以万计的中国企业齐心协力,树立全局观念,发挥主体作用,转动自身“齿轮”。

在充满不确定性的时代,生态品牌成为一种确定的力量,为经济社会的高质量发展和中国企业抢占新一轮先发优势提供着生生不息的动力。

四、结语

我们共同面对“百年未有之大变局”,共同身处“乌卡时代”,唯一不变的就是变化本身,其所带来的无论是机遇还是挑战,我们都需要共同应对。

而企业想要在这样的时代笑傲江湖,必须成为坚持战略定力的勇敢者。

风物长宜放眼量,稻盛和夫在《活法》中说,长期主义者的“活法”就三件事:乐观地设想、悲观地计划、坚定地执行。坚守战略定力,“慢反而是快”,做一个活在未来的时代企业。

资料来源:根据海尔集团网站《战略的定力与创新的活力》(2023-01-12)整理而得。

【问题思考】

结合案例材料,回答海尔集团所面临的外部环境,以及如何应对。

阅读材料

海尔集团董事局名誉主席——张瑞敏

张瑞敏,汉族,1949 年生,山东莱州人,海尔集团创始人,人单合一模式和生态品牌创立者,现任海尔集团董事局名誉主席。先后荣获“全球 30 位最受尊重的企业家”、“全球杰出企业领袖”、Thinkers50“全球最具影响力的 50 大管理思想家”终身成就奖等近百项荣誉。

张瑞敏始终坚信“没有成功的企业，只有时代的企业。所谓‘成功’，只不过是踏上了时代的节拍”。三十多年的创业创新，他始终以创新的企业家精神和顺应时代潮流的超前战略决策引航海尔持续发展，不仅传奇般地把一个濒临倒闭的集体小厂发展为年营业额逾千亿元的全球化公司，而且以卓有成效的管理为管理界输出了一个又一个创新的商业模式和经典管理案例，创造了富有中国特色、充满竞争力的海尔文化。

打造了一个全球化企业：1984 年，张瑞敏临危受命，接任当时营业额只有 348 万元、亏空高达 147 万元的青岛电冰箱总厂厂长。他抓住改革开放的机遇，以“要么不干，要干就要争第一”的观念，确定了为用户提供高质量产品体验的目标。到 2020 年已发展成为全球营业额超 3 000 亿元、利税总额超 400 亿元的全球化企业。其中，海尔集团旗下上市公司之一的海尔智家荣居世界 500 强。

创立了一个世界级品牌：海尔连续 12 年蝉联欧睿国际世界白电第一品牌。在此基础上，海尔创立了物联网生态品牌，并连续三年蝉联全球品牌百强榜中唯一生态品牌。目前，海尔集团除拥有海尔、卡萨帝、统帅、GE Appliances、斐雪派克、AQUA、Candy 等智能家电品牌外，还创出了卡奥斯 COSMOPlat、日日顺、盈康一生、海尔生物医疗、海纳云等生态品牌新物种。生态品牌新物种海尔生物医疗已成功上市科创板，成为科创板科技生态第一股。

首创了一个引领的商业模式：2005 年，张瑞敏首次提出人单合一模式。经过 16 年持续探索精进，人单合一已经成为物联网时代引领的管理范式。2021 年 9 月 17 日，张瑞敏和欧洲管理发展基金会主席埃里克·科尼埃尔联合签署首张人单合一管理创新体系国际认证证书，标志着中国企业创造了首个管理模式国际标准，开创了中国企业从接受国际标准认证到输出国际标准认证的新时代。

缔造了一种创客文化：张瑞敏的贡献不仅仅在于有形的方面，更体现在他坚持以“人的价值最大化”为宗旨，倡导并推动持续创业创新的海尔文化，让每个平凡的员工都有机会成为自主人的创客，人人都是自己的 CEO，为实现共创价值、共同富裕做出有益探索。目前海尔创业平台已先后诞生创业企业 4 000+，且由于海尔平台高达 49%的成功孵化率，让平台中走出了 161 家 A 轮以上融资企业、37 家瞪羚企业、5 家独角兽企业、18 家 Pre-IPO 企业、4 家上市企业、1 家龙企业。

党和国家对张瑞敏的卓越贡献给予高度肯定。张瑞敏连续当选中共第十六届、中共第十七届、中共第十八届中央委员会候补委员，先后获授党中央和国务院颁发的“改革先锋”奖章、“最美奋斗者”荣誉称号。

资料来源：根据百度百科——张瑞敏(https://baike.baidu.com/item/张瑞敏/19495fr=ge_ala,2024-03-31)整理而得。

本部分对管理环境的介绍，区别于管理学、战略管理等其他教材的内容编排，重点考察组织外部环境及其重要性、外部环境对管理者的影响，以及组织文化对管理者、员工行为的影响。

第一节　外部环境及其重要性

一只南美洲亚马孙河流域热带雨林中的蝴蝶，偶尔扇动几下翅膀，可以在两周以后引起美国得克萨斯州的一场龙卷风。当冰岛的艾雅法拉火山喷发时，谁会想到这竟会导致宝马在南卡罗来纳州斯帕坦堡的工厂或日产汽车公司在日本的组装厂关闭呢？然而，在这个全球化和相互联系的世界中，这些看似不可能的事成为可能。由于蝴蝶扇动翅膀的运动，导致其身边的空气系统发生变化，并产生微弱的气流，而微弱气流的产生又会引起四周空气或其他系统产生相应的变化，由此引起一个连锁反应，最终导致其他系统的极大变化。因为火山灰造成整个欧洲的飞机停飞，因此，位于冰岛的轮胎压力传感器供应商不可能把传感器及时交付宝马工厂或日产工厂。我们生活在一个"相互联系"的世界中，管理者必须意识到组织外部的影响。

外部环境是指影响组织绩效的外部因素、力量、情境和实践。如图 3－1 所示，外部环境包括几个不同的构成成分。经济环境涉及利率、通货膨胀、可支配收入的变化、股市的波动、行业周期阶段等因素。人口环境涉及人口特征，如年龄、种族、性别、教育水平、地理位置、收入和家庭构成。技术环境涉及技术行业创新。社会文化环境涉及价值观、态度、流行趋势、风俗习惯、生活方式、信仰、口味、行为方式等社会和文化因素。政治法律环境涉及国内外法律、国际法，还包括一个国家的政治条件和稳定性。全球环境包括与全球化有关的事件(如贸易战、火山爆发)和世界经济。虽然所有这些环境都可能影响管理者的决策与活动，但本部分重点审视经济环境与人口环境。

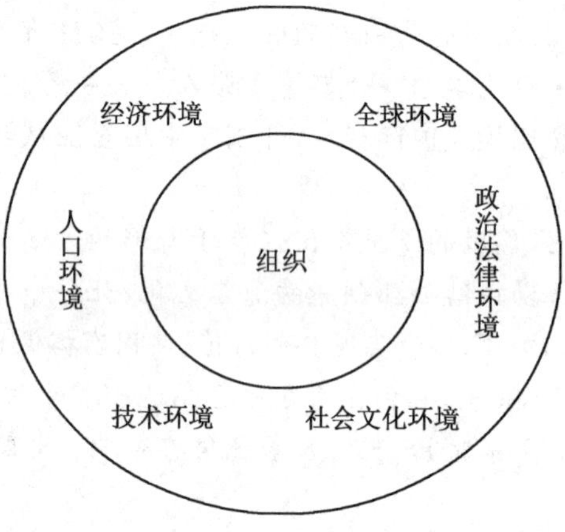

图 3－1　外部环境的构成

一、经济环境的变化

美国次贷危机，是指一场发生在美国，因次级抵押贷款机构破产、投资基金被迫关闭、股市剧烈震荡引起的金融风暴。美国次贷危机是从 2006 年春季逐步显现的，2007 年 8 月开始席卷美国、欧盟和日本等世界主要金融市场。

美国次贷危机始于美国房屋抵押市场的混乱，很多业主发现他们没有能力还贷。随着信贷市场的崩溃，这一问题迅速影响整个企业界。突然间，企业无法获得贷款，为其业务活动融资了。次贷危机的冲击不仅限于美国这一个市场，由于全球化的联系，没多久，美国的经济问题就扩散到其他国家，演变成为一场更广泛的经济危机。

美国次贷危机引发的金融风暴将全球经济发展拖入一个整体的慢节奏里，对世界金融系统产生了极大的震荡，使世界金融格局发生了改变。是什么原因导致美国次贷危机呢？专家们列出了很多影响因素，包括长期过低的利率、美国房地产市场的根本缺陷，以及全球流动性过剩等。

上述因素让企业和消费者过度举债，这些因素在贷款很容易时根本不是问题。然而，当流动性枯竭时，全球经济系统就近乎崩溃了。大量房屋丧失了抵押品赎回权，很多国家公共债务负担沉重，由失业导致的大面积的社会问题持续不断，这些清楚反映了美国和全球经济环境的变化，同时，全球经济的缓慢复苏继续影响着组织的决策和活动。

现代化发展带来了全球性的环境问题。面对全球性的环境问题，发达国家或地区的人们认为环境问题主要是由发展中国家或地区急剧膨胀的人口所导致的，这些国家或地区对环境问题负有不可推卸的主要责任；与此相对，发展中国家或地区的人们认为环境问题在根本上源于主要由发达国家或地区设置的不平等社会制度或结构。然而，归责并不能解决问题，面对全球性的环境问题，提出解决问题的实际方案才是第一要务。

2020 年 4 月 7 日至 9 日，哈里斯洞察与分析(Haris Insights & Analytics)对 2 018 名美国人进行的一项在线全国调查发现，有 78%的美国人同意考虑冠状病毒在美国的扩散及其对经济和美国人的影响，美国政府承诺在明年通过减少最低工资和向年收入超过 25 万美元的家庭征税，以确保所有人的医疗保险，致力于减少经济不平等，是非常重要的。只有 21%的人认为通过这些行动来减少不平等现象不是很重要或根本不重要。

这项调查是由哈里斯·波尔(Haris Pol)于 2020 年 4 月 7 日至 9 日在利哈伊大学通过在线进行的，调查对象是 2 018 名 18 岁以上的美国成年人。通过该在线调查，大多数美国人表示，在 COVID -19(新型冠状病毒感染)引发的日益严重的经济危机中，联邦政府应积极寻求减少不平等现象。

为什么这个问题如此敏感？勤奋工作并因辛勤或富有创造性工作而获得报酬的人一直受到认可。在美国，收入差距一直存在，几十年来，富人和其他人的收入差距比其他国家大得多，这被认为是美国价值观和行为方式的一部分。然而，“我们对不断扩大的收入差距的容忍度可能在下降”。企业领导者必须认识到，在这种经济背景下的社会态度对企业决策和管理企业可能产生的约束。

二、人口特征的影响

一个国家的人口规模和特征可能对其经济、社会等方面产生重要影响。用于社会研究目的的人口特征对于管理者如何管理有着重要影响。这些人口特征包括年龄、收入、性别、种族、教育水平、民族构成、就业状态、地理位置等信息。

年龄是特别重要的人口特征，因为在工作场所，不同年龄的群体往往在一起工作。美国人口研究者把美国人口的四个著名群体分别命名为：婴儿潮一代、X 一代、Y 一代、后千禧一代。婴儿潮一代是那些在 1946—1964 年出生的人。“婴儿潮”的意思是处在这个年龄段的人很多。这一代人的绝对数量意味着他们对外部环境的各个方面(从教育系统到娱乐、生活方式的选择，再到社会保障系统，等等)都有重要影响，他们已经历了生命周期的各个阶段。X 一代用于描述 1965—1977 年出生的人。这一年龄群体被称为“生育低谷一代”，因为他们紧随“婴儿潮”，是较小的年龄群体之一。Y 一代是由 1978—1994 年出生的人组成的年龄群体。作为 Y 一代的孩子，这一年龄群体在数量上也很多，因此对外部环境条件也有影响。从技术到穿衣风格，再到工作态度，Y 一代影响着组织的工作场所。还有后千禧一代——最年轻的年龄群体，主要是青少年和中学生。这一群体也被称为 I 一代，主要因为他们是伴随着定制化技术成长起来的。他们还有一个称谓——C一代,因为他们总是采用数字化沟通方式。该群体的特征之一是“他们的许多社交都发生在网络上,他们认为在网络上表达观点和态度更轻松”。这是第一个“除了互联网、移动设备和社会网络定义的事件外,根本不了解现实”的群体。

人口年龄群体对我们研究管理非常重要,因为如果处在特定生命周期阶段的人数多,就会影响企业、政府、教育机构和其他组织的决策与行动。研究人口特征要看现在的统计数据和未来的发展趋势。据联合国儿童基金会(UNICEF)表示,到2050年,非洲人口将占世界人口的1/4。届时,仅尼日利亚一国的新生儿数量就将占全球新生儿总数的10%。据公开资料显示,到2050年,中国64岁及以上人口数量将超过世界其他国家该年龄段人口数量之和。可以想见,这些人口变化趋势对全球组织的影响。

【拓展知识】　　数字经济赋能国家治理

第二节　外部环境对管理者的影响

对管理者而言,了解外部环境的各种构成并研究环境的相应方面非常重要,而理解环境如何影响管理者也同样重要。我们将研究外部环境对管理者产生约束和挑战的三个方面:工作岗位与雇佣,环境的不确定性,管理利益攸关者关系。

一、工作岗位与雇佣

当外部环境发生变化时,管理者面临的最大约束之一就是这种变化对工作岗位与雇佣的影响——不管是坏的变化还是好的变化。在2008年美国次贷危机引发的经济危机中,这种约束力是很明显的。美国有超过800万个工作岗位消失,直到2009年年底,约3 000万人仍处于失业、就业不足或放弃寻找工作的状态。在减少的800多万个工作岗位中的1/4不会恢复,它们将被成长性行业中的其他类型工作取代。其他国家也面临着同样的问题。虽然这些再调整本身不是坏事,但确实给管理者带来了挑战,他们必须在工作需要与吸引足够多有适合技能的人员来完成组织工作之间达成平衡。

外部环境的变化不但影响着可获得的工作岗位,还影响着创造和管理这些工作的方式。例如,许多企业需要聘请自由职业者,或专职的临时工,或找人轮岗,对于由这些人完成的任务采用弹性工作制。有一些组织,甚至使用组织的“志愿者”来完成工作。正是因为外部环境的约束,才会使用这些方式。作为管理者,必须认识到这些工作安排会影响你的计划、组织、领导和控制的方式。

二、环境的不确定性

外部环境施加的另一个约束在于环境存在的不确定性,它会影响组织的绩效。环境的不确定性是指组织环境的变化和复杂程度。

不确定性的第一个维度是变化的不可预测程度。如果组织环境的构成要素变化频繁，就是一个动态的环境。如果变化很少，就是一个稳定的环境，在稳定的环境中，没有新的竞争对手，现有竞争对手没有技术突破，压力集团没有采取行动来影响组织等。芝宝公司（Zippo）最为人熟知的是它的芝宝打火机，它所面对的是一个相对稳定的环境。几乎没有竞争对手和技术变化，公司主要关注的外部因素可能是烟草使用量减少的趋势。相反，音乐录制行业面临着一个动态（高度不确定和不可预测）的环境。数字格式、应用软件以及音乐下载网络完全颠覆了这个行业，并带来了高度的不确定性。

不确定性的第二个维度是环境的复杂程度，它涉及组织环境构成要素的数量，以及组织掌握的关于这些环境要素的知识。如果一个组织需要应付的竞争对手、客户、供应商或政府机构很少，或者不需要环境方面的知识，那么环境的复杂性和不确定性就比较小。

环境的不确定性如何影响管理者？如图 3－2 所示，每个象限都代表着复杂程度和变化程度的不同组合。第一象限（稳定而简单的环境）代表环境不确定性最低，而第四象限（动态而复杂的环境）代表不确定性最高。管理者对位于第一象限的组织绩效的影响最大，对位于第四象限的组织绩效的影响最小。因为不确定性对组织有威胁，管理者必须尽可能减小其影响。如果可以选择，管理者更愿意在不确定性最小的环境中运营，但是他们几乎无法控制这种选择。如今，外部环境的特征是大多数企业正面临着不确定的环境。

复杂程度＼变化程度	稳定	动态
简单	第一象限 • 稳定而可预测的环境 • 环境的构成要素很少 • 这些构成要素在某种程度上是类似的，并基本保持不变 • 不需要环境构成要素的复杂知识	第二象限 • 动态的、不可预测的环境 • 环境的构成要素很少 • 这些构成要素在某种程度上是类似的，但在不断变化 • 不需要环境构成要素的复杂知识
复杂	第三象限 • 稳定而可预测的环境 • 环境的构成要素很多 • 这些构成要素差距很大，但基本保持不变 • 非常需要环境构成要素的复杂知识	第四象限 • 动态的、不可预测的环境 • 环境的构成要素很多 • 这些构成要素在某种程度上是类似的，且不断变化 • 非常需要环境构成要素的复杂知识

图 3－2　环境不确定性矩阵

三、管理利益攸关者关系

利益攸关者是组织环境中受到组织决策和活动影响的群体。这些群体与组织存在利益关系，或受到组织行为的显著影响，这些群体反过来也影响着组织。例如，受到星巴克决策和活动影响的群体——种咖啡豆的农民、员工、竞争对手、当地社区等。其中一些利益攸关者也可能反过来影响星巴克管理者的决策与行动。组织存在利益攸关者这一观点目前被管理学者和管理者广泛接受。

图 3－3 指出了组织需要应对的、最常见的利益攸关者。需要注意的是，这些利益攸关者既包括内部群体，也包括外部群体，因为它们都能对组织“做什么”以及“如何做”产生影响。

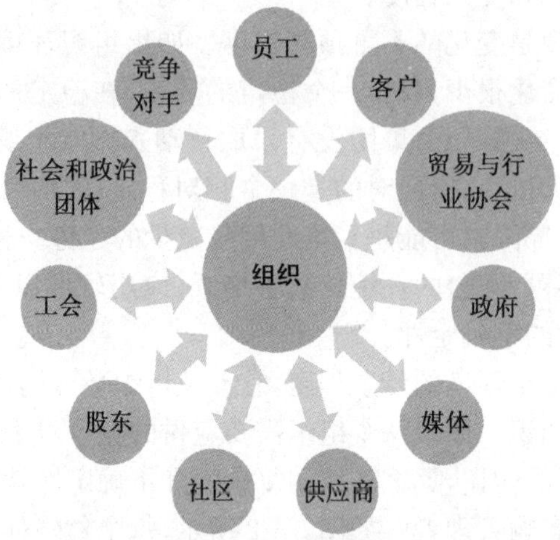

图 3—3 组织的利益攸关者

四、外部环境分析法

分析组织外部环境，常用到以下方法：

(一)PESTEL 分析模型

PESTEL 分析模型，是在 PEST 分析模型的基础上形成的，又称大环境分析，是分析宏观环境的有效工具，不仅能够分析外部环境，而且能够识别一切对组织有冲击作用的力量。其每一个字母代表一个因素，具体如下：

(1)政治因素(Political)：指对组织经营活动具有实际与潜在影响的政治力量和有关的政策、法律及法规等因素。

(2)经济因素(Economic)：指组织外部的经济结构、产业布局、资源状况、经济发展水平以及未来的经济走势等。

(3)社会因素(Social)：指组织所在社会中成员的历史发展、文化传统、价值观念、教育水平以及风俗习惯等因素。

(4)技术因素(Technological)：不仅仅包括那些引起革命性变化的发明，还包括与企业生产有关的新技术、新工艺、新材料的出现和发展趋势以及应用前景。

(5)环境因素(Environmental)：一个组织的活动、产品或服务中能与环境发生相互作用的要素。

(6)法律因素(Legal)：组织外部的法律、法规、司法状况和公民法律意识所组成的综合系统。

(二)波特五力模型

波特五力模型(Porter's Five Forces Model)由迈克尔·波特于 1979 年提出，是一种分析竞争力和行业吸引力的框架(见图 3—4)。该模型包括五个关键要素。

行业竞争对手(Competitive Rivalry)：指在特定行业中与组织竞争的其他公司。高度竞争的行业可能会导致价格竞争、产品和服务差异化的压力，以及市场份额的争夺。

新进入者的威胁(Threat of New Entrants)：指潜在新公司进入特定行业的威胁。如果新进入者能够轻松进入市场并与现有公司竞争，可能会增加行业竞争程度，降低现有公司的利

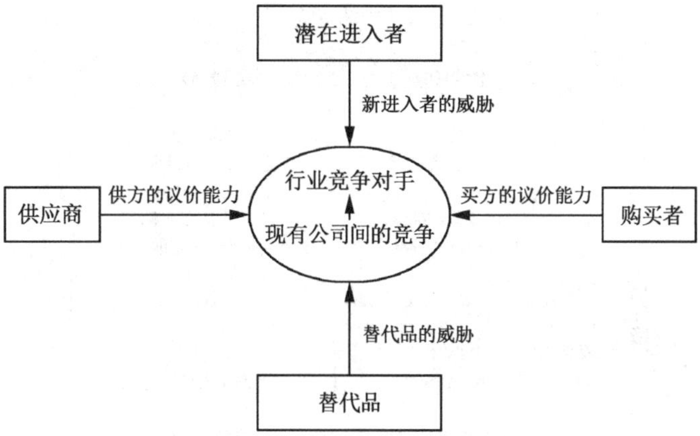

资料来源：https://image.baidu.com/search/detail? ct=503316480.

图 3—4　波特五力模型框架

润率。

供应商的议价能力(Bargaining Power of Suppliers)：指供应商对组织的影响力和议价能力。如果供应商具有较高的议价能力，可以对产品价格、供应和质量施加压力，从而影响组织的利润能力。

购买者的议价能力(Bargaining Power of Buyers)：指购买者对组织的影响力和议价能力。如果购买者具有较高的议价能力，可以对产品价格和条件进行谈判，并对组织施加压力，降低利润能力。

替代品的威胁(Threat of Substitutes)：指替代产品或服务对特定行业的威胁。如果存在可替代的产品或服务，消费者可能会转向替代品，从而对行业内的现有公司构成威胁。

(三)SWOT 分析法

SWOT 分析法，也称 TOWS 分析法、道斯矩阵，20 世纪 80 年代初由美国旧金山大学海因茨·韦里克(Heinz Weihrich)提出。如图 3—5 所示，SWOT 分析法由四个要素组成：优势、劣势、机会、威胁。其中，优势、劣势为内部要素，机会、威胁为外部要素。通过分析企业内外部环境，识别企业发展的机会和挑战，并从中找出企业发展战略的可行路径。

(1)优势(Strengths)：指企业相比其他竞争对手具有的优势，如产品特色、技术优势、资源优势等。

(2)劣势(Weaknesses)：指企业相比其他竞争对手的不足之处，如管理体制不健全、技术力量薄弱等。

(3)机会(Opportunities)：指企业可以利用外部环境给自身带来的机遇，如新技术的出现、市场的扩大等。

(4)威胁(Threats)：指企业可能面临的外部环境威胁，如竞争对手的优势、政策变化等。

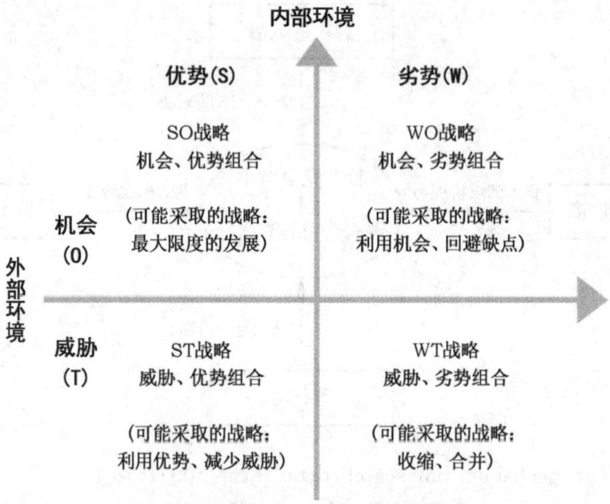

图 3—5 SWOT 矩阵分析

第三节 组织文化与组织文化的影响

斯蒂芬·罗宾斯(Stephen P. Robbins)指出,每个人都有独特的个性,影响着人们的行为和交往方式。组织也有个性,通常称为文化。第一,文化是可感知的。文化摸不着、看不见,但员工能够依据在组织中的体验感知到。第二,文化是可描述的。员工如何感知或描述文化,而不是他们是否喜欢它。第三,文化是可分享的。虽然每个员工的背景或层级不同,但大家往往用相似的语言来描述组织文化。

一、怎样描述文化

组织文化有 7 个维度,如图 3—6 所示。

图 3—6 组织文化的构成维度

范围从低(不典型)到高(特别典型)。

企业可以强调文化的某一维度,从本质上体现组织的个性和组织成员的工作方式。

——索尼公司的重点是产品创新(创新与承担风险)。公司依靠新产品开发而生存,而且员工的工作行为支持该目标。

——西南航空把员工视为其文化的核心组成部分(员工导向),并通过对待员工的方式塑造了这种理念。

二、组织文化对管理者的影响

组织文化从以下两个方面影响着管理者:

(一)组织文化影响员工的行为

组织文化对员工的影响取决于文化的强弱。相较于弱文化,强文化(核心价值观根深蒂固,被广泛接受)对员工的影响更大。接受组织核心价值观的员工越多,他们对这些价值观的信奉程度越高,文化就越强大。大多数组织都有从适中到强大的文化,也就是说,对于什么是重要的、如何定义"好的"员工行为、成功的必要条件等具有相对一致的看法。文化越强大,对员工行为和管理者计划、组织、领导和控制方式的影响就越大。

在强文化的组织中,文化可能会取代指导员工的正式规则和规定。其实,强文化能够创造预见性、程序与一致性,根本不需要书面文件。因此,组织文化越强大,管理者越不用关心正式规章制度的制定。当员工接受组织文化时,就会认同这些规则,并将之融入自我意识的一部分。相反,如果组织文化弱,没有起主导作用的共同价值观,那它对员工行为的影响就不太明显了。

(二)组织文化影响管理者自身的行为

美国的阿帕奇公司是最好的独立石油开采企业之一,因为它塑造了重视冒险和快速决策的文化。该公司在招聘员工时会向应聘者提供其他企业的项目供其分析,是否录用取决于应聘者在这一过程中表现出来的首创精神。如果员工达到利润和产量目标,将获得丰厚的报酬。

由于组织文化约束着管理者能做什么、不能做什么,以及如何管理,因此,它与管理者的关系特别大。这种约束是不明确的,它们没有被记录下来,甚至不太可能说得出来。但它们就在那儿,而且所有的管理者很快就会知道,在他们的组织中能做什么、不能做什么。例如,你不会发现哪里写着下面这些价值观,但它们中的每一条都来自一个真实的组织:

(1)即便你不忙,也要让别人以为你很忙。

(2)如果你在这儿冒险失败了,你将会付出高昂的代价。

(3)你在做决定前要告诉你的上级一声,这样他就不会感到惊讶。

(4)产品质量只需要达到竞争迫使我们达到的水平。

(5)过去让我们成功的做法,未来也将令我们成功。

(6)如果你想向上发展,你必须是一个有团队精神的人。

这些价值观与管理行为之间的关系是相当明确的。比如,在推崇"准备-瞄准-开火"文化的组织中,管理者会对建议项目进行无休止的研究与分析,然后着手去做;而在奉行"准备-开火-瞄准"文化的组织中,管理者会直接采取行动,然后对采取的行动进行分析。再如,若组织文化支持这样一种信条——通过降低成本就可以提高利润,季度利润缓慢而稳定的增长符合企业的最佳利益,则管理者就不太可能推行创新性的、有风险的、长期的或扩张性的项目。

如果一个组织奉行不信任员工的文化,管理者就更可能采取集权式领导,而不是民主式领导,因为文化为管理者确立了恰当的、预期的行为。例如,总部位于西班牙马德里市中心的桑坦德银行被称为“风险控制怪物”。银行的管理者坚持“银行业最古板的美德——稳健与耐心”，然而，正是这些价值观促使它从西班牙第六大银行成长为欧元区最大的银行。

如表3－1所示，文化影响着管理者的决策。组织文化，尤其是强文化，影响和制约着管理者实施计划、组织、领导和控制的方式。

表3－1　受文化影响的管理决策

计划 ·计划所蕴含的风险程度 ·计划应该由个人提出还是团队提出 ·管理层进行环境扫描的程度
组织 ·应该给予员工多少工作自主权 ·任务应该由个人来完成还是团队来完成 ·部门管理者之间的互动程度
领导 ·管理者对提高员工工作满意度的关心程度 ·什么样的领导风格是合适的 ·是否应消除所有的分歧(即便是有建设性的)
控制 ·是需要施加外部控制，还是允许员工控制自己的行为 ·在进行员工绩效评价时，应强调什么标准 ·对预算超支要做出什么反应

思政园地

青年有担当，国家有未来

2023年新年前夕，国家主席习近平通过中央广播电视总台和互联网发表新年贺词，回顾了今天中国取得的伟大成就，展望了明天中国的广阔前景。在贺词中习近平主席首次专门“寄语”青年：“明天的中国，希望寄予青年。青年兴，则国家兴，中国发展要靠广大青年挺膺担当。年轻充满朝气，青春孕育希望。广大青年要厚植家国情怀、涵养进取品格，以奋斗姿态激扬青春，不负时代，不负华年。”青年要读懂新年贺词，从中汲取磅礴的成长力量，勇担时代使命，高昂青春斗志，保持一往无前的奋斗姿态和永不懈怠的进取精神，紧密团结在以习近平同志为核心的党中央周围，为党和国家事业发展贡献青春力量。

青年要强化担当精神

青年有担当是一个国家、一个民族兴旺发达的希望所在。习近平总书记在党的二十大报告中强调，“弘扬以伟大建党精神为源头的中国共产党人精神谱系，用好红色资源，深入开展社会主义核心价值观宣传教育，深化爱国主义、集体主义、社会主义教育，着力培养担当民族复兴大任的时代新人。”党的二十大擘画了以中国式现代化全面推进中华民族伟大复兴的宏伟蓝图。新征程上，青年唯“敢担当”才能在党和人民最需要的时刻冲得出来、顶得上去。

新冠疫情发生以来，广大青年响应党的号召，不畏牺牲、冲锋在前，32万余支青年突击队、550余万名青年奋战在医疗救护、交通物流、项目建设等抗疫一线，为打赢疫情防控的人民战争、总体战、阻击战做出了重大贡献。援鄂医疗队2.86万名护士中，“80后”“90后”占90%。

习近平总书记在给北京大学援鄂医疗队全体“90后”党员的回信中说:“在新冠肺炎疫情防控斗争中,你们青年人同在一线英勇奋战的广大疫情防控人员一道,不畏艰险、冲锋在前、舍生忘死,彰显了青春的蓬勃力量,交出了合格答卷。广大青年用行动证明,新时代的中国青年是好样的,是堪当大任的!”青年靠着攻坚克难的勇气,用实际行动证明了中国青年面对困难挫折撑得住、关键时刻顶得住、风险挑战扛得住。

进入新时代,勇挑重担、勇克难关、勇斗风险是中国青年的鲜明特质。无论是在疫情防控、脱贫攻坚、乡村振兴的战场上,还是在西气东输、南水北调、东数西算等战略工程现场,抑或是在港珠澳大桥、大兴国际机场、“华龙一号”核电机组等标志性项目工地,青年的旗帜都在高高飘扬,青年扛起了时代责任,展现出了不怕苦、不畏难的担当精神。展望前行的路,船到中流浪更急、人到半山路更陡,越是接近民族复兴的伟大目标,我们面临的风险挑战就越严峻。要克服前进道路上的风高浪急甚至惊涛骇浪,青年更要勇于担当,增强担当的意志和韧劲,提高担当的能力和本领。

青年要厚植家国情怀

中华优秀传统文化一直蕴含着“天下兴亡、匹夫有责”的家国情怀。鸦片战争后中国成为半殖民地半封建社会,国家蒙辱、人民蒙难、文明蒙尘,中华民族遭受了前所未有的劫难。一大批青年在“觉醒年代”纷纷觉醒,饱含家国情怀,为救国救民而苦苦追寻。伟大的五四运动促进了马克思主义在中国的传播,拉开了新民主主义革命的序幕,也标志着青年成为推动中国社会变革的急先锋。

家国情怀蕴含着国民对国家的忠诚与热爱,饱含着国民深切的赤子情怀与责任担当。新时代卫国戍边英雄陈祥榕烈士牺牲时年仅19岁,他以宁洒热血不失寸土的豪迈气概在边防斗争中对外军暴力行径予以坚决回击,英勇战斗直至壮烈牺牲。“使命所系、义不容辞”是他坚守岗位的座右铭,“清澈的爱,只为中国”是他厚植家国情怀的铮铮誓言。放眼当下,中华民族伟大复兴的历史主题正呈现出前所未有的光明前景,中华民族伟大复兴进入了不可逆转的历史进程,但我们也面临世界百年未有之大变局带来的风险与挑战,如何战胜风险挑战是摆在每一个中国青年面前的现实问题。

习近平总书记在纪念五四运动100周年大会上强调,“新时代中国青年要听党话、跟党走,胸怀忧国忧民之心、爱国爱民之情,不断奉献祖国、奉献人民,以一生的真情投入、一辈子的顽强奋斗来体现爱国主义情怀,让爱国主义的伟大旗帜始终在心中高高飘扬!”今天的中国青年正处在中华民族发展的最好时期,既面临着建功立业的人生际遇,也肩负着“天将降大任于斯人”的时代使命。青年要厚植家国情怀,在是非问题上保持清醒头脑,在挑战与机遇中涵养爱国情操,在学习工作中锤炼过硬本领,将个人发展与国家命运紧密联系在一起,以青年独特的闯劲和锐气奋进新征程。

青年要涵养进取品格

保持锐意进取、永不懈怠的精神状态,是我们党不断从胜利走向新的胜利的重要法宝。回顾历史,党的事业从来都不是一帆风顺,每个时期都面临着风险和挑战。面对艰难险阻我们党始终锐意进取,团结带领人民取得了举世瞩目的成就。今天,中国特色社会主义事业到了越进越难、越进越险、不进则退的关键时候,摆在青年面前的使命更光荣、任务更艰巨、挑战更严峻,更需要青年涵养进取品格,信心百倍地迎战前进道路上的一切困难。

近两年网上出现了“躺平”等词汇调侃少数青年的迷茫与彷徨。“躺平”顾名思义就是躺倒在地,不再渴求成功,这是少数青年一种鸡汤式的自我解脱。青年成长过程中难免会遇到一些困难、遭受一些挫折，无论是就个人发展而言，还是就社会进步而言，青年"躺平"都是不可取的。青年不思进取，不利于家庭和谐，"小家"问题多了"大家"就有危机。青年唯有保持进取、追求进步，勃发出"闯"的精神、"创"的劲头、"干"的作风，直面挑战，迎难而上，才能以"逢山开路、遇水架桥"的勇气撑起青春梦想。

习近平总书记在庆祝中国共产主义青年团成立100周年大会上强调，"青年是社会中最有生气、最有闯劲、最少保守思想的群体，蕴含着改造客观世界、推动社会进步的无穷力量。"古往今来，成大事者都是有进取心的人。进取心说到底就是一种励精图治、敢闯敢干的作风，是一种干不好工作就食不甘味、寝不安席的精神。青年要拥有一颗这样的心，把心思和精力集中到干事创业上来，树立起强烈的责任感，保持恒久的学习热情，不断提高自身素质和业务素养，借此推动事业发展。

青年要保持奋斗姿态

人生理想的风帆要靠奋斗扬起，民族复兴的目标要靠奋斗实现。青年要始终懂得幸福是奋斗出来的道理，要做永不停歇的奋斗者。习近平总书记在河南安阳红旗渠考察时强调，"年轻一代要继承和发扬吃苦耐劳、自力更生、艰苦奋斗的精神，摒弃骄娇二气，像我们的父辈一样把青春热血镌刻在历史的丰碑上。实现第二个百年奋斗目标也就是一两代人的事，我们正逢其时、不可辜负，要做出我们这一代的贡献。"一代代青年在党的领导下接续奋斗，为中华民族实现从站起来、富起来到强起来的伟大飞跃奉献着青春。

新时代是奋斗者的时代，奋斗是青春最亮丽的底色。广袤的神州大地上处处都有奋斗者的身影。疫情防控一线有奋斗者的身影，从医护人员到社区工作者，他们用涓涓之力汇聚成守护生命的磅礴伟力；浩瀚星空中有奋斗者的身影，中国航天发射次数再创新高，中国空间站"T"字基本构型在轨组装完成，中国实力在外太空精彩展现；乡村振兴的战场上有奋斗者的身影，广大驻村干部倾力奉献，带领群众创造了人类减贫史上的中国奇迹；奥运赛场上有奋斗者的身影，运动员们挑战极限、顽强奋斗，让五星红旗在赛场高高飘扬……奋斗不只是响亮的口号，而是要扎实做好每一项工作、完成好每一项任务、履行好每一项职责。

在实现中华民族伟大复兴的接力跑中，党团结带领人民砥砺奋进，向历史交出了优异答卷。今天，我们比历史上任何时期都更接近中华民族伟大复兴的目标，比历史上任何时期都更有信心、有能力实现这个目标。青年更要发扬奋斗精神，做走在时代前列的奋进者，努力把平凡变成了不起、把不可能变成可能，在各自的岗位上绽放青春最炫的光彩。

习近平总书记在党的二十大报告中强调，"青年强，则国家强。当代中国青年生逢其时，施展才干的舞台无比广阔，实现梦想的前景无比光明。"广大青年要学深悟透习近平总书记关于青年工作的重要思想，从中汲取成长的力量，"不负韶华，不负时代，不负人民，在青春的赛道上奋力奔跑，争取跑出当代青年的最好成绩！"

资料来源：丁小燕. 青年要从新年贺词中汲取成长力量[N]. 新湖南，2023-01-05.

复习思考题

1. 管理者对组织的成败能产生多大的影响？
2. 外部环境的组成要素包括哪些方面？为什么对管理者而言理解这些环境要素是重要的？
3. 经济环境的变化如何影响管理者的行为？
4. 为什么关注人口趋势及其变化对管理者而言是重要的？

5. 组织存在利益攸关者吗？具体包括哪些方面？

6. 外部环境分析方法都有哪些？如何应用？

自测题

一、填空题

1. 我们生活在一个________的世界中，管理者必须意识到________的影响。

2. 外部环境指的是影响组织绩效的________、________、________和________。

3. 经济环境涉及利率、通货膨胀、________的变化、________的波动、________阶段等因素。

4. 人口环境涉及人口特征，如________、________、________、________、________、________和家庭构成。

5. 技术环境涉及________，而社会文化环境涉及价值观、态度、流行趋势、风俗习惯、生活方式、信仰、口味、行为方式等________。

6. 政治法律环境涉及________、________，还包括一个国家的________和________。

7. 全球环境包括与全球化有关的________（如贸易战、火山爆发）和________。

8. 美国次贷危机，是指一场发生在美国，因________破产、________被迫关闭、股市剧烈震荡引起的________。

9. 现代化发展带来了全球性的________，一个国家的人口规模和特征可能对其________、________等方面产生重要影响。

10. 年龄是特别重要的________，因为在工作场所，________的群体往往在一起工作。

11. 美国人口研究者把美国人口的四个著名群体分别命名为________、________、________、________。

12. 环境因素是一个组织的________、________或________中能与环境发生________的因素。

13. 企业的外部利益攸关者通常包括________、________、________、________、________和________。

14. “Z世代”(Generation-Z)泛指出生于________年的一代。这一代也被称为________、________、________，即受到互联网、即时通信等科技产物影响很深的一代。

15. 依据环境的复杂性和________，可将组织面临的外部环境划分为四种情况：________、________、________及________。

16. 广义的文化是指人类在社会实践过程中所创造的________和________的总和。

17. 组织文化的重要任务是增强________。

18. 迪尔和肯尼迪认为构成组织文化的五种要素分别为：________、________、________、________、________。

19. 组织文化通过培养组织成员的________和________，建立起成员与组织之间的相互依存关系。

20. 组织文化的表现形态有：________、________、________、________、________。

二、单项选择题

1. 当外部环境发生变化时，管理者面临的最大约束之一就是这种变化对(　　)的影响。

A. 组织的工作岗位和雇佣关系　　B. 组织的外部利益攸关者
C. 组织的内部资源与条件　　D. 组织的社会责任承担

2. 外部环境施加的另一个约束在于环境中存在的(　　)。
A. 先进性　　B. 落后性　　C. 不确定性　　D. 竞争性

3. 斯宾芬·罗宾斯认为，管理外部利益攸关者首先应该确定(　　)。
A. 通过什么方式来管理外部利益攸关者　　B. 利益攸关者对组织有多关键
C. 利害关系是什么　　D. 谁是组织的利益攸关者

4. 某企业经过认真细致地市场调研，决定主打产品由玻璃向塑钢转变。这主要反映了该企业受(　　)因素的影响。
A. 经济环境　　B. 人文环境　　C. 科技环境　　D. 自然环境

5. 研究人口特征要看现在的统计数据和未来的(　　)。
A. 动态演变　　B. 发展趋势　　C. 原则惯例　　D. 背景分析

6. 环境不确定性指的是组织环境的变化和(　　)。
A. 先进程度　　B. 落后程度　　C. 不确定程度　　D. 复杂程度

7. 如果组织环境的构成要素变化频繁，就是一个(　　)的环境。
A. 动态　　B. 稳定　　C. 不确定　　D. 确定

8. 利益攸关者是组织环境中受到(　　)和活动影响的群体。
A. 组织决策　　B. 政府机构　　C. 竞争对手　　D. 社会团体

9. 如果一个组织奉行不信任员工的文化，管理者就更可能采取(　　)领导。
A. 集权式　　B. 民主式　　C. 开放式　　D. 封闭式

10. 对利益攸关者进行管理会影响(　　)。
A. 个体收益　　B. 领导权力　　C. 组织绩效　　D. 竞争关系

11. 组织文化的核心要素是(　　)。
A. 组织价值观　　B. 组织宗旨　　C. 组织精神　　D. 组织形象

12. 以下要素中，属于一般环境因素的是(　　)。
A. 技术因素　　B. 社会因素　　C. 顾客　　D. 资源供应者

13. 按照环境的复杂程度和变化程度来划分，高校组织属于(　　)。
A. 简洁稳固环境　　B. 负责稳固环境　　C. 简洁动态环境　　D. 复杂动态环境

14. 下列因素中，不属于企业外部环境因素的是(　　)。
A. 人口　　B. 营销组合　　C. 人均国民收入　　D. 产业政策

15. 在组织所面临的外部环境要素中，属于一般环境中最活跃、变化最快的环境要素是(　　)。
A. 竞争者环境　　B. 供应商环境　　C. 科技环境　　D. 顾客环境

16. 近年来，随着人们生活观念的不断变化，娱乐消费市场不断扩大，根据企业外部环境因素分析，这一因素属于(　　)。
A. 政治因素　　B. 经济因素　　C. 社会因素　　D. 技术因素

17. SWOT 分析法中的“T”是指(　　)。
A. 组织内部的优势　　B. 组织内部的劣势　　C. 组织外部的机会　　D. 组织外部的威胁

18. 国际环境属于(　　)。
A. 一般环境因素　　B. 任务环境因素

C. 组织内部环境因素　　D. 都不是

19. 以下(　　)不是组织文化的功能。

A. 组织文化能够引导和塑造员工的态度和行为

B. 组织文化有助于增强社会系统的稳定性

C. 组织文化可以使不同的组织相互区别开来

D. 组织文化可能扰乱正常的组织管理

20. 企业价值观属于组织文化的(　　)。

A. 物质层　　B. 行为层　　C. 精神层　　D. 都不是

三、多项选择题

1. 管理环境包括(　　)。

A. 一般环境　　B. 任务环境　　C. 组织内部环境　　D. 硬件环境

E. 软件环境

2. 以下属于组织的一般环境的有(　　)。

A. 国际因素　　B. 技术因素　　C. 社会文化因素　　D. 经济因素

E. 法律、政治因素

3. 组织的外部环境对组织的效率和效果有很大影响,组织环境因素有(　　)和其他因素。

A. 社会文化　　B. 信息　　C. 财政资源　　D. 产品市场

E. 经济形势

4. 以下不属于组织的任务环境的有(　　)。

A. 顾客　　B. 供应商　　C. 国际局势　　D. 社会文化

E. 自然环境

5. 以下属于组织的任务环境的有(　　)。

A. 顾客　　B. 供应商　　C. 现有竞争者　　D. 潜在进入者

E. 替代品生产商

6. 汤姆森认为,影响管理环境不确定的因素有(　　)。

A. 环境因素的重要程度　　B. 环境因素的不确定性

C. 环境因素数量的多少　　D. 环境因素的变化程度

E. 环境因素的相似程度

7. 按照企业形象识别系统的思想,组织文化分为(　　)。

A. 物质层　　B. 内层　　C. 精神层　　D. 外层

E. 行为层

8. 关于组织文化的功能,不正确的是(　　)。

A. 组织文化无法从根本上改变组织成员的价值观念

B. 组织文化具有某种程度的强制性和改造性

C. 组织文化对组织成员的行为具有约束和规范作用

D. 组织文化对组织成员具有明文规定的具体硬性要求

E. 组织的领导层一旦变动,组织文化会受到很大影响,甚至会立即消失

9. 20 世纪 80 年代,学者们深入研究文化,着手分析个人与组织在文化上的契合度,提出了契合度的(　　)。

A. 一致性　B. 多样性　C. 相容性　D. 稳定性
E. 复杂性

10. 组织文化是组织成员之间共享的(　　)及行为方式。
A. 信仰　B. 规范　C. 资源　D. 价值
E. 知识

11. 从组织层面来看，当个人与组织价值观具有较高一致性时，能够改善(　　)。
A. 组织文化　B. 组织效能　C. 组织生产力　D. 组织满意度
E. 组织结构

12. 企业管理者需要特别关注的市场结构性因素包括(　　)。
A. 行业集中度　B. 竞争对手　C. 市场供需关系　D. 区域和行业市场化程度
E. 文化习俗

13. 行业竞争结构取决于五个变量及其相互作用，包括(　　)。
A. 潜在进入者的威胁　B. 供应商讨价还价的能力
C. 替代产品的威胁　D. 顾客讨价还价的能力
E. 竞争对手

14. 企业宏观环境中的社会文化因素一般是指特定历史时期社会发展的一般状况，包括人们的(　　)。
A. 个人信仰　B. 社会价值观
C. 文化传统与文化习俗　D. 教育背景
E. 宗教信仰

15. 企业宏观环境中的经济因素主要包括(　　)。
A. 经济体制　B. 经济结构　C. 经济计划　D. 经济政策
E. 经济水平

四、简答题

1. 影响组织绩效的外部环境因素主要有哪些？
2. 简述美国次贷危机的影响。
3. 简述人口环境中的主要影响因素。
4. 组织的利益攸关者主要有哪些？
5. 简述组织文化的七个维度。

五、问答题

1. 什么是组织的外部环境因素？影响组织的外部环境因素有哪些？
2. 环境的不确定性是什么？怎样运用不确定矩阵评估环境的不确定性？
3. 如何形成并保持组织文化？
4. 组织文化如何影响管理者和员工的行为？
5. 列举三个组织外部环境分析方法，并加以说明。

第三章 自测题
参考答案

请用手机微信扫右侧二维码，获取自测题参考答案。

第四章

企业社会责任与管理道德

学习目标

知识目标:理解企业社会责任、管理道德的内涵,区分社会责任、社会义务与社会响应,熟悉四种道德观及管理道德的重要性,掌握影响管理者道德的因素,掌握提高员工道德素质的系列途径。

能力目标:能够根据企业做法分析其社会责任行为;能够根据企业行为判断其管理道德的类型;能够识别企业道德管理的主要影响因素,并提出解决办法;能够帮助企业设计提升员工道德素质的实施方案。

素质目标:培养学生正确的世界观、人生观、价值观;培养学生可持续发展理念和追求卓越的进取精神,培养学生的事业心和敬业精神。

思政目标:培养学生的责任感和担当精神,培养学生高尚的道德情操,培养学生爱岗敬业的良好品质。

思维导图

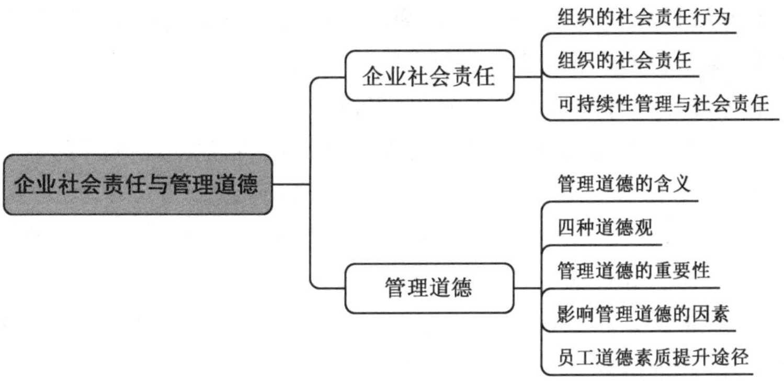

案例引入

鸿星尔克:用多维度的高质量发展践行企业责任

新的时代背景下,如何更好地履行企业责任、解锁多维度的高质量发展,鸿星尔克,正在积极破题。

取之社会,回馈社会

在鸿星尔克的官网上,写着这样一句话:“一个企业不应该只是关心自己企业的利益,还应该有强烈的社会责任感,回馈社会,帮助弱势群体。在鸿星尔克看来,企业是社会不可或缺的一部分,从社会中获取资源,就应该回报社会、负有一定的社会责任。”作为社会的一分子,承担起社会责任是每一个企业发展的底线。在不断创造经济价值的同时,企业还需要看到社会和国家的需要,奉献出自己的一份力量,与社会共同成长进步。

2021 年,鸿星尔克因捐赠物资,受到了巨大关注,网友称赞其为“国货之光”,充分体现了大家对于鸿星尔克社会责任感的认可和回应。社会担当在很多年前就被刻入了鸿星尔克的基因,他们奉行“取之社会、回馈社会”的理念,更是把社会责任纳入了企业文化内核。

自 2000 年鸿星尔克成立以来,就持续向慈善机构或其他平台捐款捐物,先后参与“资助中小学教育”“向灾区捐款”等几十项社会公益。近年来,鸿星尔克还与福建省残疾人福利基金会联合开展了“鸿星助力·衣路有爱”项目,已经累计向困难残疾人家庭发放总价值 1.8 亿元的物资,为数万名贫困残疾人送去了温暖。2022 年 7 月,鸿星尔克官方微博发布消息称,向福建省残疾人福利基金会捐赠 1 亿元物款,用于帮助困难残疾人及其家庭改善生活质量;设立“鸿星有爱? 助残同行”项目,资助孤独症群体及其家庭、关注并扶助“一户多残”家庭,以及残疾退役军人等困难群体。

饮水思源,在回馈社会的道路上鸿星尔克从没有停止,也不会停止,他们用实际行动书写企业担当,把企业的温度传递到了更多的地方。

打造国潮产品,传播中国声音

“有服章之美,谓之华。”在被誉为“衣冠上国”的中国,服饰除了避寒暑、御风雨、蔽形体等实用功能外,还被赋予了文化表达的特殊意义,透过服饰,你能触摸到背后的文化内涵。作为国货品牌的鸿星尔克深知,服饰是文化的重要载体,通过服饰展现中华文化、彰显文化自信是他们应该担负起的责任,并将这种理念融入了每一件产品中。

2022 年,鸿星尔克携手四川广汉三星堆博物馆,以三星堆青铜面具为灵感,结合鸿星尔克品牌精神,打造了系列联名款服饰,展开了一场跨越时空的潮流对话,俘获了无数年轻人的喜爱,更被网友称为“国潮颜值天花板”。这早已不是鸿星尔克第一次与文化类大 IP 联名合作,在此之前,鸿星尔克还与河南博物馆携手推出“星河璀璨”系列联名 T 恤、与王者荣耀联动,将传统文化与东方美学相结合,推出充满国风元素的系列产品,引发了购买热潮。

这些产品借助国产 IP 中精美的国风元素,用运动精神碰撞国风美学,以国风设计赋予产品更多中国特色的同时,也持续为传统文化注入当代的潮流表达。可以说,鸿星尔克一直在探索古老元素与时尚设计的有机融合,不仅能让优秀的传统元素绽放新的光彩,同时也为中国品牌讲好中国故事找到了立足点。将优秀的国风元素融入服装的设计中,通过服装展现国风之美、传播中华文化、讲好中国故事。

与消费者携手,共创中国品牌

作为一个国产运动品牌,鸿星尔克深知用户的喜爱和拥护是支撑一个品牌在时间长流中始终保持生命力的不竭动力。中国人要做自己的品牌,就必须与消费者携手。

不断创新,夯实品牌形象。想要获得消费者持续的支持,就离不开产品的不断创新。一直以来,鸿星尔克都坚持以用户为中心,保持与用户的高频率沟通,在品牌、产品、服务等方面都以用户的体验为先。近日,鸿星尔克发布“100 万奖金寻找上海跑马英雄”活动,在沉寂已久的跑圈引发轰动，激励了许多跑者的跑马热情，这也是鸿星尔克关注跑者状态、助力跑者实现自我价值的最佳注脚。

此外鸿星尔克还携手“国马一姐”李芷萱重磅推出马拉松竞速跑鞋芷境 1.0，虽还未发布但已在跑圈引起了很大的关注和探讨，表明了鸿星尔克扎入顶级竞速跑鞋竞争、在产品上继续演进的决心与实力。据了解，该产品在 2023 年的鸿星尔克 303 运动科技日上正式发布。

技术赋能，坚持科技新国货战略。扎实的技术可以成为一个品牌搭建起层层高楼的坚实根基。始终立足于体育用品行业的鸿星尔克，自成立之初即明确提出要以“科技领跑”作为核心战略。鸿星尔克坚定“科技新国货”战略，秉持工匠精神，重视科技创新，成立了国内第一家 CNAS 国家级认证的鞋服检测机构，还与国家权威机构合作建立了“极克未来实验室”，打造了独有的奇弹、弜弹、炁三大科技平台，用科技创新、新材料、新工艺打造产品力，可谓科技感十足。科技赋能下的鸿星尔克，正在探索更多未知，创造更多可能。

抓住青年群体，与他们共同成长。青年人代表一个国家的未来和希望，他们是最富有创造力的群体，也日渐成了支持国产品牌的主力军。国产品牌想要在国潮洪流中立住脚，不仅要以继承发展中华优秀文化为内核，更要得到青年一代、未来一代的热爱与支持。为了更好地倾听青年人的心声、拉近与青年人之间的距离，鸿星尔克改变了以往品牌独创的方式，适时推出“青年共创计划”。希望可以借此让每个喜爱鸿星尔克的青年消费者都提出自己的创意，并且把这些富有创造力的想法真正落到实地。除此之外，鸿星尔克还携手中国服装设计师协会、中国国际时装周共同打造了“鸿星尔克青年共创设计大赛”，共同探索国潮发展的无限可能性。通过为青年设计力量提供自由发挥的平台，激发出更多年轻用户的创造活力，与青年人共同成长，共创属于国人的鸿星尔克。

这是一个大有可为的新时代，也是一个大有作为的新时代，以鸿星尔克为代表的民族企业不断用真诚回报社会，用发展书写担当。新征程下，它们将继续与国家同频共振，为社会发展贡献更多力量。

资料来源：根据半月谈网（2022－11－30）相关资料整理而得。

【问题思考】

结合案例，谈谈你对企业社会责任的理解。

阅读材料

鸿星尔克董事局主席兼总裁——吴荣光

吴荣光，男，1975 年 1 月出生，鸿星尔克创立者。吴荣光在念完中学后考上沈阳设计学院，专修运动鞋设计，毕业后就一直在父亲的鞋厂打理家族生意。

2000 年，25 岁的吴荣光创立鸿星尔克公司，推出自主品牌“鸿星尔克”。当时国内同行业龙头企业已历经数年发展，完成原始积累，进入快速发展期，而鸿星尔克才刚刚起步。2005 年，30 岁的吴荣光带领鸿星尔克在新加坡主板上市，成为业内首家在海外上市的服饰品牌。

2006 年开始，随着品牌进入高速发展期，吴荣光以高瞻远瞩的战略远见和坚毅执着的处事作风带领企业在产品技术、市场营销等多个方面实现突破，逐步完成了在中国各级市场的布局，并将渠道拓展至全球四十多个国家和地区，最终奠定了其在行业领先的地位。经过多年的励精图治，鸿星尔克已完成跨越式发展，成为集研发、生产、销售为一体、员工逾一万余人的大型服饰集团，在全世界拥有店铺七千余家，产品行销欧洲、东南亚、中东、南北美洲、非洲等国家和地区，品牌价值突破 100 亿元，并相继斩获“中国 500 最具价值品牌”“亚洲品牌 500 强”“《福布斯》亚洲 200 佳”等殊荣。

秉持“脚踏实地，方能演绎非凡”的经营理念，吴荣光在带领企业快速发展的过程中始终恪守诚信、创新、协同、高效的核心价值观。

诚信赢取市场

吴荣光以诚信为经营之本，他坚信诚信才能赢得商机，才能赢得市场。他视产品质量为生命，并在日常生产管理中严格贯彻落实。同时，他对合作伙伴讲求“有诺必践，有约必履”，赢得了广大合作伙伴的认同和信赖。

协同高效谋突破

吴荣光坚信团结就是力量。他认为，团队只有协同才能实现高效，才能表现出强大的现场力和执行力，最终实现企业的发展和超越。2010 年，吴荣光引入世界一流的咨询顾问公司 IBM 和 SAP 启动企业信息化平台建设项目。企业重实效、重执行的文化使项目进展异常迅速，一期分销管理系统基础平台仅在八个月内就顺利上线并运行，就项目实施的效率和效果而言在服饰行业内都是新纪录，这也成为 IBM 和 SAP 在中国服饰行业内的一个成功的经典案例。

关爱促进和谐

吴荣光奉行“德才并举，共同成长”的人才战略，相继与 IBM、埃森哲、天津大学、北京科技大学等知名跨国机构和学府建立合作，开展经理人项目培训和人才梯队建设，为员工提供学习机会，创造公平、公正、信任的工作环境。同时，他推崇“以人为本”，将企业比作大家庭，将员工视为家庭的一员，在他的引领下，鸿星尔克成立工会组织，设立“爱心基金会”，开展各类企业文化活动和爱心帮扶活动，于 2012 年荣获“全国模范劳动关系和谐企业”称号。

十几年来，吴荣光先后向泉州市慈善总会捐赠 1 200 万元，向新加坡慈善总会捐赠 150 万元，汶川大地震时向福建省红十字会捐赠 600 万元，河南受灾时通过郑州慈善总会、壹基金捐赠 5 000 万元。此外，他还专门设立了鸿星尔克教育发展基金，支持本土教育事业。

资料来源：根据百度百科——吴荣光(https://baike.baidu.com/item/吴荣光/1254415?fr=ge_ala，2024－03－31)整理而得。

企业是市场经济的微观主体，其市场活动的根本目的是追求利润最大化，但是企业又是社会行为者，在进行管理活动中，必然面对不同的利益、不同的人际关系以及不同的社会群体，因此，企业在获得生存的前提下，在管理的过程中不可避免地会涉及道德和社会责任问题。

第一节 企业社会责任

企业是现代市场经济活动的主体，企业行为的根本目的是取得最大利润。但企业处于整体的社会环境中，企业要生存，赢得长期的经济利益，就要注重自身的管理道德和社会责任。

一、组织的社会责任行为

(一)企业社会责任的含义

最早的“社会责任”出现在 20 世纪 60 年代至 70 年代，它是公司的一项内部管理措施。但到了80年代至90年代,"社会责任"发生了很大的变化。首先表现在适用范围扩大,从传统的跨国公司总部及其全资机构,扩展到全球合作伙伴及供应链,包括合资企业、特许经营企业、供应商、制造商和分包商;其次是"社会责任"的重要性提高,很多跨国公司任命高级经理直接负责公司"社会责任"的实施。

社会责任的定义多种多样,莫衷一是。其中较常见的含义包括利润最大化、超越单纯获利、自愿行为,以及对更大社会系统的关心。一方面是经典的或纯粹经济的定义,即管理的唯一社会责任是利润最大化;另一方面是社会经济的观点,认为管理的责任不只是获取利润,还包括保护和提升社会福利。

社会责任(Social Responsibility)也被称为企业社会责任(Corporate Social Responsibility,CSR),是指企业除了承担法律和经济责任外,还以一种对社会有益的方式去行事。

(二)社会责任、社会义务与社会响应

与社会责任相似的还有社会义务和社会响应。社会义务(Social Obligation)是指企业因负有承担某些经济和法律责任的义务而要从事的社会行为。它遵循法律规定的最低要求,而追求社会目标是因为这有助于它达到经济目标。社会响应(Social Responsiveness)是企业为响应一些普遍的社会需求而从事的社会行为。这些企业的管理者受到社会规范和价值的指引而对他们的行为做出一些实际的、符合市场导向的决策。当一家国内企业符合污染排放标准或者安全包装法规的规定时,它就是在履行社会义务。而当这家企业为员工提供现场儿童看护措施,或者使用环保纸包装产品时,则由于该企业因为双职工父母和环保主义者提出了这些社会问题并要求采取相应的行动措施,它所做的就是对这些要求的社会响应。根据以上定义,在许多企业中,它们的社会行为更应理解为社会响应而非社会责任。不过,这类行为仍然对社会有利。社会责任从道德上要求企业去做那些使社会变得更好的事情,而不做那些使社会变得更糟的事情。

二、组织的社会责任

20世纪60年代,有研究人员质疑企业把经济效益作为唯一的经济目标,企业社会责任的重要性开始显现。直至今天,人们对企业是否应当承担社会责任仍有许多争议(见表4-1)。尽管有争议,但时代在改变。管理者经常会面临带有社会责任特征的决策:慈善事业、定价、员工关系、资源保护、产品质量、与不同制度环境的国家做生意。为了妥善处理这些问题,管理者需要重新考虑包装设计、产品的循环使用、环境安全措施、外包决策、国外供应商措施和员工政策等。

另外,企业承担社会责任是否会影响公司的经济绩效?这方面已经有了大量的研究。虽然大多数研究发现存在微小的正相关关系,但是仍然不能得出一般性结论,因为这些研究显示这一关系受到很多因素的影响,如公司规模、行业、经济环境和环境规制等。另一些研究者也在质疑这个因果关系。如果某项研究显示社会参与和经济绩效成正相关关系,那也不能肯定这是社会参与造成的高绩效,因为这也可以简单理解为高利润使公司可以更多地承担社会责任。另有研究表明,即使这些研究中有瑕疵的实证分析是"正确的",社会责任对公司财务绩效的影响也是中性的。还有研究发现,企业参与同组织中主要利益攸关者无关的社会活动时,会对股东价值产生负面的影响。一些研究者在分析之后得出结论,认为管理者可以(而且应该)承担社会责任。

表 4—1　　赞同和反对企业社会责任的观点

赞同企业社会责任的观点	反对企业社会责任的观点
公众期望 公众舆论支持企业追求经济和社会目标	**违背利益最大化原则** 企业只有在追求其经济利益的前提下，才能称得上具有社会责任感
长期利润 承担社会责任的企业往往会有更稳定的长期利润	**淡化目标** 追求社会目标淡化了企业的主要目标——经济生产率
道德责任 企业应当肩负起社会责任，因为承担责任就是做正确的事情	**成本** 许多社会责任行为不能覆盖其成本，因此，必须有人来承担这些成本
公众形象 企业可以通过追求社会目标来创造令人赞赏的公众形象	**过多的权力** 企业已经拥有了许多权力，如果再追求社会目标，它们将会拥有更多权力
更好的环境 企业参与可以帮助解决棘手的社会问题	**缺乏技能** 企业领导者缺乏解决社会问题的技能
减少财政管制 如果企业有社会责任感，政府就可以减少管制	**缺乏明确的责任** 社会责任行动没有直接的责任范围
责任与权力的平衡 企业拥有很大的权力，因此需要承担起同样的责任来平衡这些权力	
股东利益 从长期看，社会责任感会提升企业的股价	
拥有的资源 企业拥有的资源可以支持需要帮助的公共项目和慈善项目	
预防胜于惩治 企业应在社会问题变得严重和付出代价之前处理这些问题	

三、可持续性管理与社会责任

出现于 21 世纪的可持续管理理念，拓宽了企业社会责任，不仅是用一种既有效率又有效果的方式进行管理，而且从战略上回应各种环境和社会挑战。可持续性的本质在于在不危害后代满足其需求的前提下，满足当代人的需求。从经营管理角度看，可持续性可以理解为企业通过整合经济、环境和社会机会到自身的业务战略中，从而实现企业目标和提升长期股东价值的能力。可持续性问题已经提上了企业领导者的议程。正如沃尔玛的管理者，他们发现以更可持续性的方式来运营一个组织将意味着管理者在追求企业目标时必须和众多的利益攸关者进行全面的沟通，了解他们的需求，并充分考虑经济、环境和社会等方面的因素，在此基础上形成他们的经营管理决策。

实践可持续性的想法影响着经营管理的各个方面，从产品和服务的创造，到它们的使用，再到消费者接下来的处置。遵循可持续性的实践，也是组织展示其社会责任承诺的一个方式。

【拓展知识】　阿里巴巴的理想主义：做承担社会责任的经济体

第二节　管理道德

在现代企业管理中，管理道德和社会责任问题越来越引起广泛的关注。越来越多的企业意识到在遵守法律、追求利润的同时，企业的行为应该遵守一定的道德规范和准则，企业违背道德的行为必然不能被广大消费者所接受，这是企业长期发展的基础；企业存在于社会之中，依靠人类社会而存在，在实现自身利润的同时要为社会做点事，从事必要的社会活动，承担一定的社会责任，树立良好的企业形象，这也有利于企业的发展。

近年来，在企业管理领域出现了一种新趋势，即日益重视并加强管理与道德的结合。有的学者甚至认为企业管理在经历了传统管理阶段、科学管理阶段和科学管理与行为科学相融合的现代管理阶段之后，目前又进入一个新的阶段，即道德管理阶段。

一、管理道德的含义

道德是指那些用来辨明是非的规则或原则，旨在帮助决策人判断某种行为是正确的还是错误的，或这种行为是否为组织和社会所接受。

管理道德(Management Ethics)是指组织在管理过程中自觉遵守的各种行为规则和规范的总和。道德规范是组织文化的重要内容，它可以帮助人们在管理过程中做出符合道德标准的反应，可以指导管理人员在不同的情况下做出合理的决定，也可以帮助管理人员做出能满足不同利益攸关者根本利益的最好决定。

管理道德所关注的主要是两个层次：一是管理者个人的职业道德，主要关注的是管理者个人利益及其与组织整体利益之间的关系；二是管理者的组织身份所要求的管理道德，主要关注的是组织利益及其与社会利益之间的关系。无论是何种意义上的管理道德，都会对组织产生一定的影响。在世界经济一体化和国际、国内竞争日趋激烈的大环境下，组织的道德规范已成为组织生存与竞争力的源泉，许多国际性大公司和国内优秀企业都有自己的企业道德规范，或把培养企业道德规范作为主要目标。

二、四种道德观

(一)道德的功利观

功利主义的道德观认为，决策要完全依据其后果或结果做出。功利主义的目标是为尽可能多的人提供尽可能多的利益。认为能给行为影响所及的大多数人带来最大利益的行为才是善的。接受功利观的管理者可能认为解雇其工厂中20%的工人是正当的，因为这将增强工厂的盈利能力，使余下80%的工人的工作更有保障以及符合股东的利益。一方面，功利主义对效率和生产率有促进作用，并符合利润最大化的目标。另一方面，它会造成资源配置的扭曲，尤其是在那些受决策影响的人没有参与决策的情况下；同时，功利主义也会导致一些利益攸关者的权利受到忽视。

(二)道德的权利观

权力至上的道德观认为，决策要在尊重和保护个人基本权利(如隐私权、言论自由和游行自由等)的前提下做出，认为能尊重和保护个人基本权利的行为才是善的。例如，当雇员揭发雇主违反法律时，应当对他们的言论自由加以保护。权利观的积极一面是它保护了个人的自由和隐私，但它也有消极的一面，接受这种观点的管理者把对个人的保护看得比工作的完成更加重要，从而在组织中会产生对生产效率不利的工作氛围。同时，过高的保障期望会给社会经济发展带来负面效应，组织整体利益的需要和个人的权利不可能完全一致。

（三）道德的公平观

公平原则的道德观要求管理者公平地实施规则。要求管理者不能因种族、肤色、性别、个性、个人爱好、国籍、户籍等因素对部分员工歧视。那些按照同工同酬的原则和公平公正的标准向员工支付薪酬的行为是善的。接受公平道德观的管理者可能会向新来的员工支付比最低工资高一些的工资，在他看来，最低工资不足以维持该员工的基本生活。按公平原则办事也会有得有失，"得"的是它保护了那些未被充分代表的或缺乏权力的利益攸关者的利益，"失"的是它可能不利于培养员工的风险意识和创新精神。

（四）道德的综合社会契约观

综合社会契约的道德观主张把实证（是什么）和规范（应该是什么）两种方法并入商业道德中，即要求决策人在决策时综合考虑实证和规范两方面的因素。

这种道德观综合了两种"契约"：一是一般社会契约，这种契约规定了做生意的程序；二是特定人群当中的特定契约，这种契约规定了哪些行为方式是可接受的。这种观点认为，只要按照企业所在地区政府和员工都能接受的社会契约进行的管理行为就是善的。

研究表明，大多数生意人对道德行为持功利主义态度。这不足为奇，因为功利主义与诸如效率、生产率和高额利润之类的目标相一致。例如，在追求利润最大化的过程中，管理者可以从容地争辩说，他正在为尽可能多的人谋取尽可能多的好处。

随着个人权利和社会公平的日益被重视，功利主义遭到了越来越多人的非议，因为它在照顾多数人利益的时候，忽视了个人和少数人的利益。对个人权利和社会公平的考虑，意味着管理者要在非功利标准的基础上建立道德标准。这对当今的管理者来说无疑是一个严峻的挑战，因为使用诸如个人权利、社会公平和社区标准之类的标准来进行决策，要比使用诸如对效率和利润的影响之类的标准来决策，更让管理者感到迷惑和捉摸不透。其结果是，管理者不断发现自己处于伦理困境中。

三、管理道德的重要性

管理道德在企业经营管理活动中具有不可替代的现实作用，其重要性表现在以下几个方面：

（一）道德是企业管理理念与管理品质的导向器

道德问题直接体现着管理的目的，并在深层上对管理产生影响，为管理提供价值理念和价值导向。管理道德为企业的发展壮大奠定了道德基础，所有管理活动必须具有正确的价值导向。对于一家企业来说，尤其是中小企业，首要问题应该是生存问题，其次才是发展问题，而只有正确的价值观才能引导企业提供符合消费者要求的产品和服务，才能生存下去，生产假冒伪劣产品的企业虽然在短期内可能获得一定的利益，但它的行为是社会所不能容的，很快就会被市场抛弃。

（二）管理道德与企业效益之间有着必然联系

由于管理道德问题与企业的形象、社会信誉相连，因而与管理效益之间也就存在着某种必然的联系。一些西方学者研究发现，文化价值体系才是创造财富的源泉，也是企业竞争力、国家竞争力的源泉，顾客挑选某种产品，对其商品的评价实际上首先是对生产该商品的公司价值观的评价，因此，管理道德与企业效益之间有必然的联系。

（三）管理道德是区分生意人与企业家的标志

并不是所有创造了利润的人都是企业家。管理道德是区分生意人和企业家的重要标志。如果一个人道德败坏，他经营的企业赚取的利润越多，可能对社会造成的危害越大。比如生产假冒伪劣产品、生产对社会构成一定危害的产品的经营者，永远都不可能成为企业家。企业家代表的是一种素质层次，需要具备多种素质，但其道德素质是企业家最重要的素质，以利润为唯一取向的经营者永远只能是生意人。

（四）管理道德是企业发展的人文力，开发人文力就是开发企业的竞争力

管理道德可以引导和教育员工树立正确的文化价值体系，形成热爱工作、忠于职守、遵纪守法、诚实劳动、公平竞争、通力协作、敢于创新等价值观念，并使其变成全体职工的信念和自觉行为，从而激发职工强烈的集体荣誉感和对企业的责任心，以满腔的热忱，积极地投入企业活动中，因此，管理道德是企业发展的人文力。企业中的人是由文化塑造受一定文化价值指导的主体，人文力问题已成为现代经济社会发展和现代管理中最重要的课题之一，对人文力的开发是现代管理的重要任务，开发人文力就是开发企业的竞争力。

四、影响管理道德的因素

一个组织或个人的行为是否合乎道德准则，通常受多种因素影响，最主要的因素包括个人伦理道德的发展阶段、个人特征、结构变量、组织文化和问题强度等。这些因素的共同作用，将最终决定着组织或个人所采用的手段会是道德的还是不道德的。如图 4－1 所示。

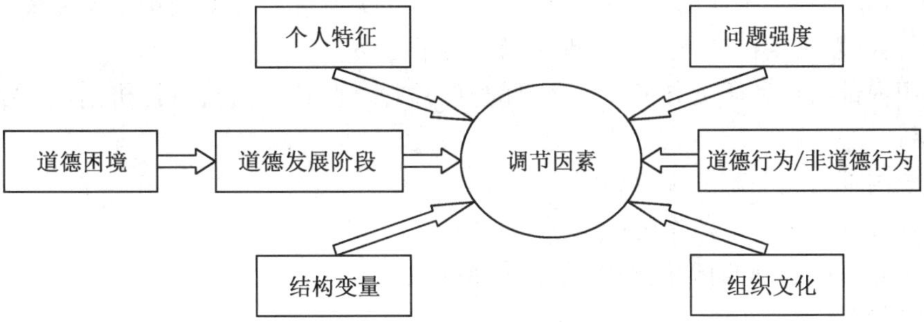

图 4－1　影响管理道德的因素

（一）道德发展阶段

道德发展有三个阶段，如表 4－2 所示。

表 4－2　道德发展阶段、表现与特征

道德发展		
阶　段	表　现	特　征
前惯例层次	只受个人利益的影响。决策的依据是个人利益，这种利益是由不同行为方式带来的奖赏和惩罚决定的	1. 遵守规则以避免受到物质惩罚 2. 只在符合你的直接利益时才遵守规则
惯例层次	受他人期望的影响。包括对法律的遵守，对重要人物期望的反应，以及对他人期望的一般感觉	1. 做你周围的人所期望的事 2. 通过履行你允诺的义务来维持日常秩序

续表

道德发展		
阶 段	表 现	特 征
原则层次	受个人用来辨别是非的道德准则的影响。这些准则可以与社会的规则或法律一致,也可以与社会的规则或法律不一致	1.尊重他人的权利。在自身价值观和权利的选择上,置多数人的意见于不顾 2.遵守自己选择的道德准则,即使这些准则是违背法律的

(二)个人特征

个人特征主要包括个人风格、自我强度、控制中心。

研究表明,个人风格的形成主要受一个人幼年和童年这十几年生活环境的影响,在这十几年中,也基本形成了他今后人生很难改变的道德观。

自我强度是衡量个人自信心强度的指标。它由主见、意志、能力和信念构成。自我强度高的人对事物判断比较准确,在道德准则判断与道德行为之间的一致性上较强,认为对就这样去做;自我强度低的人判断力差,在道德准则判断与道德行为一致性上较差,不宜做中、上层管理者。

控制中心是衡量相信自己掌握自己命运程度的指标。具有内在控制中心的人相信自己能控制自己的命运;具有外在控制中心的人,往往凭运气办事。具有外在控制中心的人对自己行为的后果不承担责任,往往埋怨客观环境,不适合做管理工作。具有内在控制中心的人对自己行为负责,有独到眼光,很少出现违背道德准则的情况,适合做管理者。

(三)结构变量

结构变量是指一个企业的组织结构设计模式与相关制度。如果结构变量模糊,管理者就容易出现道德问题。结构变量主要表现在以下几个方面:

(1)组织内部机构和职责分工有无必要的权力制衡、监察、检查、审计机制,有无外部群众和舆论监督;

(2)组织内部有无明确的规章制度;

(3)上级管理行为的示范作用;

(4)是否有明确合理的指导、评价、奖惩体系。

(四)组织文化

强的组织文化可以抵御外来风险,化解内部冲突。海尔吃"休克鱼"实现低成本扩张,就是运用海尔文化成功地解决了一个又一个其他企业兼并中的难点——整合,尤其是兼并后企业中的关键雇员和重要客户等管理道德困境。

(五)问题强度

管理道德问题的强度是从道德问题本身来讲,有以下几种情况:

(1)某种道德行为的受害者或受益者受到多大程度的伤害或利益。伤害很大,则不道德;伤害很小,则无所谓。

(2)有多少舆论认为这种行为是邪恶的或善良的。如果大多数人认为这种行为恶劣,则不道德;若很少人这样认为,则无所谓。在我国的行政单位与国有企业办公室,用公家的电话办自己的事,由于公有制单位传统上职工有享受非货币化福利的权利与"习惯",因而很少人对之斥责。这样,在很长时间内,该行为未受到很多人的道德质问。

(3)行为的实际发生和将会引起的可预见的危害或利益的可能性有多大,可能性越大,道德问题越严重。

(4)在该行为和它所期望的结果之间持续的时间有多长。如公司制定减员增效计划,减员对象中有很多是对公司做出长期贡献的人,宣布该计划立即实施和在两年后实施引起的反应是不一样的。前一种方案会被很多职工认为是“没良心的”,而后一种实施方案,大多数职工认为是以后的事,反应不太强烈。

(5)在心理与物质上,你与该种行为的受害者或受益者的接近程度。若是与你亲近的人受害,你会对那种邪恶行为做出很不道德的判断。

(6)行为对有关人员的集中作用程度,即该行为的发生对多少人产生有利或不利的影响。

这六类因素基本上决定了管理道德观的形成,但一定时期社会上大多数人的世界观和价值观也会受外部影响,甚至改变个人的管理道德观。我国当前处于社会转型期,多种因素综合导致了一些人的道德观危机,并酿成了各种悲剧。我们把上述现象归纳为三个层次的管理道德问题:

(1)全社会层次的管理道德问题,如内部人控制等。

(2)职业经营者和高级专业技术人才的职业圈子中的管理道德问题。如企业中高级管理者和技术骨干的社会信誉,对事业和企业的忠诚度及其人力资本价值的决定;企业在与竞争对手争夺客户、供应商、经销商时所遵循的准则和所用方式。

(3)企业内日常管理中面临的管理道德问题,如员工盗窃行为、歪曲传达信息等。不同的道德观导致了相应的行为,造成各种各样的管理道德问题。

五、员工道德素质提升途径

(一)挑选高道德素质的员工

员工存在个性差异,这种个性差异存在于个人的道德观念和价值观念中,因此,管理者可以通过严格和有效的招聘过程,比如审查应聘者的申请材料、通过笔试和面试以及员工的试用等环节录用高道德素质的员工,以提高员工整体道德素质。

(二)建立道德准则

道德准则表明组织的基本价值观和组织期望员工的行为规范,组织可以通过正式文件的形式建立和下发一个组织的道德准则。道德准则应该具体表明员工应该用什么样的精神从事工作、什么样的态度对待工作;如果违反道德准则,会受到什么样的处罚。

(三)高层管理者在道德方面领导员工

组织中的管理人员尤其是组织的高层管理者要以身作则,通过自己正直的品德、高尚的情操以及高道德标准的一言一行影响和感化员工,进而提高员工行为的道德水平。如果一个组织的高层管理人员存在把组织资源占为己有、虚报支出项目等假公济私、贪污受贿等行为,又如何能要求自己的员工有高道德的行为呢!

(四)设定合适的工作目标

组织的经营宗旨和目标反映了组织的道德准则,而员工的目标是组织总体目标的分解,员工应该有明确和正确的目标。如果组织的目标缺乏正确的道德准则的指引,必然会影响员工的道德行为。而如果目标对员工的要求不切实际,即使目标明确和正确,也会产生道德问题,员工在不现实目标的压力下,可能会产生道德疑惑,在目标和道德之间选择前者,因此,组织应该用明确和现实的目标指引员工的行动。

(五)对员工进行道德教育

员工的道德观念和道德行为可以通过学习得到提高。有研究表明:向员工讲授解决道德问题的方案,可以显著改变其道德行为。通过道德教育可以提升个人的道德发展阶段,增强员工对商业道德的认识,因此,组织应当经常进行符合组织需要和社会需要的道德观念的培训,以强化员工的道德行为。

(六)对绩效进行全面评价

在对员工进行绩效评价的过程中,要加入道德方面的要求,不仅评价员工行为的经济成果,同时要考察行为的道德后果。如果仅仅只考虑员工的经济成果,可能导致员工为了取得好的绩效而产生不道德的行为。如在各种业务员领域普遍存在的回扣现象,就是经济成果和道德冲突的结果。

(七)建立正式的保护机制

正式的保护机制可以使面临道德困境的员工选择合适的行为方式。如组织对道德行为的保护机制和对不道德行为的处罚机制,可以使员工在道德行为和不道德行为之间做出正确的选择;组织还可以任命道德顾问,当员工面临道德困境时,可以从道德顾问那里获得指导,同时也是员工遇到道德问题的倾诉对象。另外,组织也可以建立专门的渠道,使员工可以放心地举报存在道德问题和践踏道德准则的人和事,对组织的道德准则进行监督。

总之,组织应该采取多种措施提高员工的道德素质,将以上各种措施结合起来使用,必然会收到预期的效果。

思政园地

大变局下的企业社会责任

当今世界,百年未有之大变局正加速演进,疫情对经济社会发展带来的疤痕效应尚未散尽,地缘政治、贸易保护、技术封锁等问题日渐凸显,特别是近期日本东电公司福岛第一核电站核污染水排海问题更是成为全世界关注的焦点,可持续发展之路任重道远。在此背景下,深入学习、宣传贯彻党的二十大精神,探讨大变局下企业社会责任创新发展显得尤为重要。

第一,新发展理念为企业履行社会责任打开了新场景。当前,我国正处于全面建成社会主义现代化强国、实现第二个百年奋斗目标,以中国式现代化全面推进中华民族伟大复兴的新发展阶段。“创新、协调、绿色、开放、共享”的新发展理念,正促进企业超越以利润为唯一目标的传统观念,推动企业在研发、生产、销售过程中,对社会价值倾注更多的关注,更加注重对环境、消费者以及对社会的贡献。

习近平总书记指出:“企业既有经济责任、法律责任,也有社会责任、道德责任。任何企业存在于社会之中,都是社会的企业。”在新发展理念推动下,很多企业把社会责任创新发展作为动力源和落脚点,系统思考企业与社会、企业与国家,以及企业与其他利益相关方的内在关系、企业战略决策逻辑以及价值逻辑。“双碳”战略、ESG发展、乡村振兴、社会公益等方面,正成为当今企业社会责任的风向标,而在企业社会责任创新发展的道路上敢于担当、敢于先行,已成为企业通往成功之路的必要元素。

当然,我们还要清醒地认识到中国企业社会责任创新发展任重道远。当前,不少企业在责任意识、责任担当和履责水平等方面,与国际先进企业社会责任标准还存在认知理念差距、技术水平差距、经济发展差距,企业社会责任创新发展存在地区不平衡、行业不均衡等特点,一些企业社会责任报告的真实性、准确性、可靠性、持续性等方面还需要进一步加强。这些问题需要企业在不断地创新实践中去突破、去解决。

新时期，企业应在新发展理念和国家"双碳"目标、乡村振兴、ESG发展、绿色创新、公益中国等战略举措引领下，勇担重任，以创新破解难题，以改革寻求发展，坚持不懈保护生态环境，集约利用资源，统筹安全生产，坚持科技创新，引领社会公益，助力乡村振兴，建设美丽中国，为推动我国经济社会发展做出更大贡献。

第二，高质量发展是企业社会责任领导力与伦理决策的落脚点。党的二十大报告把高质量发展明确为全面建设社会主义现代化国家的首要任务，进一步凸显了发展质量的全局和长远意义。高质量发展不仅仅是经济高质量发展，更涵盖社会的高质量发展。在价值创造层面，高质量发展体现为整个经济与社会系统创造高水平与高质量的经济、社会与环境价值。连接经济与社会高质量发展的微观主体是兼具经济与社会融合属性的企业，而企业的高质量发展离不开企业社会责任创新发展。

近年来，中国企业的社会责任认知得到跨越发展，企业社会责任创新发展出现了"质"与"量"齐升的好局面。企业从承担社会责任向创造社会价值转化，履责动机从因外部冲击的工具性，发展到从自身发展反思激发出的综合价值创造动机。企业社会责任战略由弱到强，企业ESG投入不断增多，企业履责渠道不断多元，履责行为不断多样，社会责任报告披露数量不断增多。不同所有制的企业在社会责任实践中百舸争流。很多企业内部治理机制也突破了传统"领导-员工"的二元关系，而是面向企业的股东、消费者、用户、供应商、政府、社区与环境等多元利益相关方形成高水平的责任承诺与价值承诺。

当前，在数字经济高速发展背景下，企业社会责任的研究情境、理论相关方边界，以及影响范围都发生颠覆性的变化，数字平台企业社会责任创新发展对于当前深化推进数字经济高质量发展具有重要的理论价值。相应地，不管是传统情境还是数字经济情境，企业社会责任创新发展都要求企业的战略决策从经济意义主导的竞争性决策转向涵盖经济意义与社会意义的责任价值与责任伦理决策，最终与企业多元利益相关方创造高水平的综合价值，并形成企业与社会、企业与市场以及企业与环境的共生。从这个意义上讲，立足企业社会责任创新发展，引领企业高水平与高质量的综合价值创造，对于深化推进我国经济社会的高质量发展意义重大。

第三，新一轮科技革命和产业变革为企业责任领导力与伦理决策提供了指引。随着数字技术、数字经济推动的新一轮科技革命和产业变革加速演进，我国数字产业化与产业数字化发展进程不断加速，通信网络技术不断突破，人工智能、云计算、大数据、区块链等新兴技术水平跻身全球第一梯队，集成电路、基础软件、工业软件等短板领域正在迎头赶上。但与数字经济蓬勃发展相对的现实是，支撑形形色色数字经济形态的微观企业在运营管理过程中呈现出诸多的社会问题，数字平台企业社会责任实践有待进一步深化，人工智能企业的道德伦理困境有待进一步破解，企业数字化转型过程中的数字责任问题有待进一步澄清。而上述这些问题的深化破解，需要企业重新审视数字化过程中涉及的利益相关方类型、价值诉求、链接关系以及所处场域的深刻变化，这当然有赖于企业更好地发挥社会责任创新发展作用，审视与定位在数字场域下的企业与社会、企业与环境以及企业与其他利益相关方之间的关系。从这个意义上来说，立足企业创新发展，重塑企业在数字场域中的社会责任，对于新一轮科技革命和产业变革背景下，数字经济发展与构建数字智能社会具有不可或缺的重要意义。

企业社会责任创新发展是我国新发展阶段企业迈向高质量发展过程中的重要基础，勇于承担企业社会责任更是深化推进中国式企业管理现代化的重要内容，而这一切都有待于学界与企业界的同仁深化探索。《中国经营报》要聚焦ESG治理与实践等现实问题，利用媒体视角、智慧资源和传播优势，努力为企业社会责任发展搭建沟通的平台，积极总结社会责任实践中的优秀经验，梳理实践中的共性困境，寻找治理和实践中的解决办法，探索社会责任的未来发展方向。我们期待中国企业可以更好地权衡“责任的恒心”与“成长的韧性”，以更多饱含温度的行动来诠释企业社会责任创新发展；我们更期待通过深入交流研讨，取得富有中国情境与中国特色的高水平研究成果，为中国企业社会责任创新发展镌刻精彩华章。

资料来源：曲永义. 大变局下创新发展企业社会责任[N]. 中国经营报，2023－09－09.

复习思考题

1. 社会责任、社会义务和社会响应有哪些相同点和不同点？
2. 管理者如何根据四种不同道德观来进行道德决策？
3. 影响管理道德的因素有哪些？
4. 什么是企业社会责任？
5. 你赞同还是反对企业社会责任？理由是什么？
6. 什么是可持续性？组织如何实践？
7. 管理者鼓励道德行为的具体方式有哪些？

自测题

一、填空题

1. 有关伦理的观点包括________、________、________、________。
2. 伦理的功利观认为，决策要完全依据其________或________做出。
3. 功利主义的目标是为尽可能多的人提高尽可能多的________。
4. 伦理的权力观认为，决策要在尊重和保护________的前提下做出。
5. 合乎伦理的管理不仅从组织自身角度，更从________角度看问题。
6. 合乎伦理的管理不仅把人看成________，更把人看作________。
7. 合乎伦理的管理以________作为行为导向。
8. 道德发展要经历________、________、________三个层次。
9. 人们发现有两个个性变量影响个人行为，这两个变量是________、________。
10. 综合社会契约理论观主张把________和________两种方法并入商业伦理中。
11. 企业的伦理行为可以体现在________、________、________、________、________、________等方面。
12. 道德的本质是________或________。
13. 正式的规章制度可以降低模糊程度，从而________伦理行为的产生。
14. 最有可能产生高伦理标准的组织文化是那种有较强的________以及________的组织文化。
15. 影响管理伦理的因素包括________、________、________、________、________。
16. 企业社会责任中位于最基础的责任是________。
17. 企业社会责任是企业为所处社会的福利而必须承担的________责任。

18. 企业履行社会责任的原则是________、________、________。

19. 推动企业履行社会责任，要求强化以________、________为基本要求的企业社会责任理念，建立健全履行社会责任的机制，将履行社会责任融入企业经营管理决策。

20. 社会责任的两种不同观点是________、________。

二、单项选择题

1. 下列理论观当中，要求管理者考察各行业和各公司中现有的伦理规则的是（　　）。

A. 功利观　　B. 权利观　　C. 公平观　　D. 综合社会契约观

2. 接受（　　）的管理者可能决定向新来的员工支付比最低工资高一些的工资。

A. 功利观　　B. 权利观　　C. 公平伦理观　　D. 综合社会理论观

3. 下列关于伦理的说法中，正确的是（　　）。

A. 合乎伦理的管理具有他律的特征

B. 具有外在控制中心的人，伦理判断和伦理行为可能更加一致

C. 合乎伦理的管理超越了法律的要求

D. 合乎伦理的管理仅仅把遵守伦理规范视为组织获取利益的一种手段

4. 下列概念中，用于衡量人们在多大程度上是自己命运主宰的是（　　）。

A. 自我强度　　B. 控制中心　　C. 强化中心　　D. 目标效价

5. 如果一个人做周围人所期望的事，那么他正处于道德发展的（　　）阶段。

A. 前惯例　　B. 惯例　　C. 原则　　D. 强化

6. 如果一个人坚定地遵守自己所选择的伦理准则，即使这些准则违背了法律，他应该是处于道德发展的（　　）阶段。

A. 前惯例　　B. 惯例　　C. 原则　　D. 强化

7. 管理伦理源于（　　）假说的困惑。

A. 社会人　　B. 经济人　　C. 自然人　　D. 文化人

8. 克制冲动并遵守内心信念的可能性最大的人是（　　）的人。

A. 自我强度高　　B. 自我强度低

C. 具有内在控制中心　　D. 具有外在控制中心

9. 市场经济中要提倡“以义治商”和“以义取利”，这里的“义”指的是（　　）。

A. 义气　　B. 法律　　C. 和气　　D. 伦理道德

10. 关于影响管理伦理的结构变量，下列说法中正确的是（　　）。

A. 正式的规章制度会减少伦理行为的产生

B. 在仅根据手段来评估绩效的地方，伦理标准会降低

C. 管理者的行为是个人的事情，对企业的管理伦理没有影响

D. 压力越大，越可能降低伦理标准

11. 在影响管理伦理的主要因素中，最不应该包括的是（　　）。

A. 当地实行的经济制度　　B. 道德的发展阶段

C. 行为本身所涉及道德问题的严重程度　　D. 组织文化的内容和强度

12. 为了改善组织的道德行为，组织的高层管理者应特别重视（　　）。

A. 新员工的招聘　　B. 建立明确可行的工作目标

C. 定期的道德培训　　D. 以上都是

13. 企业可以通过以下(　　)措施,与提高组织的道德标准无关。

A. 对绩效进行全面的评价

B. 以市场占有率最高而不是利润最大化作为经营目标

C. 建立伦理守则

D. 提供正式的保护机制

14. 以下行为中,不属于企业道德表现的是(　　)。

A. 治理污染　　B. 定期或不定期培训员工

C. 为顾客提供售后服务　　D. 开发新产品

15. 下列问题中,对管理者的道德行为影响较大的是(　　)。

A. 受伤害的人较少　　B. 很多人认为这种行为是邪恶的

C. 行为的后果出现得很晚　　D. 行为发生并造成实际伤害的可能性小

16. 如果一位管理者认为解雇其工厂中20%的工人是正当的,因为这将增强工厂的盈利能力,使余下的80%工人的工作更有保障以及符合股东的利益。这位管理者的伦理观是(　　)。

A. 道德的功利观　　B. 道德的权利观

C. 公平理论道德观　　D. 综合社会契约道德观

17. 某造纸企业为了环保设备的改造升级,与高等学校、科研院所联手建立了污水治理体系,污水排放达到了国家一级标准。这种做法体现了企业的(　　)。

B. 对雇员的责任　　B. 对顾客的责任

C. 对竞争对手的责任　　D. 对环境的责任

18. 企业应当承担社会责任,由于负责任的行为才是所要做的正确的事情,这个观点阐述的角度是(　　)。

A. 公众期望　　B. 长期利润　　C. 道德义务　　D. 股东利益

19. 下列各项中,不属于企业对员工承担的社会责任是(　　)。

A. 按时足额发放劳动报酬,并根据社会发展逐步提高工资水平

B. 提供安全健康的工作环境,加强劳动保护,实现安全生产,积极预防职业病

C. 完善工会、职工董事和职工监事制度,培育良好的企业文化

D. 诚实守信,不滥用公司人格

20. 下列有关企业社会责任的说法中,不正确的是(　　)。

A. 为员工提供安全的工作环境,保障员工利益

B. 主动偿债,不无故拖欠债务

C. 积极投资获利项目,力争增加股东收益,使其达到最大化

D. 对医疗服务机构、教育事业、贫困地区进行捐赠

三、多项选择题

1. 卡罗尔的“社会责任金字塔”模型认为,完整的企业社会责任应包括(　　)。

A. 经济责任　　B. 政治责任　　C. 伦理责任　　D. 慈善责任

E. 发展责任

2. 企业对顾客应承担的社会责任主要由(　　)构成。

A. 提供安全的产品　　B. 提供正确的产品信息

C. 提供售后服务　D. 提供必要的指导

E. 赋予顾客自主选择的权利

3. 企业社会责任的具体表现除企业对环境、企业对员工、企业对顾客的责任以外，还应包括(　　)承担的责任。

A. 企业对投资者　B. 企业对竞争对手　C. 企业对股东　D. 企业对政府

E. 企业对社区

4. 提高员工道德素质的途径有设定工作目标、(　　)、对绩效进行评价、(　　)、进行独立的社会审计、建立道德准则、(　　)和在道德方面领导员工等。

A. 挑选员工　B. 培训员工　C. 提供保护机制　D. 进行道德教育

E. 不歧视员工

5. 反对企业承担社会责任的主要理由是违反利润最大化原则、(　　)和缺乏责任及缺乏广泛的公众支持等。

A. 冲淡目标　B. 权力过大　C. 不能补偿成本　D. 利益攸关者的要求

E. 缺乏技能

6. 商业道德有(　　)基本观点。

A. 道德的功利观　B. 道德的权利观　C. 道德的发展观　D. 公平理论道德观

E. 综合社会契约理论观

7. 赞成企业承担社会责任的理由有满足公众期望、(　　)、符合股东利益、责任和权利相称、预防胜于治疗、拥有资源等。

A. 增加长期利润　B. 承担道德义务

C. 塑造良好的公众形象　D. 创造良好的环境

E. 阻止政府的进一步管制

8. 影响管理者道德素质的因素包含：道德发展阶段、个人特征、(　　)等。

A. 法律的约束力　B. 结构变量　C. 人力资本状况　D. 组织文化

E. 问题强度

9. 企业对员工的责任有(　　)。

A. 不歧视员工　B. 信任员工

C. 定期或不定期培训员工　D. 营造良好工作环境

E. 善待员工

10. 企业对环境责任主要体现为(　　)。

A. 推动环保技术的运用　B. 三废治理

C. 开发“绿色产品”　D. 治理环境

E. 实现生产零污染

11. 决定企业道德规范的因素一般有(　　)。

A. 社会道德　B. 员工素质　C. 职业道德　D. 个人道德

E. 高层管理者道德

12. 社会主义职业道德的特征有(　　)。

A. 继承性和创造性相统一　B. 阶级性和人民性相统一

C. 先进性和广泛性相统一　D. 强制性和被动性相统一

E. 科学性和时代性相统一

13. 作为职业道德基本原则的集体主义，有着深刻的内涵。下列关于集体主义内容的说法，正确的是(　　)。

A. 坚持集体利益和个人利益的统一

B. 坚持维护集体利益的原则

C. 集体利益通过对个人利益的满足来实现

D. 坚持集体主义原则，就要坚决反对个人利益

E. 集体主义就是个人与集体利益，不存在任何矛盾

14. 关于企业社会责任报告的说法，下列正确的是(　　)。

A. 企业社会责任报告是企业与利益相关方进行全面沟通交流的重要过程和载体

B. 企业社会责任报告应披露企业履行社会责任的理念、内容、方式和绩效

C. 企业应为发布的社会责任报告承担道义责任

D. 企业社会责任报告避免披露负面信息，以免影响企业形象

E. 企业社会责任报告可以提高企业履行社会责任的透明度，有利于商业交往和业务拓展

15. 企业的社会责任有(　　)。

A. 保护消费者权益　　B. 保护员工权益

C. 保护社会的利益和发展　　D. 保护股东权益

E. 保护社会自然环境

四、简答题

1. 企业对顾客的道德行为表现在哪些方面？
2. 简述道德的综合社会契约观。
3. 简述道德发展阶段对个人道德行为的影响。
4. 个人特征如何影响管理道德？
5. 什么是社会责任？通常都有哪两种社会责任观？
6. 赞成企业承担社会责任的理由是什么？

五、问答题

1. 管理道德及其主要内容包括哪些？
2. 在商业道德上，存在哪些观点？各种观点的区别何在？
3. 合乎道德的管理具有哪些特征？
4. 影响管理道德的因素有哪些？
5. 管理者可以采取哪些办法来改善组织及其成员的道德行为？
6. 企业承担社会责任具体体现在哪些方面？

请用手机微信扫以下二维码，获取自测题参考答案。

第四章 自测题
参考答案

第五章

计　划

学习目标

知识目标：理解计划、目标管理的含义、作用、特点，熟悉计划的类型，掌握计划的编制方法：滚动计划法、综合平衡法、甘特图法以及四象限法，掌握目标管理的实施步骤。

能力目标：识别计划的不同层次在企业中的应用，能够对企业实施目标管理进行规划和指导。

素质目标：企业不同计划层次的表述、制定和逻辑关联，目标管理的评价。

思政目标：培养学生的战略计划思维，强化面对复杂问题时的分析能力和解决能力，为他们成为未来的管理者打下坚实的基础。

思维导图

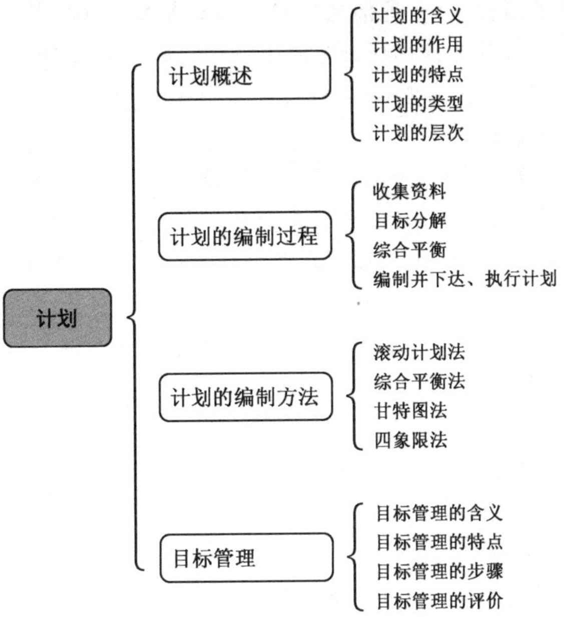

案例引入

目标管理在某企业的应用

为了充分发挥各职能部门的作用，充分调动一千多名职能部门人员的积极性，某机床厂首先对厂部和科室实施了目标管理。经过一段时间的试点后，逐步推广到全厂各车间、工段和班组。多年的实践表明，目标管理改善了企业经营管理，挖掘了企业内部潜力，增强了企业的应变能力，提高了企业素质，取得了较好的经济效益。

按照目标管理的原则，该厂把目标管理分为以下三个阶段进行：

第一阶段：目标制定阶段

1. 总目标的制定

该厂通过对国内外市场机床需求的调查，结合长远规划的要求，并根据企业的具体生产能力，提出了20×7年“三提高”“三突破”的总方针。所谓“三提高”，就是提高经济效益、提高管理水平和提高竞争能力；“三突破”是指在新产品数目、创汇和增收节支方面要有较大的突破。在此基础上，该厂把总方针具体比、数量化，初步制订出总目标方案，并发动全厂员工反复讨论、不断补充，送职工代表大会研究通过，正式制定出全厂20×8年的总目标。

2. 部门目标的制定

企业总目标由厂长向全厂宣布后，全厂就对总目标进行层层分解，层层落实。各部门的分目标由各部门和厂企业管理委员会共同商定，先确定项目，再制定各项目的指标标准。其制定依据是厂总目标和有关部门负责拟定、经厂部批准下达的各项计划任务，原则是各部门的工作目标值只能高于总目标中的定量目标值，同时，为了集中精力抓好目标的完成，目标的数量不可太多。为此，各部门的目标分为必考目标和参考目标两种。必考目标包括厂部明确下达目标和部门主要的经济技术指标，参考目标包括部门的日常工作目标或主要协作项目。其中，必考目标一般控制在2～4项，参考目标项目可以多一些。目标完成标准由各部门以目标卡片的形式填报厂部，通过协调和讨论，最后由厂部批准。

3. 目标的进一步分解和落实

部门的目标确定了以后，接下来的工作就是目标的进一步分解和层层落实到每个人。

(1)部门内部小组(个人)目标管理，其形式和要求与部门目标制定相类似，拟订目标也采用目标卡片，由部门自行负责实施和考核。要求各个小组(个人)努力完成各自目标值，保证部门目标如期完成。

(2)该厂部门目标的分解是采用流程图方式进行的。具体方法：先把部门目标分解落实到职能组，逐级再分解落实到工段，工段再下达给个人。通过层层分解，全厂的总目标就落实到了每个人身上。

第二阶段：目标实施阶段

该厂在目标实施过程中，主要抓了以下三项工作：

1. 自我检查、自我控制和自我管理

目标卡片经主管副厂长批准后，一份存企业管理委员会，一份由制定单位自存。由于每个部门、每个人都有了具体的、定量的明确目标，所以，在目标实施过程中，人们会自觉地、努力地实现这些目标，并对照目标进行自我检查、自我控制和自我管理。自我管理，能充分调动各部门及每个人的主观能动性和工作热情，充分挖掘自己的潜力，因此，完全改变了过去那种上级只管下达任务、下级只管汇报完成情况，并由上级不断检查、监督的传统管理办法。

2.加强经济考核

虽然该厂目标管理的循环周期为一年，但为了进一步落实经济责任制，及时纠正目标实施过程中与原目标之间的偏差，该厂打破了目标管理的一个循环周期只能考核一次、评定一次的束缚，坚持每个季度考核一次和年终总评定。这种加强经济考核的做法，进一步调动了广大职工的积极性，有力地促进了经济责任制的落实。

3.重视信息反馈工作

为了随时了解目标实施过程中的动态情况，以便采取措施、及时协调，使目标能顺利实现，该厂十分重视目标实施过程中的信息反馈工作，并采用了两种信息反馈方法：

(1)建立“工作质量联系单”，及时反映工作质量和服务协作方面的情况。尤其当两个部门发生工作纠纷时，厂管理部门就能从“工作质量联系单”中及时了解情况，经过深入调查，尽快加以解决，这样就大大提高了工作效率，减少了部门之间不协调现象。

(2)通过“修正目标方案”来调整目标。内容包括目标项目、原定目标、修正目标以及修正原因等，并规定在工作条件发生重大变化需修改目标时，责任部门必须填写“修正目标方案”提交企业管理委员会，由该委员会提出意见交主管副厂长批准后方能修正目标。

该厂在实施过程中由于狠抓了以上三项工作，因此，不仅大大加强了对目标实施动态的了解，更重要的是加强了各部门的责任心和主动性，从而使全厂各部门从过去等待问题找上门的被动局面，转变为积极寻找和解决问题的主动局面。

第三阶段：目标成果评定阶段

目标管理实际上就是根据成果来进行管理的，故成果评定阶段显得十分重要，该厂采用了“自我评价”和上级主管部门评价相结合的做法，即在下一个季度第一个月的10日之前，每一部门必须把一份季度工作目标完成情况表报送企业管理委员会(在这份报表上，要求每一部门对上一阶段的工作做恰如其分的评价)；企业管理委员会核实后，也给予恰当的评分：如必考目标为30分，参考目标为15分。每一项目标超过指标3%加1分，以后每增加3%再加1分。参考目标有一项未完成而不影响其他部门目标完成的，扣参考项目中的3分，影响其他部门目标完成的则扣分增加到5分。加1分相当于增加该部门基本奖金的1%，减1分则扣该部门奖金的1%。如果有一项必考目标未完成，则扣至少10%的奖金。

该厂在目标成果评定工作中深深体会到：目标管理的基础是经济责任制，目标管理只有同明确的责任划分结合起来，才能深入持久，才能具有生命力，达到最终的成功。

资料来源：根据巨中成企业家网网站资料(2023-10-19)整理而得。

【问题思考】

1.在实施目标管理过程中，应注意一些什么问题？目标管理有什么优缺点？

2.增加和减少员工奖金的发放额是实行奖惩的最佳方法吗？除此之外，你认为还有什么激励和约束措施？

阅读材料

目标管理——甘特图的应用

甘特图是一种广泛应用于项目管理的工具，它通过条状图直观地显示项目的时间线、进度和各个任务的内在关系。这种方法可以帮助管理者发现实际进度偏离计划的情况，让项目经理可以及时发现项目中的问题，从而调整项目计划，确保实际进度按照计划进行。

在目标管理中，甘特图的应用表现在以下几个方面：

目标制定：在项目开始阶段，利用甘特图明确项目的目标、里程碑和截止日期。这有助于团队对整个项目有一个清晰的视图，并确定优先处理的任务。

任务分解：将整体目标分解为可操作的子任务，每个任务都有明确的开始和结束时间。这有助于团队成员理解自己的职责，提高工作效率。

目标实施：基于甘特图，项目经理能清楚地知道哪个任务应该放在首位，以及如何有效地完成这件事。此外，甘特图还可以有助考虑人力、资源、日期等因素，以确保项目的顺利进行。

目标监控：通过定期检查甘特图，项目经理可以发现任何偏离计划的进度，及时采取措施进行调整。这有助于保证项目按预定的时间、成本和质量完成。

以下是一些目标管理中甘特图的应用案例：

软件开发项目：在软件开发项目中，甘特图可以用于清晰地显示项目的各个阶段、任务以及其时间线。通过甘特图，项目经理可以更好地进行资源分配和时间管理，以确保项目的顺利进行。

企业培训项目：在进行大规模的企业培训时，甘特图同样可以发挥重要作用。利用甘特图，培训经理可以清楚地了解各个培训课程的时间安排和进度，以便更有效地监控和管理整个培训过程。

营销计划实施：在执行营销计划的过程中，甘特图能有助于团队明确每个阶段的营销活动、目标及相应的时间节点。通过甘特图，团队可以更好地协同工作，更高效地实施营销计划。

以上案例充分体现了甘特图在目标管理中的应用价值，它能帮助团队明确目标、合理规划时间、有效监控进度，从而提高工作效率，确保项目的顺利完成。

资料来源：根据 MBA 智库百科《甘特图》整理而得。

任何组织都必须制订计划，计划在所有的管理职能中是一项最基本的职能。要取得有效的工作成果，最主要的任务是设法使组织员工明确目的与目标，以及实现他们的方案。一家企业、一个地区或一个国家的命运，从某种意义上讲都取决于管理其事务的人的思想和计划。在现代社会里，计划工作已成为组织生存的必备条件。对企业而言更是如此，要经营企业就得有计划，把计划作为企业行为的准则。可以说，良好的计划是增强企业竞争力的重要途径和有力工具。

第一节 计划概述

一、计划的含义

（一）计划的含义和内容

计划有动词和名词之分。计划作为动词，指管理者确定必要的行动方针，以期在未来的发展中能够实现目标的过程，即计划制订工作；而作为名词来说，计划是指一系列用于描述企业在未来行动的目标和方式的文件。

计划还有广义和狭义之分。广义的计划包括制订计划、执行计划和检查计划的执行情况；狭义的计划只是指制订计划，本章所讲的计划主要涉及狭义的计划。

计划是管理的基本职能之一，就管理过程而言，它是位于决策职能之后的一项重要职能。关于计划的含义，不同人有着不同的理解。归纳起来大致有以下几种：计划是事先对未来应采取行动所做的规划和安排；计划是一种结果，是在计划工作所包含的一系列活动完成之后产生的、对未来行动方案的一种说明；计划就是对行动方案的预先设计，是在决策目标的指导下，以预测工作为基础，对实现目标的途径做出具体安排的一项活动；等等。

综上所述，我们认为计划(Planning)是指将实施决策所需完成的活动任务进行时间和空间上的分解，以便将决策任务具体落实到组织中的不同部门和个人的过程。计划的内容要素包括以下六个方面：(1)明确做什么(What)；(2)明确为什么做(Why)；(3)明确由谁做(Who)；(4)明确在什么地点做(Where)；(5)明确在什么时间做(When)；(6)明确如何做，即采用什么方法和手段做(How)。上述六个方面，简称"5W1H"。

(二)计划与决策的关系

计划作为管理的首要职能，是一个广泛的概念，它的内涵比决策要丰富得多，决策只是这一过程中的一个环节。例如，法约尔认为，管理就是实行计划、组织、指挥、协调、控制。计划就是探索未来，制订行动计划。可见，法约尔认为的计划是管理的一个基本部分，包括对未来进行预测，并在预测的基础上制订行动方案。而赫伯特·西蒙(Herbert A. Simon)认为，管理就是决策，决策是管理的核心，贯穿于整个管理过程。因此，决策不仅包含了计划，而且包含整个管理过程。

基于上述认识，我们认为：计划与决策是两个既相互区别，又相互联系的概念。两者的区别在于需要解决的问题不同。计划的重点是确定组织不同部门、不同成员的目标及相应的内容和要求，从而使组织有了行动的方向；决策是对组织活动、内容以及方式的选择。可见，决策是管理的首要职能。而计划是对组织内部一定时期内不同成员行动任务的具体安排，是在决策的基础上进行的工作。另一方面，计划和决策是相互联系的，这主要体现在两个方面：一是决策是计划的前提，计划是决策的延续。决策为计划的任务安排提供了依据，计划为决策目标的实施提供了保证。二是计划与决策是相互渗透的，有时甚至是不可分割地交织在一起的。因为在决策的制定过程中，实际上已经孕育着决策的实施计划，而计划的编制过程，会有目标和方案的选择问题以及决策的落实过程。

二、计划的作用

哈罗德·孔茨认为，计划是从我们现在所处的位置达到将来预期的目标之间架起来的一座桥梁。它把我们所处的这岸，和我们要去的对岸连接起来，以克服这一天堑。有了这座桥，本来不会发生的事，现在就有可能发生了。虽然我们很少能够预知确实的未来，虽然那些超出我们控制的因素可能干扰制订最佳计划，但是，除非我们搞计划，否则就凭自然了。这段话高度概括了计划在管理中的重要作用。具体来说，计划的作用表现在以下四个方面：

(一)计划是为组织活动提供方向和目标

计划为管理工作指明了目标，为组织活动提供了方向。管理者要根据计划分派任务，确定各级管理者的权力和责任，使组织中的全体成员的活动方向趋于一致，从而形成一种协调的组织行为，保证实现计划所设定的目标。否则，组织的活动就会无的放矢，不知所以然。所以，计划有利于企业通过精心分工和协作来安排经营活动，可以把组织中全体职员的行动统一到实现组织总目标上来，进而使得管理者的各项管理工作更加有效，同时使得管理工作的监督、检查和纠正工作具有明确的依据。

（二）计划是合理配置资源的手段

计划是将组织活动在时间、空间上进行分解，通过规定组织中不同部门在不同时间应从事何种活动，明确所需资源的时间、数量和种类等，从而为组织合理配置资源提供依据。通过计划管理，统筹兼顾、全面平衡，充分调动员工的积极性，有效利用人力、物力和财力，使企业的生产经营活动顺利进行，确保取得良好的经济效益。

（三）计划是降低风险、掌握主动的依据

彼得·德鲁克曾指出，计划当然不能完全消除在长期决策中的风险，但无论如何，计划能帮助鉴定潜在的机会与威胁，并且至少能减少风险。多数组织是在变化的环境中进行经营的。它们必须准备接受变化，把变化作为动态的世界中经营的不可避免的结果。而在这种不断变化的环境中，组织要获得持续的成功，就必须通过计划职能，寻找尽可能最好的行动方案，以便抓住机会，减少风险。比如，未来资源的价格变化、竞争者的变化、国家方针政策的变化等都是不可预测的因素，一个组织如果对未来的变化没有准确的预测，必然会导致组织行为的失败。而计划作为一种对未来行动的筹划，必然对未来的各种情况进行预测，并针对各种变化因素制定应对措施，以最合理的方案安排组织的各项活动，从而降低组织未来活动的风险，在市场中处于主动地位。

（四）计划是实施控制的依据

哈罗德·孔茨认为，计划是主管人员设计控制工作的准绳。如果没有任何计划而去进行控制，是毫无意义的。控制的实质就是根据计划纠正行动的偏差，从而保证行动方向的正确性。可见，计划为控制提供了标准，为检查和考核工作提供了尺度。组织通过计划可以事先明确要做什么、由谁做、做到何种程度，这就为事中和事后控制提供了标准，有助于提高控制的有效性。由于各种主客观因素的影响，组织在决策的实施中，可能会产生与目标要求不完全相符的情况，从而出现偏差，因此，必须对组织活动进行控制。如果没有计划，控制就成为无本之木。计划和控制是密不可分的，它们是管理的一对孪生子。没有计划的行动是盲目的行动，不可能进行控制。

三、计划的特点

（一）目标性

任何组织和个人制订计划都是为了有效地实现某种目标，目标性是计划的一个重要特点。在计划的编制过程中，明确目标是首要任务，其后所有的任务，包括目标分解、目标结构分析、综合平衡等工作都是围绕着目标进行的。

（二）普遍性

人们常常错误地认为，计划是组织领导的工作，但事实并非如此，组织的各管理层次、各部门都有自己的计划，计划绝非仅是高层管理者的事，甚至班组长都要有自己的计划，只是计划内容不同而已。例如，组织的高层管理者制订总体计划，在总体计划的原则指导下，各部门会制订生产计划、销售计划、财务计划等职能计划，各职能计划又被层层分解为各项作业计划。可见，计划具有普遍性。实际的计划工作涉及组织中的每一位管理者和员工。

(三)操作性

计划的最终目的是要得到落实,因此,符合实际、易于操作、目标适宜是衡量一个计划好坏的重要标准。计划是未来行动的蓝图,不切合实际的计划是很难实现的,并且会给组织造成一定的损失。为了使计划具有可操作性,在计划之前必须进行充分的调查研究,准确把握环境和组织自身的状况,努力做到目标合理、措施得当。

(四)灵活性

计划通常是在一定的环境下制订的,但由于组织所处的环境是在不断变化的,因此,计划也不是一成不变的。为了适应环境的变化,克服不确定因素的干扰,应适当增强计划的灵活性,即根据实际情况的变化适时调整计划,以便于计划的落实。计划的灵活性可以加强计划的实践性,使计划工作顺利进行。

(五)效率性

做事没有计划的个人或组织其效率可想而知,计划可以提高组织资源配置的效率。计划的效率性表现在两个方面:一是指计划的时效性,主要表现在计划工作必须在计划期之前完成既定工作,同时要慎重选择计划期的开始与结束时间;二是指计划的经济性,主要表现在计划应以最小的资源投入获得尽可能多的产出,提高资源的使用效率。

四、计划的类型

(一)依据计划的时间划分

依据计划的时间,可以将计划分为长期计划、中期计划和短期计划。

1.长期计划

一般地,人们习惯于将5年以上的计划称为长期计划。长期计划主要解决两个方面的问题:一是组织的长远目标和发展方向是什么;二是怎样达到本组织的长远目标。长期计划描述了组织在较长时期的发展方向和方针,规定了组织各个部门在较长时期内从事某种活动应达到的目标和要求,描绘了组织在较长时期的发展蓝图。

2.中期计划

中期计划一般指1年以上、5年以下的计划。中期计划来自长期计划,只是比长期计划更具体和详细,起到协调长期计划和短期计划的作用。

3.短期计划

短期计划是指不超过1年的计划,具体规定了组织的各个部门在目前到未来较短时期内应从事的活动,以及从事活动应达到的要求等,从而为组织成员在近期的行动提供依据。短期计划更具体和详尽,说明计划期内必须达到的目标、具体的工作要求,直接指导各项工作的开展。

(二)依据计划的对象划分

依据计划的对象,可以将计划分为综合性计划和专业性计划。

1.综合性计划

综合性计划是指对组织业务经营过程的各个方面所做的全面规划和安排,关系到组织多个目标和多方面内容的计划。在较长时期内执行的战略计划往往是覆盖面较广泛的综合性计划。当然,短期计划也有综合性的,例如,企业的年度生产经营计划。

2.专业性计划

专业性计划是指对某一专业领域职能工作所做的计划,通常是对综合性计划的某一方面内容的分解和落实。比如，与企业经营活动相关的生产计划、销售计划等都属于专业性计划。这些计划只涉及企业活动的某一方面，与综合性计划的关系是局部与整体的关系。

(三)依据计划内容的详尽程度划分

依据计划内容的详尽程度，可以将计划分为指导性计划和具体性计划。

1.指导性计划

指导性计划相对较为笼统，一般是由高层管理者制定的，只规定一些指导性目标、方向、方针和政策的计划，属于粗线条的指令性计划，通常用于战略计划、中长期计划等。

2.具体性计划

具体性计划一般是由基层管理者制定的，具有非常明确的目标和措施，具有很强的可操作性。具体性计划通常适用于专业性计划，比如某项新产品的开发计划等。

(四)依据计划的层次划分

依据计划的层次，可以将计划分为战略计划和作业计划。

1.战略计划

战略计划是由高层管理者负责制定的具有长远性、全局性和指导性的计划，是关于组织未来整体的行动计划，规定了组织未来的总体目标以及组织在所处环境中的地位。战略计划的特点是涉及的时间较长，涉及的范围较广，相关因素多而复杂，因此，战略计划要有较大的弹性。

2.作业计划

作业计划是规定总体目标如何实现的细节计划，要确定工作流程、人选、分派任务和资源、权力与职责等。作业计划的特点是涉及的时间较短。

(五)依据计划的重复性划分

依据计划的重复性，可以将计划分为程序性计划与非程序性计划。

1.程序性计划

组织活动可分为两类，一类是例行的重复出现的活动，对这类活动的决策称为程序化决策，与之相对应的计划工作就是程序性计划或常规计划，包括政策、标准方法和常规作业程序，所有这些都是用来解决常发性问题的。

2.非程序性计划

组织活动的另一类是非例行的不重复出现的活动，对这类活动的决策称为非程序化决策，与之相对应的计划工作就是非程序性计划或专项计划，包括为特定的情况专门设计的方案、进度表等，它用来处理一次性的而非重复性的问题。

管理者层次与企业计划之间的关系见表5－1。

表5－1　管理者层次与企业计划

管理者层次	计划的种类
高层管理者	长期计划、战略计划、非程序性计划、综合性计划、指导性计划
基层管理者	短期计划、作业计划、程序性计划、专业性计划、具体性计划

五、计划的层次

哈罗德·孔茨和海因·韦里克从抽象到具体，把计划分为一种层次体系，如图5－1所示。

图 5—1 计划的层次体系

(一)宗旨

宗旨要回答组织是干什么的,应该干什么。它指明组织机构在社会中应该承担的作用和所处的地位,表明组织的经营观念和经营理念,明白地告诉消费者组织的使命,是指导组织管理的精髓。因此,宗旨是一个组织的最基本的目标,是一个组织存在的最基本的理由,也是一个组织有别于其他组织的显著标志。

(二)目标

目标是指组织在未来一定时期内所要达到的预期成果。组织的宗旨往往是抽象化和原则性的,它需要进一步具体化为组织以及组织各部门在一定时期内所要实现的目标。换句话说,组织的宗旨规定了组织所要从事的事业,而组织的目标则更加具体地说明了组织从事这项事业的预期成果。

(三)战略

战略是为实现组织或企业长远目标所选择的发展方向、所确定的行动方针,以及资源分配方针和资源分配方案的一个总纲。从组织长远发展来看,选择方向、确定资源分配的优先次序远比其他具体的计划工作重要得多。

(四)政策

政策是指导或沟通决策思想的全面的陈述书或理解书。不是所有的政策都是陈述书,政策往往也会从主管人员的行动中含蓄地表现出来。政策用来帮助决定问题的处理方法,指导处理具体问题的原则,减少处理例行事件的成本。

(五)程序

程序规定了如何处理那些重复发生的例行问题的标准方法。在实践中,程序往往表现为组织的规章制度,组织中每个部门都有程序,越往基层,程序越具体化。程序是一种经过优化的计划,它通过对大量日常工作过程和工作方法的总结和提炼,使之逐步规范化,从而提高了工作效率和效果。

(六)规则

规则详细地阐明了必须行动和非必须行动,其本质是一种必须或无须采取某种行动的管理决策,没有酌情处理的余地。规则往往是最简单形式的计划,通常是对具体情形下的单个行动进行规定,而程序通常涉及一个连续的时间序列,或者可以说,程序更像是由多个规则按照一定的时间序列排列而成的一个组合。

(七)规划

规划是一种综合性的计划,它包括目标、政策、程序、规则、任务分配、步骤、所需资源以及完成既定行动方针所需的其他因素。通常情况下,一个主要规划可能需要很多支持计划,在制订方案的同时必须把支持计划制订出来,并加以协调和安排。

(八)预算

预算是以数字表示预期结果的一种报告书,即"数字化"的计划。预算通常是为规划服务的,但其本身也可能就是一项规划。此外,预算还是一种非常重要的控制方法和手段。

第二节　计划的编制过程

计划的编制过程包括五个阶段的工作,即收集资料的准备阶段、目标分解阶段、综合平衡阶段,以及编制并下达、执行计划阶段。计划的编制过程如图 5—2 所示。

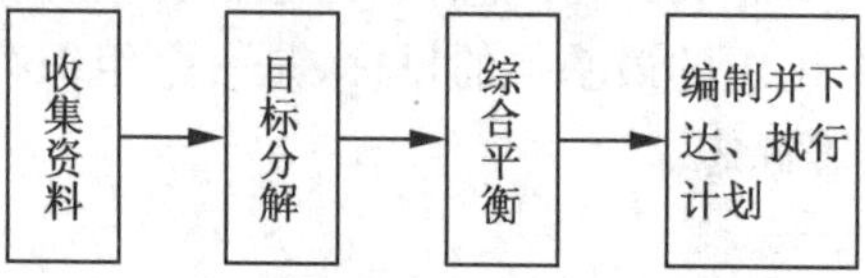

图 5—2　计划的编制过程

一、收集资料

计划不是凭空想象得来的,而是以事实为依据、建立在大量现有资料的基础上的产物。大量收集资料的目的是为计划的编制提供依据。由于计划是为决策的组织落实而制订的,因此,计划编制者首先要了解决策者的需求,分析制定决策的环境特点和执行决策的条件等,这是编制计划的前提。同时,由于计划中的任务需要组织内部不同部门的成员利用一定的资源完成,因此,计划编制者还需要收集各部门的资源状况,为计划的编制提供依据。

二、目标分解

目标规定预期的结果,为管理者和每个人指明方向。目标分解一般开始于组织的高层管理者,高层管理者根据组织的远景和使命,在充分分析客观环境的基础上,制定总的战略目标。由于战略目标的指导性与粗放型,要想将战略目标付诸行动,必须对其进行分解。目标分解的目的是将决策目标分解到组织中的各个部门,将长期目标分解为各阶段分目标,通过分解确定组织中各部门在未来时期的具体任务以及完成这些任务的具体要求等。目标分解的结果是形成组织的目标结构,包括目标的时间结构和空间结构。目标结构描述了组织中总体目标与部门目标之间、长期目标与各阶段目标之间的相互关系与保证关系。

三、综合平衡

综合平衡是指既要保证任务在时间和空间上的平衡,又要保证任务与资源的平衡,还要保证任务与能力的平衡。

四、编制并下达、执行计划

在综合平衡的基础上，组织可以为各个部门编制各个阶段的行动计划，并下达计划，以便各个部门执行计划。

第三节 计划的编制方法

一、滚动计划法

（一）滚动计划法的基本原理

滚动计划法（Roling Wave Planning）是一种动态编制计划的方法。由于组织所处的环境是不断变化的，在计划执行的过程中，实际情况往往与预期情况存在一定的差距，为了保证计划的有效性，需要定期对计划进行必要的修正。

滚动计划法的基本思路是根据计划执行的情况和环境的变化情况，定期调整未来的计划，并逐渐向前推移，以保证计划的连贯性，使短期计划与中期计划、长期计划有机地结合起来。滚动计划法的基本原理如图 5—3 所示。

图 5—3 滚动计划法示意图

滚动计划法的编制方法：在已编制计划的基础上，每经过一段固定的时期（例如一年或一个季度，这段固定的时期被称为滚动期）便根据变化了的环境条件和计划的实际执行情况，从确保实现计划目标出发对原计划进行调整。每次调整时，保持原计划期限不变，而将计划期顺序向前推进一个滚动期。如图 5—3 所示，运用滚动计划法编制企业的 5 年计划，可以采取近细远粗的办法，近期计划订得较细、较具体，远期计划订得较粗、较概略。在一个计划期终了时，根据上期计划执行的结果和产生条件，市场需求的变化，对原订计划进行必要的调整和修订，并将计划期顺序向前推进一期，如此不断滚动、不断延伸。例如，某企业在 2015 年年底制定了 2016—2020 年的五年计划，如采用滚动计划法，到 2016 年年底，根据当年计划完成的实际情况和客观条件的变化，对原订的五年计划进行必要的调整，在此基础上再编制 2017—2021 年的五年计划，也就是说每当计划执行一个周期，整个计划往前推动一步。

(二)滚动计划法的优点

滚动计划法虽然使得计划编制工作的任务量加大，但是，随着计算机的广泛应用，其优点十分明显。滚动计划法具有以下优点：

1. 滚动计划法可以使计划切合实际

滚动计划法把计划期内各阶段以及下一个时期的预先安排有机地衔接起来，而且定期调整补充，从而从方法上解决了各阶段计划的衔接和符合实际的问题。

2. 滚动计划法可以使计划具有连贯性

滚动计划法能够使长期计划、中期计划和短期计划相互衔接，体现了计划的连贯性。

3. 滚动计划法可以使计划富有弹性

滚动计划法的滚动调整使计划富有弹性，这对环境变化剧烈的时代尤为重要，可以提高企业的应变能力。

二、综合平衡法

综合平衡法(Integrated Balance Method)是企业计划编制的基本方法，是指从企业总体上处理企业人力、物力、财力等资源与企业的各部门之间、各环节之间的相互关系，是指企业全局的平衡，而不是指单项的、局部的平衡。综合平衡必须以单项平衡和局部平衡作为补充，才能保证其正确性。搞好综合平衡，首先要从全局出发，对过去的情况进行分门别类的调查研究，找出实现组织目标的薄弱环节，运用综合平衡的思路协调企业的资源。

在编制企业计划时，要处理好以下几个方面的平衡关系：

(一)目标的时间和空间平衡

目标在时间和空间上的平衡主要是指在目标结构分析的基础上，分析与目标结构相对应的各层级、各部门的目标在时间和空间上是否相互协调。目标的时间平衡是指分析组织在各阶段的任务是否相互衔接，能否保证组织活动顺利进行；目标的空间平衡是指研究组织各部门的任务是否保持相应的比例关系，能否保证组织的整体活动协调进行。两者必须平衡发展，否则很难保证组织目标的顺利实现。

(二)目标与资源的平衡

目标与资源的平衡主要研究组织的各项目标与资源供应的关系，分析组织能否在适当的时间筹集到适当数量和品种的资源，从而保证组织活动的顺利进行。所以，企业应从大局出发，全盘考虑，对资源进行合理配置，实现组织的既定战略目标。

(三)目标与能力的平衡

目标与能力的平衡主要分析不同部门在不同时间的目标与能力之间是否平衡，即研究组织的各个部门是否能够保证在任何时间都有足够的能力完成规定的任务。这里谈到的“能力”既包括各级管理者及员工自身具有的组织能力、技能，还包括工作态度等一系列主观意识问题。

三、甘特图

(一)甘特图简介

甘特图(Gantt Chart)又称横道图、条形图(Bar Chart)，它以图示的方式通过活动列表和时间刻度形象地表示出任何特定项目的活动顺序与持续时间。它是在第一次世界大战时期发明的，以亨利·甘特(Henry Gantt)先生的名字命名，他制定了一个完整的用条形图表示进度的标志系统。由于甘特图形象简单，在简单、短期的项目中，甘特图得到了广泛的运用。

甘特图基本上是一种线条图。横轴表示时间，纵轴表示要安排的活动，线条表示在整个期间上计划和实际的活动完成情况，如图 5—4 所示。甘特图直观地表明任务计划在什么时候进行，以及实际进展与计划要求的对比。甘特图是对简单项目进行计划与排序的一种常用工具，用于解决负荷和排序问题时较为直观，能使管理者先为项目各项活动做好进度安排，然后再随着时间的推移，对比计划进度与实际进度，进行监控工作，调整注意力到最需要加快速度的地方，使整个项目按期完成。

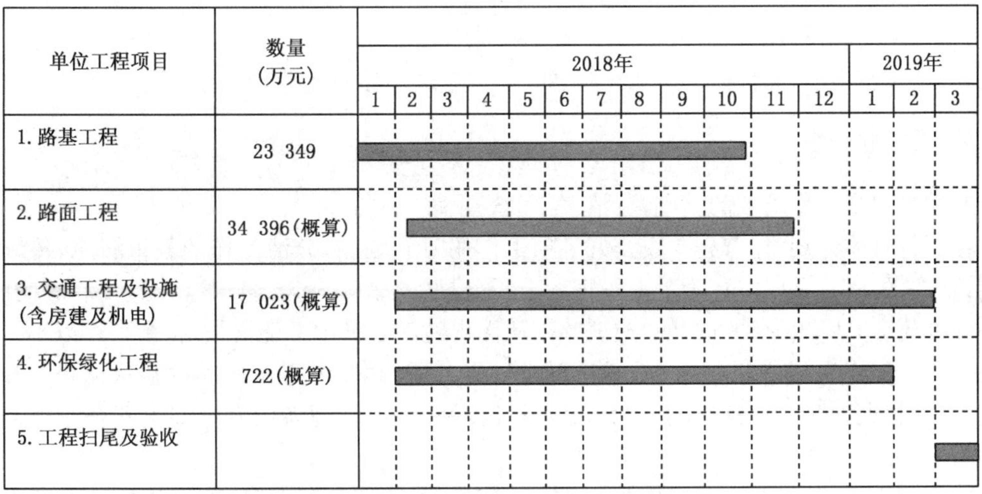

图 5—4 单位施工计划甘特图

(二)甘特图的绘制步骤

(1)明确项目牵涉的各项活动。内容包括项目名称(包括顺序)、开始时间、工期，任务类型(依赖/决定性)和依赖于哪一项任务。

(2)创建甘特图草图。将所有的项目按照开始时间、工期标注到甘特图上，如图 5—5 所示。

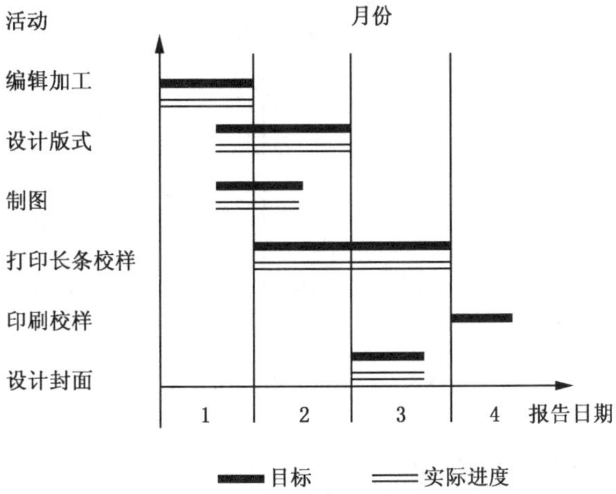

图 5—5 甘特图草图

(3)确定项目活动依赖关系及时序进度。使用草图,按照项目的类型将项目联系起来,并安排项目进度。

此步骤将保证在未来计划有所调整的情况下,各项活动仍然能够按照正确的时序进行,也就是确保所有依赖性活动能并且只能在决定性活动完成之后按计划展开,同时避免关键性路径过长。关键性路径是由贯穿项目始终的关键性任务所决定的,它既表示了项目的最长耗时,也表示了完成项目的最短可能时间。要注意,关键性路径会由于单项活动进度的提前或延期而发生变化。而且要注意不要滥用项目资源,同时,对于进度表上的不可预知事件要安排适当的富裕时间。但是,富裕时间不适用于关键性任务,因为作为关键性路径的一部分,它们的时序进度对整个项目至关重要。

(4)计算单项活动任务的工时量。

(5)确定活动任务的执行人员及适时按需调整工时。

(6)计算整个项目时间。

四、四象限法

时间管理是工作高效的基础,分清工作的轻重缓急是制订计划的关键。

在制订具体计划时,首先要安排好各项工作的时间顺序,分清工作的轻重缓急,传统的计划制订方法的核心是以“急”为重。管理者天天处理“急事”,天天“救火”,在焦头烂额的同时,内心深处还会升腾出一种“忙”的“成就感”,从而也就深陷其中不能自拔,把本来可以不“急”的事情也逐步转变为“急”事,加上“成就感”作怪,员工是“救火队员”,干部是“救火队长”,整个组织就变为“救火大队”。最终有了计划和没有计划一个样,管理者没有时间思考企业长期发展的战略问题。

四象限法(Four-quadrant Method)制订工作计划的核心理念是:要事为先。在考虑工作的先后顺序时,应先考虑事情的“轻重”,再考虑事情的“缓急”。根据处理工作的轻重缓急程度,我们可以构造工作的四个象限,如图 5—6 所示。

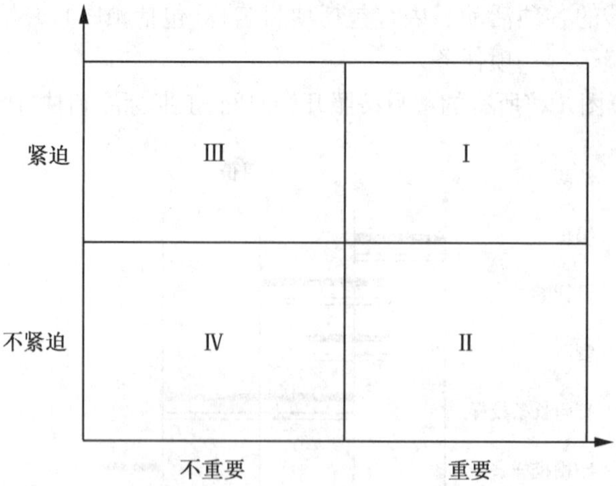

图 5—6 计划工作的四象限图

(一)第一象限是重要且紧迫的工作

例如,必须在规定的日期向重要客户交付产品等。这是考验计划制订者的经验、判断力的时刻，如果安排不好，会存在问题的隐患，很多重要的事都是因为一拖再拖或事前准备不足，而变得迫在眉睫。问题发生的本质是缺乏有效的工作计划，导致本处于“重要但不紧迫”第二象限的事情转变过来的，这也是传统思维状态下管理者的通常状况，就是“忙”。

（二）第二象限是重要但不紧迫的工作

例如，问题的发掘与预防、参加培训、向上级提出问题处理的建议等事项。如果这个领域使第一象限日益扩大，将使我们陷入更大的压力，在危机中疲于应付；反之，多投入一些时间在这个领域有利于提高实践能力，可以缩小第一象限的范围。做好事先的规划、准备与预防措施，很多急事将无从产生。这个领域的事情不会对我们造成催促力量，所以必须主动去做，这是计划的主要作用。这更是传统低效管理者与高效卓越管理者的重要区别标志，建议管理者要把80%的精力投入该象限的工作，以使第一象限的“急”事无限变少，不再瞎“忙”。而企业的计划工作就是将事情安排在第二象限，使整个企业按照计划顺利实现企业的目标。

（三）第三象限是紧迫但不重要的工作

电话、会议、突来访客等都属于这一类。这类工作表面看似属于第一象限，因为迫切的呼声会让我们产生“这件事很重要”的错觉——实际上，就算重要，也是对别人而言的。我们花很多时间在这个里面打转，自以为是在第一象限，其实不过是在满足别人的期望与标准。

（四）第四象限是不紧迫也不重要的工作

这类工作对于企业而言可能根本不需要，所以根本不值得花时间在这个象限。如果是企业必须的工作，可以安排一些空余的时间或者安排下属去做。

此外，计划的编制方法还有网络计划技术、线性规划法、投入产出法等，这些计划编制方法在有关运营管理的书中会做详细介绍，这里不再赘述。

第四节 目标管理

目标管理（Management by Objectives，MBO）于20世纪50年代出现于美国。1954年，彼得·德鲁克在《管理的实践》一书中，首先提出了“目标管理和自我控制”的观点，之后又进一步发展了这一观点。德鲁克认为，企业的目的和任务必须转化为目标，各级管理者通过目标对下级进行有效管理，并根据目标完成情况衡量员工的贡献，这样才能保证企业总目标的实现。德鲁克的观点对形成和推广目标管理起了巨大的推动作用。我国企业于20世纪80年代初开始引进目标管理法，并取得了较好的成效。

【拓展知识】 **彼得·德鲁克**

一、目标管理的含义

目标管理是指组织的最高领导层根据组织面临的形势和社会需要，制定出一定时期内组织经营活动所需达到的总目标,然后层层落实,要求下属各部门主管人员以至于每个职工根据上级制定的目标,分别制定目标和保证措施,形成一个目标体系,并把目标的完成情况作为各部门或个人考核的依据。

目标管理的基本思想:将企业的任务转化为目标,管理人员通过目标对下级进行领导;组织中上下各级共同制定目标;每个人的分目标就是企业总目标对他的要求,同时也是他对总目标的贡献;管理人员和员工依靠目标来管理,自我指挥、自我控制;考核和奖惩都依据分目标的实现与否。

二、目标管理的特点

(一)目标管理强调明确的目标

目标管理要求做任何事情都必须有明确的目标,高水平的业绩往往来自高标准的目标。无论是组织还是个人,明确目标都十分重要。目标管理是首先由一个组织中的管理人员与下级管理人员、员工一起制定组织目标,并由此形成组织内每个成员的责任和分目标,明确规定每个人的职责范围,最后又用这些目标来进行管理。

(二)目标管理是一种参与式管理,强调民主管理

目标管理实际上也是一种参与式管理制度,即全体员工参与管理,实行组织民主管理。在制定目标时,通过上下协商,逐级制定出组织整体目标、经营单位目标、部门目标直至个人目标。目标管理强调协商、讨论和意见交流,而不是命令、指示和独断专行。在目标管理中,目标的实现者同时也是目标的制定者,即由上级与下级一起共同确定目标。

(三)目标管理强调"自我控制",是主动式管理

目标管理是一种"主动"的管理方式,即员工自觉地努力追求目标的实现,以自我要求代替被动从属,以自我控制代替强制。目标管理注重人性,以目标激励员工,把员工隐藏的潜力挖掘出来,并以自我控制实现组织和个人目标。这种主动自觉的管理方法更能适应现代经济的发展。目标管理强调用"自我控制的管理"代替"压制性的管理",使管理人员能够控制自己的成绩。这种自我控制可以成为强烈的动力,推动成员尽最大努力把工作做好。

(四)目标管理能够有效评价绩效,强调管理实效

目标管理非常强调成果,注重目标的实现,重视目标的评定。采用传统的管理方法评价员工的绩效,往往根据印象、对某些问题的态度等定性因素来评价。实行目标管理后,有了一套完善的目标考核体系,能够按员工的实际贡献大小如实地予以评价,从而能够促进员工积极向上,大大提高组织的劳动生产率。

三、目标管理的步骤

虽然各个组织活动的性质不同,目标管理的步骤不完全一样,但一般来说,可以分为以下三步:

(一)建立一套完整的目标体系

实行目标管理,首先要建立一套完整的目标体系。这项工作是从企业的最高主管部门开始的,然后由上而下地逐级确定目标。目标的设置是目标管理过程中最重要的阶段,这一阶段可以细分为四个步骤:企业经营环境调查、初步在最高层设置目标、设置部门和员工的目标、反复循环修订目标。此外,制定目标应当采取协商的方式,应当鼓励下级主管人员根据基本方针拟订自己的目标,然后由上级批准。

(二)组织实施

目标管理重视结果,强调自主、自治和自觉,并不等于领导可以放手不管,相反,由于形成了目标体系,一环失误,就会牵动全局。因此,领导层的工作是目标实施过程中的管理是不可缺少的。这个环节首先要进行定期检查,利用双方经常接触的机会和信息反馈渠道自然地进行;其次,要向下级通报进度,便于互相协调;再次,要帮助下级解决工作中出现的困难问题,当出现意外、不可预测事件严重影响组织目标实现时,也可以通过一定的程序,修改原定的目标。

(三)目标成果评价与奖惩

对各级目标的完成情况,要事先规定出期限,定期进行检查,检查的方法可以灵活地采用自检、互检和责成专门的部门进行检查。检查的依据就是事先确定的目标。对于最终结果,应当根据目标进行评价,并根据评价结果进行奖罚。同时依据评价结果讨论下一阶段目标,使得目标管理进入下一轮循环过程。

四、目标管理的评价

(一)目标管理的优点

1. 目标管理中员工的参与有利于调动员工的积极性

目标管理的一个显著特点是体现了员工参与管理的意识。由于在整个目标管理过程中,员工参与了自己目标的制定,对自己的职责比较清楚,又有一个较合理的奖惩制度,这就形成了一个调动大家积极性的良好环境。同时,出于目标管理是一种注重结果的管理,对过程的控制相对比较宽松,这就有利于激发员工的创造性,相应地也会增强员工的责任感,使员工为完成组织目标积极地工作。

2. 目标管理的自我管理和自我控制有利于各级领导对下属的管理

由于在目标实施过程中,大家都能进行自我管理、自我控制,又有定期性的检查总结,能及时发现问题,进行调整,有利于组织形成一种自我调节、自我完善的机制,朝着组织的目标迈进。

3. 目标管理有利于发现组织结构中的缺陷

目标管理要求组织结构合理,权责明确,目标管理的自我控制原则要求结构的设定要以分权为基础,要授权充分,权责明确。目标管理在实施过程中能及时发现组织结构中的缺陷,以便加以修正。

4. 目标管理有利于形成更有效的控制

目标管理不仅提高了计划工作的有效性,而且有助于形成有效的控制。有效控制的前提条件之一就是必须有明确的、可考核的目标,目标是控制的量尺。目标管理中建立起来的环环相扣、彼此支持以及明确的考核标准是有效控制的最好工具。

(二)目标管理的缺点

目标管理尽管优点很多,但也有许多缺点。

1. 易造成最高领导层的惰性

在目标管理过程中,总目标通过层层分解,最终往往落实到较低层的管理者去执行,这样,容易造成高层领导人不承担责任的现象,最终会影响目标管理的效果。

2. 可能造成员工之间的不公平

目标管理是以目标实现的程度来衡量员工的工作绩效,并以此来确定奖惩,但在现实管理中,有时目标的实现要受到许多外部因素的影响,而非主观因素能决定,有的奖惩不一定都能与目标成果挂钩，从而会影响目标管理的效果。

3. 过多强调短期目标

大多数目标管理的目标是一些短期目标，如年度目标、季度目标、月度目标等。短期目标比较具体，易于分解，而长期目标比较抽象，难以分解。同时，短期目标容易迅速见效，而长期目标的实现需要较长时间。因此，在实施目标管理时，组织往往强调短期目标的实现而忽视长期目标，从而导致组织的短期行为。

4. 目标管理缺乏灵活性

由于未来存在许多不确定因素，因此，目标必须随着情况的变化而变化。但在目标管理过程中，管理人员对改动目标往往表现出迟疑和犹豫。一是如果目标经常变动，会使目标本身无价值可言；二是若修订一个目标体系，所花费的精力可能与制定一个目标体系相差无几，牵涉面和付出的代价都较大。因此，这使得组织运作缺乏弹性，无法通过权变来适应变化多端的外部环境。

思政园地

立足新发展阶段 贯彻新发展理念 构建新发展格局

——经济学家解读“十四五”规划和2035年远景目标纲要

“十四五”规划和2035年远景目标纲要综合考虑了未来一个时期国内外发展趋势和我国发展条件，紧紧抓住我国社会主要矛盾，深入贯彻新发展理念，对今后5年及15年国民经济和社会发展做出了系统谋划和战略部署。

如何充分理解“十四五”规划和2035年远景目标纲要的科学性、合理性、系统性、全面性？规划纲要贯穿着哪些新理念、提出了哪些新要求？对中国经济未来发展将会产生什么样的影响？《经济日报》约请5位经济学家进行解读。

杨伟民(全国政协常委、全国政协经济委员会副主任)

全面准确把握“三新”逻辑主线

“十四五”规划和2035年远景目标纲要作为指导今后5年及15年国民经济和社会发展的纲领性文件，明确了“十四五”时期经济社会发展的指导思想、主要目标、重点任务、重大举措。贯穿规划纲要的逻辑主线是“三个新”：新发展阶段、新发展理念、新发展格局。新发展阶段是开启全面建设社会主义现代化国家新征程，新发展理念是贯彻创新、协调、绿色、开放、共享的新发展理念，新发展格局是构建以国内大循环为主体、国内国际双循环相互促进的新发展格局。

新发展阶段回答的是“我们在哪里，朝哪里奋斗”的问题。改革开放四十多年来，从“六五”计划到“十三五”规划，我们都是围绕着实现小康这一目标而奋斗的。党的十九大对实现第二个百年奋斗目标做出战略安排，提出到2035年基本实现社会主义现代化，到本世纪中叶把我国建成富强、民主、文明、和谐、美丽的社会主义现代化强国。“十四五”规划是全面建设社会主义现代化国家、向第二个百年奋斗目标进军的第一个五年规划，这是“十四五”规划的历史使命和基本定位。新发展阶段是从全面建设小康社会转向全面建设社会主义现代化国家的历史大跨越。

在新的发展阶段，我国发展环境面临深刻复杂变化。从外部环境看，当今世界正经历百年未有之大变局，国际环境日趋复杂，不稳定性不确定性明显增加。从内部环境看，中国经济要想实现高质量发展，也需要继续应对不少的风险和挑战。

新发展理念回答的是“按照什么样的理论来引领新阶段发展”的问题。我们要实现新的发展目标，必须坚定不移贯彻创新、协调、绿色、开放、共享的新发展理念。新发展理念是一个系统的理论体系，回答了关于发展的目的、动力、方式、路径等一系列理论和实践问题，阐明了我们党关于发展的政治立场、价值导向、发展模式、发展道路等重大政治问题，推动经济发展必须坚持新发展理念。

规划纲要的指导思想、原则、远景目标和“十四五”目标都体现了新发展理念的精神。规划纲要指导思想中提出，坚定不移贯彻创新、协调、绿色、开放、共享的新发展理念。规划纲要提出五大原则，其中之一就是坚持新发展理念，要把新发展理念贯穿发展全过程和各领域。规划纲要提出的其他四大原则和 2035 年远景目标中也都体现了新发展理念。

新发展格局回答的是“我们怎么样实现新阶段新目标”的路径问题。构建以国内大循环为主体、国内国际双循环相互促进的新发展格局，是以习近平同志为核心的党中央治国理政思想的又一次升华，是事关全局的系统性、深层次的变革，对实现更高质量、更有效率、更加公平、更可持续、更为安全的发展，具有提纲挈领、纲举目张的作用。规划纲要专设战略导向一节阐述了构建新发展格局，并在全篇贯穿了这一战略导向。

理解新发展格局，需要把握三个要点：第一，构建新发展格局是把握发展主动权的先手棋，不是一个被迫之举和权宜之计。第二，加快形成全国统一大市场的国内大循环，不是搞地区小循环、内循环。第三，构建新发展格局，就是把供给侧结构性改革、扩大内需、创新驱动、科技自立自强等战略部署统一到构建新发展格局的框架中。理解新发展格局，还需要把握两个关键词：一个是“格局”，这是宏观的结构概念，是坚持系统观念的体现，所以新发展格局的内涵不仅仅是“双循环”；另一个是“循环”，要进一步畅通国内的生产、分配、需求之间的循环，并使国内国际双循环更好地相互促进。（记者梁睿整理）

刘世锦（全国政协委员、中国发展研究基金会副理事长）

实现增长目标质量重于速度

按照党的十九大部署，到 2035 年，我国在全面建成小康社会的基础上，要基本实现社会主义现代化。从国际比较的角度看，就是要用 15 年的时间，以 2019 年人均收入达到 1 万美元为起点，稳步迈向高收入社会，并力争达到中等发达国家人均收入水平。

“十四五”规划和 2035 年远景目标纲要提出，到 2035 年人均国内生产总值达到中等发达国家水平，但并没有设定五年 GDP 年均增速预期性指标。按现价美元计算，目前发达经济体的入门水平是 1.8 万美元，中等发达国家是 3 万至 4 万美元。我国目前人均收入是 1 万美元，如果按翻一番达到 2 万美元的目标，从静态来看，GDP 增速每年至少应该在 4.7%以上。中国与发达经济体之间按现价美元计算的人均收入水平差距缩小，一部分取决于实际增长速度和国内通胀水平，一部分取决于汇率水平的变动。汇率的变化涉及很多因素，从长期来讲，最重要的还是劳动生产率和全要素生产率。全要素生产率的提升就是所谓的经济增长质量。如果注重经济增长质量，提升劳动生产率和全要素生产率，在这个基础上，汇率实现合理升值，那么人均收入水平有可能接近或达到中等发达国家人均收入水平。

“十四五”期间，我国要着力发掘与中速增长期相配套的结构性潜能。具体而言，可以构建“1+3+2”结构性潜能框架。“1”是指以都市圈、城市群发展为龙头，为下一步我国的中速高质量发展打开空间。“3”是指在实体经济方面，补上我国经济循环过程中的三大短板：一是基础产业效率不高;二是中等收入群体规模不大;三是基础研发能力不强。“2”是指以数字经济和绿色发展为两翼,这是我国具备一定优势的新增长潜能。简单地说,“1+3+2”结构性潜能就是一个龙头引领、补足三大短板、两翼赋能。

下一步应该围绕这些结构性潜能,更大力度、更有成效地推动相关领域的改革开放。一是深化农村土地制度改革。土地交易收益优先用于农民社保,以现代化社保体系取代土地的保障功能,把稀缺的土地资源配置到更有效的用途上。二是深化空间和城市规划制度改革。市场应在空间规划和城市规划过程中发挥决定性作用,依照人口布局变化定期调整城市规划。三是基础产业领域进一步放宽准入,促进竞争。四是加快基本公共服务的均等化,逐步打通农村社保和城镇居民社保。五是深化高水平大学教育和基础研究领域改革,解决科技“卡脖子”问题。通过这些改革开放举措,推动结构性潜能成为现实的增长动能。(记者周琳整理)

张宇燕(全国政协委员、中国社科院世界经济与政治研究所所长)

以制度型开放统筹发展和安全

“十四五”时期是我国开启全面建设社会主义现代化国家新征程、向第二个百年奋斗目标进军的第一个五年。作为指导今后5年及15年国民经济和社会发展的纲领性文件,“十四五”规划和2035年远景目标纲要通篇贯穿着一条清晰主线,就是要坚定不移贯彻创新、协调、绿色、开放、共享的新发展理念。

规划纲要在指明战略导向和主要目标基础上,进一步明确具体任务,突出重点工作,同时注重各领域在短期、中期、长期发展目标上的协调衔接,具有很强的科学性和系统性,关键是要落实好规划的部署。

安全是发展的前提,发展是安全的保障。规划纲要首次设立安全发展专篇。如何理解和把握“统筹发展和安全”?统筹发展和安全并不代表封闭与保守,而是表明中国将会更加开放。一个国家越是关心开放可能带来的安全风险,从某种意义上说就越表明开放的门会越开越大。

随着综合国力的提升,我国与国际社会的利益攸关度越来越高,安全在发展过程中自然成为必须考量的问题。中国的开放水平不仅关乎自身发展,而且影响着众多国家甚至世界经济的复苏。当前,单边主义、保护主义有所抬头,国际局势的不确定性增加,一些国家甚至出现了与中国“脱钩”的声音。在此背景下,党中央提出实施更大范围、更宽领域、更深层次对外开放,彰显了中国的气度和担当。

《政府工作报告》将“实行高水平对外开放,促进外贸外资稳中提质”列为我国2021年八大重点工作之一。放眼“十四五”时期,规划纲要提出,建设更高水平开放型经济新体制,推动共建“一带一路”高质量发展,积极参与全球经济治理体系改革。

制度型开放是实行更高水平对外开放的核心。规划纲要提出的3个建设方向体现了全面开放新格局的内在逻辑,其中建立开放型经济新体制是实现更高水平对外开放的基础,也是高质量建设“一带一路”、参与全球经济治理改革与完善的内在要求。

只有把“引进来”和“走出去”建立在公正合理的制度安排基础上,不断加强各国在规则、规制、管理、标准等方面的协调与整合,才能减少交往中的不确定性、降低交易成本、各国来自国际分工与贸易中的收益最大化,更好实现互利共赢目标。(记者康琼艳整理)

张占斌[全国政协委员、中央党校(国家行政学院)马克思主义学院院长]

扎实推动共同富裕取得更为明显的实质性进展

“十四五”规划和2035年远景目标纲要突出显示了党带领人民立足新发展阶段、贯彻新发展理念、构建新发展格局的战略全局部署,大气磅礴地展现了开启全面建设社会主义现代化国家新征程的伟大愿景。其中一个重要目标，就是全体人民共同富裕取得更为明显的实质性进展。这是推动党和国家事业发展的重大战略，是社会主义制度优势的充分体现。

如何扎实推动共同富裕取得更加明显的实质性进展？总的来看，要搞好顶层设计，研究制定促进共同富裕行动纲要，明确未来蓝图、政策改进、制度方向和实现路径。具体来说，一是要把新发展理念落实到位。构建新发展格局，推进工业化、城镇化、信息化、农业现代化"四化"同步发展，增强科技自主创新能力、产业链供应链竞争能力和超大规模消费市场潜力，逐步缩小城乡差距、区域差距。

二是要继续坚持和完善社会主义基本经济制度。牢牢把握"两个毫不动摇"，一方面推动国有经济做强做优做大，另一方面引领民营经济发展，发挥两个比较优势，相互合作、共同担负起中国经济成长的重任。打造市场化、法治化、国际化的营商环境，要选择一些地区、企业、部门开展试点，鼓励形成可复制可推广的经验。

三是要下决心推动收入分配制度改革。坚持居民收入增长和经济增长基本同步，劳动报酬提高和劳动生产率提高基本同步，拓展居民收入增长渠道，完善创新要素参与分配机制，多渠道增加财产性收入。持续提高低收入群体收入，扩大中等收入群体。完善收入再分配机制和第三次分配，鼓励公益事业发展。

四是要大力推动财税体制和金融体制改革。把财税资源和金融资源更好地统筹起来，为推动共同富裕贡献力量。特别是不能放任金融资本野蛮式生长，而是要增强其服务共享的能力，让其更好地为中低收入者和中小微企业服务，支持实体经济发展。

五是要实施配套的经济社会政策。全社会要尊重劳动、崇尚劳动、热爱劳动。要实施就业优先战略，健全国家公共服务制度体系，优化收入分配结构，健全多层次社会保障体系，建设高质量教育体系。

六是要突出重点并加强薄弱环节。把工作重点放在统筹就业、收入分配、教育、医疗、住房、养老等关系民生、关乎社会公平正义的事情上。发挥好政府再分配调节作用，加大税收、社保等调节力度和精准性，调节过高收入，取缔非法收入。转移支付要向困难群众倾斜。（记者梁睿整理）

杨成长（全国政协委员、申银万国证券研究所首席经济学家）

以系统思维全面构建双循环新格局

站在两个百年交汇期制定的"十四五"规划和2035年远景目标纲要充分体现了应对新阶段新挑战下的系统思维和整体谋划。围绕着全面构建以国内大循环为主体、国内国际双循环相互促进的新发展格局，"十四五"规划从系统思维出发，提出重点构建国内外系统的双循环。

在内部循环上，"十四五"规划和2035年远景目标纲要系统地从供给端、需求端、空间布局及产业链发展等多维度着手来构建国内大循环。从供给端来看，规划纲要提出要坚持科技创新驱动，推进形成金融、科技与产业的三角良性互动机制。在科技创新上，提出要持续加大基础研究，解决目前我国在部分关键技术领域面临的"卡脖子"难题；在企业创新上，提出要全面激活市场主体活力，健全科技成果产权激励机制等。

从需求端来看，规划纲要强调坚持以扩大内需为战略基点，把实施扩大内需战略同深化供给侧结构性改革有机结合起来。一方面以创新驱动，用高质量供给引领和创造新需求，推进要素市场化改革，鼓励消费新业态发展，形成供给、分配、支出、消费和投资的大循环；另一方面"十四五"时期我国将多渠道增加居民财产性收入，借助居民收入水平提升实现消费增长。

规划纲要还强调供给端和需求端循环在空间上实现高质量对接。我国区域辽阔，空间循环的核心在于城市群发展和城乡一体化建设。规划纲要强调以城市群为抓手来优化区域经济布局，促进区域协调发展，提出要将常住人口城镇化率提高到65%，发展壮大城市群和都市圈。

供需关系在经济价值实现形式上主要表现为产业链的发展。规划纲要强调构建高水平社会主义市场经济体制，推动产业链现代化发展，提出发展现代产业体系，以坚持自主可控、安全高效来推动产业链的优化升级。促进产业链在国内的有序转移，优化产业链的区域布局等。

在外部循环上，规划纲要强调双循环的新格局是开放的格局。“十四五”时期我国将坚持实施更大范围、更宽领域和更深层次的对外开放，着力建设更高水平的开放型经济体制，推进经济、贸易、投资、服务等于一体的制度型开放。同时，“十四五”时期我国还将持续加大双边及多边经贸合作，对内加快推进海关特殊监管区与自贸试验区的融合发展，对外积极构建面向全球的高标准自由贸易区网络，积极参与全球经济治理体系的改革。（记者梁睿整理）

资料来源：梁睿.经济学家解读“十四五”规划和2035年远景目标纲要[N].经济日报，2021-03-14.

复习思考题

1. 简述计划的含义、特点和作用。
2. 计划有哪些种类？
3. 一项计划应包括哪些要素？
4. 计划为什么是管理的首要职能？
5. 计划编制过程中有哪些必要的步骤？
6. 什么是滚动计划法？它有什么优点？
7. 什么是目标管理？目标管理有哪些特点？
8. 简述目标管理的优缺点。

自测题

一、填空题

1. 决策是计划的前提，计划是决策的________。

2. 计划的编制过程，既是决策的________，也是决策的更为详细的检查和修订的过程。

3. 所有层次的、不同职能的管理人员都要做计划工作，这反映了计划的________；同时计划工作要求纵向层次性和横向协作性，这反映了计划工作的________。

4. 计划工作的目的就是________，促使组织目标实现。

5. 计划工作的普遍性中蕴含着一定的秩序，最主要的秩序表现为计划工作的________和________。

6. 在衡量代价时，不仅用时间、金钱或者生产等来衡量，而且还有衡量________。

7. 计划是将决策实施所需完成的活动任务进行________上的分解，以便将其具体地落实到组织中的不同部门和个人。

8. 根据综合性标准，可以把计划分为________和________。

9. 根据________标准，可以把计划分为业务计划、财务计划和人事计划。

10. 战略性计划是战术性计划的________。

11. 战术性计划是在战略性计划的指导下制订的，是战略性计划的________。

12. 常规计划包括________、________和________，所有这些都是准备用来处理常发性问题的。

13. ________和________是计划的两大显著特征。

14. 目标结构描述了组织中各层次目标间的________。

15. 计划工作的目的是________，促进组织目标的实现。

16. 计划工作必须追求________、________和________等方面的平衡。

17. 计划工作具有普遍性和________。

18. 组织的目标结构包括目标的________和________。

19. ________是指导或沟通决策思想的陈述书。

20. 组织需要将抽象的目的和使命细化为________。

二、单项选择题

1. (　　)的计划是有效率的。

A. 能得到最大的剩余　　B. 能以合理的代价实现目标

C. 成本等于收益　　D. 详细

2. 根据计划的明确性，可以把计划分类为(　　)。

A. 长期计划和短期计划　　B. 战略性计划和战术性计划

C. 具体性计划和指导性计划　　D. 程序性计划和非程序性计划

3. 将计划分为业务计划、财务计划和人事计划的标准是(　　)。

A. 时间长短　　B. 综合性程度

C. 明确性程度　　D. 职能空间

4. 以下不属于具体性计划的是(　　)。

A. 企业销售额在未来 6 个月要增长 8%

B. 明年企业生产的废品率要降低到 1%以下

C. 小张的英语成绩在下一学期应有较大的提高

D. 下个月需要新发展 30 名客户

5. 以下适合制订程序性计划的是(　　)。

A. 新产品的开放　　B. 生产品种结构的调整

C. 工资制度的改变　　D. 材料的出库

6. 以下不属于计划的性质有(　　)。

A. 目的性　　B. 效率性　　C. 普遍性　　D. 科学性

7. 根据计划的明确性，可以把计划分类为(　　)。

A. 长期计划和短期计划　　B. 战略性计划和战术性计划

C. 具体性计划和指导性计划　　D. 程序性计划和非程序性计划

8. 拟订和选择可行性行动计划不包括(　　)。

A. 拟订可行性行动计划　　B. 评估计划

C. 修改计划　　D. 选定计划

9. 组织中所有管理者都应当制订计划，这说明计划具有（　　）。

A. 秩序性　B. 普遍性　C. 全面性　D. 效率性

10. 长期计划通常是指时间长度在（　　）以上的计划。

A. 5 年　B. 10 年　C. 3 年　D. 15 年

11. 在计划的层次体系中，最为抽象的是（　　）。

A. 目标　B. 程序　C. 使命　D. 战略

12. 在计划的层次体系中，最为具体的是（　　）。

A. 政策　B. 预算　C. 规则　D. 方案

13.（　　）是为了达到组织总目标而采取的行动和利用资源的总计划。

A. 政策　B. 战略　C. 程序　D. 方案

14. 某组织的财务计划应当是一种（　　）。

A. 综合计划　B. 专业计划　C. 项目计划　D. 以上都不对

15. 编制计划时，首先应当（　　）。

A. 描述宗旨　B. 评估状况　C. 确定目标　D. 确定前提条件

16. 滚动计划法的主要缺点是（　　）。

A. 计划不切合实际

B. 降低了计划的弹性

C. 加大了计划编制和实施工作的任务量

D. 使长期、中期、短期计划相互衔接

17. 根据目标管理的基本思想，以下说法错误的是（　　）。

A. 企业的任务必须转化为目标

B. 目标主要应当由企业的管理者亲自为下级制定

C. 每个企业管理人员或工人的分目标就是企业总目标对他的要求

D. 对下级进行考核和奖惩也主要是依据这些分目标

18. 哈罗德·孔茨指出，（　　）工作是一座桥梁，它把我们所处的这岸和我们要去的对岸连接起来，以克服这一天堑。

A. 计划　B. 组织　C. 领导　D. 控制

19. 以西蒙为代表的决策理论学派认为（　　）。

A. 计划包括了决策

B. 决策包括了计划

C. 决策和计划是两个相互区别又相互联系的概念

D. 以上都不对

20. 组织既要有远景和使命陈述，也要明确组织的任务，并进一步转化为组织的总目标和战略，这说明目标管理具有（　　）。

A. 网络性　B. 多样性　C. 层次性　D. 伴随信息反馈性

三、多项选择题

1. 下列属于非例行活动的是（　　）。

A. 新产品的开发　B. 品种结构的调整

C. 工资制度的改革　D. 生产规模的扩大

2. 计划是(　　)。

A. 面向未来的　　B. 过去的总结　　C. 现状的描述　　D. 面向行动的

3. 评价行动计划,要注意(　　)。

A. 认真考察每个计划的制约因素和隐患

B. 要用总体的效益观点来衡量计划

C. 既要考虑有形的可用数量表示的因素,又要考虑许多无形的不能用数量表示的因素

D. 不仅要考虑计划执行带来的利益,还要考虑计划执行带来的损失

4. 拟订和选择行动计划包括(　　)。

A. 拟订可行动计划　　B. 评估计划　　C. 修改计划　　D. 选定计划

5. 财务计划和人事计划与业务计划的关系是(　　)。

A. 财务计划和人事计划是为业务计划服务的

B. 财务计划和人事计划是围绕着业务计划展开的

C. 财务计划研究如何从资本的提供和利用上促进业务活动的有效进行

D. 人事计划分析如何为业务规模的维持或扩大提供人力资源的保证

6. 下列属于非例行活动的是(　　)。

A. 新产品的开发　　B. 品种结构的调整

C. 工资制度的改革　　D. 生产规模的扩大

7. 创新过程一般包括浸润和(　　)。

A. 审思　　B. 潜化　　C. 突现　　D. 调节

8. 关于计划与决策的关系,正确的是(　　)。

A. 决策是对组织活动方向、内容及方式的选择

B. 计划是对组织内部不同部门、不同成员在一定时期内的行动任务的具体安排

C. 计划是决策的前提

D. 决策是计划的逻辑延续

E. 决策与计划是相互渗透的

9. 按照计划的对象来划分,计划可分为(　　)。

A. 综合计划　　B. 指导性计划　　C. 具体计划　　D. 专业性计划

E. 项目计划

10. 以下按照从抽象到具体排列顺序,正确的是(　　)。

A. 使命、程序、政策、预算　　B. 战略、政策、规划、规则

C. 目标、战略、程序、规则　　D. 程序、规则、规划、预算

E. 使命、战略、规则、规划

11. 编制计划时,前三项步骤应当是(　　)。

A. 收集资料　　B. 目标分解　　C. 综合平衡　　D. 确定前提条件

E. 制订计划方案

12. 目标管理(　　)。

A. 强调过程而不强调结果

B. 是一种参与式管理

C. 主要是用自我管理、自我控制的方法

D. 对绩效十分重视

E. 强调严格管理和完善的控制手段

13. 滚动计划法是(　　)。

A. 一种定期修订未来计划的方法

B. 根据计划执行情况和环境变化情况定期调整未来的计划

C. 有效减少了计划编制工作的任务量

D. 使计划更加切合实际

E. 大大加强了计划的弹性

14. 计划的 5W1H 包括(　　)。

A. What　　B. Why　　C. How　　D. Where

E. Who

15. 关于计划和决策之间的关系,正确的理解是(　　)。

A. 决策是计划的前提

B. 计划是决策的逻辑延续

C. 决策为计划的任务安排提供了依据

D. 两者之间既相互区别,又相互联系

E. 决策不仅包含了计划,而且包含了整个管理过程

四、简答题

1. 解释计划内容的 5W1H。

2. 计划与决策的关系是怎样的?

3. 什么叫战略性计划?

4. 战略性计划的显著特点是什么?

5. 比较指导性计划和具体性计划。

五、问答题

1. 计划的性质是什么?

2. 计划的编制过程是什么?

3. 计划可以分为哪些类型?

4. 解释孔茨与韦里克的计划层次体系的基本内容。

请用手机微信扫以下二维码,获取自测题参考答案。

第五章 自测题
参考答案

第六章

战略管理

学习目标

知识目标：了解战略管理的含义与过程，熟悉内外部环境分析方法，理解公司层战略的制定，掌握业务层战略的制定。

能力目标：能够灵活运用内外部环境分析的方法，学会准确制定公司层面和业务层面战略，能够分析并评价战略管理相关案例。

素质目标：不同层面战略之间的内在关系；培养大学生战略思维、时代感和使命感；培养学生战略制定和实施的基本内涵，帮助学生树立正确的价值观。

思政目标：培养学生充分的创新能力和战略思维，使他们在未来工作中灵活应对各种挑战；培养学生团队合作精神和领导能力，在未来工作岗位能够有效组织和管理团队。

思维导图

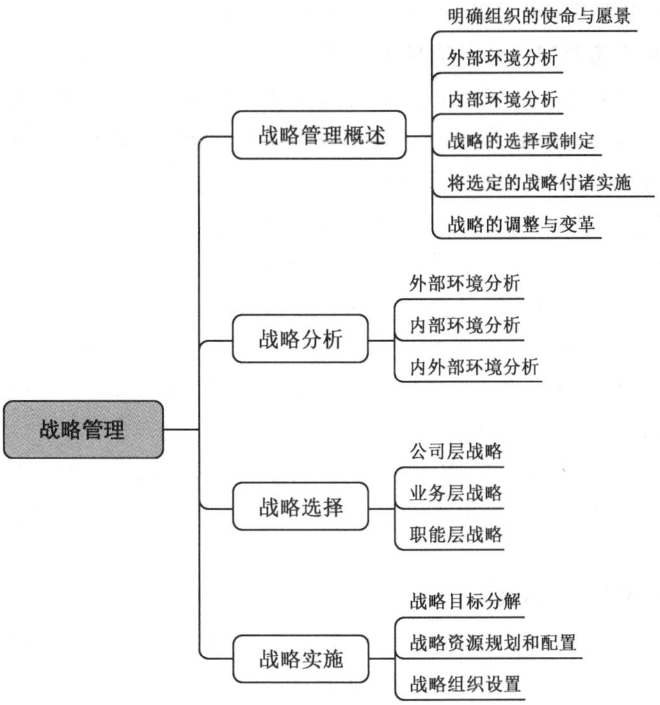

案例引入

华为:战略管理方法论

正如任正非说的那样:华为从一个小公司发展而来,过去是凭着感觉走,缺乏理性、科学性和规律性,因此要借用"外脑",学习别人的方法和理念。

但是买了"美国鞋",可能穿不进去,只能"削足适履"。提高自己的认识,"先僵化,后优化,再固化",这是一个痛苦的过程。但是要真正学到先进的技术,就必须下很大的决心,就不可能不经历痛苦的过程。

一、为什么华为的战略管理方法论值得学习

第一,不是华为创造了这个方法论,而只是这个方法论经过华为验证有效。华为并不是这个方法论的原创。它先后引入了美世咨询的 VDBD(价值驱动业务设计)、IBM 的 BLM(业务领先模型),后来又引入了 BEM(业务执行力模型),最终形成了华为的战略管理方法论,是因为华为运用它在战略管理方面取得了巨大的成功。因此,这个方法论才值得学习。我们创业做生意,总要学习优秀的方法,这样才可以走得快一些。

第二,如果不学,就相当于放着一个利器而不用,而竞争对手一旦用起来,就会比你走得更快更远。华为从国内市场转向国际市场,从运营商业务走向企业业务和消费者业务,从通信设备供应商转向云管端多路齐发,华为云、智能计算、车 BU 等新业务层出不穷,都是大赛道、大产业且很早就开始了这些领域核心能力的构建,这就是这个方法论的威力。

第三,大家最应该学习的,不是生搬硬套华为的方法论,而是学习华为的"学习精神"。从这个方法论的发展过程中,华为在不断地吸收业界最先进的管理理念和成功经验。据统计,华为先后花掉的咨询费用高达 300 亿元,各类咨询公司优秀的方法论引入到华为后,任正非都要求先僵化执行,然后如果发现水土不服的问题,然后再根据产生的问题寻找解决问题的办法,这也是 2012 年 BEM 被引入华为战略管理方法论的原因。

二、学习华为的战略管理方法论有哪些前提

第一、要坚持长期主义。有很多企业之所以学不了华为的战略管理,是因为企业过于追求短期利益。任正非说,华为不会因为财务报表的波动而担忧,可以为了理想而奋斗。处于成长过程中的企业,有两种心态会导致企业做事情浮于表面。

第二,企业要聚焦一个主航道。市场上的赚钱机会很多,有很多企业爱追风口,导致企业的精力分散。华为一向的主张:不在非战略机会点上消耗战略竞争力量。当通过 BLM 模型一旦确定了新的投入方向,那就持续压强投入,并且持续往深了研究,构筑足够深的护城河。

第三,企业要真正做到以客户为中心。很多企业都说自己是以客户为中心,但往往停留在口头上,在实战中,一旦企业运作起来,如果一把手没有这个意识,员工很快就会把这一点抛诸脑后,即便是在华为的某些区域,也曾经出现唯增长论,只在乎销售数字,不在乎客户满意度,华为也曾经因此遭受过海外某运营商客户 CEO 的投诉。华为的核心价值观第一条就是以客户为中心。所以,懂客户的业务和需求是第一步,解决方案要围绕客户,流程要围绕客户,甚至组织也是围绕客户设计。

三、华为是如何做战略规划的

理解华为做战略规划逻辑的核心在于理解三个关键词:DSTE(开发战略到执行)、BLM(业务领导力模型)和 BEM(业务执行力模型)。

1. 华为的 DSTE 流程

DSTE 是华为战略管理的流程体系。华为一共有十多个一级流程，著名的 IPD、LTC 都是一级流程，IPD 主要是研发，LTC 是销售，而 DSTE 就是战略。DSTE 流程是围绕着战略的端到端的流程，这个端到端包括两个方面：一是横向涵盖战略制定到执行，一是纵向涵盖战略方向、业务、组织、人才和变革。

DSTE 流程里有几个关键点值得大家注意：第一，战略规划的输出不是结束，而仅仅是开始。很多人容易进入一个误区，就是战略规划貌似就是一个用来对外吹牛忽悠的材料，写完这个材料就结束了，而实际上，战略规划只是明确了目标和方向，接下来还有战略解码、战略执行与监控以及战略评估。第二，战略规划是全方位的规划。战略规划，不仅仅是业务的战略与规划，而是包括组织、人才、流程及管理体系的全方位的战略与规划。战略规划这个阶段，就是“运筹帷幄之中，决胜千里之外”的阶段。诸葛亮的《隆中对》和韩信的《汉中对》都是优秀的战略规划。第三，战略规划要以终为始。这个以终为始，体现在 SP 和 BP 的先后顺序上。不是基于现在看明年怎么做，而是基于 3—5 年后来看明年，明年的目标和方向，是一个倒推的逻辑，目标与今年的现实之间的差距，就是各项战略要解决的问题。

2. 华为 BLM 整体框架

BLM 的价值在于他给企业在战略规划方面提供了一个统一的语言和完美的逻辑，否则对于企业的未来每个人都有自己的想法，你一言我一语，你说客户他说竞争，你说理想他说现实，就很难达成一致。BLM 能把这些想法统一起来，在一个整体下，进行逻辑分析，最终得出一个大家都比较认同的战略规划。

关于 BLM 框架，有几点需要注意：第一，领导力是根本。它就像植物的根基。领导力是确保战略规划能够顺利产生和顺利执行的基础。面向未来诸多的不确定，只有强大的领导力才能确保战略的产生和坚定不移地执行。所以，在华为，战略规划是不能被授权的，它一定是一把手工程，全盘都是。第二，价值观是基础。它就像植物生长的土壤。价值观决定了企业对于目标和关键任务的选择，进而决定了企业的经营结果，所以一家企业做得怎么样，最终是由它的核心价值观，以及对核心价值观的遵从情况决定的。第三，差距分析是入口。它就像植物生长的健康度。只有首先意识到我们的组织不够健康，还有更好的可能性，才能激发出战略来。第四，战略设计是要支撑落地的。BLM 模型最主要的两块，就是战略设计和执行设计，其中战略设计的过程就是找方向的过程，执行设计是实现战略落地的过程。

3. 华为 BEM 整体框架

BEM 的作用就在于把公司战略层层分解，从集团到各体系，从体系到各部门，从部门到岗位，直到每一个人的 PBC(个人绩效承诺)，真正实现有效管理。要做好 BEM，关键有六步：第一步，战略方向的运营定义。战略是有限资源下的经营活动取舍，是下一步马上要做的、对未来有重大和长期影响的事项。第二步，导出中长期战略关键举措。中长期战略关键地图来源于平衡计分卡，并且升华成了战略地图，它是战略解码中承上启下的关键工具。第三步，导出战略衡量指标。这一步的关键称 IPOOC 法，这一步就是将上两步定性的问题全部定量，形成指标，不得有模糊地带。第四步，确定年度业务关键措施 & 目标。公司年度重点工作导出的基本方法是基于关键成功因素(CSF)及其构成要素，分析现状及差距，同时收集相关 VOX(某方面的声音，如 VOC 为 Voice of the Customer 的英文缩写，意为客户的声音)信息，识别关键问题。第五步，分解年度业务关键措施 & 目标。这一步的关键是要将上层组织的业务行动计划和目标，分解到各个部门，制定每个部门的 KPI。第六步，确定年度重点工作。最后，我们要确定年度的重点工作,包括当年的具体措施,包括行动、阶段性模板、责任部门,是优先的工作任务,是每个部门都要明确的。

资料来源:根据搜狐网站张翻番的资料(2023-10-26)整理而得。

【问题思考】

1. 华为的战略管理学习方法论体现在哪些方面?
2. 联系实际,华为的战略规划方法论给我们带来哪些启示?
3. 华为之所以取得成功的关键因素是什么?战略管理对企业发展的重要性如何体现?

阅读材料

初心如磐,奋楫笃行,共赢数字化未来

为了紧跟数字经济发展脉络,把握数字化机遇,企业纷纷积极开展数字化转型升级。然而,企业数字化转型从来都不是一蹴而就的,百转千回,才见曙光。华为自身的数字化转型,就经历了从起步到初具规模、再到行业领先的"痛并快乐着"的过程。过去近十年,研发、制造、销售、交付、财经等领域,都通过变革重新定义了生产力和生产关系,以数字能力支撑业务重构,并将转型中的各种变革成果固化到管理体系中,培育了适应企业发展的组织级能力,同时也积累了一些经验与思考。

一、战略驱动是根本

数字化本质上是战略驱动,而非技术驱动。成功的数字化首先要能支撑战略达成,实现既定的商业目标。在这个过程中会引入新技术、新装备,服务于战略目标和业务设计,然后再带动业务模式、文化和组织、员工的转型。2017年,华为提出新愿景,"把数字世界带入每个人、每个家庭、每个组织,构建万物互联的智能世界",并提出数字化转型目标:对内,各业务领域数字化、服务化,打通跨领域的信息断点,达到领先于行业的运营效率;对外,实现与客户做生意更简单、更高效、更安全,提升客户满意度。所以,数字化转型应该是"一把手工程"。因为这个转型是一场深刻的、复杂的系统性变革。如果没有愿景的牵引,没有文化的匹配,数字转型所带来的解决方案,是不可能产生价值的。

二、数据治理是基础

当前企业的数据治理面临挑战,一方面有大量数据采集不到,另一方面大量垂直的业务系统形成了"数据孤岛"。只有通过科学治理,让数据在企业内部顺畅流动起来,通过作业数字化、数字平台化,使得数据清洁、透明、聚合,才能成为管理数字化转型的基础。

首先,数据有源且同频。以煤矿作业为例,华为煤矿军团与国家能源集团联合多家伙伴开发了矿鸿——面向矿山设备的新一代工业物联网操作系统,为不同设备的智能化、互联与协同提供了统一语言,让所有的设备都讲"普通话"。截至2022年年底,矿鸿已经部署超过10个煤矿,实现了超过3 300套设备的数字化管理和运营。其次,数据集成与匹配。要将业务对象、规则、过程数字化,让作业转换为数据。以华为付款核算业务的数字化为例,IT系统在单据环节,能够自动集成与全检识别,多维数据能够实现分钟级的自动匹配,极大地提高了付款作业的效率。最后,数据汇聚与共享。华为基于华为云建设数据湖和数据仓库,打造企业数字化转型的数据底座。现在,业务与财务实时共享同一套数据,且围绕着同一套数据,根据自身的需求展开衍生应用的设计与开发。

三、数据智能是方向

要让数据成为生产力，要通过平台智能化，智能实战化，使得数据随需、易懂、有用，这是管理提升的方向。华为期望机器设备能够利用数据、信息、知识自动分析判断，“小问题”自动决策，自动执行；“大问题”推送分析，辅助决策。

心有所向，路就不远。过去五年来，华为制定了财经知识管理“结构化、显性化、集成化”的策略，逐步构建了高精度的财经知识图谱，实现了财经专业经验的数字化存储、管理和组织传承。全球一线财务人员能随时随地的自助寻规、自动答疑。

再以生产线上的自动排产为例。华为的车间/线体/设备/工序等制造要素已基本实现数字化，构建了各种场景的排产数学模型和数据模型，以智能系统自动排产替代排产员手工排产，实现了排产便捷化和排产效率提升。

资料来源：根据华为官网《初心如磐，奋楫笃行，共赢数字化未来》(2023－05－10)资料整理而得。

战略是最重要的计划形式之一。战略是组织的一种总体行动方案，是为实现总目标而做的重点部署和资源安排。战略是一个总方向，是对组织向何处发展以及如何发展的一个总规划。战略还具有对抗的含义，它总是针对竞争对手而制定的。战略反映着外界环境中所存在的机会与威胁同组织自身能力一种现实的结合。明智而清晰的战略是使组织在竞争中取胜并保持生机和活力的重要前提。

第一节 战略管理概述

战略管理是对组织的战略进行系统的分析、制定、实施和调整的过程。

在确立战略时，不同的组织有不同的做法，但总的来说，大多数组织都遵循着一个基本相似的过程。首先，要明确组织的使命、愿景，以确定组织所从事业务的实质以及今后的发展方向；其次，应对组织所面临的环境进行分析和研究，以把握机会，避开威胁；再次，对组织自身进行分析评价，彻底明确组织自身的优势和劣势、长处和短处。在上述步骤基础上，最后选择组织所要采用的战略，实现组织与环境的最佳匹配。

一、明确组织的使命与愿景

这是战略计划的起点。使命与愿景体现了组织的基本定位和发展方向，是指引组织各项活动的航标。

二、外部环境分析

对组织所面临的当前和未来的外部环境进行分析，就是要准确把握环境的变化和发展趋势及其对组织的影响，充分发掘组织所能够利用的机会，明确必须回避的威胁。组织的环境在很大程度上决定了管理者的选择，成功的战略必然是与环境相适应的战略。

三、内部环境分析

对组织的内部环境的分析也就是对组织自身条件的分析，通常包括对组织的人、财、物、信息资源、市场位置、研发能力等方面的分析研究。通过这些分析明确组织所具有的优势和劣势，从而使管理层识别出组织所具有的、能够作为竞争武器的独特的能力和资源。

外部环境和内部环境分析的综合便是所谓的 SWOT 分析，即综合分析组织的优势(Strengths)、劣势(Weaknesses)、机会(Opportunities)和威胁(Threats)。

四、战略的选择或制定

在战略目标已经设定，内外部环境分析已经完成的基础上，从发挥优势、克服劣势、利用机会、避开威胁这一原则出发，提出各种可能的备选战略方案，并经过进一步的分析、评价和比较，确定最有利于实现组织目标的战略方案。战略的选择通常涉及三个层次，即公司层战略、业务层战略和职能层战略。

五、将选定的战略付诸实施

再好的战略如果不能够实施，也是一纸空文。实施战略意味着要设计与战略相适应的组织结构，匹配符合战略要求的人力资源，设计相应的控制系统，以确保战略的实施位于正确的轨道上。

六、战略的调整与变革

当内外部环境条件发生改变时，或是当所选择的战略不能满足组织的要求时，要对战略进行及时的调整与变革。

一个组织典型的战略管理过程如图 6－1 所示。

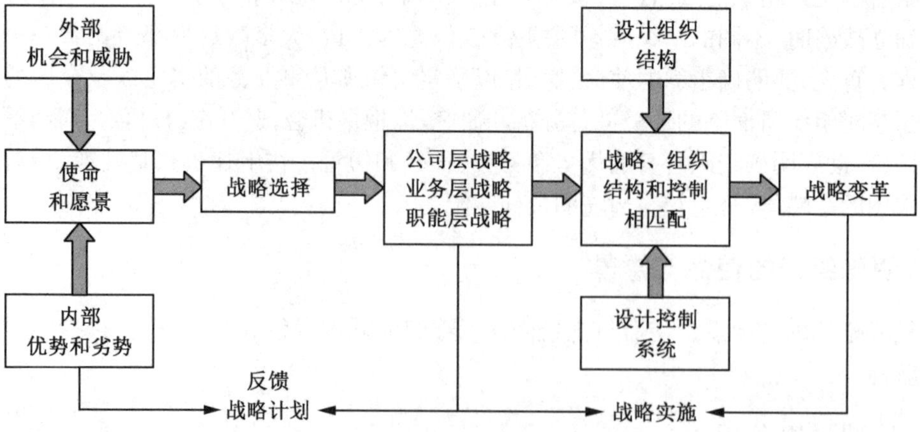

图 6－1 战略管理过程

第二节 战略分析

任何组织都不是独立存在、自我封闭的。管理者必须对外部环境与内部环境进行分析，才有可能制定出正确的应对战略。

一、外部环境分析

外部环境是指存在于组织之外、不被企业控制但是能对企业决策和绩效产生影响的外部因素的总和。外部环境包括宏观环境和行业环境。

(一)宏观环境

宏观环境又称为一般环境或总体环境，是指对所有行业和企业运行都会产生不同程度影响的总体环境因素。一般可概括为以下五类，即政治法律(Political)、经济(Economic)、社会文化(Social)、技术(Technological)。因此，宏观环境分析也可称为 PEST 分析。

1. 政治法律环境

政治法律环境是指对企业经营活动具有现存和潜在作用与影响的政治因素，以及对企业经营活动加以限制和要求的法律和法规等方面的因素。政治法律因素界定了一家公司运作范围内的法律和政策尺度，影响、制约着企业的经营行为，尤其是影响企业较长期的投资决策，是企业战略决策者在进行战略决策时必须考虑的主要因素。一个国家政权的性质和稳定程度，会影响政府对经济的干预方式、干预范围和干预深度。例如，政府对不同类型投资主体的态度，尤其是对外国投资的政策和对经济主体的认识等。法律对企业的影响无疑具有强制性。法律对企业具有保障和制约两方面的效力。一方面，法律能够保护依法成立的企业的合法地位、经营权利、合法权益、正当竞争行为等。制定法律是国家对其企业经济活动予以承认和保护的一种保障方式，同时能够促使企业将其经济活动纳入正轨。另一方面，执法机构有权依法对经济行为主体的违法行为追究经济责任、法律责任和行政责任，因此，法律在对企业的经营和存在能够予以保护的同时，又能够对违法活动起到防止、威慑作用。

2. 经济环境

经济环境是指企业在制定战略的过程中，需要考虑的各种国内外经济条件、经济特征、经济联系等多种因素。经济环境包括经济发展水平、发展速度、购买力、消费水平和发展趋势、金融状况，以及经济运行的平稳性和周期性波动等。与其他环境相比，经济环境对企业的经营活动有更广泛而直接的影响。一般而言，在宏观经济大发展的情况下，市场扩大，需求增加，企业发展机会就多。反之，在宏观经济低速发展、停滞或倒退的情况下，市场需求增长很小甚至不增加，这样企业发展机会也就少。

3. 社会文化环境

社会文化环境是指一个国家或地区的社会组织结构、教育水平、民族特征、文化传统、宗教信仰、风俗习惯等，它是人类在创造物质财富过程中所积累的精神财富的总和，是人类创造社会历史的发展水平、程度和质量的状态。社会文化决定一个社会中人们的态度、价值观念和行为模式，对企业及员工的行为、心理、道德、价值观、性格、审美观念的影响和导向是不容忽视的。在不同文化环境中成长起来的消费者，有着不同的消费方式和需求偏好。组织是由人组成的,组织中成员的文化背景不同,在长期中形成的组织文化就不可能相同,进而使得组织的行为也会产生差异。因此,企业文化环境始终以一种不可抗拒的方式影响着企业。

4. 技术环境

技术环境不但指那些引起时代革命性变化的发展,而且还包括与企业生产有关的新技术、新工艺、新材料的出现,以及发展趋势和应用前景。技术的变革在为企业提供机遇的同时,也对它形成了威胁,因此,技术力量主要从两个方面影响企业战略的选择。一方面,技术革新为企业创造了机遇。新技术的出现使社会和新兴行业对本行业产品的需求,企业可能通过新的技术,生产出高质量、高性能的产品,或降低了生产成品,这些对企业的经营与发展非常有利。另一方面,新技术的出现也使企业面临挑战。因为新技术、新产品的出现,可能导致消费者的消费倾向发生改变,企业可能面临更加强大的竞争对手。因此,对所有企业,尤其是技术密集型和产品更新换代较快的行业,必须密切注视最新的技术发展趋势,以便采取促进技术创新、防止技术落后的战略。

(二)行业环境

行业由一群生产相近替代产品的公司组成,这些公司在行业中共同生存、共同竞争。行业是企业面临的最直接的外部环境,因此对企业的影响非常重大。行业环境又称为产业环境或具体环境,是指对企业的经营活动有直接影响的外部环境,是一组生产相似产品或服务的企业的集合。与宏观环境相比,行业环境对企业行为、绩效及竞争优势产生的影响更为直接。

有关行业环境分析的方法有很多,其中,最著名、被普遍使用的是波特五力模型(Mi-chael Porter's Five Forces Model),又称为波特竞争力模型。波特五力模型是哈佛大学商学院的迈克尔·波特于1979年创立的用于行业分析和商业战略研究的理论模型。该模型对企业战略制定产生了全球性的深远影响,用于竞争战略的分析,可以有效地分析企业的竞争环境。"五力"分别是:供应商的议价能力、购买者的议价能力、潜在进入者的威胁、替代品的威胁、现有企业之间的竞争。

五力模型将大量不同的因素汇集在一个简便的模型中,以此分析一个行业的基本竞争态势。一种可行战略的提出首先应该包括确认并评价这五种力量,不同力量的特性和重要性因行业和公司的不同而变化,如图6—2所示。

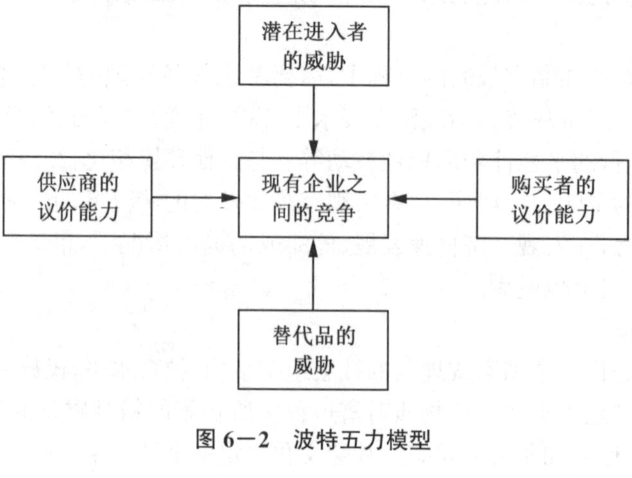

图6—2 波特五力模型

1.潜在进入者的威胁

这种威胁一方面是由于新加入者进入该行业，会带来生产能力的扩大，带来对市场占有率的要求，这必然引起与现有企业进行激烈竞争，使产品价格下跌；另一方面，新加入者要获得资源进行生产，从而有可能使行业生产成本升高。这两方面都会导致行业的获利能力下降。新加入者威胁状况取决于进入障碍和原有企业的反击程度。如果进入障碍大，原有企业激烈反击，潜在的加入者难以进入该行业，加入者的威胁就小。决定进入障碍大小的主要因素有以下几个方面：

(1)规模经济。

规模经济是指生产单位产品的成本随生产规模的增加而降低。规模经济的作用是迫使行业新加入者必须以较大的生产规模进入，并承担现有企业强烈反击的风险；或者以较小的生产规模进入，但要长期忍受产品成本高的劣势，这两种情况都会使加入者望而却步。

(2)产品差异优势。

产品差异优势是指原有企业所具有的产品商标信誉和用户的忠诚性。造成这种现象是因为企业过去所做的广告、用户的服务、产品差异或者仅仅是因为企业在该行业历史悠久。产品差异化形成的障碍，迫使新加入者要花很大代价来树立自己的信誉和克服现有用户对原有产品的忠诚。这种努力通常以亏损作为代价，而且要花费很长时间才能达到目的。

(3)资金需求。

资金需求所形成的进入障碍，是指在行业中经营需要大量资金，而且风险较大。

(4)转换成本。

转换成本是指购买者将一个供应商的产品转到另一个供应商的产品所支付的一次性成本，包括重新训练业务人员、增加新设备、检测新资源的费用以及产品的再设计等。如果转换成本高，那么新加入者必须为购买商在成本或服务上做出重大的改进，以便购买者可以接受。

(5)销售渠道。

一个行业的正常销售渠道，已经为原有企业服务，新加入者必须通过广告合作、广告津贴等来说服这些销售渠道接受其产品，这样就会减少新加入者的利润。产品的销售渠道越有限，与现有企业的联系越密切，新加入者要进入该行业就越困难。

(6)与规模经济无关的成本优势。

原有企业常常在其他方面还具有独立于规模经济以外的成本优势，新加入者无论取得什么样的规模经济，都不可能与之相比，如专利产品技术、独占最优惠的资源、占据市场的有利位置、享受政府补贴、具有学习或经验曲线以及政府的某些限制政策等。

2.现有企业之间的竞争

对大多数行业而言，竞争状态和一般获利能力主要取决于行业内现有企业之间的竞争。行业内现有企业之间的竞争是五种力量中表现得最直接、最直观和最重要的威胁因素。现有竞争者之间经常采用的竞争手段主要有价格战、广告战、引进产品以及增加对消费者的服务和保修等。在下列情况下，竞争会变得更加激烈：

(1)有众多势均力敌的竞争者。

当行业中的企业为数众多时，必然会有一定数量的企业为了占有更大的市场份额和取得更高的利润，而突破本行业规定的一致行动的限制，采取打击、排斥其他企业的竞争行为。这势必在现有竞争者之间形成激烈的竞争。

(2)行业增长缓慢。

在行业增长缓慢的情况下，企业为了寻求发展，便将力量放在争夺现有市场的占有率上，从而使现有企业的竞争激烈化。而在行业快速增长的情况下，行业内各企业可以与行业同步增长，而且企业还可以在增长的过程中充分地利用自己的资金和资源，竞争就不会激烈。

(3)行业具有非常高的固定成本或库存成本。

当行业固定成本较高时，企业为降低单位产品的固定成本，势必会采用增加产量的措施，结果又往往导致价格迅速下跌。如果行业生产的产品保存起来非常困难或费用极高，企业就容易为了尽快把产品销售出去而遭受降价的损失。

(4)行业的产品没有差别或没有行业转换成本。

当产品或劳务缺乏差异时，购买者的选择是价格和服务，这就会使生产者在价格和服务上展开竞争，使现有企业之间的竞争激烈化。同样，转换成本低时，购买者有很大的选择自由，也会产生同样的作用。

(5)行业中的总体生产规模和能力大幅度提高。

新的生产规模不断增加，就必然会经常打破行业的供需平衡，使行业产品供过于求，迫使企业不断降价销售，从而强化了现有企业之间的竞争。

(6)退出行业的壁垒高。

当退出壁垒高时，经营不好的企业只得继续经营下去，这样就使现有企业间的竞争激烈化。退出障碍的主要来源有：具有专门化的资产，其清算价值低或转换成本高；退出的费用高，如较高的劳动合同费、安置费、设备费等。由于各种原因导致的高退出壁垒，过剩的生产能力不能及时离开本行业，那些在竞争中处于劣势地位的企业无法放弃经营，如此导致过剩生产能力持续上升，进而致使整个行业的利润保持在较低的水平上。

3. 替代品的威胁

两个处于不同行业中的企业，可能会由于所生产的产品是互为替代品，从而在它们之间产生相互竞争行为，这种源自替代品的竞争会以各种形式影响行业中现有企业的竞争战略。第一，现有企业产品售价以及获利潜力的提高，将因存在能被用户方便接受的替代品而受到限制；第二，由于替代品生产者的侵入，使得现有企业必须提高产品质量，或者通过降低成本来降低售价，或者使其产品具有特色，否则其销量与利润增长的目标就有可能受挫；第三，源自替代品生产者的竞争强度，受产品买主转换成本高低的影响。总之，替代品价格越低、质量越好、用户转换成本越低，其所能产生的竞争压力就越强；而这种来自替代品生产者的竞争压力的强度，可以具体通过考察替代品销售增长率、替代品厂家生产能力与盈利扩张情况来加以描述。

4. 购买者的议价能力

购买者有可能要求降低购买价格，要求高质量的产品和更多的优质服务，其结果是使得行业的竞争者们互相竞争，导致行业利润下降。在下列情况下，购买者有较强的讨价还价能力：购买者相对集中并且购买量较大，占了卖方销售量的很大比例；卖方行业由大量相对来说规模较小的企业所组成；购买者所购买的基本上是一种标准化产品，同时向多个卖主购买产品在经济上也完全可行；购买者有能力实现后向一体化，而卖主不可能前向一体化。

5. 供应商的议价能力

按照波特的观点，供应商的议价能力主要体现在两个方面：一是提高价格，二是降低产品和服务质量。在这两种情况下，如果下游产业不能将供应商造成的成本反映到产品价格上，它的利润就会因供应商的行为而降低。供应商的议价能力越强，对下游产业的威胁就越大。供应商议价能力的强弱取决于供应商所提供产品的重要性和其所处行业的市场条件。如果供应品市场属于完全竞争市场,供应商的力量就弱;反之,供应商的力量就趋强。波特指出,在存在下列条件时,供应商具有强大的议价能力:上游产业即供应商所在行业由少数企业控制,而且比下游产业更集中;供应商产品高度差异化甚至是独一无二的,下游企业难以找到其他的供应来源,或者存在较高的转换成本,下游企业对供应商存在依赖关系,供应商议价能力就强;供应商不受替代品的威胁;该企业本身并不是供应商的重要客户;供应商可能前向一体化,进入下游企业所在的行业。如果供应商手中握有相当多的资源并且提供的产品高度差异化时,这种可能性会更大。

二、内部环境分析

企业内部环境是企业能够加以控制的内部环境因素,即企业内部的资源、能力、核心竞争力及波特价值链分析法。对企业内部环境进行分析,其目的在于掌握企业目前的资源、能力状况,明确企业的优势与劣势,进而使选定的战略能最大限度地发挥企业的优势,避开或克服企业的劣势,最终使企业战略目标得以实现。

(一)企业的资源分析

企业资源就是企业所拥有的、能够为企业所利用,并能带来价值的一切因素,包括全部的财产、能力、竞争力、组织程序、企业特性、信息和知识等。从战略的角度来说,企业资源既包括组织自己的资源,也包括组织能够获得的、可用于支持自身战略的资源。一些重要的战略资源可能是组织所有权之外的,如关系网络或客户网络等。一般来说,资源可以分为人力资源、财务资源、实物资源、组织资源和知识资源五类。

在战略分析中,通常按照资源是否可以识别,把资源分为有形资源和无形资源。顾名思义,有形资源是看得见、摸得着的资源,如机器和设备等;无形资源是看不见、摸不着但对企业有价值的资源,如品牌、声誉等。实际上,许多资源介于有形和无形之间,如技术资源。当技术以机器设备体现的时候,往往是有形的;当技术以技能的方式发挥作用的时候,往往表现为无形的。

(二)企业的能力分析

企业的能力是指企业获取资源、使用资源,从而创造价值的能力。资源不等于能力。虽然资源有重要价值,但仍然不是能力。比如说某一物流企业拥有为数众多的仓库和配送中心,而另一家物流企业仅有几个仓库和配送中心,但是这家物流公司有强大的物流信息系统作支持,在这种情况下就不能贸然断定拥有众多仓库和配送中心的物流公司的服务能力要强于另外一家。一般而言,资源本身并不能产生竞争能力和竞争优势,企业的竞争优势源于企业的能力。企业所具有的能力分为多个方面,如营销能力、研发能力及制造能力等。

(三)企业的核心竞争力分析

核心竞争力(Core Competence)是普拉哈拉德和哈默尔于1990年在《企业的核心竞争力》一文中提出的一个概念。他们把核心竞争力定义为组织的一种学习能力,它有三个标准:有价值的、稀缺的和可延展的。资源基础学派的代表人物巴尼在1991年提出了产生可持续竞争优势的资源所需要满足的四个标准:有价值的、稀缺的、难以模仿的和不可替代的。

希特(M·Hit)等在其著名教科书《战略管理:竞争与全球化》中,把核心竞争力定义为能够为企业带来可持续竞争优势的资源和能力。并非公司的所有资源和能力都可以转化为竞争优势,只有符合四个标准——有价值、稀缺、难以模仿和不可替代,才可能创造可持续的竞争优势。当资源和能力符合以上四个标准时,便成为核心竞争力。

1. 有价值

核心能力必须特别有助于实现用户看重的价值。那些能够使企业为用户提供根本性好处的技能，才能称得上是核心能力。区别核心能力与非核心能力的标准之一，是它给用户的好处是核心的还是非核心的。例如，本田公司在发动机方面的技能称为核心能力，而其处理与经销商关系的能力就不是核心能力。企业的资源和能力在过去有价值，并不意味着在未来一直有价值。顾客口味、行业结构或者生产工艺的改变都能导致企业资源和能力价值的下降。当且仅当企业的资源和能力能够降低企业的净成本或提高企业收入的时候，企业的资源和能力才有价值。

2. 稀缺

稀缺是指那些现在和潜在的竞争对手极少能拥有的竞争力。从竞争的角度来看，如果一个特定的资源或能力为大多数企业所掌握，那么它就不太可能成为任何一家企业的竞争优势的来源。有价值并且稀缺的资源和能力至少是暂时保持竞争优势的源泉。

3. 难以模仿

难以模仿是指其他企业不能轻易通过模仿获得的资源或能力。核心竞争力是在企业长期的生产经营活动过程中逐渐积累形成的，深深打上了企业特殊组成、特殊经历的烙印，其他企业难以模仿。难以模仿的原因可能是因为企业拥有独特的原材料来源、能力或技术等，使其他企业没有能力去模仿，或者即使可以模仿，但成本很高，使竞争对手望而却步，放弃模仿。

4. 不可替代

不可替代的资源和能力是指那些不具有战略等同作用的资源和能力。如果两种资源或能力在执行相同战略的情况下，能够产生相同的价值，那么他们就称为战略对等的资源和能力。

实施模仿的企业还能够用其他资源对优势企业拥有的复制成本高昂的资源和能力进行替代。如果一个企业的竞争优势来源于其高层管理团队的沟通技巧，竞争企业可能试图用一个复杂的管理信息系统替代人际交流技巧。如果人际交流技巧和复杂管理信息系统效果是一样的，这两种资源就可以被视为能够相互替代。如果实施模仿的企业在获得这种替代资源时不存在成本劣势，那么其他企业的竞争优势只是暂时的。然而，如果不存在替代资源，或者是获得这种替代资源时成本比获得原始资源的成本高，那么竞争优势就是可以维持的。

当然，核心竞争力是企业持续竞争优势的来源。但是，若想使核心竞争力变成竞争优势，还需要组织结构和运作体系的支持。也就是说，企业应该围绕着充分利用其资源和能力进行组织安排。例如，企业的正式报告系统、管理控制系统和激励系统等都必须有利于企业核心竞争力的发挥。

【拓展知识】　　核心竞争力，让你的企业发展无坚不摧

(四)波特价值链分析法

竞争是市场经济的必然产物，企业要想在竞争中取胜，必须知道自身的竞争优势之所在。价值链分析最早是由美国哈佛商学院迈克尔·波特教授提出来的，是一种确定企业竞争优势的基本工具。价值链(Value Chain)是一个企业产品设计、生产、销售、交货以及对产品起辅助作用的各种活动的集合。如果把企业作为一个整体来考察，又无法识别这些竞争优势，就必须把企业活动进行分解，通过考察这些活动本身及其相互之间的关系来确定企业的竞争优势，这就是价值链分析方法的内涵。波特价值链分析模型如图6—3所示。

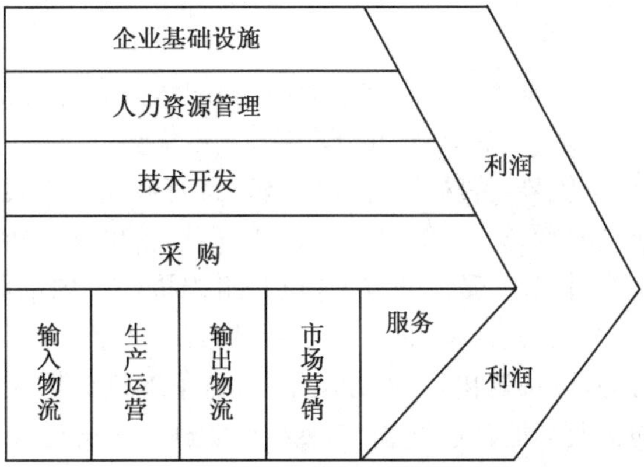

资料来源：迈克尔·波特. 竞争优势[M]. 北京：中信出版社，2014：32.

图6—3　波特价值链分析模型

价值链展示了企业总价值的构成。首先，从横向看，包括价值活动和利润两大部分。价值活动是企业所从事的物质和技术上界限分明的各项活动，利润是总价值与从事各种价值活动的总成本之差。供应商和销售渠道的价值链也包括一个差额，这对于认识影响企业成本地位的各种资源非常重要，因为供应商和渠道利润都是最终购买者所承担成本的一部分。其次，从纵向看，波特把价值活动分为两大类：基本活动和辅助活动。基本活动是涉及产品的实物生产、销售、配送以及售后服务的活动。辅助活动是辅助基本活动的活动，包括基础设施、人力资源、技术开发与采购。

在应用价值链方法分析企业的资源和能力的时候，一般从四个角度展开，即企业价值链的构成、价值链的特定环节、价值链的内部联系及企业价值链与关联企业价值链的联系。通过这四个方面的对比分析，便于找出本企业与竞争对手在价值活动、资源和能力方面的差异。

价值活动是由创造竞争优势的各种相互分离活动组成的。每种价值活动与经济基础结合的好坏，将决定一个企业在成本方面相对于竞争对手的高低。每种价值活动的进行，也将决定它对买方需要以及差异化的贡献。对竞争企业的价值链做一比较，就可以揭示出决定竞争优势的区别所在。

价值链模型揭示了价值链条上的每个环节都创造价值，都与产品的质量与成本息息相关。企业在价值链某些特定环节上的优势，就是企业要保持的竞争优势。企业要特别关注和培养在价值链的关键环节上获得重要的竞争力，以形成企业的核心竞争优势。

三、内外部环境分析

面对越来越复杂的市场环境，如何根据外部情况的变化要求和企业特有的状况合理地做出规划，是企业必须面对的问题。SWOT分析是对企业内外部环境条件进行综合和概括，进而分析组织的优势、劣势、机会和威胁的一种方法。SWOT中的"S"和"W"分别代表企业内部的优势和劣势，"O"和"T"分别代表企业外部因素的机会和威胁。优劣势分析主要是着眼于企业自身的实力及其与竞争对手的比较，而机会和威胁分析将注意力放在外部因素的变化及其对企业的可能影响上。SWOT分析实际上是对企业内外部条件各方面内容进行综合和概括，进而分析组织的优劣势、面临的机会和威胁的一种方法。在进行SWOT分析时，应对内外环境综合分析，制定相应的竞争战略。

(一)SWOT的内涵

S(优势)，是组织机构的内部因素，具体包括：有利的竞争态势，充足的财政来源，良好的企业形象，技术力量，规模经济，产品质量，市场份额，成本优势，广告攻势等。潜在内部优势包括：产权技术成本优势，竞争优势，特殊能力产品创新，具有规模经济良好的财务资源，高素质的管理人员，公认的行业领先者，买主的良好印象，适应力强的经营战略等。

W(劣势)，是指在竞争中相对弱势的方面，也是组织机构的内部因素，具体包括：设备老化，管理混乱，缺少关键技术，研究开发落后，资金短缺，经营不善，产品积压，竞争力差等。潜在内部劣势包括：竞争劣势，设备老化，战略方向不同，竞争地位恶化，产品线范围太窄，技术开发滞后，营销水平低于同行业其他企业管理，不良战略实施的历史记录，不佳资金状况，相对于竞争对手的高成本及其他。

O(机会)，是组织机构的外部因素，具体包括：新产品，新市场，新需求，市场壁垒解除，竞争对手失误等。潜在外部机会包括：纵向一体化市场增长迅速，可以增加互补产品，能争取到新的用户群，有进入新市场的可能，有能力进入更好的企业集团，在同行业中有优良的竞争业绩等。

T(威胁)，也是组织机构的外部因素，具体包括：新的竞争对手，替代产品增多，市场紧缩，行业政策变化，经济衰退，客户偏好改变，突发事件等。潜在外部威胁包括：市场增长较慢，竞争压力较大，不利的政府政策，新的竞争对手进入，行业替代产品销售额正在逐步上升，用户讨价还价能力增强，用户需要与爱好逐步转变，通货膨胀递增等。

(二)SWOT实施步骤

1. 分析因素

运用各种调查研究方法，分析出企业所处的各种环境因素，即外部环境因素和内部环境因素。外部环境因素包括机会因素和威胁因素，它们是外部环境中直接影响企业发展的有利和不利因素，属于客观因素。内部环境因素包括优势因素和弱点因素，它们是企业在其发展中自身存在的积极和消极因素，属于主动因素。在调查分析这些因素时，不仅要考虑企业的历史与现状，更要考虑企业未来的发展。

2. 构造矩阵

将调查得出的各种因素根据轻重缓急或影响程度等排序，构造SWOT矩阵。在这个过程中，要将那些对企业发展有直接的、重要的、大量的、迫切的、久远的影响因素优先排列出来，而将那些间接的、次要的、少许的、不急的、短暂的影响因素排在后面。

优势机会(SO)战略是一种发展企业内部优势与利用外部机会的战略，是一种理想的战略模式。当企业具有特定方面的优势，而外部环境又为发挥这种优势提供有利机会时，可以采取该战略。例如，良好的产品市场前景、供应商规模扩大和竞争对手有财务危机等外部条件，配以企业市场份额提高等内在优势，可成为企业收购竞争对手、扩大生产规模的有利条件。

劣势机会(WO)战略是利用外部机会来弥补内部弱点，使企业改劣势而获取优势的战略。存在外部机会，但由于企业存在一些内部弱点而妨碍其利用机会，可采取措施先克服这些弱点。

优势威胁(ST)战略是指企业利用自身优势,回避或减轻外部威胁所造成的影响。如竞争对手利用新技术大幅度降低成本,给企业很大成本压力;同时材料供应紧张,其价格可能上涨;消费者要求大幅度提高产品质量;企业还要支付高额环保成本等,但若企业拥有充足的现金、熟练的技术工人和较强的产品开发能力,便可利用这些优势开发新工艺,简化生产工艺过程,提高原材料利用率,从而降低材料消耗和生产成本。另外,开发新技术产品也是企业可选择的战略。新技术、新材料和新工艺的开发与应用是最具潜力的成本降低措施,同时它可提高产品质量,从而回避外部威胁的影响。

劣势威胁(WT)战略是一种旨在减少内部弱点、回避外部环境威胁的防御性技术。当企业存在内忧外患时,往往面临生存危机,降低成本也许成为改变劣势的主要措施。

3. 制订计划

在完成环境因素分析和 SWOT 矩阵的构造之后,便可以制订相应的行动计划了。制订计划的基本思路是:发挥优势因素,克服弱点因素,利用机会因素,化解威胁因素;考虑过去,立足当前,着眼未来。运用系统分析的方法,将排列与考虑的各种因素相互联系并加以组合,得出一系列企业未来发展的可选择对策。

众所周知,中国邮政业务受到快递公司业务的冲击很大,表 6—1 是中国邮政面对外部环境的机会与威胁,如何发挥自己的优势,克服自身劣势的 SWOT 分析。

表 6—1　　中国邮政的 SWOT 分析

内部环境 / 外部环境	优　势	劣　势
	◇ 作为国家机关,拥有公众的信任 ◇ 顾客对邮政服务的高度亲近感与信任感 ◇ 拥有全国范围的物流网(几万家邮政局) ◇ 具有众多的人力资源 ◇ 具有创造邮政/金融协同的可能性	◇ 上门取件相关人力及车辆不足 ◇ 市场及物流专家不足 ◇ 组织、预算、费用等方面的灵活性不足 ◇ 包裹破损的可能性很大 ◇ 追踪查询服务不够完善
机　会	SO	WO
◇ 随着电子商务的普及,对寄件需求增加(年平均增加 38%) ◇ 能够确保应对市场开放的事业自由度 ◇ 物流及 IT 等关键技术的飞跃性的发展	◇ 以邮政网络为基础,积极进入宅送市场 ◇ 进入大型购物中心(Shopping Mall)配送市场 ◇ 电子邮递(ePOST)活性化 ◇ 开发灵活运用关键技术的多样化的邮政服务	◇ 构成邮寄包裹专门组织 ◇ 通过实物与信息的统一化进行实时的追踪(Track & Trace)及物流控制(Command & Control) ◇ 对增值服务及一般服务差别化的价格体系的制定及服务内容地再整理
威　胁	ST	WT
◇ 通信技术发展后,对邮政的需求可能减少 ◇ 现有宅送企业的设备投资及代理增多 ◇ WTO 邮政服务市场开放的压力 ◇ 国外宅送企业进入国内市场	◇ 灵活运用范围宽广的邮政物流网络,树立积极的市场战略 ◇ 与全球性的物流企业进行战略联盟 ◇ 提高国外邮件的收益性及服务 ◇ 为了确保企业顾客,树立积极的市场战略	◇ 根据服务的特性,对包裹详情单与包裹运送网分别运营 ◇ 对已经确定的邮政物流运营提高效率,由此提高市场竞争力

第三节 战略选择

制定战略是战略管理的核心内容，它建立在战略分析的基础上。对于一家企业来说，达成战略目标的战略方案可能有多个，战略决策者必须对这些战略方案进行评价和比较，从中选择最合适的战略。根据企业管理的层次性，企业战略可以分为公司层战略、业务层战略和职能层战略。战略层次如图 6－4 所示。

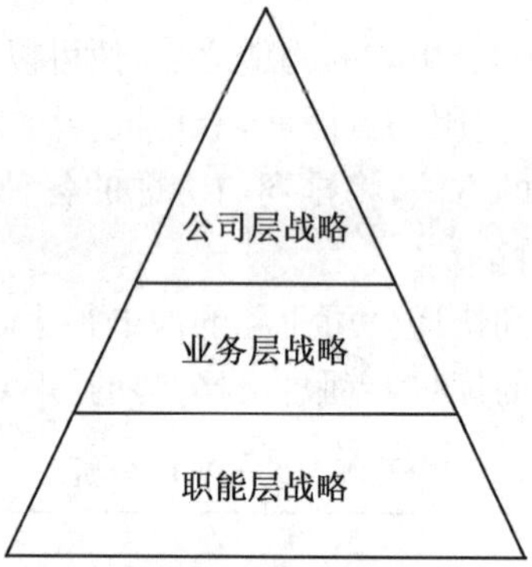

图 6—4 战略层次

一、公司层战略

公司层战略也称公司总体战略，是指针对企业整体的、由最高管理层制定的行动路线和发展方向的规划。公司层战略包括总战略框架和业务组合矩阵。

(一)总战略框架

1. 增长型战略

增长型战略是一种使企业在现有的战略基础上向更高一级目标发展的战略。它以发展作为自己的核心内容，引导企业不断地开发新产品、开拓新市场，采用新的生产方式和管理方式，以便扩大企业的产销规模，提高企业的竞争地位，增强企业的竞争实力。增长型战略是一种比较流行、使用频率较高的战略。

增长型战略包括集中型增长战略、一体化战略与多元化战略。

(1)集中型增长战略。

该战略是指主要集中于单一产品或服务的增长，即以快于以往的增长速度增加企业目前的产品或服务的销售额、利润和市场份额等。它比较适合那些对企业的产品或服务的需求正在增长的情况。

(2)一体化战略。

该战略是指企业充分利用自己在产品、技术、市场上的优势，根据物资流动的方向，使企业不断地向深度发展，提高综合利用效率。一体化战略可细分为后向一体化、前向一体化、水平一体化三种。后向一体化就是企业通过收购或兼并若干原材料供应商，拥有和控制其供应系统,实行供产一体化。前向一体化就是企业通过收购或兼并若干商业企业,或者拥有和控制其分销系统,实行产销一体化。水平一体化就是企业收购、兼并竞争者的同种类型的企业,或者在国内外与其他同类企业合资生产经营等。

(3)多元化战略。

多元化战略又称多角化战略,是指企业同时经营两种以上基本经济用途不同的产品或服务的一种发展战略。多元化战略是相对企业专业化经营而言的,其内容包括产品的多元化、市场的多元化、投资区域的多元化和资本的多元化。企业采用多元化战略,可以更多地占领市场和开拓新市场,也可以避免单一经营的风险。

2.紧缩型战略

紧缩型战略是指企业从目前的战略经营领域和基础水平收缩与撤退,且偏离起点战略较大的一种经营战略。与增长型战略相反,紧缩型战略不是寻求企业规模的扩张,而是通过调整来缩减企业的经营规模。有时,企业实施紧缩型战略只是短期的,其根本目的是使企业挨过风暴后转向其他的战略选择。有时,只有采取收缩和撤退的措施,才能抵御竞争对手的进攻,避开环境的威胁,迅速实行自身资源的最优配置。紧缩型战略大体上可分为收获战略、调整战略、放弃战略和清算战略四种类型。收获战略是指减少公司在某一特定领域的投资。调整战略的目的是企图扭转公司财务状况。放弃战略是指卖掉企业的一个部门,它可能是一个战略经营单位、一条生产线,也可能是一个事业部。清算战略是指通过拍卖资产或停止全部经营业务来结束企业的存在。

3.稳定型战略

稳定型战略是一种维持现状、稳定发展的战略。这种战略包括持续地向同类型的顾客提供同样的产品和服务,维持市场份额,并保持组织一贯的投资报酬率水平。采用这种战略的组织,可能是由于缺乏支持增长的资源,也可能是因为没有增长的机会,或者企业没有能力进行改变,还可能只是由于领导者对增长不感兴趣。这种战略有利于组织养精蓄锐、等待时机,在经历一阵激烈的增长或收缩之后,采取稳定型战略往往是一种可取的选择。

(二)业务组合矩阵

一家企业往往有多项经营业务,而每项业务具有不同的经济效益与发展前景,并且对企业提出不同的资源和能力要求。对这些不同的业务单位进行有效的组合以达到最佳效益,是企业必须解决的问题。波士顿矩阵和通用矩阵是进行业务组合分析时最常用的工具。

1.波士顿矩阵

波士顿矩阵是美国波士顿咨询公司(Boston Consulting Group,BCG)在1970年前后开发出来的,其基本思想是将企业生产经营的全部产品或者业务的组合作为一个整体进行分析,该方法常被用来分析企业各业务之间现金流的平衡问题。通过该方法,企业可以找到使其内部资源与外部环境相适应的业务组合战略。波士顿矩阵提出,企业必须为经营组合中的每个独立单位分别制定战略。

波士顿咨询公司主张从相对竞争地位和市场增长率两个维度进行分析,如图6—5所示。横轴表示企业在行业中的相对市场竞争地位,它以某项业务的市场份额与这个市场中主要竞争对手的相对市场占有率来表示。纵轴表示市场增长率,即企业的某项业务前后两年在行业中市场销售额增长的百分比。图6—5中每个圆圈表示企业的一项独立业务,其面积代表了该项业务或产品的收益与企业全部收益的比例。从这个图中能够非常清晰地发现企业某项业务或产品的收益、市场份额和收益增长情况,为制定业务战略提供信息基础。

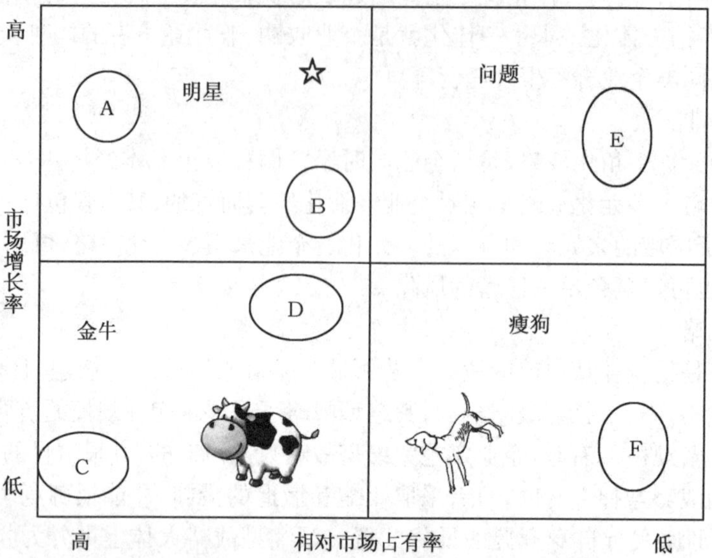

资料来源:https://www.bcg.com.

图 6—5 波士顿矩阵

(1)明星类业务。

该业务是指在增长型市场中拥有较大市场份额的业务单位。这类业务具有高成长性、高占有率的特点。明星通常代表着最优的利润增长率和最佳的投资机会。显而易见,最佳战略是对明星进行必要的投资,从而维护或改进其有利的竞争地位,在未来获取更多、更长远的利益。换言之,明星类业务在增长和获利上有极好的长期机会,但需要大量资金投入。图 6—5 中 A 和 B 分别代表某企业的两种明星类业务,其中 A 类业务为企业带来的收益更大。

(2)问题类业务。

该业务是指处于增长型市场中,但没有较大市场份额的业务单位。此类业务需要大量投资,但产生的现金流很小。企业需要对这类业务进行分析,判断使其转移到明星业务所需要的投资量,分析其未来盈利能力,研究是否值得投资等问题,或是缩小经营规模,甚至完全退出市场。

(3)金牛类业务。

该业务是指在成熟市场中拥有较大市场份额的业务单位,盈利能力高,本身不需要投资,且能为企业提供大量的资金,用于支持其他业务的发展。金牛类业务是市场低度成长、高占有率的产品。由于竞争已经趋于稳定,因此,它可以产生大量的现金,以供厂商发展新产品,并培养逐渐生成的明日之星,可说是厂商的“金库”。对于金牛类的经营单位,应采取维护现有市场占有率,保持经营单位地位的维护战略,或采取收获战略,获得更多的现金收入。

(4)瘦狗类业务。

该业务是指在停滞或萎缩的市场中拥有较小市场份额的业务单位。这类业务利润低,不能为企业提供资金,且需要投入更多资金。如果这类业务能自我维持,则应缩小其经营范围;如果失败或难以经营,则应及早采取措施,清理业务,退出经营。瘦狗类业务属于低度成长、低占有率的产品,它或许还能自给自足,甚至对利润仍有贡献,但管理者必须认清真相,不要因为感情因素,而将资金继续浪费在没有明天的产品上,除非产品本身仍有可为,否则,“壮士断腕”

才是上策。

波士顿矩阵通过明确各项业务的环境和绩效表现，帮助企业明确各项业务的现状和前景，判断各项业务的机会和威胁、优势和劣势，采取相应的策略。当企业多元化经营时，需要采用该方法辅助战略思维。需要指出的是，这种方法假设业务是相互独立的，忽视了业务之间存在的技术和市场联系，导致对个别业务的处理有可能伤害了企业的核心竞争力，并进而对其他业务产生不利的影响。例如，如果金牛类业务和瘦狗类业务是互补的业务组合，如果放弃瘦狗类业务，那么金牛类业务也会受到影响。

2. 通用矩阵

通用矩阵又称 GE 矩阵，是 20 世纪 70 年代美国通用电气公司在麦肯锡公司的帮助下开发的一种投资组合分析方法。通用矩阵是对波士顿矩阵的改进，在评价指标上增加了许多中间等级和战略变量。通用矩阵分析法不仅适用于波士顿矩阵所能适用的范围，而且对需求、技术寿命周期曲线的各个阶段以及不同的竞争环境都适用。通用矩阵开发了九个象限，更好地说明了企业中处于不同地位经营业务的状态，使得企业可以更有效地分配有限的资源。

通用矩阵通过行业吸引力和竞争力两个维度对企业某项业务的经营状态进行判断，如图 6—6 所示。

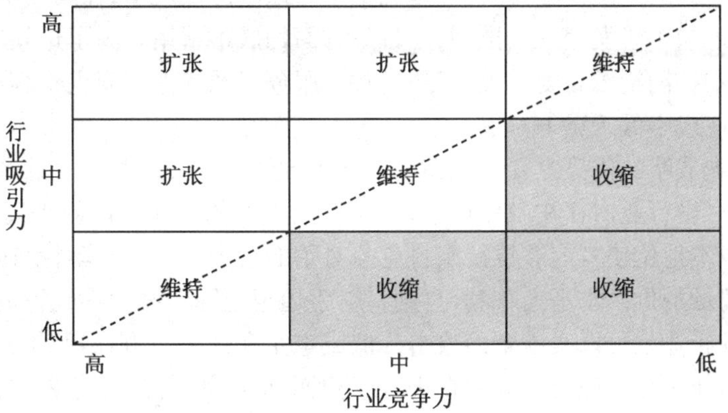

资料来源：https://strategicmanagementinsight.com/tools/gemckinsey-matrix/.

图 6—6 通用矩阵

企业利用通用矩阵比较其经营业务以及决定其资源的分配方式时，必须预测行业竞争力及经营业务的竞争力。影响行业竞争力的因素包括行业增长率、市场价格、获利能力、市场结构、技术及社会政治因素等。影响经营业务竞争力的因素包括市场份额、市场增长率、买方增长率、产品差别变化等。

行业吸引力及行业竞争力分别区分为高、中、低三个档次，这样，矩阵就被分割为九个象限。从通用矩阵的九个象限来看，对处于左上方三个象限的业务，两个指标都取高值或一高一中的单位，可视为“优秀”，应采取增长和发展的战略，企业应对其优先分配资源；对处于右下方三个象限的业务，两个指标都取低值或一中一低的单位，应视为“差”，应采取停止、转移、撤退等收缩战略；对处于对角线三个象限的业务，两个指标都取中值或一高一低的单位，属于临界状态，应分析内外部环境，综合考虑采取维持或有选择地发展的战略，保持规模或调整发展方向等。

二、业务层战略

业务层战略也称竞争战略或事业部战略，着重回答在一个特定的领域中，或者说一个选定的市场中如何同对手竞争的问题。企业的总体战略确定之后，还必须为每个战略事业单位制定事业战略，确定在一个给定的市场中如何才能有效地进行竞争，谋求发展，是对公司总体战略的细分执行。

业务层战略或竞争战略的代表人物波特提出，企业获得竞争优势的三个基点是成本领先、差异化和集中化，由此他将竞争战略具体分为三种：成本领先战略、差异化战略和集中化战略，这三种战略又被称为通用的竞争战略或者一般竞争战略。

（一）成本领先战略

成本领先战略也称低成本战略，是指企业通过有效的途径降低成本，使企业的产品低于竞争对手的成本，从而获得竞争优势的一种战略。在激烈的竞争中，处于低成本地位的公司可以获得高于产业平均水平的收益。成本优势可以使公司在与竞争对手的争斗中受到保护，因为它的低成本意味着当别的公司在竞争过程中已失去利润时，这个公司仍然可以获取利润。

成本领先战略的指导思想是以低成本取得领先地位。因此，按照这一基本方针，企业需要建立起达到有效规模的生产设施，在经验基础上全力以赴降低成本，抓紧成本与管理费用的控制以及最大限度地减小研发、服务、推销、广告等方面的成本费用。为了达到这些目标，有必要在管理方面对成本控制给予高度重视。尽管质量、服务以及其他方面也不容忽视，但贯穿于整个战略的主题是使成本低于竞争对手。

采用成本领先战略的优势主要体现在以下几个方面：第一，抗衡竞争者，形成行业壁垒，威慑潜在进入者。尽管行业内存在激烈竞争，但具有低成本的企业可以获得高于行业平均水平的收益，它的低成本地位使其能够抗衡来自竞争对手的攻击，因为当其对手通过削价与其竞争时，它仍然能在较低的价格水平上获利，直到将对手逼至边际利润为零或为负数。当对手力不从心之时，低成本企业就可以实施全面攻击。低成本企业还可以利用已建立起来的巨大生产规模和成本优势，使想加入该行业的潜在进入者望而却步，形成进入壁垒。第二，抵御买方和供应方议价的能力。低成本可以强有力地抵御买方和供应方力量的威胁。买方和供应方议价的能力使得行业内企业的利润减少，正如低成本企业可以抵御竞争对手的威胁一样，当由于行业利润下降，使得其他竞争对手都无利可图时，低成本企业仍然可以有相当的利润维持生存和发展。第三，抵御替代品的潜在威胁。低成本也可以抵御来自替代品的威胁。人们购买替代品无非是看好替代品的性能或价格。替代品若是革命性的，那么，总成本领先的企业就可以在行业中坚持到最后，而且还可以同替代品展开成本和价格上的竞争。

成本领先战略既可以为企业带来成功，也可能导致企业陷入困难的境地。实施低成本战略的企业可能由于一味将注意力放在低成本上，因而丧失对市场变化的敏锐洞察力，无暇顾及市场需求变化，最终导致企业产品价格虽低，却不为顾客欣赏和需要，这是低成本战略的最大风险；对低成本的追求，导致企业对科研的重视或投入不够，无法适应生产技术的变化和新技术的出现，从而在竞争中被淘汰。另外，行业中的新加入者通过模仿、定点超越和购买更先进的生产设备，使效率更高、成本更低，从而后来居上。

（二）差异化战略

差异化战略又称别具一格战略、差别化战略，是指企业向顾客提供的产品或服务与其他竞争者相比独具特色、别具一格，从而建立起独特竞争优势的一种战略。实现差异化战略可以有许多方式：设计或品牌形象、产品性能、产品的耐用性、产品的可靠性、产品的技术特点、外观特点、客户服务、经销网络及其他方面的独特性。

实施差异化战略是使企业获得高于同行业平均利润水平的一种有效战略。具体来说，实施差异化战略的优势主要体现在以下几个方面：第一，提高顾客的忠诚度。随着顾客对企业产品或服务的认识和依赖，顾客对产品或服务的价格变化敏感程度大大降低。这样，差异化战略就可以为企业在同行业竞争形成一个隔离带，避免竞争对手的侵害。第二，可以形成强有力的产业进入壁垒。由于差异化提高了顾客对企业的忠诚度，如果行业新加入者要参与竞争，就必须扭转顾客对原有产品或服务的依赖和克服原有产品独特性的影响，这就增加了新加入者进入该行业的难度。第三，削弱购买商与供应商的议价能力。企业通过差异化战略，一方面，使得购买商缺乏与之可比较的产品选择，降低了购买商对价格的敏感度；另一方面，通过产品差异化使供应商具有较高的转换成本，使其更依赖于企业，增强了企业对供应商议价的能力，这主要是由于差异化战略提高了企业的边际收益。第四，削弱替代品的进入。由于差异化战略使企业建立起顾客的忠诚，因此，这使得替代品无法在性能上与之竞争。

企业在实施差异化战略时，也存在一定的风险。例如，提供特色带来的高成本会使顾客望而止步；顾客需求的差异化程度下降会减少差异化的空间；模仿者模仿领先企业的特色，使得已建立的差异化消失。所以，采取差异化战略应以企业在技术、质量、服务等方面所具备的特殊能力为依托，确保企业所创造的差异化难以被模仿，这样才能保持持久的竞争优势。

（三）集中化战略

集中化战略也称目标集中战略，是指主攻某一特殊的客户群或某一产品线的细分区段、某一地区市场，通过为这个小市场的购买者提供比竞争对手更好、更有效率的服务来建立竞争优势的一种战略。

企业在采取集中化战略时需要考虑的因素有：第一，市场上存在着明显不同的顾客群，他们或对产品有不同的要求，或习惯于以不同的方式使用产品；第二，在同一目标细分市场上，没有其他竞争对手专注于此；第三，企业资源不允许追求较宽的市场；第四，行业中各细分部门在规模、成长率、获利能力方面存在很大差异，致使某些细分部门比其他部门更具有吸引力。

企业采取集中化战略可以获得以下优势：第一，集中化战略便于企业的资源更好地为某一目标市场服务，抵御外部竞争者的进入；第二，集中化战略可以使战略目标集中明确，经济结果易于评价，战略管理过程易于控制，从而带来管理上的简便，集中化战略的特性及中小企业在规模、资源等方面的一些特性，使集中化战略成为最适合中小企业的战略；第三，实施集中化战略的企业由于在专门市场上具有特殊能力，就形成了替代产品难以克服的进入障碍；第四，集中化战略可以削弱客户的议价力量，因为最有议价实力的客户是不愿将自己的业务转向经营能力较差的企业的。

采用集中化战略，企业面临着与在整个行业范围内采用成本领先战略或差异化战略的公司同样的一般性风险。第一，竞争对手可能会集中在一个更加狭窄的细分市场上而使企业本来的集中化战略优势失效。例如，竞争对手在细分市场的基础上，开发出在性能、功能、规格等方面更细小、更能满足具体客户要求的产品。第二，在整个行业内竞争的企业可能会认为由执行集中化战略的公司所服务的细分市场很有吸引力，值得展开竞争，并实施竞争战略，使原来实施集中化战略的企业失去了优势。第三，由于技术进步、替代品的出现、价值观念更新、消费偏好变化等多方面原因，细分市场与总体市场之间在产品或服务的需求上差别变小，细分市场中的顾客需求可能会与一般顾客需求趋同，此时，集中化战略的优势就会被削弱或清除。第四，由于狭小的目标市场难以支撑必要的市场规模，因此，集中化战略可能带来高成本的风险，从而又会导致在较宽范围经营的竞争对手与采取集中化战略的企业之间在成本差别上日益扩大，抵消了企业在细分市场上的成本优势或差异化优势，使企业集中化战略失败。

三、职能层战略

职能层战略又称职能支持战略，是按照公司层战略或业务层战略对企业内各方面职能部门所采用的方法和手段。职能层战略在几个方面不同于公司层战略和业务层战略。首先，职能层战略的时间跨度要较公司层战略短得多；其次，职能层战略要较公司层战略更具体和专门化，且具有行动导向性公司层战略只是给出公司发展的一般方向，而职能层战略必须指明比较具体的方向；最后，职能层战略的制定需要较低层管理人员的积极参与。事实上，在制定阶段吸收较低层管理人员的意见，对成功地实施职能层战略是非常重要的。

职能层战略一般可分为生产运营型、资源保障型和战略支持型职能层战略。生产运营型职能层战略是企业或业务单元的基础性职能层战略，从企业或业务运营的基本职能上为总体战略或业务战略提供支持，包括研发战略、筹资战略、生产战略、质量战略、营销战略、物流战略等。资源保障型职能层战略是为总体战略或业务战略提供资源保障和支持的职能战略，包括财务战略、人力资源战略、信息化战略、知识管理战略、技术战略等。战略支持型职能层战略是从企业全局上为总体战略和业务战略提供支持的战略，包括职能战略、组织结构战略、企业文化战略、公共关系战略等。

第四节　战略实施

战略实施从狭义的角度看就是战略执行，也就是企业的战略目标的具体落实与实施过程。这个过程可以概括为战略目标分解、战略资源规划和配置、战略组织设置等几个步骤。

一、战略目标分解

战略目标分解是实施战略的最基础工作。企业的战略目标一般来说会体现着企业的战略使命和宗旨，但战略目标的设定还存在另一个目的，即体现企业的战略意图与战略性特征。要使战略得以实施，必须把战略目标分解，使企业每个人员都能明确自己在战略中的地位、明确自己的任务和职责。战略目标的分解主要从空间和时间两个维度进行分解。

（一）空间分解

空间分解，即把战略目标分解给各事业部门、业务部门、分公司，再由它们逐层分解到岗位和个人，形成一个层层目标明确、岗位职责清楚的责任体系与目标体系相结合的矩阵结构系统。

（二）时间分解

时间分解将企业战略做时间上的分解，明确进度和分阶段战略目标，即把战略方案的长期目标，从时间上分解为一个个短期目标，使企业的长期行为转化为短期安排。明确规定什么目标在什么时候完成到什么程度，便于实施、检查。通常的做法是：将“战略阶段”进一步分解成“年度目标”，再进一步分解成季度目标、月目标、周目标等。需要注意的是，时间分解时应注意时间的同步性，各项目在时间序列上要符合需要。

在进行战略目标分解时，需按照时间的同步性和空间的合理性结构，进行综合平衡和系统协调。

二、战略资源规划和配置

在企业实施战略的过程中，应该对所属资源进行优化配置，以充分保证战略的实现。在战略实施的过程中，应当有必要的资源保证。

(一)战略资源规划

战略的成功实施，总是要求对组织的资源状况做一些变动。因此，规划这些资源变化很重要。

1. 分析战略资源的需求

确认战略资源需求是战略资源规划和配置首先应该解决的问题。对资源的有效规划，取决于规划者对详细的资源需求情况的了解程度。成本领先战略要求将资源分配的重点放在注重成本和效益的工厂和工艺上，使其有能力进行再投资，以保持这些优势；也可能将重点放在实现操作过程简单化和低成本的分销系统上。采用差异化战略的组织可能会要求各种不同的技术、能力和资源，特别是可能需要很强的营销、研究和创新能力，强调产品开发和工程化。

2. 分析已有资源与战略需求的一致性

将战略所要求的资源与组织现有的资源状况相匹配，即资源与战略的一致性，是战略资源规划的又一个核心问题。组织怎样变动或重新安排其目前的资源，以支持新的战略，需要考虑新资源怎样适应组织的现状。事实上，为了避免与现有的经营出现冲突或不相容的问题，组织可能通过新的分部甚至新的公司生产和销售某些新产品。因此，资源规划还涉及组织结构问题并导致组织在管理上的变化。在评估与现有资源的一致性时，要明确实施战略要求组织有哪些主要变化，然后分析对现有资源的调整和组织协调是否可行。成功战略的重要因素之一，是各重要的价值活动之间的联系方式，包括与供应商、销售渠道和顾客的联系。为了支持战略，一定要保持对各种不同价值活动规划方法的一致性。

3. 明确战略资源规划的对象

公司级的资源规划主要是在组织的不同部门间进行资源的分配，这些组成部分可能是企业的职能部门，如营销、财务等；可能是业务分部或地区性分部；也可能是服务部门。应该在理解这些独立的部分是怎样支持整体战略的情况下去理解这个资源分配过程。在大型组织内，这一分配和均衡问题可能会有几个层次或几个阶段。如果战略发展不需要在资源总数或资源调度上做任何变化，可以按照无资源变化的理解方式来管理资源的分配。在增长型战略中，战略要求资源做很大变动时，组织就需要各种不同的资源分配方法。确定组织不同部分之间资源重复使用、资源共享或资源重复使用的程度，是公司资源规划面临的重大难题。

(二)战略资源配置

战略资源配置是指在整个战略实施过程中所需各种资源的配合布置，属于低层次的战略决策，但它是经营战略形成和实施的重要保证。企业必须区分两种不同用途的资源，解决战略资源和短期经营资源相互挤占的矛盾，合理地配置和使用战略资源，实现战略和资源配置的一致性。

企业经营战略资源的分配是指按照战略资源配置的原则方案，对战略实施过程所需要的人员、资金和物资等战略资源的具体分配。一般来说，除人力资源外的有形资源均可以以价值形态来衡量，所以，战略资源的分配一般是指人力资源和资金的分配。人力资源的分配主要包括三个方面的内容：战略岗位所需人才的选择与配备，为经营战略的实施建立人才与技能的储备，以及企业整体队伍的综合力量搭配和权衡。资金分配并不是仅指货币资源的分配，它是指从价值形态角度看企业各项资源的分配。实际工作中，企业大多通过资金分配编制出战略财务预算，随后按实物形态对资源进行分配。

总之，战略资源配置应围绕战略目标的实现来进行，实现企业经营战略与战略资源的动态配合，以确保战略资源效用的充分发挥和战略目标的顺利实现。

三、战略组织设置

组织结构与管理体制是实现战略目标的重要保证，是连接战略方案和各个实施部门、岗位和个人的桥梁，是战略目标得以有效运行的基础。组织结构与管理体制是一个带有战略性的复杂问题。企业的组织组构与管理体制必须适应战略任务的需要，必须随战略任务的变化而调整，否则，战略目标的实现就会落空。

（一）调整组织结构以配合战略实施

钱德勒曾提出：战略决定结构，结构跟随战略。战略实施前，企业应该分析现行组织结构及其运行机制是否与所制定的战略相适应，能否保证战略目标的达成。设计与战略相匹配的组织结构是战略实施过程中的重要任务和必要环节，每个组织都应根据自身实际状况设计并选择与之相对应的组织结构，以保证组织结构在战略实施过程中发挥积极作用。

组织结构中的专业化、集权化和规范化特征对成功实施成本领先战略有着重要作用。为了成功实施差异化战略，需要在职能制结构当中下放决策权。在成本领先战略中，对组织职能活动的协调和整合是通过决策权的集中化来实施的；而在差异化战略中，要求公司中的每个员工都学会有效协调和整合自己的行动。实际上，如果公司的高层经理团队对决策具有一种认同模式，就有利于差异化战略的实施。研究表明，当认同模式得到运用时，追求差异化战略的业绩就能够得到提高。采取集中化战略的企业注重服务行业中一部分顾客的特定需求。对于采取集中战略的企业来说，在发展初期阶段，采用简单的结构更为有效。随着规模的扩张，企业必须从简单结构转化到职能制结构。对于经理人来说，能够认清何时有必要对组织结构做出变革，以便协调和控制企业日益复杂的运作，是一种挑战。

决定给予各单位的职权程度和员工的自主性，是将组织结构与战略相匹配工作的要务。必须决定在工作中给予每个组织单位的经理多大的职权以及给予员工个人多大的决策自由。将较大的职权授予中低层经理和员工，可以创建一个更高水平的、更少层次的组织结构。分权决策通常能够缩短组织的反应时间，促进新观念和创造性思维的产生和发展，并能促进革新，带动更多的中低层经理和员工积极参与。

（二）调整管理队伍以配合战略实施

战略实施的首要步骤之一是建立一支有能力的管理队伍，也是组织建设任务的首要基础之一。战略实施者必须决定实施战略所需的核心管理队伍的类型，然后寻找合适的人来填充每个职位，有时现存的管理队伍就很合适，有时需要从内部提升合适的人员或从外部引进经验、技能和领导方式各方面适合实际情况的人以加强或扩大现在的管理队伍。在转变和快速增长的情形下，或者当公司的内部人员中没有人具备所需经验和管理能力时，从外界寻找人来填充关键的管理职位就是一种比较常见的做法。

组建一个核心的领导集团首先要决定领导团队组合，即为加强战略实施和有利于成功的实施需要什么样的背景、经验、决策、价值观、信念、管理方式和个性的领导人员组合。在任何团队建设的实践中，将拥有完成任务所需的全套技能的经理集合在一起，形成一个协调一致的集体，是很重要的。形成一支牢固的管理队伍经常是战略实施采取的第一步。除非关键职位上都配备有能力的人员，否则战略实施要全速进行是很困难的。

(三)组织有针对性的培训以配合战略实施

当公司转向一种需要不同的技能、管理方式和运营手段的战略时，培训和再培训成为战略实施过程的重要部分。成功的战略实施者要保证培训职能的发挥有足够的资金，并且要保证有效的培训项目能够实行。如果所选择的战略需要新技术、更高水平的技能，或者需要建设和使用新能力，培训工作就应当放到行动日程表的重要位置，因为它需要在战略实施过程的早期完成。

管理者要密切关注战略实施过程中遇到的各方面的阻力因素，如人们思想认识上的障碍，以及资源配置中引起各方面利益变化所形成的障碍等。战略的实施意味着企业可持续发展目标的实现，同时也意味着全体员工长远利益的改善。因此，通过学习、培训和沟通，战略的实施一般会得到全体员工的理解和支持。

思政园地

从实施区域协调发展战略看中国特色社会主义制度优势

在中国960万平方公里的广袤大地上，京津冀、长三角、粤港澳大湾区高质量发展动力源作用日益增强，长江、黄河两条母亲河走上生态优先、绿色发展的道路，东西部发展差距持续缩小、重要功能区关键作用更加凸显……

党的十八大以来，习近平总书记高瞻远瞩、统揽全局，不断丰富完善区域协调发展的新理念新思想新战略，推动形成优势互补、高质量发展的区域经济布局，引领我国区域协调发展取得历史性成就、发生历史性变革。

新时代促进区域协调发展的成功实践，凸显习近平新时代中国特色社会主义思想的真理之光，彰显中国特色社会主义制度的强大优势和充沛活力。

全局谋划顶层设计

2022年7月25日，中国矿产资源集团有限公司正式揭牌，成为又一家注册落户河北雄安新区的中央企业。中国星网、中国中化、中国华能3家央企总部启动建设，首批非首都功能疏解的高校、医院基本确定选址，一批符合新区功能定位的市场化疏解项目落地建设……北京向南超过100千米，当代中国共产党人正在一张白纸上规划缔造一座未来之城——承载“千年大计、国家大事”使命的雄安新区。

外媒评价说，中国按照高标准高质量的要求规划建设河北雄安新区和北京城市副中心，力图让京津冀协同发展成为缩小区域间经济差距的标杆。

党的十八大以来，以习近平同志为核心的党中央立足我国区域发展新形势，着眼全国“一盘棋”，以深化区域协调发展经略发展大格局——习近平总书记亲自谋划、亲自部署、亲自推动京津冀协同发展、长江经济带发展、粤港澳大湾区建设、长江三角洲区域一体化发展、黄河流域生态保护和高质量发展等区域重大战略，部署进一步完善支持西部大开发、东北振兴、中部崛起、东部率先发展的政策体系，确立了基本公共服务均等化、基础设施通达程度比较均衡、人民基本生活保障水平大体相当的区域协调发展目标。

从全局谋划区域，以区域服务全局。尊重客观规律，产业和人口向优势区域集中，形成以京津冀、长三角、粤港澳大湾区等城市群为主要形态的增长动力源。发挥比较优势，经济发展条件好的地区承载更多产业和人口，发挥价值创造作用；生态功能强的地区要得到有效保护，创造更多生态产品；增强边疆地区发展能力，使之有一定的人口和经济支撑，以促进民族团结和边疆稳定。完善空间治理，按照主体功能定位划分政策单元，对重点开发地区、生态脆弱地区、能源资源地区等制定差异化政策，分类精准施策。

围绕区域重大战略，中央层面成立领导小组统筹指导，中共中央、国务院印发纲领性文件为战略实施提供根本遵循，中央财政加大资金支持力度，在相关部门设立领导小组办公室承担日常工作，各地政府成立相应机构推动落实……“必须坚持和加强党的全面领导，坚定不移贯彻落实党中央大政方针和决策部署，这为区域发展工作提供坚强政治保证和组织保障。”国家发展改革委地区司司长肖渭明说。

发挥比较优势形成发展合力

8 月 17 日，2022 年度长三角地区主要领导座谈会在上海落幕。会议传递出明确信号：紧扣“一体化”和“高质量”，约占全国经济总量四分之一的长三角地区，下半年要为全国稳住经济大盘做出积极贡献。这是沪苏浙皖四地自 2018 年以来连续第五年召开座谈会，围绕长三角一体化发展进行深度探讨。

今年上半年，上海集成电路、生物医药、人工智能三大先导产业实现正增长；安徽、浙江规模以上工业增加值同比分别增长 5.6%、5.5%；江苏省外贸进出口规模创历史同期新高……尽管受到疫情影响，三省一市以一体化发展的确定性对冲外部环境的不确定性，主要经济指标持续回稳向好。

中国特色社会主义制度是当代中国发展进步的根本制度保障，是具有鲜明中国特色、明显制度优势、强大自我完善能力的先进制度。

以制度聚力，构建高质量发展的区域经济布局和国土空间支撑体系——“区域重大战略的提出体现了实践先行、与时俱进的理论提升和现实需求，为构建新发展格局提供了新的战略视角和支撑，为落实新发展理念、推动高质量发展构建了新的空间格局和功能板块。”中国城市和小城镇改革发展中心主任高国力说。

打造创新动力源，京津冀、长三角、粤港澳大湾区创新要素加快集聚，国家技术创新中心和重大科技基础设施围绕区域重大战略布局落子；共抓大保护、不搞大开发，破题长江经济带发展、黄河流域生态保护和高质量发展，为国家的“江河战略”确立生态优先、绿色发展的鲜明定位；布局海南自由贸易港、打通向西开放大通道、打造对外开放新高地，由点及线到面，支撑新发展格局加快构建。创新、协调、绿色、开放、共享，以新发展理念指引区域协调发展战略实施，彰显制度文明的自觉与自信。

打破利益藩篱释放治理效能

2012 年，皖浙两省在新安江启动全国首个跨省流域生态补偿机制试点，按照“谁受益谁补偿、谁保护谁受偿”原则，建立补偿标准体系。两省约定，年度水质达标，浙江对安徽进行补偿；反之安徽对浙江进行补偿。

如今的新安江成为名副其实的“心安之江”，连续 9 年达到补偿考核要求，每年向千岛湖输送超过 60 亿立方米洁净水，千岛湖水质稳定保持为优。大江大河由于行政管理分割，一直是治理难题。新安江的绿色转型之路，彰显了中国特色社会主义制度通过改革创新不断自我完善、自我修复的强大优势。

出台建立长江、黄河全流域横向补偿机制的实施方案，制定洞庭湖、鄱阳湖、太湖流域生态保护补偿的指导意见，各地积极探索共建立13个跨省份流域生态保护补偿机制……区域间生态保护补偿的合作网络织密织牢。

党的十八大以来，我国以完善产权制度和要素市场化配置为重点，持续破除地区间的利益藩篱和政策壁垒，促进人口、土地、资金、技术等各类要素合理流动和高效集聚，把制度优势更好转化为发展效能。

“一张蓝图管全域”“一个标准管准入”，标准、监测、执法“三统一”……横跨沪苏浙三地的长三角生态绿色一体化发展示范区聚焦集中化、集成化、高强度改革试验，一系列制度创新成果加速复制推广；海南自由贸易港围绕贸易、投资、跨境资金流动、人员进出、运输来往自由便利以及数据安全有序流动深化改革探索，近两年新增市场主体超过100万户；加快建设全国统一大市场、启动实施基本养老保险全国统筹、改革土地管理制度、完善能源消费双控制度、完善财政转移支付制度……改革从多方面入手健全区域协调发展新机制，破除障碍顽疾。

在以习近平同志为核心的党中央坚强领导下，充分发挥社会主义制度的独特优势，深入实施区域协调发展战略，必将能实现各区域更高质量、更有效率、更加公平、更可持续发展，为加快构建新发展格局、推进高质量发展注入源源动力。

资料来源：安蓓. 下好全国发展的一盘棋——从实施区域协调发展战略看中国特色社会主义制度优势[N]. 新华社. 2022-10-12.

复习思考题

1. 战略管理的过程一般包括哪几个步骤？
2. 如何运用SWOT分析法进行战略分析？
3. 波特的五力模型中有哪五种影响行业竞争的力量？
4. 建立企业竞争优势的策略有哪些？
5. 怎样运用波士顿矩阵分析法？
6. 如何进行战略目标的分解？
7. 怎样解决战略实施中的组织问题？

自测题

一、填空题

1. 战略是组织为实现总体目标而做的________和________。

2. 战略管理是对组织的战略进行系统的________、________、________和________的过程。

3. 战略计划的起点是________。

4. 战略管理的过程主要由________、________、________三个环节构成。

5. 外部环境是指存在于组织之外、不被企业控制但是能对企业决策和绩效产生影响的外部因素的总和，包括________和________。

6. 宏观环境又称为一般环境或总体环境，一般可概括为五类，即________、________、________、________、________。

7. ________又称为产业环境或具体环境，是指对企业的经营活动有________的外部环境，是一组生产________的企业的集合。

8. 波特五力模型用于________的分析，可以有效地分析企业的________。

9. 波特五力模型中的“五力”，是指________、________、________、________、________。

10. 对企业内部环境进行分析，其目的在于掌握企业目前的________、________状况，明确企业的________。

11. 价值链展示了企业总价值的构成，从横向看，包括________两大部分；从纵向看，包括________和________。

12. SWOT 中的“S”和“W”分别代表企业内部的________和________；“O”和“T”分别代表企业外部因素的________和________。

13. 根据企业管理的层次性，企业战略可以分为________、________和________。

14. 公司层战略包括________和________。

15. 业务层战略也称竞争战略或事业部战略，主要有________、________和________。

16. 增长型战略是以发展作为自己的核心内容，包括________、________与________。

17. 波士顿公司主张从________和________两个维度进行分析。

18. 职能战略又称职能支持战略，一般可分为________、________和________职能层战略。

19. 战略实施过程可以概括为________、________、________等几个步骤。

20. 战略目标的分解主要从________和________两个维度进行分解。

二、单项选择题

1. 营销策略一般属于(　　)。

A. 公司层战略　　B. 事业层战略　　C. 职能层战略　　D. 产品层战略

2. 在波士顿矩阵中，处于迅速增长的市场，具有很大的市场份额，但它们是企业资源的主要消费者，需要大量投资的业务是(　　)。

A. 瘦狗类　　B. 问题类　　C. 金牛类　　D. 明星类

3. 替代性产品在波特的行业竞争分析中对行业的影响主要体现在(　　)。

A. 冲击行业内的企业　　B. 妨碍行业竞争

C. 替换行业中正在生产的产品　　D. 确定了行业内企业产品的最高价格

4. 零售业“巨鳄”沃尔玛的主要竞争战略是(　　)。

A. 低成本战略　　B. 差异化战略　　C. 目标集聚战略　　D. 集中化战略

5. 进行战略管理的起点是(　　)。

A. 确定企业的使命　　B. 制订和选择战略方案

C. 战略事业单位的划分　　D. 战略管理职责的落实

6. 某公司经过几年发展之后，在战略方面有很多经验和教训。所以，决定全面分析公司内外环境，制定一个系统的公司战略；在公司识别如下竞争优势或劣势中，以下不属于优势、劣势范畴的是(　　)。

A. 公司高层管理者之间团结，凝聚力强

B. 经济增长速度加快，大幅度提高了对公司产品的需求

C. 公司销售渠道的实力比主要竞争对手弱,覆盖面比竞争对手小

D. 公司在新技术的整合能力方面有待于进一步加强

7. 市场增长率低、相对市场占有率低的业务是(　　)。

A. 问题类　　B. 明星类　　C. 金牛类　　D. 瘦狗类

8. 有些企业领导在谈经营之道时,非常强调外部机会的作用,认为只要抓住了机会,不愁企业不发展。假设这是一种可接受的说法,你认为需要具备的前提是(　　)。

A. 企业有没有能力是无所谓的,机会自然会锻炼出能力

B. 有能力还需要有机会,仅有能力还不足以保证企业的发展

C. 外部环境对于企业发展的影响要远大于内部实力的作用

D. 机会是相对于能力而言的,没有能力肯定抓不住机会

9. 企业通过有效途径降低成本,使企业的全部成本低于竞争对手的成本,甚至在同行业中最低的成本,从而实现竞争优势的一种战略是(　　)。

A. 差异化战略　　B. 营销战略　　C. 竞争优势战略　　D. 低成本战略

10. 环境分析技术主要有战略要素评估矩阵和(　　)。

A. 核心能力分析　　B. SWOT 分析

C. 财务分析　　D. 生命周期分析法

11. 市场增长率低、相对市场占有率高的业务是(　　)。

A. 问题类　　B. 明星类　　C. 金牛类　　D. 瘦狗类

12. 在成熟产业中选择竞争战略时,如果是大批量生产,则采用(　　)较好。

A. 差异化战略　　B. 集中战略　　C. 成本领先战略　　D. 市场开发战略

13. 具有较高销售增长率和较低相对市场占有率的业务是(　　)。

A. 问题类　　B. 明星类　　C. 金牛类　　D. 瘦狗类

14. 在(　　)情况下,新进入者的威胁会增加。

A. 进入分销渠道很困难　　B. 行业的规模经济性很高

C. 行业中企业产品差异化很低　　D. 行业对资本的需求很大

15. 产品差异化是指(　　)。

A. 产品的购买者争取低价购买的能力

B. 行业内现有公司对新进入者的反应

C. 顾客相信现有的产品是独特的

D. 产品生产得越多,单位产品会交得越便宜这一事实

16. 企业能通过以下(　　)创造出竞争优势。

A. 仅通过实施成本领先战略　　B. 通过提高它的销售和净利润

C. 通过成本领先或差异化战略　　D. 只有通过向目标市场提供独特的产品

17. 成本领先战略可以总结为(　　)。

A. 以最低价的竞争性价格提供顾客所接受的产品

B. 提供只有廉价特征的商品,所以商品的价格比较低廉

C. 提高独特的产品,所以顾客愿意支付额外的费用

D. 集中在一些独有的特征,所以顾客愿意支付额外的费用

18. 研究开发战略的选择常常受企业总体战略和(　　)的影响。

A. 公司战略　　B. 投资战略　　C. 职能战略　　D. 经营战略

19. 企业组织结构必须与其战略相匹配，企业战略对组织结构设计的影响是(　　)。
A. 战略不同，要求开展的业务活动也会随之不同，从而会影响部门设置
B. 不同战略有不同的重点，会影响各部门与职务的相对重要性及相互关系
C. A 和 B 都对
D. A 和 B 都不对
20. 波特的价值链模型是用来分析(　　)。
A. 外部环境　　B. 内部环境　　C. 一般环境　　D. 具体环境

三、多项选择题

1. 企业战略管理的特征有(　　)。
A. 高层次性　　B. 整体性　　C. 竞争性　　D. 动态性
2. 产业环境分析的主要对象有(　　)。
A. 现有竞争者　　B. 潜在进入者　　C. 供应商　　D. 购买者
3. 决定替代品压力大小的主要因素有(　　)。
A. 替代品的盈利能力　　B. 替代品生产企业经营策略
C. 替代品质量差异　　D. 购买者转换成本
4. 战略管理过程主要包括(　　)。
A. 战略分析　　B. 战略路演　　C. 战略选择　　D. 战略实施
5. 未来企业的组织结构发展趋势有(　　)。
A. 层级化　　B. 扁平化　　C. 网络化　　D. 多元化
6. 企业战略的层次主要包括(　　)。
A. 拓展层战略　　B. 公司层战略　　C. 业务层战略　　D. 职能层战略
7. 公司层战略也称公司总体战略，主要包括(　　)。
A. 增长型战略　　B. 紧缩型战略　　C. 职能型战略　　D. 稳定型战略
8. 波士顿公司主张从相对竞争地位和市场增长率两个维度进行分析，主要包括(　　)等业务。
A. 明星类　　B. 瘦狗类　　C. 金牛类　　D. 问题类
9. 通用矩阵通过(　　)两个维度对企业某项业务的经营状态进行判断。
A. 行业吸引力　　B. 顾客议价能力　　C. 竞争力　　D. 供应商议价能力
10. 业务层战略又称为一般竞争战略，主要包括(　　)。
A. 成本领先战略　　B. 公司层战略　　C. 差异化战略　　D. 集中化战略
11. 职能层战略又称职能支持战略，一般可以划分为(　　)。
A. 生产运营型战略　　B. 资源保障型战略
C. 战略支持型战略　　D. 稳定型战略
12. 成本领先战略具有的类型为(　　)。
A. 简化产品　　B. 改进设计　　C. 材料节约　　D. 降低人工费用
13. 差异化战略实施的优势主要体现在(　　)。
A. 提高顾客忠诚度　　B. 威慑潜在进入者
C. 削弱购买商与供应商的议价能力　　D. 形成强有力的产业壁垒
14. 衰退产业中的竞争战略主要选择有(　　)。

A. 低成本战略　　B. 领先战略
C. 快速退出战略　　D. 观望战略

15. 一体化战略的类型主要有(　　)。

A. 横向一体化　　B. 纵向一体化　　C. 向前一体化　　D. 混合一体化

四、简答题

1. 简述宏观环境分析的主要内容。
2. 简述波特五力模型的内容。
3. 简述公司层战略的主要内容。
4. 简述业务层战略的主要内容。
5. 简述职能层战略的主要内容。
6. 简述战略目标分解的内容。
7. 简述战略与组织的关系。

五、问答题

1. 波特三种基本竞争战略各自的特点是什么？实现途径有哪些？
2. 如何运用波特的五力模型进行分析？怎样避免潜在进入者的威胁？
3. 怎样运用波士顿矩阵对企业进行多元化业务组合战略分析？
4. 什么是 SWOT 分析？怎样具体运用？

请用手机微信扫以下二维码，获取自测题参考答案。

第六章　自测题
参考答案

第七章

决　策

学习目标

知识目标：了解决策的含义、作用与过程；熟悉决策的类型。

能力目标：掌握决策的方法与适用范围，掌握决策的影响因素，能够根据决策的步骤组织决策。

素质目标：具有问题意识，具备科学的决策意识。

思政目标：培养学生的计划性思维与大局观，引导其通过科学决策的思维方法在经济建设、社会治理、企业治理中做出贡献。

思维导图

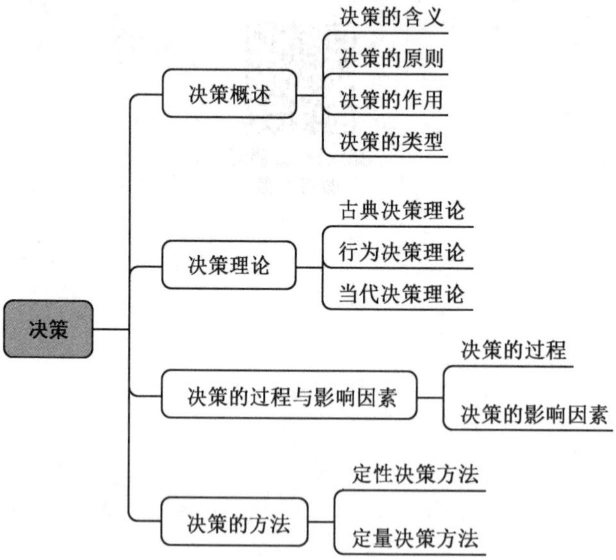

案例引入

58赶集的"合"与"分"

在58同城和赶集网合并的前一年，姚劲波就对杨浩涌展开了"追求"。这样的"追求"，终于在2015年4月17日有了美满的结果：58"赶集"正式联姻。

一、从激战到不得不"合"

2005年3月和12月，杨浩涌创立的赶集网和姚劲波创立的58同城相继问世。经过10年的发展，58同城和赶集网分别占据市场的第一、第二，而它们的模式高度一致，提供的服务高度雷同，用户群体也高度重合。

这意味着双方必须在战场正面较量，而较量首先就是比拼流量。流量通常要靠铺天盖地的广告以及巨额的市场费用来获取。为了打败对方，双方均在市场宣传方面砸下重金，签娱乐明星代言，在央视和分众投入巨额广告，以至于营销费用节节攀升。

正在58同城和赶集网的竞争白热化之际，市场却发生了变化。垂直领域O2O模式兴起，而58同城和赶集网因争夺地盘，谁也不肯放弃市场营销，更无暇深耕O2O。

姚劲波看到了这种变化，试图促进与赶集网合并。

2014年下半年，赶集网推出了"赶集好车""蓝领招聘"等O2O业务，显然，这些新业务需要更多的资金和精力。然而，2015年的第一季度，58同城竞争的营销费用，却达到了10年来的最高点。

而O2O领域的竞争同样激烈，如果再不停止这种烧钱行为，赶集网旗下的新业务是否还能成功？面对姚劲波锲而不舍的"追求"，从起初的不理不睬到最后的"可以谈谈"，杨浩涌终于松了口。

2015年4月17日，合并后的58赶集，立即带来了利好。首先，双方的市场推广费用下降，双方的成本结构明显改善。其次，从之前紧咬不放的对手到如今的一家人，没有了竞争对手，似乎不用担心后院起火，也敢于投资新的业务。再次，在业务上也能互补。2014年，58同城和赶集网均在布局新的业务，58同城的58到家以及房产、汽车业务，赶集网在二手车市场及房产市场，均能形成互补。

二、从合并到分拆

尽管事业群有利于资源的集中利用，但作为一个有着超过2万名员工的互联网公司，大企业的通病也必然存在。相对于创新型小企业，大企业拥有更丰富的资源，但组织和流程也更为臃肿，对市场的反应和决策速度更为缓慢。

从另一方面来说，创新业务的商业模式也将与大企业主营业务的商业模式有所不同，商业模式不同，组织结构也必须有所改变。

58赶集并没有止步于从设立事业群来调整组织结构，而是将创新的业务以独立公司的名义分拆出去，并吸纳新的投资。

2015年11月，58赶集宣布分拆瓜子二手车业务，而新成立的斗米兼职，同样是以独立公司的名义运营。商业地产O2O平台好租也同样被分拆。而在此前，58到家在合并之前就已被分拆独立。

可见，58赶集在未来将会有更多的新业务被重新整合。

"只有分拆出去的独立公司才能给员工更好的激励，直面市场的竞争，更加快速地发展。"

杨浩涌这样总结分拆的意义。

资料来源：杨筱卿.58赶集的“合”与“分”[J].中外管理，2016(1)：48—49.

【问题思考】

1.58和赶集为什么会做出合并的决策？

2.如何解释58赶集从合并到分拆？

阅读材料

小米决定造车

2021年3月30日，小米集团发布公告表示，拟成立一家全资子公司，负责智能电动汽车业务。首期投资为100亿元人民币，预计未来10年投资额100亿美元。小米集团首席执行官雷军将兼任智能电动汽车业务的首席执行官。

小米集团首席执行官雷军在决定之前经过了详细的调研，调研后认为智能电动汽车已被公认为下一个十年最大的台风口；三电系统的成熟让汽车制造的机械工业难度大幅下降；动力电池的成本已大幅降低且还有巨大的下降空间；智能座舱为代表的“软件定义汽车”的高点成为关键。雷军和他的团队清晰地意识到，智能电动汽车，已经从“机械、电气产业”转为了“消费电子、信息产业”。如果电动车最终“消费电子化”，那就必将重演PC、智能手机等行业的旧事，出现赢家通吃的局面：10—20年后，全球TOP5厂商拿走80%市场，而剩下的小品牌则大多在亏损中苦苦挣扎，直到离场。那么，这五张“船票”会属于谁？小米凭什么一定能夺得这张“船票”？

在整个调研期间，雷军一直非常谨慎，直到最后阶段，才逐步总结确认了小米造车有机会做成的理由。

——智能电动汽车彻底改变了汽车业的商业模式，小米对基于硬件的互联网服务模式的理解是深刻的；

——小米拥有业内最丰富的软硬件融合经验，在互联网业内对制造业的理解无人能敌；

——小米拥有业内规模最大、品类最丰富、连接最活跃的成熟智能生态；

——创业十年，小米有大量的关键技术积累和供应链资源积累可以复用；

——小米有强大的品牌积累和厚实的用户基础，有全球米粉的信赖和支持；

——小米有充足的现金储备，可以心无旁骛地大胆投入。

雷军对造车的理由，进行了最终总结：大势所趋，别无选择。同时，对于“船票”的推演，他想明白了，这时候不要纠结，也别想太多，干就完了。如果说船票是终局，而眼下小米造车还没入局，有什么可纠结呢？现在，他只需要想一个最收敛、最实际的问题：如何造出一台让小米最核心用户——“米粉”们喜欢、愿意买的好车。在公司内部雷军问身边的同事：只要我们的产品行，如果全球有几十万“米粉”愿意为我们的汽车买单，我们的交付量是不是就挤进全球前三了？对于全球数以千万计的核心“米粉”圈层而言，这是一件合理想象范围内的事。但这件事更体现了雷军的决断特点：当他犹豫一件事要不要做的时候，可能得犹豫很长时间；而一旦决定做了，谁也别想把他拽出来。“我如果再年轻十岁肯定干”，雷军32个月前被问到为什么不造车时抛出的这个答案，现在到了“食言”的时候。他对公众说，这次将是他人生最后一个创业项目，押上他这一生的全部声誉。

资料来源：于玲玲，段东山，刘秀等主编. 管理学[M]. 北京：北京理工大学出版社，2022：120.

第一节 决策概述

科学决策是现代管理理论的组成部分，它是在20世纪才出现的。20世纪30年代，美国学者巴纳德(Barnard)和斯特恩(Stene)最早将决策概念引入管理理论。后来，美国的西蒙和詹姆斯·马奇(James March)等发展了巴纳德的理论，创立了现代决策理论。决策理论是以社会系统理论为基础，吸收了行为科学、系统理论、运筹学等学科内容而发展起来的一个管理学派。

一、决策的含义

决策是管理的核心，是管理的首要职能，决策的正确与否直接影响决策主体的经济效益和社会效益，关系到决策者的成功与失败。

对于决策的含义，中外学者从不同角度给出了多种不同的说法。

美国管理学家、诺贝尔经济学奖获得者西蒙指出，管理就是决策，决策贯穿于管理的整个过程。

其他的定义有："决策是从两个以上备选方案中选择一个合理方案的分析判断过程""决策是管理者识别问题、解决问题以及利用计划的过程""决策是组织或个人为实现某种目标对未来一定时期内有关活动的方向、内容、方式的选择和调整过程"。

本书将决策定义为：决策是管理者为了实现某种目标而对未来一定时期内有关活动的方向、内容及方式进行选择或调整的过程。

从决策的含义中可以看出：

(1)决策具有目标性，决策是为了实现一定的目标而制定的。

(2)决策具有风险性，决策是针对未来一定时期的活动，即未来未知的活动，因此，决策具有一定的风险性。

(3)决策不仅涉及活动的方向，还涉及活动的内容及方式。

(4)决策不仅包括活动的选择，而且包括活动的调整。

二、决策的原则

科学合理的决策必须遵循一定的原则而制定，这些原则主要有以下几个：

(一)效益原则

效益原则研究的是决策所花的代价和取得的效益之间的关系，即研究投入与产出的关系。决策必须以经济效益为中心，并且要把经济效益同社会效益结合起来，以较小的劳动消耗和物资消耗取得最大的成果。如果一项决策所花的代价大于所得，这项决策就是不科学的。

(二)系统原则

系统原则，也称整体原则，它要求把决策对象视为一个系统，以系统整体目标的优化为准绳，协调系统中各分系统之间的相互关系，使系统完整、平衡。因此，在决策时，应该将各分系统的特性放到系统整体中去权衡,以系统整体的总目标来协调各分系统的目标。

(三)目标原则

决策必须具有明确的、具体的目标,目标既是决策的起点,也是决策最终要实现的目的。任何决策都是为了实现某种目标进行的,没有目标,人们将难以对未来的活动方向、内容和方式做出选择和调整。可以说,没有目标就难以拟订关于未来的行动方案,也无从评价和比较这些行动方案,更无法对行动效果进行检查。目标既是决策的起点,也是决策最终要实现的目的。目标原则要求决策的目标应该具有相对的稳定性,目标一旦确定下来,不应轻易改动。

(四)可行原则

决策的目的是指导未来的行动,由于任何决策在实施时都需要利用一定的资源,包括人力、物力和财力等,因此,决策方案的拟订和选择,必须考虑采取行动的必要性以及实施条件的限制,使决策的实施具有可行性。

可行原则的基本要求是以辩证唯物主义为指导思想,运用自然科学和社会科学的手段,寻找能达到决策目标的一切方案,并分析这些方案的利弊,以便最后抉择。可行性分析是可行原则的外在表现,是决策活动的重要环节。只有经过可行性分析论证后选定的决策方案,才是有较大把握实现的方案。掌握可行原则必须认真分析、研究制约因素,包括自然条件的制约和决策本身目标系统的制约。

(五)满意原则

选择活动方案的原则是满意原则,而非最优原则。最优原则往往只是理论上的幻想,因为它要求:决策者了解与组织活动有关的全部信息;决策者能正确地辨识全部信息的有用性,了解其价值,并能据此制订出没有疏漏的行动方案;决策者能够准确地计算每个方案在未来的执行结果。

然而,在管理过程中,这些条件是难以具备的。首先,决策是面向未来的,而未来不可避免地包含着不确定性。其次,人们也很难识别出所有可能实现目标的备选方案。另外,由于信息、时间和确定性的局限,也使管理者难以做到最佳。“没有最好,只有更好”。管理者通常采纳的是一个令人满意的,即在目前环境中是足够好的行动方案。

(六)弹性原则

决策必须具有可靠性和稳定性。但是,不管决策的可靠性程度多高,决策在实施过程中也可能发生特殊情况,从而无法实现预期的目标。因此,决策必须具有弹性。决策的弹性主要体现在两个方面:一是决策的目标要留有余地;二是决策要有后备方案,或者是方案易于转化以适应不测事件的发生,避免给企业带来重大的损失。决策不是瞬间的行动,而是一个过程:从决策目标的确定,到行动方案的拟订、评价和选择,这本身就是一个包含了许多工作、由众多人员参与的过程,并且这个过程是一个动态的不断循环的过程。在这个动态过程中,具有弹性的决策方案才有更好的适应性与应变力。

(七)科学原则

科学原则是一系列决策原则的综合体现。现代科学技术,特别是信息论、系统论、控制论的兴起,为决策从经验到科学创造了条件,决策者的决策活动产生了质的飞跃。决策者在决策过程中广泛应用先进的科学思想、理论和技术,尊重事物发展的客观规律,为决策提供可靠的客观依据,降低决策风险,提高决策质量。

决策的这些原则是指导决策活动的基本原则,而不是决策过程中某个环节或个别决策类型的具体原则。只有认真掌握这些决策原则的基本精神,紧密联系实践,才能科学决策,不断提高决策水平。

三、决策的作用

西蒙认为管理就是决策，以此强调决策对于管理的重要性。斯蒂芬·罗宾斯(Stephen Robbins)曾指出："决策对管理者每一方面工作的重要性是怎么强调也不过分的，因为决策几乎渗透于所有主要的管理职能中。"由此可见，决策正确与否，是管理成败的关键。

决策在管理中的地位和作用主要体现在以下四个方面：

(一)决策是管理的首要职能

决策成为管理的首要职能可从以下三个方面说明：首先，决策理论的发展使决策成为管理的首要职能。美国肯塔基大学教授约瑟夫·梅西(Joseph Massie)在1979年出版的《管理学基础》一书中，将管理职能划分为决策、计划、组织、控制、通信与指挥。他强调了决策的作用，认为管理者的主要任务是进行决策，而不必亲自去做某项具体的工作。其次，市场经济的发展使决策成为管理的首要职能。由于市场范围的扩大、市场风险的增加、环境复杂性和动荡程度的增强，决策成为管理的首要职能。再次，管理的实践活动使决策成为管理的首要职能。管理作为指导实践活动的措施和手段，目的是为实践活动服务的。管理的实践活动不仅要求决策贯穿于管理活动的始终，而且要求在管理活动中首先要进行决策。

(二)决策是各级管理者的主要工作

不同的管理人员从事不同的管理工作，各类管理人员在从事管理活动时，首先进行的就是决策工作。因此，无论是高层管理者、中层管理者还是基层管理者，决策都是他们的主要工作。高层管理者主要从事的是战略决策，通过战略决策决定企业的经营目标、经营方针和长远规划等；中层管理者主要从事战术决策，通过战术决策决定实施战略决策的具体方案，保证企业经营目标的实现；基层管理者主要从事业务决策，通过业务决策决定执行战术决策的具体方案，保证日常生产经营活动的顺利进行。

(三)决策正确与否决定着组织行动的成败

正确的决策能科学地分析组织所处的宏观环境和微观环境，能发现组织未来行动的方向，指导组织沿着正确的方向前进，提高组织的经济效益，促进组织长期发展。而决策失误必然使组织的发展受到影响，减缓组织的发展速度，有时还会给组织带来灾难性的打击。因此，决策者要不断提高决策水平，掌握先进的决策方法，积累决策的经验，把决策做得科学、合理、有效。

(四)决策是行为的依据

正确的行为源于正确的决策，决策过程中所选择的活动的方向、内容和方式必然成为今后行为的依据。对一家企业来讲，首先要选择活动的方向和内容，这种选择必然决定了企业今后的经营方向和经营内容。同时，为了实现所选择活动的方向和内容，还要决定活动的方式，这就决定了企业今后具体的经营方案。因此，无论是经营方向、经营内容的决策，还是经营方案的决策，都为企业的行为提供了依据。可以说，没有决策就没有行为，任何决策都是为今后行为提供依据的。

四、决策的类型

(一)按决策对象的重要性划分

按决策对象的重要性，可将决策划分为战略决策、战术决策和业务决策。

1. 战略决策

战略决策是指涉及企业命运和前途的、重大的、关于长远问题的决策。战略决策不是针对一般的企业经营管理问题,通常关系到企业的长远发展,例如,企业的长远规划,企业的经营目标、经营方针的确定等。战略决策是所有决策中最重要的一种,这种决策的目的是提高组织的经营效能。

2. 战术决策

战术决策是指企业在实现经营目标、经营方向、经营规划等战略决策的过程中,对具体经营问题、管理问题、业务和技术问题的决策。战术决策实际上是为实现战略决策,对人力、物力、财力和组织方面的一些具体问题所做的决策。例如,生产计划、资金平衡、生产组织调整等。战术决策也称为管理决策,这种决策的目的在于提高组织的管理效能。

3. 业务决策

业务决策是指在企业日常经营管理活动中,为提高生产效率以及更好地执行战术决策而进行的具体决策。例如,定额的制定、班组生产进度的监督、生产的日常调度、岗位责任制的制定与执行、物资的库存等。业务决策的目的在于提高企业的生产效能。

(二)按决策者的层次划分

按决策者的层次,可将决策划分为高层决策、中层决策和基层决策。

1. 高层决策

高层决策是指由高层管理者所做的决定企业经营方向和目标的重大决策。这类决策大多属于非确定型决策或风险型决策。

2. 中层决策

中层决策是指为保证企业战略的顺利实施,企业中层管理者所做的决策。中层决策主要解决战略实施过程中比较重要的一些具体问题,一般是业务性决策。

3. 基层决策

基层决策是由基层管理者所做的决策,主要是解决作业中的实际操作问题。

(三)按决策问题的重复性划分

按决策问题的重复性,可将决策划分为程序化决策和非程序化决策。

1. 程序化决策

程序化决策也称重复性决策,是指按规定的程序、规定的处理方法和标准,去解决企业管理中经常重复出现的问题。在企业管理中,绝大多数决策属于程序化决策,如订货程序、制订生产作业计划、发放工资等,其过程已经标准化,可由专门的机构或专门的人员按规定的程序、已有的决策模式进行。

2. 非程序化决策

非程序化决策也称非重复性决策,是指对那些牵涉面广,而且没有出现过或不经常出现的问题所进行的决策。这类问题比较复杂,决策时无章可循,如企业扩大规模、新产品开发等。这类决策主要由高层管理人员承担。由于非程序化决策要考虑企业内外部条件和环境的变化,无法采用常规办法来处理,因此,除采用定量分析外,决策者个人的经验、知识、洞察力和直觉、信念等主观因素都非常重要。

(四)按决策环境的可控程度划分

按决策环境的可控程度,可将决策划分为确定型决策、风险型决策和不确定型决策。

1. 确定型决策

确定型决策是指决策的每个备选方案面临的自然状态都是确定的,并且每个方案在该自然状态下所达到的效果都可以得出准确的计算结果，决策就是根据决策的目标和计算的结果做出选择。例如，企业经营管理中库存量的确定、设备更新选择、生产任务的安排等问题，大多属于确定型决策。

2. 风险型决策

风险型决策是指决策的每个备选方案面临的自然状态都是不能肯定的，各种自然状态出现的概率是随机的，但是可以根据统计资料分析、预测其出现的概率，按照这些概率进行的决策就属于风险型决策。由于概率不确定，只是一种可能，这就使得这种决策带有一定的风险性，因此，称为风险型决策。

3. 不确定型决策

不确定型决策是指决策的每个备选方案面临的自然状态是不能肯定的，同时，也难以根据统计资料对自然状态出现的概率做出估计，在这种情况下所做的决策就是不确定型决策。这种决策一般只能凭借决策者的能力、经验和智慧进行，决策的正确性往往同决策者个人的素质有很大的关系。因此，决策的难度和风险就更大。

（五）按决策需要解决问题的性质划分

按决策需要解决问题的性质，可将决策划分为初始决策与追踪决策。

1. 初始决策

初始决策是指组织对从事某种活动或从事该种活动的方案所进行的初次选择。初始决策是在对内外部环境的某种认识的基础上做出的。

2. 追踪决策

追踪决策是在初始决策的基础上对组织活动方向、内容或方式的重新调整。追踪决策是因内外部环境发生了变化，或者是因组织对环境特点的认识发生了变化而引起的。显然，组织中的大部分决策属于追踪决策。追踪决策具有四个特点：回溯分析、非零起点、双重优化、心理效应，一定程度上增加了追踪决策的复杂性。

（六）按决策的主体划分

按决策的主体，可将决策划分为个体决策与群体决策。

1. 个体决策

个体决策是指个体在参与组织活动中的各种决策。组织是由若干个人集合而成的，每个个体在参与组织活动的过程中都要制定一系列的决策。个体参与组织活动的过程，实质上是一个不断制定决策的过程。只是个体的这些决策，通常是在无意间提出并在瞬间完成的。

2. 群体决策

群体决策是指由若干人组成的集体所进行的决策。群体决策相对于个体决策的优点是：群体决策时，不仅可以获得更多的信息和更多的解决问题的途径，而且可以激发群体的智慧，因此，群体决策比个体决策的质量更高；同时，以群体方式做出决策，可以增加有关人员对决策的接受性。群体决策相对于个体决策的缺点是：群体决策的效果受群体大小、群体成员从众现象等因素的影响，而且，群体决策的效率较低。

以上具体决策类型如表 7—1 所示。

表 7—1　　决策的类型

分类标准	类　型
决策对象的重要性	战略决策、战术决策和业务决策
决策者的层次	高层决策、中层决策和基层决策
决策问题的重复性	程序化决策、非程序化决策
决策环境的可控程度	确定型决策、风险型决策、不确定型决策
决策需要解决问题的性质	初始决策、追踪决策
决策的主体	个体决策、集体决策

第二节　决策理论

决策理论依据其特点和发展历程，可以分为古典决策理论、行为决策理论和当代决策理论。

一、古典决策理论

古典决策理论是基于“经济人”假设提出的，主要流行于 20 世纪 50 年代以前。古典决策理论认为，决策者应该从经济角度来理性地看待决策问题，即决策的目的是谋求组织利益的最大化。

古典决策理论假设组织要实现的目标是明确的、组织一致同意的，问题可以识别并精确地陈述，作为决策者的管理者是完全理性的，决策者能够全面了解和掌握关于决策环境的情报信息，决策者能够形成有关决策的全部备选方案并能够全面评价各种备选方案的优劣，决策者能够依据评价结果和个人偏好程度对各种备选方案进行排序，方案评估标准是明确的或可以确定的，决策者选择能够使组织利益最大化的方案。古典决策理论忽视了非经济因素在决策中的作用，这种理论不一定能指导实际的决策活动，从而逐渐被更为全面的行为决策理论所代替。

二、行为决策理论

行为决策理论的发展始于 20 世纪 50 年代。对古典决策理论的“经济人”假设质疑的第一人是西蒙，他在《管理行为》一书中指出，理性的和经济的标准都无法确切说明管理的决策过程，进而提出“有限理性”标准和“满意度”原则。其他学者对决策者行为做了进一步的研究，他们在研究中也发现，影响决策者进行决策的不仅有经济因素，还有其个人的行为表现，如态度、情感、经验和动机等。

行为决策理论的主要内容如下：

(1)人的理性介于完全理性和非理性之间，即人是有限理性的，这是因为在高度不确定和极其复杂的现实决策环境中，人的知识、想象力和计算力是有限的。

(2)决策者在识别和发现问题过程中容易受知觉上的偏差的影响，而在对未来的状况做出判断时，直觉的运用往往多于逻辑分析方法的运用。所谓“知觉上的偏差”，是指由于认知能力的有限，决策者仅把问题的部分信息当作认知对象。

(3)由于受决策时间和可利用资源的限制，决策者即使充分了解和掌握有关决策环境的信息情报，也只能做到尽量了解各种备选方案的情况，而不可能做到全部了解，决策者选择的理性是相对的。

(4)在风险型决策中，与经济利益的考虑相比，决策者对待风险的态度起着更为重要的作用。决策者往往厌恶风险，倾向于接受风险较小的方案，尽管风险较大的方案可能带来较为可观的收益。

(5)决策者在决策中往往只求满意的结果，而不愿费力寻求最佳方案。导致这一现象的原因有多种：决策者不注意发挥自己和别人继续进行研究的积极性，只满足于在现有的可行方案中进行选择；决策者本身缺乏有关能力，在有些情况下，决策者出于个人某些因素的考虑而做出自己的选择；评估所有的方案并选择其中的最佳方案，需要花费大量的时间和金钱，这可能得不偿失。

行为决策理论抨击了把决策视为定量方法和固定步骤的片面性，主张把决策视为一种文化现象。例如，日裔美籍学者威廉·大内(Wilam Ouchi)在其对美国、日本两国企业在决策方面的差异所进行的比较研究中发现，东西方文化的差异是导致这种决策差异的一种不容忽视的原因，从而开创了决策的跨文化比较研究。

除了西蒙的“有限理性”模式，林德布洛姆的“渐进决策”模式也对“完全理性”模式提出了挑战。林德布洛姆认为决策过程应是一个渐进过程，而不应大起大落(当然，如果这种渐进过程积累到一定程度，也会形成一次变革)，否则会危及社会稳定，给组织带来组织结构、心理倾向和习惯等的震荡和资金困难，也使决策者不可能了解和思考全部方案并弄清每种方案的结果(这是由于时间的紧迫和资源的匮乏)。因此，“按部就班、修修补补的渐进主义决策者或安于现状的人，似乎不是一位‘叱咤风云’的英雄人物，而实际上是能够清醒地认识到自己是在与无边无际的宇宙进行搏斗的足智多谋的解决问题的决策者”。这说明，决策不能只遵循一种固定的程序，而应根据组织内外环境的变化进行适时的调整和补充。

【拓展知识】 **西蒙决策理论的主要内容**

三、当代决策理论

当代决策理论的核心内容是，决策贯穿于整个管理过程，决策程序就是整个管理过程。当代决策理论认为，组织是由决策者个人及其下属、同事组成的系统，整个决策过程从研究组织的内外环境开始，进而确定组织的目标，设计可达到该目标的各种可行方案，比较和评价这些方案，从而进行方案选择，最后实施决策方案，并进行追踪检查和控制，以确保预定目标的实现。当代决策理论对决策的过程、决策的原则、程序化决策和非程序化决策、组织机构的建立同决策过程的联系等做了精辟的论述。

对当代决策者而言，在决策过程中，应该广泛采用现代化手段和规范化程序，应该以系统论、信息论、控制论为方法，以电子计算机为手段，并辅以行为科学的有关理论。也就是说，当代决策理论应该把古典决策理论和行为决策理论有机结合起来，它所概括的一套行为科学准则和工作程序，既重视科学理论、方法和手段的运用，又重视人的积极作用。

第三节 决策的过程与影响因素

一、决策的过程

决策制定是一个过程而不是简单的选择方案的行为。决策过程可以描述为七个步骤，从明确问题开始，到选择能解决问题的满意方案，最后结束于评价决策效果，如图 7－1 所示。

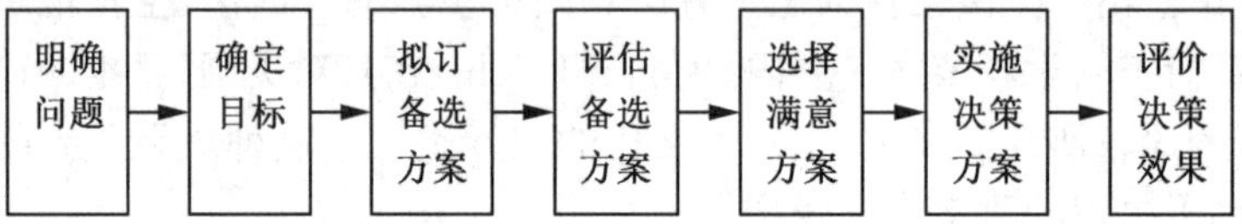

图 7－1 决策制定过程

(一)明确问题

任何决策都是从发现和提出问题开始，决策总是为了解决一定的问题而制定的。因此，制定决策，首先要明确存在的问题。明确问题包括两个方面：一是要确定问题的性质，二是要找出问题产生的原因。

首先，要弄清问题的性质、范围、程度以及它的价值和影响。要分析问题的各种表现，区分问题的不同类型，比如是全局性的还是局部性的，是战略性的还是战术性的，是长远性的还是暂时性的，等等。只有认识问题的本质，把握客观事物的运动规律，才能进行正确的决策。

其次，要找出问题产生的原因。问题的产生一般是由不平衡性造成的，不平衡性往往是由于外部环境的变化引起的，如政府方针、政策的调整、科学技术的进步、经济增长速度的变化等都可能使组织活动与外部环境产生不平衡，从而导致组织活动方向、活动内容以及活动方式的改变。

(二)确定目标

明确问题后，就要确定决策的目标。所谓“目标”，是指在一定条件下，根据需要和可能，在预测的基础上寻求的最终结果，或决策所要获得的最终结果。确定目标是决策中的重要内容，它不仅为方案的制订和选择提供了依据，而且为决策的实施和控制提供了依据，也为组织的资源分配和协调提供了依据。确定目标要注意以下几个问题：

1. 目标的概念与层次

目标要有层次结构，要建立目标体系。目标是由总目标、子目标、二级子目标等从总到分、从上到下组成的一个有层次的目标体系，是一个动态的复杂系统。

2. 决策目标尽量用数量表示

目标应尽可能定量化，可以明确计量成果、规定时间、确定责任。

3.决策目标的约束条件

任何目标都存在一定的约束条件，要规定目标的约束条件。约束条件主要有资源条件、质量规格、时间要求及法律、制度、政策等限制性规定。执行的结果如不符合约束条件，即使完成了目标，也不能认为实现了目标。

4.价值标准

建立衡量决策的近期、中期、远期效果的三级价值标准，建立科学价值、经济价值及社会价值指标，并进行综合权衡，以构成价值系统，以此作为评价标准。

(三)拟订备选方案

制订可供选择的各种可能方案，是决策的基础。如果只有一种方案，就没有比较和选择的余地，也就无所谓决策。

拟订备选方案往往需要经过多重的修改选择过程，如图 7—2 所示。

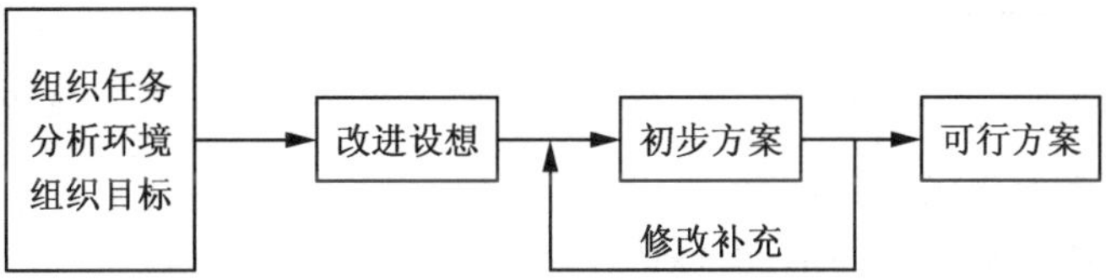

图 7—2 备选方案修改过程

任何决策目标的实现，都需要通过多种不同的活动。因此，可以制订出多种不同的可能方案。决策方案实际上描述了组织为实现目标拟采用的各种对策的具体措施。制订方案要求做到：

(1)必须制订多种可供选择的方案，方案之间必须相互替代、相互排斥。

(2)要说明每种方案的特点、不足及实施条件，同时，以确切的定量数据反映其成果。

(3)各种方案的表达方式必须做到条理化和直观化。

(四)评估备选方案

在进行决策之前，首先要对各个备选方案进行评估比较，通过比较，了解各个备选方案的优势和劣势，找出各方案的差异，分出各方案的优劣。方案比较的内容主要包括以下几个方面：

(1)方案实施所需的条件是否具备及需付出的代价。

(2)方案实施可能带给组织的利益，包括长期利益和短期利益。

(3)方案实施可能遇到的风险及失败的可能性。

在实际决策工作中，方案的制订、比较和选择往往是交织在一起的，因为方案的制订不是一次性行为，需要不断地改进和完善，而这种完善往往是在与其他方案的比较中进行的。

(五)选择满意方案

决策者要想做出一个好的决定，必须仔细考察全部事实，确定是否可以获取足够的信息，并最终选择最满意的方案。

在方案比较的基础上，权衡各个方案的利弊得失，将各方案按优先顺序排列，提出取舍意见。选择最优方案是决策的关键一环。

(六)实施决策方案

具体实施决策时要做到：制订保证方案实施的措施，确保与所选方案有关的各种指令能被所有人员充分接受和了解,将决策目标分解,落实到具体部门和个人,建立工作报告制度,了解方案的进展并及时调整。

(七)评价决策效果

决策方案在执行过程中,由于主、客观因素的变化,可能会发生与决策目标相偏离的情况,因此,必须做好方案的评价工作。这个阶段的任务就是要准确、及时地把方案实施过程中出现的问题、执行情况的信息反馈到决策机构。

追踪评价决策方案是正常的,但不是注定要发生的,或经常大量出现的,否则就失去了决策的科学性了。对追踪评价决策方案要有正确的看法,采取冷静审慎的态度。决策过程是一个动态的过程,把决策看成一个凝固僵化的东西,是不切实际的。因此,对方案进行必要的修正是常见的。经过追踪评价决策使方案达到双重优化,不但可以减少损失,而且可以获得更佳的效益。

二、决策的影响因素

(一)环境

环境从两个方面对决策施加影响。

1. 环境的特点影响着组织的活动选择

如果企业面临的市场相对稳定,则今天的决策基本是昨天决策的翻版与延续;而如果市场急剧变化,则需要经常对经营方向和内容进行调整。处于垄断市场上的企业,通常将经营重点放在内部生产条件的改善、生产规模的扩大以及生产成本的降低上;而处于竞争市场上的企业,需要密切关注竞争对手的动向,不断推出新产品,努力改善促销宣传,建立健全销售网络。

2. 环境的习惯反应模式也影响着组织的活动选择

对于相同的环境,不同的组织可能做出不同的反应。而这种调整组织与环境关系的模式一旦形成,就会趋于稳定,限制着决策者对行动方案的选择。

(二)过去的决策

过去的决策对当前决策的影响程度取决于过去决策与现任决策者的关系情况。如果过去的决策是由现任的决策者做出的,决策者考虑到要对自己当初的选择负责,就会愿意对组织活动做重大调整,而倾向于将大部分资源继续投入过去决策方案的实施中,以证明自己的一贯正确。相反,如果当前的决策与过去的决策没有什么关系,重大改变就可能被其接受。

(三)决策者对风险的态度

决策者对风险的态度会影响其对方案的选择。喜好风险的人通常会选取风险程度较高但收益也较高的行动方案,而厌恶风险的人通常会选取较安全同时收益水平也较低的行动方案。

(四)伦理

决策者是否重视伦理以及采用何种伦理标准会影响其对待行为或事物的态度,进而影响其决策。

(五)组织文化

组织文化会影响组织成员对待变化的态度,进而影响一个组织对方案的选择与实施。在决策过程中,任何方案的选择都意味着对过去某种程度的否定,任何方案的实施都意味着组织要发生某种程度的变化。决策者本人及其他组织成员对待变化的态度会影响方案的选择与实施。在偏向保守、维持的组织中,人们总是根据过去的标准来判断现在的决策,总是担心在变化中会失去什么,从而对将要发生的变化产生怀疑、害怕、抗拒的心理与行为;相反,在具有开拓、创新精神的组织中，人们总是以发展的眼光来分析决策的合理性，总是希望在可能发生的变化中得到什么，因此渴望变化、欢迎变化、支持变化。很明显，欢迎变化的组织文化有利于新方案的通过与实施；而抵御变化的组织文化不利于那些对过去方案做重大改变的方案通过，即使决策者费尽周折让方案勉强通过，也要在正式实施前，设法创建一种有利于变化的组织文化，这无疑增加了方案的成本。

（六）时间

美国学者威廉·R. 金（Wiliam R. King）和大卫·I. 克里兰（David L. Cleland）把决策划分为时间敏感型决策和知识敏感型决策。

（1）时间敏感型决策是指那些必须迅速做出的决策。战争中军事指挥官的决策大多属于此类。这类决策对速度的要求甚于一切。

（2）知识敏感型决策是指那些对时间要求不高而对质量要求较高的决策，在做出这类决策时，决策者通常有宽裕的时间来充分利用各种信息。组织中的战略决策大多属于知识敏感型决策。

【拓展知识】　　**决策中的非理性心理因素**

第四节　决策的方法

在决策的过程中，由于决策对象和决策内容的不同，相应地产生了各种不同的决策方法，归纳起来可以分为两大类：一类是定性决策方法；另一类是定量决策方法。把决策方法分为两大类只是相对的，真正科学的决策方法应该把两者结合在一起综合运用。

一、定性决策方法

定性决策方法主要是指管理决策者运用社会学、心理学、组织行为学，政治学和经济学等有关专业知识、经验和能力，并根据个人的经验和判断能力，充分发挥专家内行的集体智慧，从对决策对象的本质属性的研究入手，掌握事物的内在联系及其运行规律，在决策的各个阶段，根据已知情况和资料，提出决策意见，并做出相应的评价和选择。通过定性研究，为制订方案找到依据，了解方案的性质、可行性和合理性，然后进行目标和方案的选择。它较多地运用于综合抽象程度较大的问题、高层次战略问题、多因素错综复杂的问题、涉及社会心理因素较多的问题。定性决策方法主要有以下几种：

（一）德尔菲法

德尔菲法，又称专家意见法，是一种耗时、复杂的群体决策方法。它最初是由兰德公司提出的，用于听取专家对某一问题的意见。除了不需要群体成员出席集体会议以外，它非常类似于名义小组法。

德尔菲法的基本程序是:首先确定预测课题,再请企业外见多识广、具有专长的专家背靠背地对需要预测的问题提出意见。主持人(或称中间人)将各专家意见综合整理后又反馈给每位专家,使他们有机会比较一下他人的不同意见,并发表自己的看法,再寄给主持人。主持人综合整理后再次反馈给每位专家。如此重复四五次后,一般可得出一个比较一致的意见。德尔菲法可使每位专家充分发表自己的意见,免受权威人士左右,并具有多次反馈性、收敛性、匿名性的特征。但此法主要是靠主观判断,若专家选择不合适,则预测结果难保准确;而且,意见反馈多次,一是比较费时间,二是可能会引起专家反感。

(二)头脑风暴法

头脑风暴法,又称畅谈会法,是一种集体决策方法。其特点是,针对需要解决的问题,相关专家聚集在一起,在一种宽松的氛围中,敞开思路,畅所欲言,以利于形成多样化的决策思路和方案。

头脑风暴法的基本做法是:参与决策的成员就需要决策的问题各自发表自己的意见,这时任何人不得对他人的建议发表评论或提出批评,大家所提的建议越多越好,并且各种建议不必是深思熟虑的,可以提出多条建议,鼓励独立思考和奇思妙想,所有的建议都当场记录下来,稍后通过进一步讨论和分析加以补充和完善。最后,从中选出最满意的决策方案。

(三)名义小组法

名义小组法,又称名义小组技术,是一种"限制性"讨论的群体决策方法。名义小组法要求参与决策的所有小组成员都必须参加会议,但他们的思考是独立的。

名义小组法的操作步骤是:

(1)针对特定的问题,将对此问题有研究或有经验的人员组成一个决策小组,并事先向他们提供与决策问题有关的信息资料;

(2)小组成员在各自独立思考的基础上提出决策建议,并将自己的建议或方案写成文字材料;

(3)每个成员在小组会议上宣读自己的建议或方案,直到所有成员的想法都表达完并被记录下来之前,不进行任何形式的讨论;

(4)接下来,群体成员开始进行讨论,以便将每种想法或方案都搞清楚,并做出评价;

(5)每个成员独立地对所有意见或方案进行排序,最终方案的选择依据综合排序最高的结果。

小组的成员互不通气,也不在一起讨论、协商,从而小组只是名义上的。

在集体决策中,如对问题的性质不完全了解且意见分歧严重时,可以采用这种方法。

定性决策方法的优点是方法灵活简便,通用性强,一般管理者易采用;有利于调动专家的积极性,激发人们的创造力,更适用于非常规型决策。

定性决策方法也有明显的缺点:(1)定性决策方法大多建立在专家个人主观意见的基础上,未经严格的论证。(2)在定性决策方法中,所选专家的知识类型对意见倾向性的影响很大,而专家的选择主要由决策组织者决定,因此,决策结果受决策组织者的影响可能很大。(3)采用定性决策法分析问题时,传统观念容易占优势,这是因为新思想往往是少数人最先提出的,而大多数人的思维是趋于保守的。

二、定量决策方法

定量决策方法主要是指在定性分析的基础之上，运用数学模型和电子计算机技术，对决策对象进行计算和量化研究，以解决决策问题的方法。定量决策方法的关键是建立数学模型，即把变量之间以及变量与目标之间的关系，用数学关系及数学模型表示出来，并且用计算机来处理数学模型。由于已知条件的不同，定量决策方法主要有以下几种：

（一）确定型决策方法

如果决策的主要因素或者关键因素是确定的，我们可以暂时忽略那些次要的或非关键性因素的不确定的方面，将问题简化成确定型决策问题加以解决。

由于确定型决策问题的条件比较明确，概率和效益也可以肯定，因此，可以比较有把握地计算各方案的经济效果，从而进行决策。确定型决策的方法很多，如盈亏平衡分析法、内部收益率法、净现值法等。下面主要介绍盈亏平衡分析法。

盈亏平衡分析法又称损益平衡分析法、量本利分析法等，是指通过分析产品产量、成本、利润三者之间的关系，掌握盈亏变化的规律，从而指导企业能够以最小的成本生产出最多的产品，并获得利润最大化的经营方案。其中，方案盈利和亏损的临界点称为盈亏平衡点（Break Even Point，BEP）。

盈亏平衡分析可以分为线性盈亏平衡分析和非线性盈亏平衡分析。线性盈亏平衡分析是指方案的总成本费用与产量之间、销售收入与产量之间呈线性关系。非线性盈亏平衡分析是指方案的总成本费用与产量之间、销售收入与产量之间呈非线性关系。下面主要阐述线性盈亏平衡分析。

1. 假设条件

（1）成本是生产量（销售量）的函数。

（2）生产量等于销售量。

（3）单位变动成本随产量按比例变化。

（4）在所分析的产量范围内，固定成本保持不变。

（5）销售收入是销售价格和销售数量的线性函数，即某一产品的价格，在任何销售水平上都是相同的。

（6）所采用的数据均为正常年份，即达到设计能力生产期的数据。

2. 成本分解

（1）总成本。

总成本是指方案在一定时期内（一般为一年），为生产和销售产品而花费的全部成本和费用。总成本由生产成本、管理费用、财务费用和销售费用组成。生产成本包括方案的各项直接材料、直接工资和其他直接支出及制造费用。管理费用是指为管理和组织方案的经营活动而发生的各项费用。财务费用是指为筹集方案的资金而发生的各项费用。销售费用是指为销售产品和提供劳务而发生的各项费用。

（2）固定成本。

固定成本是指在一定的生产规模限度内不随产量的变动而变动的成本，如厂房、机器设备的折旧，保险费，管理人员的工资等，有时也将某一较短时间内（通常为一年）的研究开发费、广告费、职工培训费等计入。固定成本不受产量变动影响是有前提条件的，即产量在一定的范围内变动，如果产量超过这一范围，固定成本就会发生跳跃性的变动。所以，从长期角度看，不存在任何固定成本。

(3)变动成本。

变动成本是指随产量的变动而成正比例变动的成本,如直接材料费、直接人工费等。直接材料费是指在生产过程中直接消耗于产品生产的各种物资。直接人工费是指在生产过程中直接从事产品生产的人员的工资性消耗。

由以上分析可知,总成本是固定成本与变动成本之和,它与产品的生产量呈线性关系,表达式为:

$$C=C_f+C_vQ$$

式中:C 代表总成本,C_f 代表固定成本,C_v 代表单位产品变动成本,Q 代表产品生产量或销售量。

3. 销售收入

方案的收益就是产品的销售收入,销售收入是方案实施后生产成果的货币表现。由于产品的产量、成本、利润呈线性关系,产品价格不随其销售量的变动而变动,因此,销售收入与销售量呈线性关系,则有:

$$B=PQ$$

式中:B 代表销售收入,P 代表单位产品价格,Q 代表产品生产量或销售量。

4. 盈亏平衡点的确定

盈亏平衡点是指方案不盈利也不亏损,即销售收入等于总成本之点。在销售收入及总成本都与产量呈线性关系的情况下,以代数方程式表示产品的产量、成本、利润之间的数量关系,当盈亏平衡时,有:

$$PQ_*=C_f+C_vQ$$

式中:Q 代表盈亏平衡点对应的产量。

根据上式可以得到以产量表示的盈亏平衡点的公式为:

$$Q_*=C_f/(P-C_v)$$

以横坐标表示产量 Q,纵坐标表示销售收入 B 与产品成本 C,将销售收入曲线和产品成本曲线在同一坐标图上表示出来,做出总成本线和销售收入线,则可以画出产量、成本、利润的关系分析图,如图 7—3 所示。

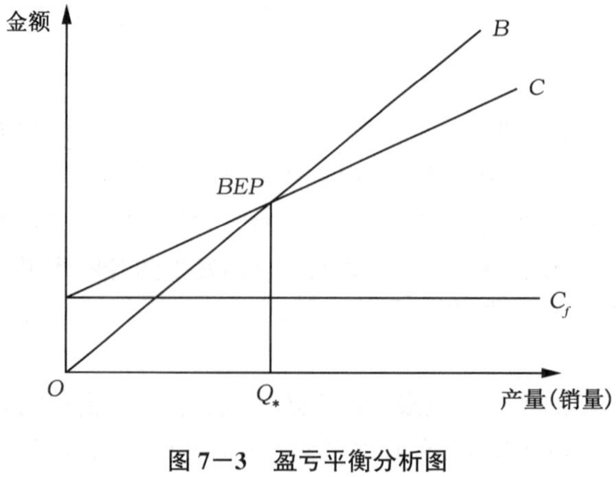

图 7—3 盈亏平衡分析图

由图7—3可见，BEP就是方案盈利和亏损的临界点。在BEP的左侧，总成本C大于销售收入B，项目亏损；在BEP的右侧，总成本C小于销售收入B，项目盈利；在点BEP上，总成本C等于销售收入B，项目不盈不亏。

【例7—1】 某企业生产某产品的固定费用为100万元，单位变动费用为3万元，单价为5万元，假定以销定产，试计算该企业盈亏平衡点的销售额。

［分析］ 已知固定费用$C_f=100$，单位变动费用$C_v=3$，单价$P=5$，盈亏平衡点的销售额B为：

$B=PQ_*=100/(5-3)\times 5=250$(万元)

(二)风险型决策方法

风险型决策具有以下基本特点：第一，每个备选方案都受到不能确定的外部环境状态的影响；第二，每个备选方案可能遇到的自然状态可以估计出来；第三，各种自然状态出现的概率可以估计出来。解决风险型决策问题的方法主要是决策树法。

1.决策树法的基本原理

决策树法的基本原理是以损益期望值为依据，通过计算损益期望值做出决策。所不同的是决策树法是一种图解法，能够直接反映决策的过程，对分析比较复杂的决策问题更有效。

2.决策树的构成要素

决策树有五个构成要素：决策点、方案分枝、状态点、概率分枝、损益值点。

画决策树时，首先画决策点，通常用"□"表示。决策点后引出方案分枝，有几个方案就引几条方案分枝。方案分枝后是状态点，通常用"○"表示。状态点后引出概率分枝，有几种状态就引几条概率分枝。在每条概率分枝上注明该种自然状态以及该自然状态出现的概率，同时在概率分枝的末端标注方案在该自然状态下的结果，即损益值，损益值点通常用"△"表示。决策问题一般有多种方案和多种自然状态，所以有多条分枝。在画决策树时一般由左向右、由简向繁，根据问题的层次展开，构成一个树形图。如图7—4所示。

3.运用决策树的基本步骤

第一步，根据已知条件绘制决策树，如可替换方案的数量、每种方案未来的自然状态及其概率，损益值等。

第二步，计算各种方案的期望值，并将计算结果标注到决策树上。

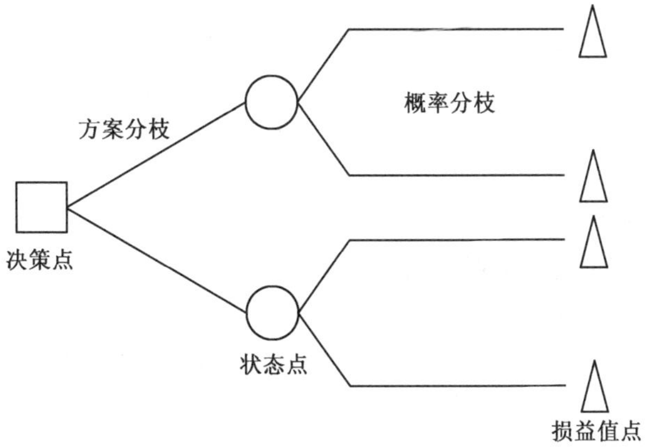

图7—4 决策树结构图

第三步，进行方案选择。比较不同方案的期望值大小，减去期望值较小的方案，在淘汰的方案分枝上画上“//”，称为“剪枝”，保留最大期望值方案作为被选的实施方案。

应用决策树法决策时，计算过程一般从右向左，逐步后退。根据右方的损益值和状态树枝上的概率值，计算该方案在不同状态下的期望值，并根据计算的损益期望值选择方案，舍弃方案称为“剪枝”，最后决策树中只留下一条分枝，这就是决策的最佳方案。

【例 7—2】 假设某厂进行生产能力决策。根据市场预测，可能有好、中、坏三种自然状态。市场形势好时，年销售量可达 10 万件；市场形势中等时，年销售量可达 8 万件；市场形势差时，年销售量只有 5 万件——其概率分别为 0.5、0.3、0.2，与之相对应，生产能力可有年产 10 万件、8 万件、5 万件三种方案。年产 10 万件时，单件成本为 6 元，但如果卖不出去，则未卖出的产品就积压报废，其成本由已销产品承担；年产 8 万件时，单件成本为 7 元；年产 5 万件时，因规模更小，成本增大，每件为 8 元，单价预计为 10 元。

试问：应当选择何种方案？

[分析]

第一步：画决策树。

第二步：计算各种生产方案在不同自然状态下的条件损益值及每个方案的期望收益。

(1)方案 1，年产 10 万件，其条件损益值为：

好：$10\times10-10\times6=40$(万元)

中：$8\times10-10\times6=20$(万元)

差：$5\times10-10\times6=-10$(万元)

(2)方案 2，年产 8 万件，其条件损益值为：

好和中：$8\times10-8\times7=24$(万元)

差：$5\times10-8\times7=-6$(万元)

(3)方案 3，年产 5 万件，其条件损益值为：

好、中和差：$5\times10-5\times8=10$(万元)

计算各种生产方案的损益期望值(EVM)如下：

方案 1，$EVM_1=0.5\times40+0.3\times20+0.2\times(-10)=24$(万元)

方案 2，$EVM_2=0.5\times24+0.3\times24+0.2\times(-6)=18$(万元)

方案 3，$EVM_3=0.5\times10+0.3\times10+0.2\times10=10$(万元)

将方案 1、方案 2 和方案 3 的期望值分别标注到决策树中相应状态点的上方。

第三步：进行方案选择。显然，通过比较，方案 1 的期望值 24 万元为最大，故应选择方案 1。同时淘汰方案 2 和方案 3，在淘汰的方案 2、方案 3 分枝上画上“//”。

决策树法图解如图 7—5 所示。

(三)不确定型决策方法

不确定型决策问题的特点与风险型决策问题的特点基本相同，只是无法估计出各种状态出现的概率，只能根据各方案在不同状态下可能获得的损益值，用分析估计的方法决策。在处理不确定型决策问题时，管理人员的主观心理等因素对决策方案的选择影响较大。

下面介绍四种常用的不确定型决策方法。

1. 乐观准则

乐观准则是指决策者对客观事实抱乐观态度，总把客观事实想得很顺利，在顺利的情况下寻找一个最好的方案。决策的方法是在给出的决策损益值表中，先从各方案在不同状态下的

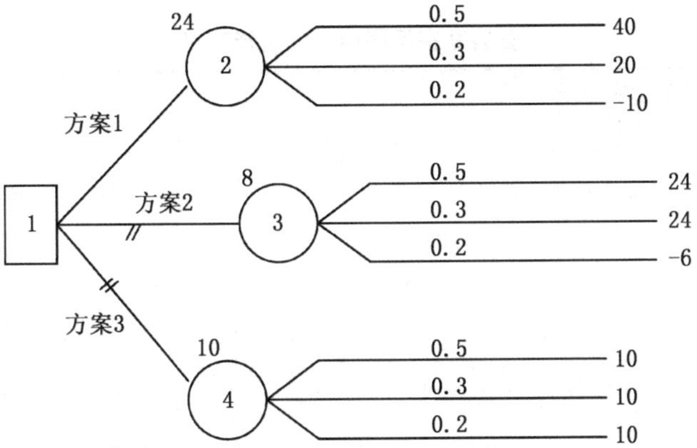

图 7—5 决策树法图解

损益值中选大的，再从这些大的损益值中选最大的，这个损益值所对应的方案就是决策方案。

2. 悲观准则

悲观准则是指决策者对客观事实抱悲观态度，总把客观事实想得很不顺利，在不顺利的情况下，寻找一个最好的方案。这是一种不常保险的决策方法，对于那些风险较大的问题，可以采用这种方法。决策的方法是在给出的决策损益值表中，先从各方案在不同状态下的损益值中选小的，再从这些小的损益值中选最大的，这个损益值所对应的方案就是决策方案。

3. 最大最小后悔值

后悔值就是在给定的自然状态下，一个方案可能取得的收益值(或损失值)与该状态下的最大收益值(或损失值)的差距。采用后悔值准则决策，首先根据损益值表计算出各方案的后悔值，并列表表示。然后在给出的后悔值表中，先从各方案在不同状态下的后悔值中选大的，再从这些大的后悔值中选最小的，这个后悔值所对应的方案就是决策方案。

4. 机会均等准则

机会均等准则(又称中庸法)的决策思路是：认为各种状态出现的机会是均等的，如有 n 种状态，则每种状态发生的概率都是 $1/n$。这种方法实际上是将不确定型决策问题转化为风险型决策问题，再用决策树法进行决策。

【例 7—3】 某商业企业存在三种可选择的方案，即大批经销、中批经销、小批经销。并且，各种自然状态下的收益值可以事先做出分析，数据如表 7—2 所示。请根据乐观准则、悲观准则、后悔值进行决策。

表 7—2　　各方案在不同情况的选择结果

自然状态 行动方案	各种自然状态下的收益值(万元)		
	销路好	销路中等	销路差
大批经销	5.5	5.0	3.5
中批经销	4.5	3.6	2.5
小批经销	4.0	3.8	3.6

[分析] 从已知条件看该项决策属于不确定型决策，依据以上分析，得出结果如表 7—3

所示。

表 7—3　　各方案在不同情况的选择结果

自然状态 行动方案	各种自然状态下的收益值(万元)			乐观准则 大中取大	悲观准则 小中取大	后悔值			
	销路好	销路中等	销路差			好	中等	差	最大 后悔值
大批经销Ⅰ	5.5	5.0	3.5	5.5	3.5	0	0	0.1	0.1
中批经销Ⅱ	4.5	3.6	2.5	4.5	2.5	1	1.4	1.1	1.4
小批经销Ⅲ	4.0	3.8	3.6	4.0	3.6	1.5	1.2	0	1.5
	最佳方案选择			Ⅰ	Ⅱ	Ⅰ			

思政园地

专访:COP15 大会是一个关键的决策时刻

——访世界自然基金会(国际)全球政策与倡导总监李琳

新华社记者　刘曲 玛蒂娜·福斯

联合国《生物多样性公约》第十五次缔约方大会(COP15)将于今年 10 月和 2022 年上半年分两阶段在中国昆明举行。这一重要会议将制定“2020 年后全球生物多样性框架”,为全球生物多样性保护制定新目标。

“10 月份的 COP15 及随后在明年上半年举行的会议是一个关键的决策时刻”,世界自然基金会(国际)全球政策与倡导总监李琳近期在接受新华社采访时呼吁,“挽救地球生态系统的时间已经不多了”。

李琳表示,作为 COP15 的东道国,中国可以发挥重要作用,“努力实现让地球上所有生命拥有一个有利于大自然、实现碳中和以及拥有公平、健康的未来这样一个雄心壮志。因此这是一个关键时刻,中国在全球治理和多边主义方面可以发挥关键作用”。

中国于 2020 年提出力争 2030 年前实现碳达峰、2060 年前实现碳中和。在第 76 届联合国大会上,中国领导人表示,中国将大力支持发展中国家能源绿色低碳发展,不再新建境外煤电项目。

“我们需要加强全球治理,需要看到所有国家发挥自己的作用,维护我们共同依赖的全球公域”,李琳表示,中国的国内行动令人鼓舞,“中国在国家政策制定中对生态文明理念的重视,同人与自然和谐相处的理念是一致的”。

李琳强调,今天的世界比以往任何时候都更需要多边主义,以解决自然和气候危机。气候变化问题以及生物多样性、野生动物等问题并不局限于某个国家和地区。“因此通过合作、多边主义、全球治理来保护我们的全球公域,以提供可行的系统来维持我们的生活,这是至关重要的”。

李琳说,“在世界获得生物多样性框架方面,中国可以发挥关键作用,该框架可以保障人类和我们星球的未来。”

资料来源:刘曲,玛蒂娜·福斯.专访:COP15大会是一个关键的决策时刻——访世界自然基金会(国际)全球政策与倡导总监李琳[N].新华网,2021-10-03.

复习思考题

1. 如何理解决策的概念?
2. 决策应遵循的原则是什么?
3. 决策有哪些主要的理论观点?你是如何理解和评价这些观点的?
4. 决策应遵循的基本程序包含哪些主要的步骤?其中需要注意哪些问题?
5. 什么是程序化决策和非程序化决策?为什么高层管理者经常面对的是一些非程序化决策,而中、基层管理者正好相反?
6. 盈亏平衡分析的基本原理是什么?
7. 决策树法包含哪些步骤?
8. 非确定型决策方法包括哪些具体方法?基本思路是什么?

自测题

一、填空题

1. 决策是指________。
2. 根据西蒙的观点,决策遵循的是________,而非________。
3. 效益原则认为决策必须以________为中心,并且要把________同________结合起来,以较小的劳动消耗和物资消耗取得最大的成果。
4. 可行原则的基本要求是以________为指导思想,运用________和________的手段,寻找能达到决策目标的一切方案,并分析这些方案的利弊,以便最后抉择。________是可行原则的外在表现,是决策活动的________。
5. 按决策对象的重要性,可将决策划分为________、________和________。
6. 按决策的________,可将决策划分为个体决策与群体决策。
7. 追踪决策具有四个特点:________、________、________、________,一定程度上增加了追踪决策的复杂性。
8. 美国学者威廉·R.金和大卫·I.克里兰把决策划分为________和________。
9. 按决策环境的可控程度,可将决策划分为________、________和________。
10. 程序化决策设计的是________,而非程序化决策涉及的是________。
11. 决策方法分为两大类是________和________。
12. 四种常用的不确定型决策方法是________、________、________和________。
13. 古典决策理论认为,决策者应该从经济角度来理性地看待决策问题,即决策的目的是________。
14. 对古典决策理论的"经济人"假设质疑的第一人是赫伯特·A.西蒙,他提出________和________原则。
15. 行为决策理论抨击了把决策视为定量方法和固定步骤的片面性,主张把决策视为一种

________。

16. 除了西蒙的“有限理性”模式，林德布洛姆的________模式也对“完全理性”模式提出了挑战。

17. 西蒙决策理论的核心是________。

18. 决策过程的第一步是________。

19. 确定型决策的方法很多，如________、________、________等。

20. 当代决策理论的核心内容是________。

二、单项选择题

1. 下列选项中，不属于企业短期决策的是(　　)。

A. 投资方向的选择　　B. 人力资源的开发
C. 组织规模的确定　　D. 企业日常营销

2. (　　)是指在企业日常经营管理活动中，为提高生产效率以及更好地执行战术决策而进行的具体决策。

A. 战略决策　　B. 战术决策　　C. 管理决策　　D. 业务决策

3. (　　)是所有决策中最重要的一种，这种决策的目的是提高组织的经营效能。

A. 战略决策　　B. 战术决策　　C. 初始决策　　D. 追踪决策

4. (　　)是指企业在实现经营目标、经营方向、经营规划等战略决策的过程中，对具体经营问题、管理问题、业务和技术问题的决策。

A. 基层决策　　B. 战术决策　　C. 个体决策　　D. 战略决策

5. 下列属于按决策需要解决问题的性质划分的是(　　)。

A. 群体决策　　B. 业务决策　　C. 初始决策　　D. 非程序化决策

6. 通过(　　)等方法可以提出富有创造性的方案。

A. 独自思考　　B. 头脑风暴法　　C. 名义小组技术　　D. 德尔菲技术

7. 喜好风险的人往往会选取风险程度(　　)的行动方案。

A. 较高，收益较高　　B. 较高，收益较低　　C. 较低，收益较低　　D. 不确定

8. 保本产量是(　　)交点所对应的产量。

A. 总固定成本曲线和总成本曲线　　B. 总收入曲线和总成本曲线
C. 总固定成本曲线和总收入曲线　　D. 总变动成本和总收入曲线

9. 解决风险型决策问题的方法主要是(　　)。

A. 净现值法　　B. 决策树法　　C. 盈亏平衡法　　D. 内部收益法

10. 下列不属于决策的影响因素的是(　　)。

A. 伦理　　B. 组织文化　　C. 时间　　D. 价值标准

11. (　　)是管理的首要职能。

A. 决策　　B. 计划　　C. 组织　　D. 控制

12. 目标原则认为决策必须具有明确的、具体的目标，目标既是决策的起点，也是决策最终要实现的(　　)。

A. 终点　　B. 中点　　C. 目的　　D. 目的

13. (　　)又称专家意见法，是一种耗时、复杂的群体决策方法。

A. 德尔菲法　　B. 确定型决策方法　　C. 名义小组法　　D. 决策树法

14.(　　)主要是指在定性分析的基础之上,运用数学模型和电子计算机技术,对决策对象进行计算和量化研究,以解决决策问题的方法。

A. 定性决策方法　B. 定量决策方法　C. 名义小组法　D. 头脑风暴法

15. 选择(　　)是决策的关键一环。

A. 最优方案　B. 实时决策方案　C. 选择满意方案　D. 拟订备选方案

16.(　　)是基于"经济人"假设提出的,主要流行于20世纪50年代以前。

A. 西蒙决策理论　B. 当代决策理论　C. 行为决策理论　D. 古典决策理论

17.(　　)是在初始决策的基础上对组织活动方向、内容或方式的重新调整。

A. 初始决策　B. 个体决策　C. 追踪决策　D. 群体决策

18. 系统原则要求,在决策时,应该将各分系统的(　　)放到系统整体中去权衡,以系统整体的总目标来协调各分系统的目标。

A. 部分　B. 特性　C. 共性　D. 整体

19. 决策树法的基本原理是以(　　)为依据,通过计算损益期望值做出决策。

A. 决策点　B. 状态点　C. 损益期望值　D. 损益值点

20. 线性盈亏平衡分析是指方案的(　　)与产量之间、销售收入与产量之间呈线性关系。

A. 总成本费用　B. 产量　C. 边际费用　D. 边际收入

三、多项选择题

1. 集体决策的缺点包括(　　)。

A. 花费较多的时间　B. 产生群体思维

C. 产生的备选方案较少　D. 责任不明

2. 下列选项中,属于例外问题的是(　　)。

A. 组织结构变化　B. 重大投资

C. 重要的人事任免　D. 重大政策的制定

3. 头脑风暴法实施的原则有(　　)。

A. 对别人的建议不做任何评价

B. 建议越多越好,想到什么说什么

C. 鼓励每个人独立思考

D. 可以补充和完善已有的建议,使它更具有说服力

4. 常用的不确定型决策方法有(　　)。

A. 小中取大法　B. 大中取大法

C. 大中取小法　D. 最小最大后悔值法

5. 下列属于决策原则的有(　　)。

A. 效益原则　B. 系统原则　C. 乐观准则　D. 悲观准则

6. 下列属于决策树的构成要素有(　　)。

A. 决策点　B. 方案分析　C. 状态点　D. 概率分析

E. 损益值点

7. 环境从(　　)方面对决策施加影响。

A. 决策者对风险的态度　B. 环境的习惯

C. 环境的特点　D. 环境的发展趋势

8. 以下属于影响决策的因素有(　　)。

A. 环境　　B. 过去的决策　　C. 评估备选方案　　D. 伦理

9. 按决策对象的重要性划分为(　　)。

A. 程序化决策　　B. 战略决策　　C. 战术决策　　D. 业务决策

10. 依据弹性原则,决策必须具有(　　)。

A. 可靠性　　B. 稳定性　　C. 可变性　　D. 目标性

11. 盈亏平衡分析可以分为(　　)。

A. 线性盈亏平衡分析　　B. 内部收益法

C. 净现值法　　D. 非线性盈亏平衡分析

12. 制订方案要求做到:方案之间必须有(　　)。

A. 相辅相成　　B. 相互替代　　C. 相互促进　　D. 相互排斥

13. 评估备选方案时要考虑到方案实施可能带给组织的利益,包括(　　)。

A. 长期利益　　B. 社会效益　　C. 短期利益　　D. 个人利益

14. 非线性盈亏平衡分析是指方案的(　　)之间、销售收入与产量之间呈非线性关系。

A. 总成本费用　　B. 边际产量　　C. 边际收入　　D. 产量

15. 管理费用是指为(　　)方案的经营活动而发生的各项费用。财务费用是指为筹集方案的资金而发生的各项费用。

A. 计划　　B. 管理　　C. 组织　　D. 指导

四、简答题

1. 古典决策理论的主要内容是什么?
2. 什么是风险型决策?
3. 简述头脑风暴法。
4. 简述群体决策的优缺点。
5. 简述定性和定量决策方法。

五、问答题

1. 行为决策理论的主要内容是什么?
2. 决策的原则有哪些?
3. 决策的类型有哪些?
4. 决策的过程是什么?
5. 决策的影响因素有哪些?

六、计算题

某公司准备同时扩大生产规模并对原有产品的部分零件进行更新,现有三种方案可以选择:

A 方案:聘请技术专家、更新生产设备,一次性投入 500 万元;

B 方案:进行员工培训,并更新生产设备,投入 300 万元;

C 方案:更新生产设备,投入 100 万元。

这三种方案在销量不同时,预测产品的利润及各种自然状况的概率如下表所示:

单位：万元

方案 \ 销路情况	销路好 (0.5)	销路中等 (0.3)	销路差 (0.2)
A方案	2 200	1 500	−500
B方案	1 600	900	100
C方案	800	500	80

请问：应选择哪一种方案？

请用手机微信扫以下二维码，获取自测题参考答案。

第七章 自测题
参考答案

第八章

组织与组织设计

学习目标

知识目标:理解组织、组织结构的含义,了解组织、组织结构的特点,掌握组织结构的类型,掌握组织设计的影响因素,理解流程型结构和职能型结构。

能力目标:能够发现组织结构存在的问题,能够对组织设计的影响因素进行分析,学习如何处理集权与分权、直线与参谋、分工与协调、正式组织与非正式组织的关系。

素质目标:组织设计的任务,组织的部门化、层级化。

思政目标:引导学生认识组织的作用,激发学生树立团队合作意识、集体主义精神,培养学生的组织能力。

思维导图

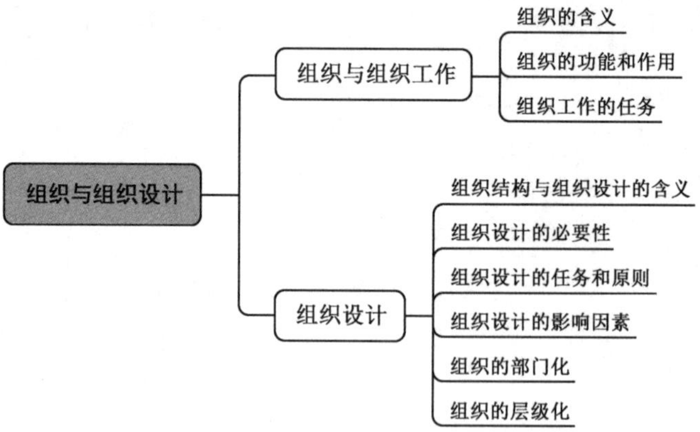

案例引入

"效率王"娃哈哈的组织体制

娃哈哈高度扁平化的组织结构之所以多年来可以成功运行,原因在于三个方面:首先,宗庆后高度敬业和其敢于做决策;其次,宗庆后获取的信息是高质量和系统性的;再次,娃哈哈拥有简单和负责任的企业文化,公司内部员工甚至供应商、经销商等利益相关者真诚负责。

娃哈哈极高的运行效率与其特色的组织机制高度相关：一是高度扁平化的组织机构，组织上下信息流动路径短，领导者可以快速获取真实信息，促进决策的及时性和准确性；二是集中指挥、分级授权，总部和领导承担指导和赋能的角色，被授权者根据目标任务自由发挥自身才能；三是采用全面预算来明确任务和防控风险，实施承担责任制度来激发员工共创共享的积极性；四是现代信息技术助推各级决策的速度和质量，同时通过发布相关信息促进内部资源共享和业务单元竞争比超；五是能上能下的人才胜任力管理机制，尊重客观事实，充分激活企业人才队伍，保障高水平的执行力。

组织体制：一个大脑、N 个终端

从组织体制对娃哈哈运作效率的支撑模式来看，其基本原理主要在于：第一，高度集权决策和全面预算管理构筑了企业各级管理人员和员工的行动框架，可以有效约束其相关行为，保障企业在限定的决策范围内开展工作；第二，分级授权和承包经营实现了对企业各级管理人员和员工的有效激励，可以使其在职权范围内自主开展工作，并使工作成果与部门和个人绩效挂钩；第三，基于信息共享的内部竞争和基于“黑板干部”的用人机制形成了激励与约束相结合的组织机制，促使管理人员和员工在受到约束的同时拥有自主发展的空间，避免过于约束或过度激励带来的问题。这种组织体制有效地支持和促进了娃哈哈以往三十多年的持续创新发展。

组织体制：高度扁平的组织结构

大公司往往组织结构很复杂，但与其相反，娃哈哈走的是一条“娃哈哈特色发展道路”，组织结构异常简单，高度扁平化，一个总经理、三个副总及各业务部门就构成了整个娃哈哈的管理组织。项目决策最多通过三层：普通员工上报部门负责人，部门负责人再上报给副总，副总最后报给宗庆后。娃哈哈高度扁平化的组织结构之所以多年来可以成功运行，原因包括三个方面：首先，宗庆后高度敬业的性格和习惯担当“大家长”的责任，喜欢并敢于做决策；其次，宗庆后及时获知各类决策信息，而且信息是高质量和系统性的，以确保决策的科学性；再次，娃哈哈拥有简单和负责任的企业文化，公司内部员工甚至供应商、经销商等利益相关者真诚负责，及时、客观地反映问题和信息。

外界常说，事无巨细是企业领导者的一大弊病，但宗庆后领导下的娃哈哈却能持续高效运行，正是因为宗庆后把自身的这种能力与组织管理完美地融合在一起，也正是因为这种高度扁平化的组织，让身处其中的娃哈哈人能高效率、高质量地完成项目或工作。

分级授权：集中指挥、统一调度

娃哈哈的集团管控能力很强，一是注重集团总部的平台能力建设，业务平台和行政平台不仅要向集团下属单元发布明确的指令，更要对集团下属单元进行赋能，以提升下属单元的执行能力；二是注重集团内部的流程建设，从公司整体战略上优化总部流程，从业务有效性上完善集团下属单元的内部流程，并强调各项流程之间有机对接。

快变是快消品行业发展的最大特点。针对这一特点，娃哈哈一直沿用“高度集中的分级授权管理模式”，将全国各地的生产基地和分公司的人、财、物、产、供、销等关键要素集中起来，由集团统一控制和调度。

娃哈哈集团总部是一个非常强大的指挥中心，许多大项目的执行都由总部统一调度资源，宗庆后在总部授权多个部门对集团进行统一指挥、协调。从总部的职能部门设置来看，娃哈哈有两大很重要的指挥协调部门：一个是企管办，另一个是总经办。企管办是娃哈哈的业务中枢，在娃哈哈集团中充当着重要角色：一是整个娃哈哈集团的生产调度指挥；二是参与整个公司权责流程的建设；三是参与机构一些业务流程的搭建和优化。总经办是娃哈哈的行政中枢，承担大量的对外事务、战略策划、行政办公以及生产、人力资源、财务等相关的行政工作。

扁平化组织下虽然部门数量少,但部门功能不能缺少,更不能弱。宗庆后要求职能部门要具备对下属部门进行指导和考核的能力。一是指导和培训:在娃哈哈,总部对下属分公司的业务线会进行日常业务的培训,工作任务在年底要考核验收;二是保证高效的沟通支持,主要依靠娃哈哈较为发达的信息化建设来提高沟通效率;三是权责和流程建设,娃哈哈强调优化和细化集团层面的大流程和部门内部的小流程,保证整个集团流程通畅。分级授权管理,将各项权、责、利逐级分解、落实到每个人,并制定相应的规章制度、行为规范及操作程序,使企业管理有条不紊,从而保障企业的健康发展。

信息系统:"共享与赛马"

随着企业规模扩大,工作任务的多样化和复杂性也随之提高,相较于人工管理,信息系统的管理模式更能降低管理成本,避免组织机构冗杂,提高管理效率。

娃哈哈的质量管理信息化系统是一个非常全面的质量管理体系,已经精细化到对生产各环节的监控检验,能将责任锁定到个人。比如,可以查到:这个产品的生产者是谁?目前停留在谁手上?有没有在规定时间内做出来?可以追溯整个生产环节。目前,该系统还可以在手机上应用,娃哈哈迈入了一个更现代化、更便捷的信息管理体系阶段。

娃哈哈信息化管理的成功经验在于:一是战略导向的企业信息化管理,宗庆后亲自领导和参与企业信息化建设,从集团战略全局出发来顶层设计信息化布局,明确信息化建设的核心目的和主要功能;二是业务驱动的企业信息化管理,紧紧围绕企业的业务属性和流程来构思和落实信息化,信息化成为业务顺利开展的促进力量;三是有机嵌套的企业信息化管理,将总部、分部、各业务单元的信息化管理模块有机结合和嵌套,避免出现"数据孤岛"现象。

人员胜任:能上能下的"黑板干部"

人才是企业基业长青的根本资源和核心动力,所以,激活和利用人力资源是企业管理的一大重点。20 世纪 90 年代,娃哈哈兼并了杭州罐头食品厂,并在短短 3 个月内就让杭州罐头厂扭亏为盈,创造了"小鱼吃大鱼"的奇迹。一个效率低下、机构冗余的国有企业,宗庆后是如何使它重新焕发生机的?答案是:"黑板干部"的员工岗位考核方法扮演了重要的角色。兼并杭州罐头厂后,宗庆后发现这家国有企业存在员工懒散和士气低落等现象,而且员工还对被娃哈哈这家小厂兼并不服气。为了解决员工管理的难题,宗庆后大刀阔斧地对杭州罐头厂进行了改革,他在大楼的走廊上挂起一面大黑板,把所有干部任免的消息都写在那块板子上。只要名字被粉笔写上去,那名干部就能立刻走马上任,行使职权;要是黑板上的名字被擦掉了,就是这位干部被免职的时候。当然,用粉笔将某位干部的名字"写上黑板"或是"擦掉",宗庆后并不会随便做决定,他会进行考核和观察,挑选出合适的人,也会通过民主推荐和竞选来任免干部。

"黑板干部"制度一方面在集团内部营造了一种危机感,让娃哈哈员工拥有危机意识,不断增强自身的胜任力,另一方面也为广大员工提供了成长的机会。虽然娃哈哈在不断扩张、发展,规模已是当初的几十倍,但能上能下的"黑板干部"这一管理理念一直受到宗庆后的重视,成为娃哈哈人才选拔任用的重要手段。

娃哈哈沿用多年的"黑板干部"制度体现了三方面的重要思想:第一,人才是企业发展的根本,人才工作是宗庆后非常看重的"一号工程",不仅自己利用各种渠道和方式尽可能地发现人才,还会发挥公司覆盖全国的网络来搜寻优秀人才,尤其是对优秀大学生的积极储备;第二,用好人才比拥有人才更为重要,采用"黑板干部"制度为能者创造成长机会,果断让庸者下,既可以避免贻误市场机会和减少相关损失,又能使员工形成危机意识,从而打造努力向上的企业文化；第三，对事不对人的人才管理导向，娃哈哈采用全面和细化的人才考评体系，对不同类型的人员实施分类管理，但基本点是基于客观事实进行科学评价，用事实说话，用公开、公平的原则营造积极的选人、用人氛围。

资料来源：根据世界经理人网站资料(2018－09－21)整理而得。

【问题思考】

1. 扁平的组织结构有何优缺点？娃哈哈公司是如何解决其不足的？
2. 如何看待“黑板干部”制度？
3. 对娃哈哈公司在分级授权方面的做法如何评价？

阅读材料

国际公司的组织设计

谷歌(Google)：谷歌的组织设计以扁平化管理、高度自治和创新为核心。公司鼓励员工进行跨部门合作，以提高创新能力和效率。此外，谷歌还实行“20%时间”政策，允许员工将20%的工作时间用于自己感兴趣的项目，从而激发员工的创造力。

亚马逊(Amazon)：亚马逊的组织设计以客户为中心，强调快速决策和执行力。公司实行“两个比萨团队”原则，即一个团队的人数不应超过两个比萨能喂饱的人数，以保证团队的高效沟通和协作。此外，亚马逊还实行“倒三角”管理结构，即底层员工直接向高层管理者汇报，以便更快地做出决策和调整。

丰田汽车(Toyota)：丰田汽车的组织设计以精益生产为核心，强调持续改进和消除浪费。公司实行“看板系统”和“全员参与”的原则，鼓励员工积极参与生产过程的改进和优化。此外，丰田还实行“终身雇佣制”和“年功序列制”，以保持员工的稳定性和忠诚度。

宜家(IKEA)：宜家的组织设计以低成本和高效率为核心，强调自主管理和创新。公司实行“自助式购物”和“平板包装”的原则，以降低运营成本和提高客户满意度。此外，宜家还实行“民主式决策”和“全球统一管理”的原则，以确保公司的一致性和灵活性。

宝洁(Procter & Gamble)：宝洁的组织设计以市场为导向，强调产品创新和品牌管理。公司实行“品类经理制”和“品牌驱动”的原则，以实现产品的多样化和差异化。此外，宝洁还实行“内部创业”和“外部并购”的策略，以实现业务的快速扩张和整合。

资料来源：根据讯飞星火网站相关资料整理而得。

第一节　组织与组织工作

一、组织的含义

组织，既是一个动词，又是一个名词。作为动词，组织是指组织工作，即对人的集合体中各个成员的角色安排和任务分派。由于管理因协作而生，协作的外在形式即是组织。作为名词，组织是指按一定规则建立起来的人的集合体。

对于组织的概念，国外学者众说纷纭。亨利·法约尔最早指出的管理五项职能，其中之一就是组织，并认为企业的组织职能主要包括：设计组织结构，确定相互关系，制定规章制度，以及招收、训练、评价职工等。之后的西方组织理论学者对组织都下过不同的定义："组织理论之父"马克斯·韦伯提出了理想行政组织的概念，他把理性合法权力看作组织的基础和支柱。他的着眼点是，根据权力大小决定的组织纵向关系，把整个企业组织按权力的关系划分为上、中、下三个层次。詹姆斯·穆尼(J. D. Mooney)和切斯特·巴纳德(Chester Barnard)对组织的概念提出了自己独到的见解。穆尼认为，组织是一种在一个协调的整体里，把具体的任务或者职能联系起来的技术。巴纳德认为，组织即协同努力，是人们有意识地调整共同活动或力量的系统。穆尼把组织看作是一个整体，巴纳德则把组织定义为一个系统。但两人都强调了整体或系统的内部联系和协同。这就把组织的内涵深化到其内部的相互关系。另外，强调了人是组织的重要因素，应该把组织结构与人的行为特性结合起来的新观念，而且他强调"两人以上"，这就从人的社会结合的角度提出了组织的起点，成为人们研究组织产生与发展的"路标"。

综合专家学者的观点，作为名词的组织概念可以做如下阐述：由具有合作意愿的人群为了实现共同的目标，按照一定的原则，通过组织设计，以特定的结构运行的一种集合体。

(一)管理学意义上的组织含义

我们可以从以下几点来加深对管理学意义上的组织含义的理解：

1. 组织是一个人的系统

该系统是由人建立的、以人为主体的具有特定功能的有机整体。

2. 组织内部有分工与协作

分工是为了提高组织的群体工作绩效，组织的本质在于协作，个体的人有机地聚集在一起，围绕目标协同开展具体活动从而形成组织。组织功能的产生是人类协作劳动的结果。

3. 组织都有特定的目标

目标是任何组织存在的前提，组织目标是组织前进的方向和动力，反映了组织的性质以及其存在的价值。

4. 组织有权责制度的设计

权责关系的统一，使组织内部形成反映其有机联系的不同的管理层次。这种联系是在分工协作的基础上形成的，是实现合理分工协作的保障。组织的规模对组织权责制度的设计与权责关系的处理影响很大。

(二)职能层面上的组织含义

在职能层面上，组织的含义是在组织目标确定的情况下，将实现组织目标所必须进行的各项活动加以分类组合，划分出不同的管理层次和部门，将监督各类活动所必需的职权授予各层次、各部门的主管人员，以及规定这些层次和部门之间相互配合关系的过程。

组织管理活动就是根据已经确定的组织目标，对必须进行的各项业务活动加以分类和组织，据此设计出不同的管理机构和部门，划分不同的管理层次，明确规定各个部门、机构、层次及人员的管理职责以及他们之间的相互协作关系，并加以合理授权的过程。

二、组织的功能和作用

组织的功能和作用，绝不是仅仅为了简单地把个体力量集合在一起。个体力量的集合可能是一盘散沙的聚集，也可能是一个团队的构建。团队的力量可以完成单独个体力量所无法完成的任务。

无论是自然界还是人类社会，组织的功能与作用都是显而易见的。以都是碳原子构成的石墨与金刚石为例：石墨的原子之间是层状结构，而金刚石的原子之间是独特的金刚石结构，由于原子间结构的差异，两者的力量和价值无法相提并论。同样，在社会系统内部，对人的力量所进行的组织不同，也完全可能造成不同的功效。

优良组织的基本功能，就是避免集合在一起的个体力量相互抵消，而寻求对个体力量进行汇聚和放大的效应。一个组织为了有效发挥和利用其人、财、物等资源，必须妥善地开展组织设计与变革工作。

所以，一个组织如果内部结构不合理，指挥失灵，人浮于事，内耗丛生，那么这样的组织势必难以完成目标。组织职能对于发挥集体力量、合理配置资源、提高劳动生产率具有重要的作用。组织的基本功能和作用可以概括为以下三个方面：

(一)组织力量的聚合作用

把分散的个体汇聚为整体，用“拧成一股绳”的力量去完成任务，这是组织力量汇聚作用的体现。在人类社会发展中，由于个人有所期望而又无力实现这一期望，于是就需要和他人相互合作，联合起来，共同行动。长期的实践，使人们有了发展这种合作、增进相互依存关系，并使这种关系科学化、合理化的要求。组织就是人们对于这种要求的认识和行动的结果。组织实际上是个人力量的一种汇集，可以用简单的公式表达为“1＋1＝2”。这种“相和”的效果在实际生活中比比皆是，如纤夫拉船就可以具体而生动地说明该效果。

(二)组织力量的放大作用

比力量汇聚的“相和”效果更进一步，良好的组织还能发挥相乘的效果。古希腊著名学者亚里士多德(Aristotle)曾提出这样一个命题：“整体大于各个部分的总和。”组织对汇聚起来的力量有放大或相乘的作用，就如同核裂变释放出来的能量一样。力量放大作用是在力量汇聚作用的基础上产生的，但不是简单的“1＋1＝2”，而是“1＋1＞2”。

对于组织而言，只有借助于组织力量的放大作用，才能取得产出远大于投入的经济效益。否则，总产出等于总投入，组织只能勉强维持下去，而无法取得盈余(利润)，就难以求得发展和壮大。

(三)个人与组织之间的交换作用

从个人的要素角度来看，个人之所以加入某一组织并对其投入一定的时间、精力和技能，就是想从组织中得到某种利益或报酬，以满足个人的需求。而组织之所以愿意对个人投入上述成本费用，则是希望个人能因此对组织有所贡献，以达到组织预定的目标。

从个人的立场看，往往会要求来自所服务组织的利益或报酬大于其对该组织所做出的投入。而从组织的立场看，它要求来自个人的贡献大于其为个人所投入的成本费用。这就必须借助组织活动的合成效应的发挥，使个人集合成的整体在总体力量上大于所有组成人员的个体力量的简单相加。

这样，个人与组织之间的关系，可以说是建立在一种相辅相成、平等交换的基础之上，形成双方都感到满意的关系。正因为此，人们将组织誉为与人、财、物三大生产要素并重的第四大要素。这一要素的成本费用相对较低，但它对组织所做的贡献可能远远超过其他三个要素。

三、组织工作的任务

组织的目标确定之后，如何使这些目标得以顺利实现，就需要制定并保持一种职务系统，使组织中的每一个人清楚自己在集体工作中应有的作用以及他们相互之间是怎样的关系，使他们能十分有效地在一起工作。

正是在这个意义上，我们把组织工作的任务看作是：

(1)明确完成目标所需的活动并加以分类；

(2)对为实现目标所需的活动进行分组；

(3)把各个组分派给有必要权力的管理者来领导(授权)；

(4)对组织结构中的横向方面以及纵向方面制定关于协调的规定；

(5)根据企业环境的变化和组织战略的发展对组织结构进行变革。

通过这些工作，使人们明确谁去做什么，谁要对什么结果负责，并消除由于分工不清所造成的实施中的障碍，同时提供能反映和支持组织目标的决策信息和沟通网络。简言之，组织工作有三大任务：组织设计、组织运行以及组织变革。

第二节　组织设计

一、组织结构与组织设计的含义

组织结构是对完成组织目标的人员、工作、技术和信息所做的制度性安排，是组织的基本架构。组织结构是一个组织的载体和支撑。一个组织要能够高效率地正常运转，必须有一个分工明确、责权利清晰而且能协作配合的组织结构。

组织结构在组织工作中的作用，随着组织规模的扩大和业务关系的复杂而日益显著。在企业发展的初期，由于其规模及复杂性相对较小，分工也比较简单，尚未形成职能完整、相对严密的组织结构，管理职能向上集中，并且管理者大多是企业家或者少数技术型的管理人才，管理者因为在该组织中有一定的权威性而被任命为领导者，这个阶段的管理属于技术纽带型，管理者的管理多从个人经验出发，管理具有一定的随机性和不确定性。随着管理科学的发展以及现代企业的大型化和复杂化，对管理逐渐提出了新的更高的要求。众多管理者从不同角度对组织结构进行了许多有益的探索。随着系统论、数学技术以及计算机网络技术在管理领域的应用，组织结构的作用凸显，组织结构的设计工作就显得尤为重要。

组织设计是以组织结构安排为核心的组织系统的整体设计工作，是对组织的结构和活动进行创构、变革和再设计。组织设计是一项操作性很强的工作，它是在组织理论的指导下进行的。

二、组织设计的必要性

随着外部环境条件的变化，单一封闭式的组织设计模式往往会导致组织的僵化，这就必须以系统、动态权变式的观点来理解和重新设计新的组织。在权变思想的指导下，组织被设计成一个开放系统，它不断与外部环境进行资源和信息的交换，不断进行组织内部各种关系的调整，从而保持组织的灵活性和适应性。

组织设计的目的就是要通过创建柔性灵活的组织，动态地反映外在环境变化的要求，并且能够在组织演化成长的过程中，有效积聚新的组织资源要素，同时协调好组织中各部门间的人员与任务间的关系，使员工明确自己在组织中应有的权力和应负的责任，有效地保证组织活动的开展，最终保证组织目标的实现。

三、组织设计的任务和原则

(一)组织设计的任务

组织设计的任务是设计清晰的组织结构，规划和设计组织内各部门的职能和职权，确定组织中的职能和职权，参谋职权、直线职权的活动范围并编制职务说明书。如表 8—1 所示。

组织结构具有复杂性、规范性和集权性三个特征。

1. 复杂性

复杂性是指组织分化的程度。每一个组织内部的专业化分工程度、组织层级、管理幅度以及人员之间、部门之间的关系，存在着巨大差别性。

2. 规范性

规范性(正规化)是指组织依靠规则和程序引导员工行为的程度。有些组织的规范准则较少，其正规化的程度就较小；而另一些组织，规模虽然很小，但具有各种规定，指示员工可以做什么和不可以做什么，这种组织的规范性程度较高。

3. 集权性

集权性是指组织在决策时正式权力在管理层级中分布与集中的程度(决策制定权力的集中程度)。在一些组织中，决策是高度集中的，问题自下而上传递给高层管理人员，由他们制订行动方案，是集权；而另外一些组织授予下层人员更多决策权力，则是分权。

表 8—1　　某企业总经理职务说明书

一、基本资料

1. 职务名称：总经理　　2. 直接上级职位：董事长
3. 辖员人数：4　　4. 定员人数：1

二、工作概要

1. 工作摘要

拟订公司发展规划和经营目标，主持日常经营管理，实施董事会决议，签订合同，任免高级经理

2. 职务说明

编号	工作任务的内容	权限	管制基准	工作规范号
1	拟订公司发展规划和经营目标	需报审后承办		
2	主持日常经营管理	承办		
3	实施董事会决议	承办		
4	签订合同	承办		
5	任免高级经理	承办		
6	研究经营法规，协调外部关系	承办		
7	塑造企业形象，确立企业文化	承办		

三、任职资格

1. 学历要求

所需最低学历	专业
大学本科	管理

2. 所需技能培训

培训科目	培训期限
人力资源管理、战略管理、市场营销、财务管理、公共关系、生产管理、质量管理、管理心理学	2 年
国家薪资、福利政策、劳动政策	半年

3. 工作经验要求

从事管理工作 3 年以上

4. 职位关系

可直接晋升的职位	董事

资料来源：http://www.hroot.com/hrtools/HRform/17.doc.

(二)组织设计的原则

组织设计应该遵循一些基本原则，这些原则都是在长期管理实践中的经验积累，应该为组织设计者所重视。

1. 专业化分工原则

专业化分工是组织设计的基本原则。专业化分工就是要把企业活动的特点和参与企业活动的员工的特点结合起来，把每个员工都安排在适当的领域中积累知识、发展技能，从而不断提高工作的效率。

根据美国学者泰勒的观点，专业化分工的原则不仅适用于生产劳动领域，而且适用于管理劳动领域。管理劳动的专业化分工不仅有助于提高管理者的管理劳动生产率，而且有助于对需要履行不同职能的专职管理人员的培养。

从某种意义上说，企业组织设计就是对管理人员的管理劳动进行分工：部门设计是根据相关性或相似性的标准对不同部门的管理人员的管理劳动进行横向分工；层级设计则是根据相对集权或相对分权的原则把与资源配置方向或方式选择相关的权力在不同层级的管理机构或岗位间进行纵向的安排。

2. 目标至上原则

组织结构只是实现组织目标的手段，组织机构只是落实组织机能或职能的工具。一个组织在进行组织设计工作时，无论决定选取何种形式的组织结构，都必须服从并服务于组织目标实现的需要。组织在一定时期内所要实现和开展的战略目标、核心职能，往往对组织结构形式与构成起着决定性作用。对组织特定目标和职能的关注应该贯穿到组织设计和变革工作的全过程。

3. 管理幅度原则

管理幅度原则要求一个领导者要有适当的管理幅度。在同样规模的组织中，管理幅度扩大可使管理层减少，加快信息传递，减少信息失真，从而使高层领导尽快发现问题，及时采取措施；管理层次减少，管理人员亦随之减少，可以降低管理费用的支出。因此，希望在能够有效管理的情况下尽量扩大管理幅度。但是，这并不是说管理幅度越大越好，因为管理幅度过大，上级主管需要协调的工作量就会增大，就不能对每位下属进行充分、有效的指挥和监督，从而导致组织因失控而失败。

4. 统一指挥原则

统一指挥是组织设计中的一条重要原则。组织内部的分工越细，统一指挥原则对于保证组织目标实现的作用就越重要。统一指挥原则的实质，就是在管理工作中实行统一领导，建立起严格的责任制，消除多头领导、政出多门的现象，保证全部活动的有效领导和正常工作。下级组织只能接受一个上级组织的命令和指挥，上级不能越级指挥下级，以维护下级组织的领导权威，职能部门一般只能作为同级直线领导的参谋，不能直接发号施令。

5. 责权利对等原则

有了合理的分工，也就明确了每个岗位的职责，即承担某一岗位职务的管理者，必须对该岗位所规定的工作完全负责。但要做到对工作完全负责就必须授予管理者相应的权力。因为组织中任何一项工作都需要利用一定的人、财、物等资源，还必须规定相应取得和利用人力、物力和财务的权力。没有明确的权力，或权力应用范围小于工作的要求，则可能使责任无法履行，任务无法完成。当然，对等的权责也意味着要赋予某位置权力不能超过其应负的职责，否则会导致不负责任地滥用职权，甚至会危及整个组织系统的运行。完全负责也就意味着责任者要承担全部风险，而要求管理者承担风险，就必须给其与风险相对应的收益作为补偿，否则，责任者就不会愿意承担这种风险。

6. 柔性经济原则

所谓“组织的柔性”，是指组织的各个部门、个人都是可以根据组织内外环境的变化而进行灵活调整和变动的。组织的结构应当保持一定的柔性，以减小组织变革所造成的冲击和震荡。所谓“组织的经济”，是指组织的管理层次与幅度、人员结构以及部门工作流程必须设计合理，以达到管理的高效率。组织的柔性与经济是相辅相成的，一个柔性的组织必须符合经济的原则，而一个经济的组织又必须使组织保持柔性。只有这样，才能保证组织机构既精简又高效，避免形式主义和官僚主义作风的滋长和蔓延。

四、组织设计的影响因素

管理学者西拉季(Shiraz)等人认为，影响组织设计的因素有四个，即环境、战略、技术、规模与生命周期。

(一)环境的影响

环境包括一般环境和特定环境两部分。一般环境包括对组织管理目标产生间接影响的诸如经济、政治、社会文化以及技术等环境条件，这些条件最终会影响组织现行的管理实践。特定环境包括对组织管理目标产生直接影响的如政府、顾客、竞争对手、供应商等具体环境条件，这些条件对每个组织而言都是不同的，并且会随一般环境条件的变化而变化，两者具有互动性。环境的复杂性和变动性决定了环境的不确定性，当环境由简单的稳定态向复杂的变动态转移时，环境的信息不完整性也逐渐增强，管理决策过程中的不确定因素也大为增强。只有那种与外部环境相适应的组织结构，才有可能成为有效的组织结构。

组织设计者可以通过以下几种原则性方法提高组织对环境的应变性：

(1)对传统的职位和职能部门进行相应的调整;

(2)根据外部环境的不确定程度设计不同类型的组织结构;

(3)根据组织的差别性、整合性程度设计不同的组织结构;

(4)通过加强计划和对环境的预测减少不确定性;

(5)通过组织间合作尽量减轻组织自身要素资源对环境的过度依赖性。

机械式组织与有机式组织:机械式组织是传统设计原则的产物,它具有严格的结构层次和固定的职责,强调高度的正规化,有正式的沟通渠道,决策常采用集权形式。有机式组织是现代设计原则的产物,它强调纵向和横向的合作,职责常常根据需要进行不断的调整,更多地依靠非正式渠道进行沟通,决策常采用分权形式。

从本质上说,机械式组织在稳定的环境中最有效,有机式组织则与动态的、不确定性强的环境最匹配。

(二)战略的影响

组织结构是帮助管理者实现其组织目标的手段,而目标产生于组织的总战略,所以,组织结构必须与战略紧密配合,而且结构应服从于战略。战略的重大调整意味着组织结构的调整,即公司的战略变化先行于并导致组织结构的变化。

战略是指决定和影响组织活动性质及根本方向的总目标,以及实现这一总目标的路径和方法。组织结构应因战略而异。

战略发展有四个不同阶段,每个阶段应有与之相适应的组织结构。

第一阶段为数量扩大阶段,在这个阶段,组织面临的战略是如何扩大规模。

第二阶段为地区开拓阶段,即组织随着向各地区开拓业务,为了把分布在不同地区的同行业组织有机地组合起来,就产生了协调、标准化和专业化的问题。

第三阶段为纵向联合发展阶段,即在同一行业发展的基础上进一步向其他领域延伸扩展。

第四阶段为产品多样化阶段,即为了在原产品的主要市场开始衰落之前,开展产品或者服务多样化的设计与推广。这种战略的组织结构要考虑对新产品与新服务的评价和考核,主要考虑对资源的分配以及部门的划分、协调等问题。

研究发现,许多经营成功的公司,如保持在单一行业内发展,偏好采用集权职能结构,而那些实施多角化经营的公司,一般采用分权事业部结构。

迈尔斯(Miles)和斯诺(Snow)进一步考虑外部环境中不确定因素对决策的影响,形象地总结了四种战略类型以及相关的组织结构类型。

1. 防御者型

采用这种战略类型的组织一般处于比较稳定的环境之中,决策者通过高度的集权和专业化分工以及程序化、标准化作业活动使组织稳固地发展,并据此防御竞争对手。这类组织结构由于具有严密的层级控制系统和高度的部门分工差异性,组织的目标稳定而富有效率。

2. 风险者型

采用这种战略类型的组织一般处于动荡变化的环境之中,决策者需要不断地开发新产品,寻找新市场,组织的目标可以灵活地加以调整,这必然要冒更大的市场风险。组织必须依靠建构更加柔性、分权化的组织结构,使各类人才和各个部门都有充分的决策自主权,最终能够对市场的最新需求做出灵活的反应。

3. 分析者型

采用这种战略类型的组织所处的环境也是动荡不定的,但决策者的目标比较灵活,尽可能使风险最小而收益最大。这类组织一方面要稳定现有产品的市场份额，即需要实行规范化、标准化、程序化的作业保证市场供给；另一方面，组织又需要跟踪分析更富有市场竞争力的新产品，及时跟进，这时，需要通过建构柔性灵活分权化的组织结构，随时对外在环境的变化做出反应。

4. 反应者型

采用这种战略类型的组织一般也是处于动荡变化的环境之中，但限于决策者的市场判断能力、内部管理能力、主动应变能力，组织者很难及时对外在环境变化做出反应，只能采用被动反应的战略以应对环境的不确定性。这种战略很明显是低效率的，组织往往面临强大的变革压力。

(三)技术的影响

技术是指把资源转化为最终产品或服务的机械力和智力的转换过程(是一个组织将投入转化为产出的方法、手段和过程)。在这一过程中，组织的资源(人、财、物等)以一定的方式被组合到一定类型的活动中。任何组织都需要通过技术将投入转换为产出，因此，组织的设计就需要因技术的变化而变化。

对技术作为结构设计影响因素的最初兴趣，可追溯到一位名叫琼·伍德沃德(Joan Woodward)的英国学者。她首先按生产进行的规模将调查的100家企业划分为三种类型，反映三种不同的技术，它们在技术复杂程度上渐次提高。第一种，单件小批量生产(单件生产)——生产单件或小批量生产；第二种，大批量生产——大批和大量生产；第三种，流程生产(连续生产)——反映连续流程的生产。如表8—2所示。

表8—2　　组织结构特征与技术类型的关系

组织结构特征 \ 技术类型	单件小批量生产	大批量生产	流程生产
纵向管理层级	3	4	6
高层管理人员的控制幅度	4	7	10
基层管理人员的控制幅度	23	48	15
管理人员与一般人员的比例	1∶23	1∶16	1∶8
技术人员的比例	高	低	高
规范化程度	低	高	低
集权化程度	低	高	低
复杂化程度	低	高	低
总体结构	有机	机械	有机

伍德沃德得出这样的结论：随着技术复杂程度的提高，企业组织结构复杂程度也相应提高，管理层级数、管理人员同一般人员的比例以及高层管理者的控制幅度亦随之增加。单件生产或连续生产的企业，采用有机式结构最为有效；而大量生产的企业若与机械式结构相配，则为最佳状态。

(四)规模与生命周期的影响

规模是影响组织结构组成重要的因素。当组织业务呈现扩张趋势，组织员工增加，管理层次增多，组织专业化程度不断提高时，组织的复杂化程度也不断提高。

组织的规模对其结构有明显的影响，但是这种影响不是线性的。一般来说，随着组织规模的扩大，规模对结构的影响强度逐渐下降。规模越大，越专门化、标准化，规章制度越多，分权程度越高,越正规。

大型组织与小型组织在组织结构上的区别主要体现在以下几个方面:(1)规范化程度;(2)集权化程度;(3)复杂化程度;(4)人员结构比率。

帕金森定律认为,由于各种原因,受到激励的管理者往往会增加更多的管理者,包括建构自己的帝国大厦以巩固他们的地位。研究表明,在迅速成长的组织中,管理人员要比其他人员增幅大得多,在组织衰退过程中,管理人员要比其他人员减幅小得多。也有研究表明,随着组织规模的扩大,管理人员的比率是下降的而其他人员的比率则是上升的。

组织的演化呈现出明显的生命周期特征。像任何机体一样,组织也有其生命周期。葛瑞纳(Greiner)最早提出企业生命周期理论,认为企业的成长如同生物的成长一样要经过诞生、成长和衰退几个过程。

罗伯特·E. 奎因(Robert E. Quinn)和金·卡梅隆(Kim Gameron)把组织的生命周期划为以下四个阶段:

1. 创业阶段

起初,组织是小规模的、非官僚制的和非规范化的。高层管理者制定组织结构框架并控制整个运行系统,组织的精力放在生存和单一产品的生产和服务上。随着组织的成长,组织需要及时调整产品结构,这就必然会产生调整组织结构和调换更具能力的高层管理者的压力。

2. 集合阶段

这是组织发展的成长期。组织在调换了高层主管之后便会明确新的目标和方向,此时便进入了迅速成长期,员工受到不断激励之后也开始与组织的使命保持一致,尽管某些职能部门已经建立或调整,可能也已开始程序化工作,但组织结构可能仍然欠规范合理。一个突出的矛盾是,高层主管往往居功自傲,迟迟不愿放权,组织面临的任务是如何使基层的管理者更好地开展工作,如何在放权之后协调和控制好各部门的工作。

3. 规范化阶段

组织进入成熟期之后就会出现官僚制特征。组织可能会大量增加人员,并通过建构清晰的层级制和专业化劳动分工进行规范化、程序化工作。组织的主要目标是提高内部的稳定性和扩大市场。组织往往会通过建立独立研究和开发部门来实现创新,这又使得创新的范围受到了限制,因此,高层管理者不仅要懂得如何通过授权调动各个层级管理者的积极性,还要能够不失控制。

4. 精细阶段

成熟的组织往往显得规模巨大和官僚化,继续演化可能会使组织步入僵化的衰退期。这时,组织管理者可能会尝试跨越部门界限组建团队来提高组织的效率,阻止进一步的官僚化。如果绩效仍不明显,必须考虑更换在职的管理者并进行组织重构,以重塑组织的形象;否则,组织的发展将会受到很大的限制。

五、组织的部门化

随着组织规模的扩大和生产经营活动的复杂化,组织业务活动种类越来越多,所涉及的专业领域越来越广。因此,为了提高工作效率,管理者就必须在劳动分工的基础上,把各项活动进行归类,使性质相同或相似的工作合并到一起组成单位,这样便形成了一个个专业化的部门。部门划分是组织的横向分工。组织的部门化是按照职能相似性、任务活动相似性或关系紧密性的原则把组织中的专业技能人员分类集合在一个部门内,然后配以专职的管理人员来协调领导，统一指挥。

【拓展知识】　　斯特劳斯公司的组织部门化

（一）组织部门化的基本原则

要想有效、合理地集合组织资源，安排好组织内全部的业务活动，必须提供一些基本的指导原则，使组织部门化能够具备科学性和可操作性。

1. 因事设职和因人设职相结合原则

为了保证组织目标的实现，必须将组织活动落实到每一个具体的部门和岗位上去，确保“事事有人做”。另外，组织中的每一项活动终归要由人去完成，组织部门设计就必须考虑人员的配置情况，使得“人尽其能，人尽其用”，也就是“人人有事做”。

2. 分工与协作相结合原则

分工是把组织的目标和任务分解到各个层次，各部门以及每个人，通过分工，人们可以专心从事某一工作，以便提高工作效率。分工越来越细是现代社会和现代组织的一个主要特征。而有分工就必须有协调、有合作，很多工作不是一个人甚至一个部门能够独立完成的，所以，目标的完成还必须建立在相互配合的基础上。分工与协作是相辅相成的，只有分工没有协作，分工就失去了意义；而如果没有分工，就谈不上协作。

3. 精简高效原则

部门精简高效是每一个部门设计者所追求的理想效果。要精简一切可有可无的机构，剔除多余的或不能胜任工作的人员，以精简的机构、精炼的人员，进行低成本、高效能的运转。机构臃肿、层次重叠、人浮于事、冗员众多是现在组织常见的毛病。这必然造成相互推诿，相互扯皮，不讲实绩，脱离群众，高高在上，从而大大降低了组织的效能。部门设计应在保证组织目标能够实现的前提下，力求人员配置和部门配置精简合理，不仅要做到“事事有人做”，而且要“人人有事做”，工作任务充裕饱满，部门活动紧密有序。

（二）组织部门化的基本形式

1. 职能部门化

职能部门化就是按照生产、财务管理、营销、人事、研发等基本活动相似或技能相似的要求，分类设立专门的管理部门。这种划分方法是组织最广泛采用的一种方法。如图 8—1 所示。

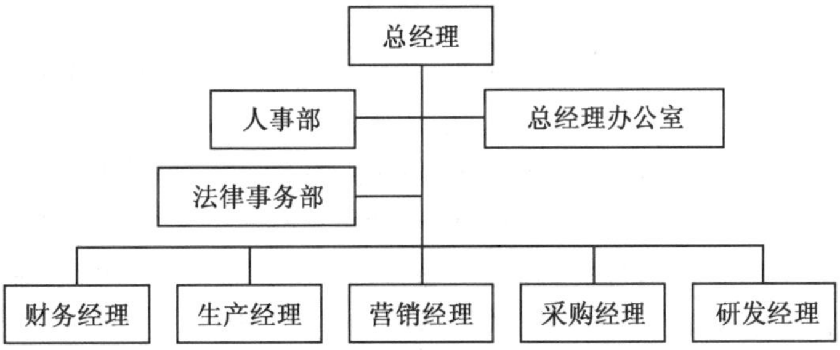

图 8—1　按职能划分的部门化组织图

优点：有利于提高管理的专业化程度；各部门及管理人员只需熟悉相对较窄的一些业务技能，简化了训练工作，也较易监管指导（有利于提高管理人员的技术水平和管理水平）；强化了专业权力的集中，有利于组织上层加强对组织整体活动的控制。

缺点：一是易导致所谓的“隧道视野”现象，即除了自身领域外，其他什么也看不见。部门可能会出现本位主义。二是部门间横向沟通协调产生一定困难。三是可能使决策及执行变得更为缓慢，并且容易产生官僚主义。四是不利于高级管理人员的全面培养和提高。

适用：品种单一、规模较小的企业。

2. 产品或服务部门化

在品种单一、规模较小的企业，按职能进行组织分工是理想的部门化形势。然而，随着企业的进一步成长和发展，企业面临着增加产品线和扩大生产规模以获取规模经济和范围经济的经营压力，管理组织的工作也将变得日益复杂。这时，有必要按业务活动的结果为标准来重新划分企业的活动。按照产品或服务的要求对企业活动进行分组，即产品或服务部门化，就是一种典型的结果划分法。如图 8—2 所示。

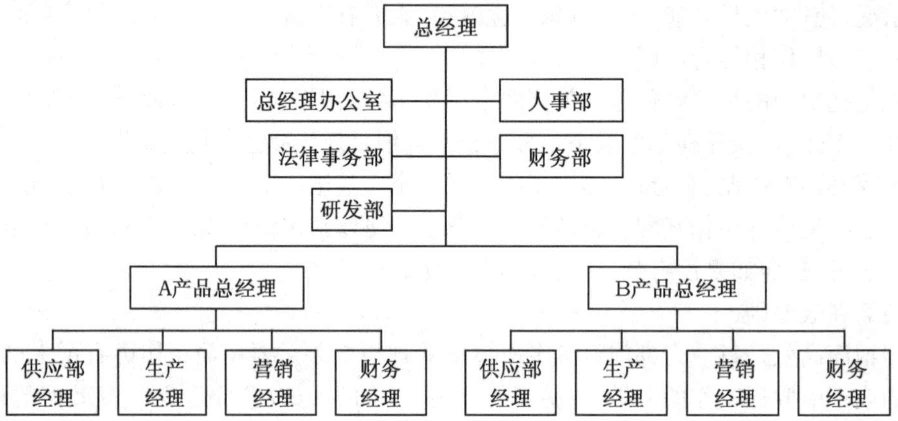

图 8—2 按产品或服务划分的部门化组织图

优点：各部门会专注于产品的经营，提高专业化经营的效率水平，这不仅有助于促进不同产品和服务项目间的合理竞争，而且有助于比较不同部门对企业的贡献，有助于决策部门加强对产品与服务的指导和调整。这种分工也为“多面手”式的管理人才提供了较好的成长条件。

缺点：需要更多的人具有全面的管理能力，各部门独立性强而整体性较差。机构重叠会导致管理费用的增加。

适用：有一定产品线和生产规模的企业。

3. 地域部门化（地区）

地域部门化就是按照地域的分散化程度划分企业的业务活动，继而设置管理部门管理其业务活动。如图 8—3 所示。

优点：把不同地区的业务和职责划归不同部门全权负责，有利于各部门因地制宜制定政策，进行决策，提高管理的适应性和有效性，还有利于培养独当一面的管理人才。

缺点：需要更多具有全面管理能力的人，地区部门之间不易协调。控制起来相对较难，各地区也可能存在职能机构设置重叠而导致管理成本过高的问题。

适用：大型企业跨越地域开拓外部市场。

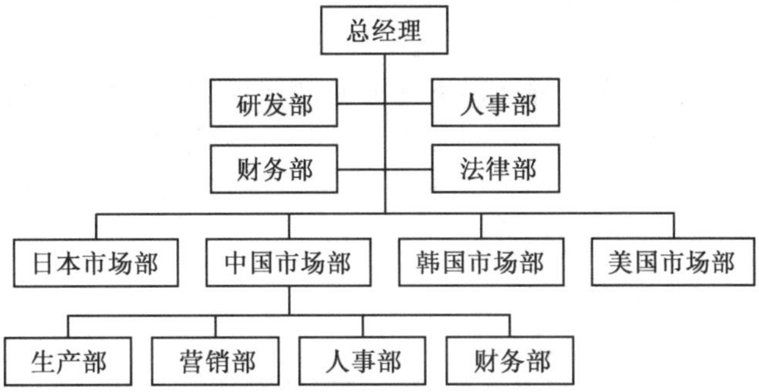

图 8—3　按地域划分的部门化组织图

4. 顾客部门化(服务对象)

顾客部门化就是根据目标顾客的不同利益需求来划分组织的业务活动。如商场,老人用品部、儿童服装部等;学校,研究生、本科生、专科生、函授生、夜大生等。如图 8—4 所示。

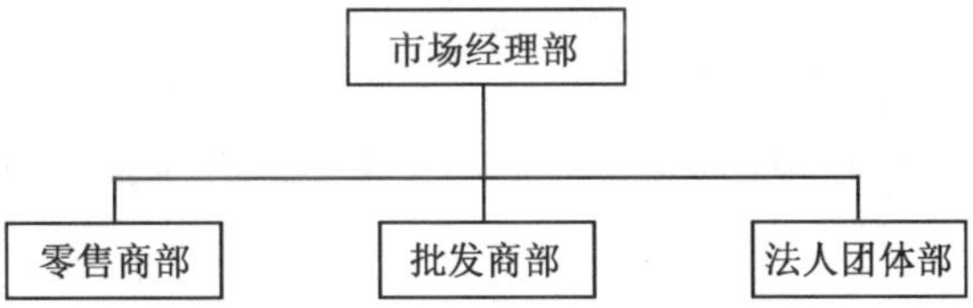

图 8—4　按顾客划分的部门化组织图

优点:可以满足目标顾客各种特殊而广泛的需求,有效获得顾客的意见反馈,有利于企业改进工作;能使企业不断满足顾客需求,也易发挥在特定用户领域专职人员的专长。

缺点:顾客需求偏好的转移,可能使企业无法时刻都能掌握顾客的需求并分类,有可能带来不同顾客的需求矛盾在总体协调上的困难,结果会造成产品或服务结构的不合理,影响对顾客需求的满足。

适用:有多种顾客群的企业。

5. 流程部门化(程序、过程、工艺)

流程部门化就是按照工作或业务流程来划分部门。例如,在机械制造企业中,生产过程常被分为铸造、锻压、机加工和装配等阶段,进而按阶段来设立车间和部门。如图 8—5 所示。

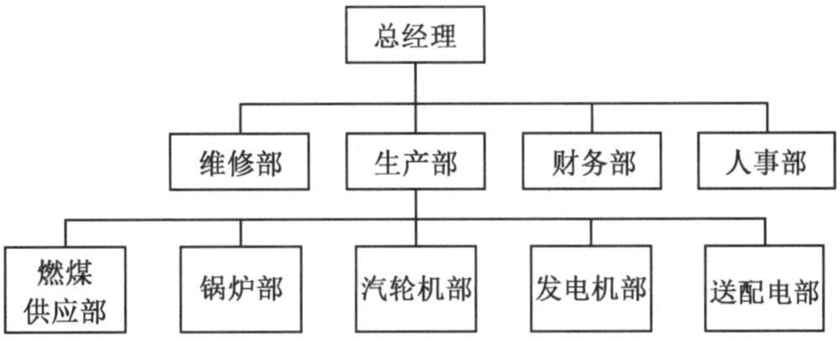

图 8—5　按流程划分的部门化组织图

优点:组织能够充分发挥集中的技术优势,易于协调管理,对市场需求的变动也能够快捷反应，容易取得较明显的集合优势。另外，也简化了培训，容易在组织内形成良好的相互学习的氛围。

缺点：部门之间的紧密协作有可能得不到贯彻，也会产生部门间的利益冲突。另外，权责相对集中，不利于培养"多面手"式的管理人才。如果一个部门发生问题，将直接影响到整个组织目标的完成。这就要求各个部门的工作要同步进行，并要有良好的监督、沟通、反馈、控制、协调系统，以便在需要时及时做出调整。

适用：流程间有密切联系的企业。

6. 矩阵型结构

矩阵型结构是由纵横两套管理系统组成的矩形组织结构，一套是纵向的管理职能系统，另一套是为完成某项任务而组成的横向项目系统，横向和纵向的职权具有平衡对等性。矩阵型结构打破了统一指挥的传统原则，它有多重指挥线。当组织面临较高的环境不确定性，组织目标需要同时反映技术和产品双重要求时，矩阵型结构应该是一种理想的组织形式。如图 8－6 所示。

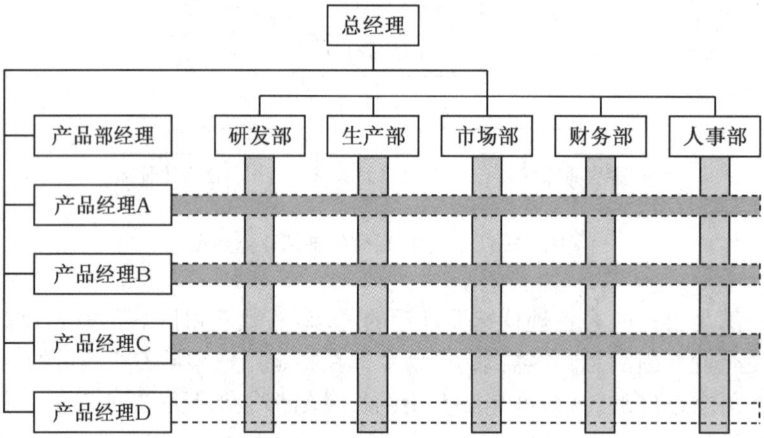

图 8－6　矩阵型组织结构示意图

优点：机动、灵活，弹性大；部门之间相互沟通、融合，提高了工作效率；组织中横向和纵向联系紧密；调动项目成员的积极性，增强责任感。

缺点：项目负责人的责任大于权力，指挥上的双重性，小组成员易产生临时观念。

适用：大型横向协作项目和攻关项目。

六、组织的层级化

组织的层级化是指组织在纵向结构设计中需要确定层级数目和有效的管理幅度，需要根据组织集权化的程度，规定纵向各层级之间的权责关系，最终形成一个能够对内外环境要求做出动态反应的有效的组织结构形式。

(一)组织的层级化与管理幅度

1. 管理幅度与组织层级的互动性

管理幅度是指一个主管能够直接有效地指挥下属成员的数目(一名主管能有效领导其直接下属的人数)。换句话说，管理幅度指的是有多少人共同向同一主管领导汇报工作。

随着管理幅度以算术级数增加，管理者和下属间可能存在相互交往的人际关系数呈几何级数增加。尽管这么多的人际关系影响有大有小，也不可能在同一时段同时出现，但是，管理人员在确定管理幅度时不得不要考虑这种复杂的关系。

在一个部门的人员数量一定的情况下（规模一定），管理层次和管理幅度成反比。管理幅度越大，管理层次越少；管理幅度越小，管理层次越多。

由此可见，管理幅度的大小在很大程度上制约了管理层次的多少。如果管理幅度太小，管理层次太多，管理成本就很大。假设有两个组织，它们的业务人员均为 4 096 人，如图 8—7 所示。假定一个组织幅度为 4，另一个组织幅度为 8，幅度大的组织就可减少 2 个管理层，大约精简 800 名管理人员。假设每名管理人员平均年薪为 3 万元，则加宽管理幅度后将使组织在管理人员工资上每年节省 2 400 万元。但随着管理幅度的增大，相互联系的总量急剧增加，组织内部的关系变得错综复杂，管理工作也变得更加复杂。所以，需要科学地确定管理幅度问题。那么，管理幅度多少比较合适呢？长期调查研究并未找出一个理想的通用方案，依然莫衷一是。

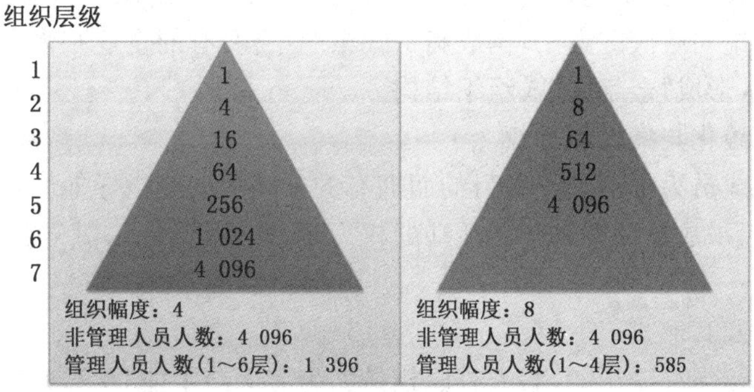

图 8—7　组织幅度与组织层级比较

2. 影响管理幅度的因素

（1）主管人员及其下属的素质和能力。

如果组织的领导者具有较强的领导能力，能够受到组织成员的尊重和拥护，善于处理各类问题，从而减少上下级关系的频繁接触和接触时间，那么管理幅度可以加大。如果被管理者训练有素，有较强的独立工作能力和丰富的工作经验，就可以减轻管理者的负担，管理幅度也可适当加大。

（2）工作的内容和性质。

如果工作性质复杂，需要管理者与下属经常保持直接联系，管理幅度就应当小一些。如果仅是完成简单的工作，就允许有较宽的管理幅度。例如，博导 2 人，硕导 10 人，本科教师 100 人（下属工作的相似性）。

（3）计划的完善程度。

如要计划制订得比较好，对工作的分派、步骤及其衔接中可能出现的问题事先都能有所考虑，计划的执行就会比较顺利，协调和控制的工作量就可能减少，管理幅度可以加大。

（4）授权。

适当和充分的授权可以减少主管人员与下属之间接触的次数和密度，节约主管的时间和精力，幅度可适当加大。领导者对下属进行管理，很重要的一条是授权要明确：第一是布置任务要明确、具体,使下属知道干什么、怎么干;第二是在下达任务的同时要明确地授予相应的权力;第三是授予下级的权力应与其能力相符合。如果这三点都做得好,则管理幅度可以加大。如果不授权、授权不足、授权不当或授权不明确,就需主管进行大量指导和监督,因而幅度不会大。

(5)工作环境的稳定性。

稳定的环境一般来讲其政策都能保持较强的稳定性,本身很少变革,这样的组织管理幅度可以很大(如罗马天主教);环境变化快,组织遇到的问题就多,变革的速度也快,主管对下属的指导时间和精力耗费也就越多,幅度不会大。

另外,助手的配备情况、信息反馈情况等因素也影响着管理幅度。

由于管理幅度的限制,当组织的人员规模达到一定程度时,即当组织的人员规模突破管理幅度的限度时,就需要而且必须划分出不同的管理层次。这样,组织就由有阶层的单位组织构成,即形成了组织的纵向层次结构。层次较多之后,人们形象地称其为“金字塔”式的组织结构。

在组织管理过程中,要正确处理好管理幅度与组织层次之间的关系问题。有的企业用扩大管理幅度和减少组织层次的方法,构成扁平式组织结构;有的企业则采用缩小管理幅度和增加组织层次的方法,形成“金字塔”式组织结构。

(二)组织的层级化与集权和分权

权力是指组织成员为了达到组织目的而拥有的开展活动或指导他们行动的权力。在一个组织中,任何一个组织成员都拥有开展活动的权力,但作为管理者,其还拥有指挥他人行动的特殊权力。

1. 职权的来源及其形式

传统观念认为权力是授予的,某人有职权是因为有人给了他职权,如股东的权力来源于股东大会。巴纳德提出的“权威接受理论”认为,权力来源下属接受指挥的意愿。管理者可以对下属发号施令,并对不服从命令的人员施以惩罚,但当下属不为之所动时,管理者也就无可奈何。只有当下属接受其指挥时,管理者的权力才能形成。实际上职权来自下属的观点,把职权与管理者影响其下属接受职权的能力即权威或威信也考虑进去了。

职权可分为三种形式:

(1)直线职权。

直线职权是指上级指挥下级的权力,上下级之间的命令与被命令关系,与组织等级链相联系。在组织等级链上的管理者一般都拥有直线权力,其一方面接受上级指挥,另一方面又指挥下级。

(2)参谋职权。

参谋职权是指组织成员所拥有的向管理者提供咨询或建议的权力,属于参谋性质。组织中的任何成员都拥有参谋权力,管理者也会设置专门的参谋人员协助管理。参谋职权实际上是一种辅助性的职权。

(3)职能职权。

职能职权是指某人员或部门根据高层管理人员的授权而拥有对其他部门的人员直接指挥的权力,但这种有限的权力只有在被授权的职能范围内有效。

这三种职权都不限于特定类型部门的管理人员。

(1)参谋人员的专业知识水平比管理者相对较高,要求参谋的建议具有较高的创新性。

当直线权力与参谋权力间出现矛盾时，可采用“参谋建议，直线指挥”，参谋的建议权，不能干预直线人员权力范围内的活动；次序有先后，“先参谋，后指挥”，直线人员在执行决策前可避免重大损失，事先征求参谋人员的建议。

(2)直线人员有大权，职能有特权。

在一个组织中，直线人员拥有除上层直线人员赋予的职能部门的职能权力以外的大部分直线权力；职能部门的管理人员除拥有本部门下属的直线权力外，还拥有上层赋予的特定权力，可以在其职能范围之内对其他部门及其下属部门发号施令。

一般而言，直线权力范围大，职能权力范围小；直线人员拥有指挥权，但职权范围内只能遵从职能部门的安排，职能部门也必须在职权范围内执行，不能超出职权范围。

2.组织层级化中的权力来源与分配

权力通常被描述成一种能够影响决策的个人能力，它反映了组织中人与人之间的某种关系。在一个层级化的组织中，处在某个管理岗位上的人必然对整个组织或所辖单位及其人员具有某种潜在或显在的影响力，这种影响力就是权力。

权力与职权并不完全相同。职权是权力的部分集合，也就是说，职权固然可以影响决策，但是影响决策的力量不一定来自职权。一个人可以不必拥有职权但可以拥有权力。按照约翰・弗伦奇(John French)和伯特伦・雷文(Bertram Raven)等人的划分方法，权力可以分为强制权力(使用威胁、恐吓等压力控制手段对他人施加影响的一种权力)，奖励权力(通过报酬、晋升、表扬的功能奖赏手段对他人施加影响的一种权力)，合法权力(在正式层级组织中由于占据某一职位所得到的一种权力)，专家权力(通过个人专长、特殊技能或知识获取的一种影响力)和感召权力(一个人所拥有的独特智谋或个人品质对他人产生的一种独特影响力，能使人产生一种深刻的倾慕和认同心理)。

3.组织层级化设计中的集权与分权

(1)集权与分权的含义。

集权是指决策权在组织系统中较高层次的一定程度的集中。在组织领导层，下级部门和机构只能依据上级的决定、法令和指示办事，一切行动听上级指挥。管理实践证明，组织目标的一致性必然要求组织行动的统一性，可见，集权是必要的。但是，权力的绝对集中是不妥当的，一定程度上的职权分散，是一切组织的基本特征。

分权是指决策权在组织系统中较低层次的一定程度的分散。组织领导层把其决策权分配给下级组织机构和部门的负责人，以使其能够行使这些权力，支配组织某些资源，自主解决某些问题，完成其工作职责。在组织内部要实行分工，就必须分权，但是，绝对的分权，把权力绝对分散，势必造成组织的解体，形成无组织的局面。

某种程度的分权和集权，对组织都是需要的。集权与分权是相对的。绝对的集权或绝对的分权都是不可能的。如果最高主管把他所拥有的职权全部委派给下属，那么他作为管理者的身份就不复存在，组织也不复存在。因此，某种程度的集权对组织来讲是必要的。如果最高主管把权力都集中在自己手里，就意味着他没有下属，因而也就不存在组织。因此，某种程度的分权同样是组织所需要的。在组织中，集权和分权只是个程度问题。应该由下级获得的权力而过于集中，会导致上级“擅权”；应该由上级掌握的权力而过于分散，会导致上级“失职”。

集权的优点：统一指挥、统一协调、直接控制；

集权的缺点：高层管理忙于事务之中，限制下级积极性的发挥。

(2)集权与分权的标志。

衡量分权程度的标志主要有四个：

①决策的数量。

组织中较低管理层次做出决策的数量或频度越大，则分权程度越高。

②决策的范围。

组织中较低层次决策的范围越广，涉及的职能越多，则分权程度越高。

③决策的重要性。

组织中较低层次做出的决策越重要，涉及的费用越多，则分权程度越高。

④决策的审核。

组织中较低层次做出的决策，上级要求审核的程度越低，这个组织的分权程度越高；如果根本不要求审核，分权的程度最高；如果做出决策前还必须请示上级，则分权的程度就更低。

(3)影响集权与分权的因素。

影响集权与分权的因素主要有以下几个方面(见图8—8)：

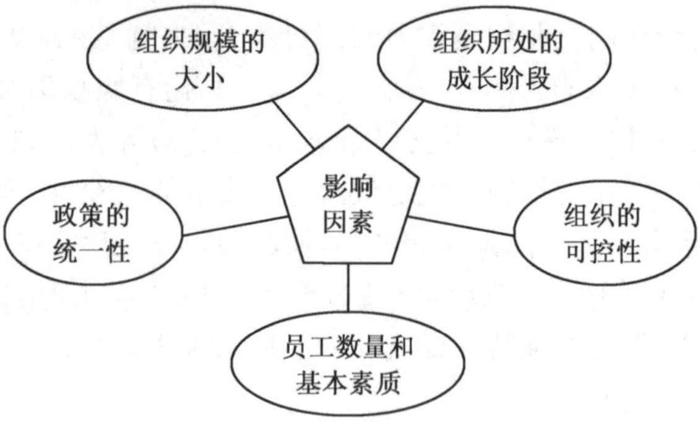

图8—8 影响集权与分权的因素

①组织规模的大小。

规模大，要做的决策多，内容复杂，沟通控制难，这时应分权。

②政策的统一性。

如果组织内部各个方面的政策是统一的，集权最容易达到管理目标的一致性。然而，一个组织面临的环境是复杂多变的，为了灵活应对这种局面，组织往往会在不同的阶段、不同的场合采取不同的政策，这虽然会破坏组织政策的统一性，但有利于激发下属的工作热情和创新精神。

③员工数量和基本素质。

如果员工数量和基本素质能够保证组织任务的完成，组织可以更多地分权；如果组织缺乏足够受过良好训练的管理人员，其基本素质不能符合分权式管理的基本要求，分权将会受到很大的限制。

④组织的可控性。

组织中各个部门的工作性质大多不同，有些关键的职能部门(如财务会计等部门)，往往需要相对的集权，而有些业务部门，如营销部门或区域性部门等却需要相对的分权。组织需要考虑的是围绕任务目标的实现，如何对分散的各类活动进行有效控制。

⑤组织所处的成长阶段。

初期，往往集权；随着发展，逐步分权。

另外,考察组织发展的历史,是单一(集权)还是若干个小单位联合(分权)?如果组织是在自身较小规模的基础上发展起来的,则显示出鲜明的集权化倾向。因为企业较小时,大部分决策都是最高主管直接制定和组织实施的,决策权的独揽可能已经成为习惯。在这样的企业中,即使事业不断发展、壮大,最高主管仍愿意保留着不应集中的大部分权力。因为一旦失去这些权力,主管便可能产生失去对自己组织的控制的感觉。合并的组织,尤其是通过兼并而形成的组织,很可能显示出保持权力分散的倾向。

4.组织层级化设计中的有效授权

(1)授权的含义。

授权是指上级把自己的职权授给下属,使下属拥有相当的自主权和行动权。上级给予下级的权力和责任,使下属在一定的监督之下,拥有相当的自主权而行动,授权者对被授权者有指挥、监督权;被授权者有对授权者汇报情况及完成任务之责。当权力的授予与接受是在上下级组织之间进行时,授权就变为分权。

授权包括三个方面:分派任务(向被授权者交代所要委派的任务),委任权力或职权(授予被授权者相应的权力或职权,使之能有权履行原本无权处理的事务),明确责任(要求被授权者对委派的工作负责)。

授权者:分派工作任务,但不能分派工作责任,负最终责任,拥有所有权和监督权。

受权者:只承担工作责任,只有使用权。

(2)授权的原则。

授权看似简单,但许多研究表明,管理者由于授权不当所引起的失败要比其他原因引起的失败多得多。因此,每一位管理者都要注意研究授权的方法和技巧。正确的授权应遵循以下原则:

①重要性原则。

所授权限不能只是一些无关紧要的小事,要使下级认为是比较重要的权限;否则,会失去积极性。

②适度原则。

授权过少往往造成主管工作量过大,授权过多又会造成工作杂乱无章,甚至失控,所以要适度。

③权责一致原则。

在授权时,必须让被授权者明确所授任务的目标、责任及权力范围,权责必须一致;否则,被授权者要么可能滥用职权,要么对工作无所适从,造成工作失误。

④级差授权原则(不越权授权)。

组织只能在工作关系紧密的层级上进行级差授权。越级授权会造成中间层次在工作上的混乱和被动,扼杀他们的负责精神。并导致管理机构的失衡,进而破坏管理的秩序。

(3)授权的要素。

要想使授权具有充分而理想的效果,组织必须注意以下几个方面:①信息共享;②提高授权对象的知识与技能;③充分放权;④奖励绩效。

5.组织的层级化与结构的有机化

(1)组织的层级化设计中的两种结构形式。

组织的层级化设计有两种,即机械式组织与有机式组织。机械式组织是传统设计原则的产物,它具有严格的结构层次和固定的职责,强调高度的正规化,有正式的沟通渠道,决策常采用集权形式(刻板的严密控制的结构)。有机式组织是现代设计原则的产物,它强调纵向和横向的合作,职责常常根据需要进行不断的调整,更多地依靠非正式渠道进行沟通,决策常采用分权形式(灵活的具有高度适应性的结构)。

(2)组织结构类型。

组织结构是组织的骨架,包括纵、横两大系统。纵向是组织上下垂直机构或人员之间的联系,是一种领导隶属关系;横向是平行机构或人员之间的联系,是一种分工与协作关系。

企业组织的类型是多种多样的,传统的有直线制、职能制、直线职能制等,现代的有事业部制、矩阵制等。在这么多形式当中,最基本、最普遍的是直线职能制和事业部制两种。最初的企业组织结构是直线制,比如,厂长管车间主任,车间主任管班组长,班组长管工人;管理人员很少,没有科室。随着人员的增多,管理工作增加了,开始有了职能科室,出现了职能制。这两者的结合,就形成了直线职能制。

①直线制。

特点:组织中只有一套纵向的行政指挥系统,从上到下执行单一的命令,形成一个单线系统,没有职能机构。

优点:结构简单,权责明确、上下级关系清楚,解决问题迅速,管理成本低(没有职能部门,没有辅助人员,管理人员少)。

缺点:没有专业管理分工,没有职能机构当领导的助手,容易产生忙乱现象。主要管理人员独揽大权(易造成滥用职权),任务繁重,一旦决策失误将会给组织造成重大损失(掌权者一旦离去会给企业造成重大打击)。对领导的技能要求高,领导容易陷入事务主义,不能集中精力解决企业的重大问题。

适用:小型企业。

②职能制。

特点:职能型结构是在各级直线指挥人员或行政领导人员之下,按专业分工设置相应的职能机构,这些职能机构受上一级直线指挥人员的领导,并在各自的业务范围内有权向下级直线指挥人员下达命令。因此,下一级直线指挥人员或行政领导人员,除了要服从上级直线指挥人员的指挥外,还要服从上级职能机构的指挥。

优点:促进管理专业化分工,能适应现代组织技术比较复杂和专业分工较细的特点,使决策者从日常烦琐的业务中解脱出来,集中精力思考重大问题,提高管理成效。

缺点:多头领导,破坏了组织统一指挥的原则,每一级直线指挥人员或行政领导人员都需服从多头领导,容易造成管理上的混乱。(最早由泰勒在米德维尔钢铁公司提出,职能工长制,未推广)

适用:无,不存在纯粹的职能制结构。

③直线职能制(U形组织结构)。

特点:综合了直线型结构和职能型结构的优缺点而设计的一种组织结构。企业建立两套管理系统:一套是实现直线式领导的管理系统,另一套是协助经理指导和监督的职能管理系统。在各级直线指挥人员或行政领导之下,按专业分工设置相应的职能机构,这种职能机构是行政领导的业务助手和参谋,它们不能直接向下级部门下达命令,而只能进行业务指导。

优点:综合了直线制和职能制的优点。既保持了直线制集中统一指挥的优点,又吸收了职能制发挥专业管理的长处。

缺点:过于强调集权、统一,不利于提高灵活性;由于行政机构越来越庞大,各部门之间的协调也越来越困难，造成体制僵化，管理成本上升。

适用：中小型企业（占 80%），1995 年以前我国国有大中型企业绝大部分都采用这种形式，后来改制。

④事业部制（M 形结构、分部型结构）——斯隆模型。

特点：集中决策，分散经营，事业部是在总公司统一领导下，按照产品、地区或顾客分别设立若干事业部，每个事业部都是独立核算单位，这种事业部是一个分权单位，具有足够的权力，能自主经营。组织的最高层保持三方面的决策权，即战略发展的决策权、资金分配的决策权和人事安排权。

优点：有利于公司最高管理者摆脱日常行政事务，专心致力于公司的战略决策；各部门可以更好地从自身业务特点出发，有效地整合资源充分调动各事业部的积极性；发挥经营者的灵活性与主动性，提高对市场的敏感适应性；有利于调动经营者的积极性，培养通才管理者。

缺点：整体性不强，各事业部独立经营，各事业部之间人员互换困难，相互支援差；各事业部经常从本部门出发，容易滋长不顾整体利益的本位主义和分散主义倾向；增加了管理层次，机构重复，造成管理人员浪费，使管理人员和管理费用大大增加；对事业部一级的管理人员的业务和管理水平要求较高，必须熟悉全面的业务和管理知识才能胜任工作。

适用：大型企业、跨国公司、多元化经营企业。

⑤矩阵制（目标-规划结构）。

特点：矩阵制组织结构，把按职能划分的部门和按产品划分的小组结合起来组成一个矩阵，一名管理人员既同原职能部门保持组织业务上的联系，又参加项目小组的工作。职能部门是固定的组织，项目小组是临时组织，项目任务完成之后就解散了，其成员回原职能部门工作。该结构打破了统一指挥的传统原则，它有多重指挥线。

优点：加强了横向联系，克服职能部门相互脱节各自为政的现象；专业人员和专用设备能够得到充分利用；具有较大的机动性，任务完成即解散，各回原来的部门；有利于各部门人员的信息交流，提高管理水平。各行业各部门人员互相启发，集思广益，提高了完成任务的专业化程度和速度，克服近亲繁殖。

缺点：双向领导。项目组的每一个成员都需接受项目组负责人和原部门的双重领导，容易产生责权不清、管理混乱的现象；容易产生权力争斗的倾向，两个系统为领导权、资源分配和控制而产生争斗；项目组是临时性的组织，容易使人员产生短期行为。

适用：重大工程与项目、单项重大事务的临时性组织。

思政园地

坚定不移走好中国特色社会主义群团发展道路

习近平总书记在同团中央新一届领导班子成员集体谈话时指出："要顺应全面从严治党的要求，坚持问题导向，敢于刀刃向内，纵深推进团的改革，全面从严管团治团，坚定不移走好中国特色社会主义群团发展道路。"这是以习近平同志为核心的党中央对共青团加强自身建设的再动员、再部署、再强调。踏上新征程的共青团，必须深入思考、认真回答"建设什么样的青年组织、怎样建设青年组织"这一事关根本的重大问题，深化改革攻坚，严于管团治团，在全方位、高标准锻造中焕发共青团昂扬向上的精神风貌。

坚持深化改革的正确方向。习近平总书记指出："共青团只有勇于自我革命，才能跟上时代前进、青年发展、实践创新的步伐。"党的十八大以来，习近平总书记亲自谋划、亲自部署共青团改革，主持召开党的历史上第一次中央党的群团工作会议，指导制定《共青团中央改革方案》《中央团校改革方案》《中共中央关于全面加强新时代少先队工作的意见》等重要文件，以改革创新精神推动党的青年工作取得了重大成就、发生了深刻变革，党对共青团和青年工作的领导全面加强，团的立身之本和政治之魂更加牢固，共青团工作的方向任务更加明确，团组织的政治性、先进性、群众性更加鲜明，团干部的思想作风、工作作风、生活作风更加积极健康向上，在广大青年群体中的形象焕然一新。同时，我们要更加清醒地认识到，肩负起党交给我们的光荣使命，回答好新时代中国青年运动和青年工作的重大课题，共青团依然任重道远。面向未来，全团必须始终锚定保持和增强政治性、先进性、群众性的改革方向，深刻理解国家治理体系和治理能力现代化对青年组织改革发展的新要求，强化自我革命精神，坚持问题导向、目标导向、结果导向相统一，继续大力推进组织创新和工作创新，协同推进青联、学联、少先队改革，推动共青团事业在守正创新中实现新的更大发展。

坚持夯实基层的鲜明导向。"青年在哪里，团组织就建在哪里""怎么有利于做好工作、就怎么建组织""要树立大抓基层的鲜明导向，推动改革举措落到基层，把力量和资源充实到基层，使基层真正强起来"……习近平总书记对加强团的基层组织高度重视、寄予殷切期望。近年来，全团上下牢记习近平总书记的重要要求，针对团组织有效覆盖不足、基层活力不够、组织动员能力不强、团员先进性不彰等突出问题，大力激发自我奋斗精神，打出系列"组合拳"，推动团的基层薄弱状况初步扭转，团的组织力稳步提升。同时，面对青年结构分化加深，社会流动频繁，聚集方式和组织机理深刻变化，团的基层建设还面临不少困难和挑战，团的基层组织的覆盖面、活跃度还需进一步提高。面向未来，全团要敏于把握青年脉搏，依据青年工作生活方式新变化新特点，探索团的基层组织建设新思路新模式，及时在新领域、新组织、新群体中建立组织，不断扩大团组织的有效覆盖面，把工作延伸到广大青年最需要的地方去，敏锐感知青年，密切联系青年，竭诚服务青年，既把青年的温度如实告诉党，也把党的温暖充分传递给青年，不断提升青年群众工作能力，扎实履行巩固和扩大党执政的青年群众基础这一政治责任。

坚持从严治团的坚定取向。习近平总书记强调，"要自觉对标全面从严治党经验做法，以改革创新精神和从严从实之风加强自身建设，严于管团治团"。这为我们纵深推进全面从严治团指明了方向，激励全团继续坚持自我革命、加强自身建设，为做好党的青年工作提供坚强保障。党的十八大以来，各级团组织深刻认识团的建设是党的建设的一部分，自觉融入党的建设整体格局，大力强化共青团的革命性锻造，系统构建了抓政治建设从严、抓团组织建设从严、抓团干部队伍管理从严、抓团员队伍管理从严、抓制度建设从严的工作体系，团组织政治功能、组织功能和服务功能更加彰显，团干部思想、能力、作风明显提升，团员先进性不断增强。近日，团十九届中央书记处第一次会议审议修订了《共青团中央贯彻落实中央八项规定实施细则精神的办法》，要求以坚定态度、坚决行动不折不扣贯彻落实党中央要求，推动全面从严治团走深走实。这是团中央新一届书记处的庄重政治宣示，展示了持续推进全面从严治团的鲜明态度和坚强决心。面向未来，全团必须坚决落实习近平总书记关于从严治团的重要论述，坚持党建带团建，毫不动摇把严的基调贯穿始终，持之以恒推进全面从严治团，着力锻造对党忠诚、心系青年、勇于担当、作风过硬的马克思主义青年组织。要把握住团干部队伍建设这一从严管团治团的关键群体，深入贯彻落实习近平总书记对年轻干部特别是团干部提出的一系列重要要求，引领广大团干部深刻体悟习近平总书记"要倍加珍惜为党做青年工作的宝贵机会"的谆谆教诲，铸牢对党忠诚的政治品格，强化多为青年计、少为自己谋的思想自觉，锤炼担苦、担难、担重、担险的实干作风，涵养廉洁自律的道德修为，不断提升政治能力、理论素养、群众工作本领，心无旁骛为党做好青年工作，用实打实的业绩赢得党的信任、赢得社会尊重、赢得青年口碑。

又踏层峰辟新天，更扬云帆立潮头。新时代共青团始终坚持在以习近平同志为核心的党中央的坚强领导下，拿出刀刃向内的自我革命精神，以“行百里者半九十”的清醒、“不破楼兰终不还”的决心、“越是艰险越向前”的意志、“千磨万击还坚劲”的韧性，持续把团的改革向纵深推进，把全面从严治团落得更实，努力建设更加充满活力、更加坚强有力的共青团，团结带领广大青年在强国建设、民族复兴伟业中续写无愧于时代、无愧于人民、无愧于历史的青春新篇章。

资料来源：佚名．坚定不移走好中国特色社会主义群团发展道路[N]．中国青年报，2023-07-01.

复习思考题

1. 组织的含义是什么？
2. 组织设计的任务是什么？
3. 管理层次与管理幅度有何关系？影响管理幅度的因素有哪些？
4. 如何理解“直线有大权，参谋有特权”这句话？
5. 什么是集权与分权？影响集权与分权的因素有哪些？
6. 分权的标志以及分权的影响因素是什么？
7. 授权应遵循哪些原则？
8. 不同类型的组织结构各适用于什么组织？

自测题

一、填空题

1. “组织理论之父”韦伯提出了________的概念，他把________看作组织的基础和支柱。

2. ________的基本功能，就是避免集合在一起的________相互抵消，而寻求对个体力量进行________的效应。

3. 组织工作的任务是明确完成目标所需的________并加以________。

4. 组织工作的任务还有对组织结构中的________以及________制定关于协调的规定。

5. 根据企业________和________的发展对组织结构进行变革也是组织工作的任务。

6. 一个组织要能够高效率地正常运转，必须有一个________、________而能________的组织结构。

7. 组织设计是以________为核心的________的整体设计工作，是对组织的结构和活动进行________、________和________。

8. 组织结构具有________、________和________三种特性。

9. ________是指组织依靠规则和程序引导员工行为的程度。

10. 组织的结构应当保持一定的________以减小组织变革所造成的冲击和震荡。

11. 影响组织设计的因素有四个，即________、________、________、________。

12. 按照产品或服务的要求对企业活动进行分组,即________。

13. ________打破了统一指挥的传统原则,它有多重指挥线。

14. 在一个部门的人员数量一定的情况下(规模一定),________和________成反比。

15. 职权可分为________、________、________三种形式。

16. 组织设计的原则有________、________、________、________、________、和________。

17. 伍德沃德等根据制造业技术复杂程度把技术分为________、________、和________。

18. 管理幅度是指________。

19. 当组织面临较高的环境不确定性,组织目标需要反映技术和产品双重要求时,________应该是一种理想的组织形式。

20. 组织设计的实质是对管理人员的管理劳动进行________和________分工。

二、单项选择题

1. (　　)是通过建立、维护并不断改进组织结构以实现有效的分工、合作的过程。

A. 计划　　B. 组织　　C. 领导　　D. 控制

2. 下列关于组织概念的说法中,不正确的是(　　)。

A. 组织既是一种结构,又是一种实现管理目的的工具和载体

B. 组织就是有意识地加以协调两个或两个以上人的活动或力量的协作系统

C. 组织就是由人员、职位、指挥链与规章制度构成的封闭的系统

D. 组织可区分为组织机构与组织活动

3. 下列不属于组织结构特性的是(　　)。

A. 复杂性　　B. 正规化　　C. 目标与战略　　D. 集权化

4. 在同一行业发展的基础上进一步向其他领域延伸扩展战略阶段是(　　)。

A. 数量扩大　　B. 地区开拓　　C. 纵向联合发展　　D. 产品多样化

5. 组织职能不包括(　　)。

A. 组织变革　　B. 组织授权　　C. 协调激励　　D. 组织设计

6. 人类社会需要正式的组织机构主要是因为(　　)。

A. 便于发挥社会精英分子的才智　　B. 社会在不断进步,不断变革

C. 人们需要寻求最佳的组织结构　　D. 人们需要有效协作以达成群体目标

7. 组织设计总体上应该有利于(　　)的实现。

A. 阶段性目标　　B. 总体性目标　　C. 分目标　　D. 近期目标

8. 组织规模一定时,组织层次和管理幅度成(　　)关系。

A. 正比　　B. 指数　　C. 反比　　D. 相关

9. 确定合理的管理幅度是组织设计的一项重要内容,下列说法中(　　)是正确的。

A. 管理幅度越窄,越易控制,管理人员的费用也越低

B. 管理幅度越宽,组织层次越少,但管理人员的费用会大幅度上升

C. 管理幅度的确定并不是对任何组织都普遍重要的问题

D. 不同的管理者能力、下属素质、工作性质等因素将决定管理幅度

10. 把一个企事业的工作分成各种职务,这一过程是(　　)。

A. 强化职务　　B. 分权化　　C. 分工　　D. 划分部门

11. 在一个组织结构呈金字塔状的企业内,对于其上层管理的描述(与中层管理相比),

(　　)是恰当的。

A. 管理难度与管理幅度都较小　　B. 管理难度较小，但管理幅度较大

C. 管理难度较大，但管理幅度较小　　D. 管理难度与管理幅度都较大

12. 专业化可以使各项工作变得(　　)。

A. 更容易互相协调　　B. 更容易学，操作得更快

B. 更难互相协调　　D. 局限于企业里的少数人

13. 管理幅度是指主管人员(　　)。

A. 直接而有效地指挥和管理下级部门的数量

B. 直接而有效地指挥和管理下属的数量

C. 指挥和管理的全部下属的数量

D. 指挥和管理的全部机构的数量

14. 组织是管理的重要职能，组织结构与很多因素有关，下述说法中，你认为(　　)最有问题。

A. 主管人员有较强的工作能力，管理幅度可以放宽

B. 组织中一个下级只能服从一个上级的领导

C. 规模越大，经营管理越复杂、越困难，越应将单位划小，实行分权管理

D. 如果一个组织很容易获得信息，迅速正确地做出决策，并能很快地送到各个部门，则可采用较为分权的形式

15. 组织的复杂性是指(　　)。

A. 组织分化的程度

B. 组织依靠规则和程序引导员工行为的程度

C. 考虑决策制定权力的分布

D. 组织结构与组织人员间的协调适应程度

16. 组织结构扁平化会使管理费用(　　)。

A. 增加　　B. 不变　　C. 降低　　D. 没有关系

17. (　　)反映了一个组织中的规章、制度、程度等正式的书面文件的多寡程度。

A. 正规化　　B. 专门化　　C. 标准化　　D. 集权化

18. 下列有关组织结构的说法中，错误的是(　　)。

A. 组织结构是一个动态的过程　　B. 组织结构随环境变化而变化

B. 组织结构是各个部门的加总　　D. 组织结构的设计目的是实现组织目标

19. 下列选项中，不属于组织设计的原则有(　　)。

A. 专业化分工原则　　B. 控制关键点原则

C. 目标至上原则　　D. 管理幅度原则

20. 一家超级市场分为以下几个部门：日用杂货、肉类、冷冻食品、瓜果蔬菜、乳制品。这是以(　　)划分部门。

A. 职能　　B. 产品或服务　　C. 区域　　D. 顾客需求

三、多项选择题

1. 下列关于战略与结构的说法中，正确的是(　　)。

A. 战略的变化先行于并导致了结构的变化　B. 结构服从于战略

C. 结构影响战略的制定与实施 D. 以上都不对

2. 矩阵式组织形式的主要特点是(　　)。

A. 参加项目小组的成员容易产生临时观点

B. 这种结构导致权力高度集中

C. 各部门的职责具有明显的界限

D. 适用于产品品种较多且变化较大的组织,特别适用于研究单位

3. 组织设计的任务是(　　)。

A. 研究与开发 B. 提供组织结构系统图

C. 分析财务构成 D. 编制职务说明书

4. 在各组织中,管理层次要受到(　　)的影响。

A. 组织成员 B. 组织规模 C. 管理幅度 D. 组织层次

5. 管理层次与管理幅度的反比关系决定了两种基本的(　　)管理组织结构形态。

A. 梯形 B. 方形 C. 扁平 D. 锥形.

6. 组织的设计必须考虑人的因素,即(　　)。

A. 有利于人的能力的提高 B. 有利于人的发展

C. 有利于个性的发挥 D. 有利于个人潜能的发挥

7. 过分集权的弊端包括(　　)。

A. 降低决策的质量 B. 降低决策的频率

C. 降低组织的适应能力 D. 降低组织成员的热情

8. 组织职能包括(　　)。

A. 组织结构设计 B. 适度分权

C. 组织变革 D. 组织运作

E. 组织文化建设

9. 组织内各职务人员的选择和配备包括(　　)。

A. 人员招聘 B. 人员定岗 C. 奖惩 D. 训练考核

E. 激励

10. 组织机构的典型阶段包括(　　)。

A. 从无专职管理者到有专职管理者 B. 从"一人管理"到管理组织

C. 从直线管理组织到职能管理组织 D. 从工厂管理组织到公司管理组织

E. 从生产管理到经济管理

11. 组织的作用有(　　)。

A. 人力放大作用 B. 人力汇集作用 C. 实现目标 D. 统一行动

E. 个体与机构间交换作用

12. 有效的管理幅度设计应考虑的影响因素有(　　)。

A. 管理工作的内容和性质 B. 下属人员的空间分布情况

C. 下属管理人员的意愿 D. 组织变革的时间

E. 信息沟通的情况

13. 组织设计的原则主要有(　　)。

A. 精干高效原则 B. 分工协作原则

C. 权责利相结合原则 D. 统一指挥原则

14. 矩阵型组织的缺点主要有(　　)。

A. 对项目经理的要求较高　　B. 存在多头领导

C. 组织稳定性较差　　D. 不利于专业资源在各项目中的共享

15. 事业部制组织结构的缺点主要有(　　)。

A. 增加管理层级、增加管理费用　　B. 各事业部缺乏有效沟通

C. 各事业部缺乏自主权　　D. 对公司整体资源的利用不是很有效

四、简答题

1. 简述对管理学意义上的组织含义深层次的理解。
2. 简述组织设计的主要原则。
3. 简述机械式组织与有机式组织。
4. 简述影响管理幅度的因素。
5. 简述斯隆模型的优缺点及适用范围。

五、问答题

1. 为什么说部门化是横向分工的结果？
2. 常见的组织结构形式有哪几种？各有什么特点？
3. 权力与职权为何并不完全相同？
4. 影响集权与分权的因素有哪些？

请用手机微信扫以下二维码，获取自测题参考答案。

第八章 自测题
参考答案

第九章

组织变革

学习目标

知识目标：了解组织变革的类型、程序，理解组织变革的含义和内容，理解组织变革的阻力及其管理，识别组织变革的力量，掌握组织变革的方法。

能力目标：能够识别组织变革的动因，能够进行组织变革的阻力、压力管理和应对。

素质目标：根据环境和组织自身情况，确定组织变革的目标，有效应对组织变革中的阻力。

思政目标：学习组织变革的基本理论，激发个体的潜能和动机，更快速应对市场变化，担当起改善组织环境的变革重任。

思维导图

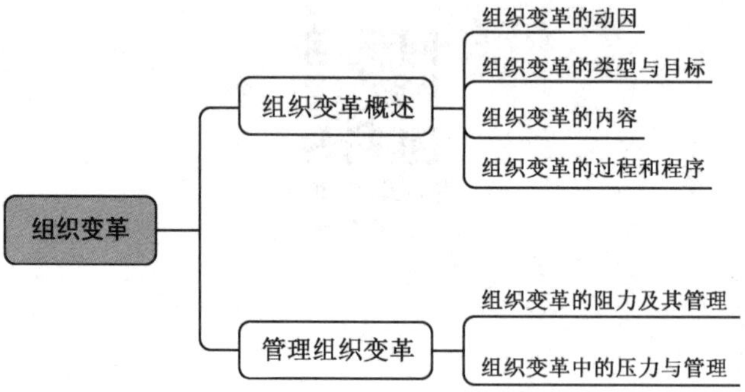

案例引入

银行业狠练内功 平安银行内控组织大变革

近年以来，受到监管环境收紧、行业竞争加剧等内外部影响，内控合规被银行业提到前所未有的高度，各家银行纷纷发动组织、制度和技术等力量变革，狠抓合规修炼“内功”。

据网易号外了解，平安银行新设了“内控合规主任”职位，采用分行委派、强制轮岗的措施，直接空降支行，与行长、运营经理形成“三足鼎立”之势，作为银行业发力内控合规改革的一项创举。

事实上，不少银行从年初起就在全行上下掀起“整风运动”，突击检查不断，大力追责；相关的培训、考试从总行到基层轮番上阵；修改考核制度加大内控合规权重等；除此之外，AI、大数据、区块链等技术力量，也被各大银行纷纷引入，筑起内控合规的防线，解决银行业“飞单”“萝卜章”等风险频发的痛点。

组织革新：平安银行培养1 500人“空降”支行

今年以来，继续向零售转型迈进的平安银行做了一项组织变革，新设了内控合规主任这一职位，拉开了“支行行长＋运营经理＋内控合规主任”三足鼎立的支行管理矩阵，加固了其风控的第一道防线，这是一项业内新举措。

“和其他银行一样，以前我们行支行合规主任的人事编制设在支行，是受制于支行行长的，今年我们由总行选拔培养新的内控合规主任，将编制设在分行，再派到各支行做内控，实行强制轮岗制度，在一家支行待的时间不超过2年”，平安银行范向延总监告诉网易号外。

由于从组织架构上将内控合规主任与各支行进行了“切割”，内控合规主任是由分行运营管理部门考核，所以清除了以往两者是“利益共同体”而形成的监督障碍。而这岗位的职责覆盖了网点的全面风险工作，包括业务管理、业务授权、业务检查等大权在握。

值得一提的是，平安银行的内控组织变革还有其他内在原因。“是为了顺应全行大零售转型的战略目标，另外平安银行作为平安集团各业务板块的线下流量入口的集结点，对风控合规的要求更高”，平安银行行长助理蔡新发告诉网易号外。

制度革新：内控合规旋风“风靡”银行业

事实上，不止平安银行，整个银行都将内控合规提升到前所未有的高度。

“现在总行抓得非常严，一说要开内控合规主题的会议，各大分行行长齐刷刷到场，一个都不敢缺席，没有比这更齐的了”，一位股份行内控合规的负责人告诉网易号外，在相关岗位上工作了十年，他真切地感受到“今年特别不一样”。

小周是一家股份行省级分行的客户经理，他也告诉网易号外，今年内控合规的风险排查、培训考试等特别多，“一怕突击检查，二怕考试，成绩直接计入绩效影响奖金，所以大家都不由得把合规这根绳绷紧起来”。

譬如，兴业银行今年全面启动合规内控强化执行年，具体措施就是给内控检查督导中心充分放权，围绕“重点机构、重点行业、重点客户”开展突击检查、专项检查；制度上执行多层级违规问责体系，提升问责力度，落实责任，严厉惩罚。

据网易号外获悉，另一家收到巨额罚单的银行也是在今年大幅提升了合规内控对考核评分结果的影响。

技术革新：AI、区块链技术提升内控质量

更显著还有技术变革带来的改变，银行业可以说是整个金融行业版图中，被金融科技输出赋能程度最高的板块。各家银行都在通过加大在金融科技的研发投入和技术引入，来强化其内控合规流程。

比如针对票据业务，引入区块链的技术，一张票从开出，历经层层倒手，最后承兑每一个环节都是可以溯源的，从根本上杜绝了“萝卜章”事件的发生，一位股份行风控负责人向网易号外指出。

拍拍贷首席风险官顾鸣在昨日召开的广州第二届金融与科技高峰论坛现场发表演讲指出，AI(人工智能)技术已经成功运用到智能信贷的领域成为反欺诈的利器，“相比仅解决贷前、贷中或者贷后某一环节的问题，中小银行等传统金融机构更需要整体解决方案，除风控之外还能解决获客、运营等问题”。

平安银行也在做AI技术的全方位赋能，除了风控之外，“还有‘AI＋投顾’‘AI＋客服’各项目都在推进中”，蔡新发告诉网易号外，“包括针对内控合规主任都专门开发了一套App系统叫‘鹰管家’，通过手机就可以处理大量风险排查工作”。

资料来源：根据网易财经网站资料《银行业狠练内功 平安银行内控组织大变革》(2018－09－29)整理而得。

【问题思考】

1. 平安银行为什么要进行内控组织大变革？
2. 平安银行的组织变革经历了哪些阶段？各阶段面临的最大挑战是什么？
3. 平安银行的组织变革有哪些特点？有什么规律值得其他企业借鉴？

阅读材料

国内著名企业组织变革

苏宁：苏宁通过四次组织变革，成功从批发转向零售并超越竞争对手成为中国连锁百强之首。每次组织变革几乎都涉及组织战略转型，而其每次战略转型基本上是基于外部环境的变换而导致的。

华为：自2009年开始，华为每一年都会在公司的年报中发布公司级业务架构，非常具有代表性。以2020年的业务架构为例，该年度华为将ICT(信息与通信技术)业务作为公司的核心业务进行端到端经营管理。

中国石油：2021年4月8日，为推进公司治理体系和治理能力现代化，中国石油总部发布了新的组织变革方案，深化了集团公司体制机制改革。

海尔：海尔以尊重人性为核心进行了组织转型升级，是制造业转型成功的最佳案例之一。这个转型让海尔的用户和员工的利益得到了保障。

西门子成都工厂：作为西门子数字化工业集团在中国的首家数字化工厂，也是世界经济论坛的首批灯塔工厂，成都工厂是数字化转型中践行“组织变革”的典型代表。

资料来源：MBA智库整理所得，https://news.mbalib.com/story/254761.

第一节 组织变革概述

组织变革就是组织根据内外环境的变化，及时对组织中的要素及其关系进行调整，以适应组织未来发展的要求。组织作为一个开放系统，必然会不断地与外界环境进行交换，并随着内外环境的变化而变化；完全静态的组织很难适应内外环境的不断变化，只有不断地进行变革，保持动态平衡的组织才能担负起组织的责任，才是有效的组织。一个有远见的领导者，就是要不断关注组织的环境变化，随时抓住机遇，促进组织的变革。

一、组织变革的动因

推动组织变革的因素可以分为外部环境因素和内部环境因素两个部分。

(一)外部环境因素

1. 整个宏观社会经济环境的变化

诸如政治、经济政策的调整,经济体制的改变以及市场需求的变化等,都会引起组织内部深层次的调整和变革。

2. 科技进步的影响

知识经济社会,科技的发展日新月异,新产品、新工艺、新技术、新方法层出不穷,对组织的固有运行机制构成了强有力的挑战。

3. 资源变化的影响

组织发展所依赖的环境资源对组织具有重要的支持作用,如原材料、资金、能源、人力资源、专利使用权等。组织必须能克服对环境资源的过度依赖,同时要及时根据资源的变化而顺势变革组织。

4. 竞争观念的改变

基于全球化的市场竞争将会越来越激烈,竞争的方式也将会多种多样,组织若要想适应未来竞争的要求,就必须在竞争观念上顺势调整,争取主动,才能在竞争中立于不败之地。

(二)内部环境因素

1. 组织机构适时调整的要求

组织机构的设置必须与组织的阶段性战略目标相一致,组织一旦需要根据环境的变化调控机构,新的组织职能必须得以充分地保障和体现。

2. 保障信息畅通的要求

随着外部不确定性因素的增多,组织决策对信息的依赖性增强,为了提高决策的效率,必须通过变革保障信息沟通渠道的畅通。

3. 克服组织低效率的要求

组织长期一贯运行极可能会出现某些低效率现象,原因既可能是机构重叠、权责不明,也有可能是人浮于事、目标分歧。组织只有及时变革,才能进一步遏制组织效率的下降。

4. 快速决策的要求

决策的形成如果过于缓慢,组织常常会因决策的滞后或执行中的偏差而坐失良机。为了提高决策效率,组织必须通过变革对决策过程中的各个环节进行梳理,以保证决策信息的真实、完整和迅速。

5. 提高组织整体管理水平的要求

组织整体管理水平的高低是竞争力的重要体现。组织在成长的每一个阶段都会出现新的发展矛盾,为了达到新的战略目标,组织必须在人员素质、技术水平、价值观念、人际关系等各个方面做出进一步的改善和提高。

二、组织变革的类型与目标

(一)组织变革的类型

依据不同的划分标准,组织变革可以有不同的类型。例如,按照变革的程度与速度不同,可以分为渐进式变革和激进式变革;按照工作对象的不同,可以分为以组织为重点的变革、以人为重点的变革和以技术为重点的变革;按照组织所处的经营环境状况不同,可以分为主动性变革和被动性变革。本章按照组织变革的不同侧重,将其分为以下四种类型:

1. 战略性变革

战略性变革是指组织对其长期发展战略或使命所做的变革。如果组织决定进行业务收缩，就必须考虑如何剥离非关联业务；如果组织决定进行战略扩张，就必须考虑购并的对象和方式，以及组织文化重构等问题。

2. 结构性变革

结构性变革是指组织需要根据环境的变化适时对组织的结构进行变革，并重新在组织中进行权力和责任的分配，使组织变得更加柔性灵活、易于合作。

3. 流程主导性变革

流程主导性变革是指组织紧密围绕其关键目标和核心能力，充分应用现代信息技术对业务流程进行重新构造。这种变革会使组织结构、组织文化、用户服务、质量、成本等各个方面产生重大的改变。

4. 以人为中心的变革

组织中人的因素最重要，组织如若不能改变人的观念和态度，组织变革就无从谈起。以人为中心的变革是指组织必须通过对员工的培训、教育等引导，使他们能够在观念、态度和行为方面与组织保持一致。

(二)组织变革的目标

组织变革的基本目标是提高组织的环境适应能力，包括以下三个方面：

1. 使组织更具环境适应性

环境因素具有不可控性，组织要想阻止或控制环境的变化可能只是自己的一厢情愿。组织要想在动荡的环境中生存并得以发展，就必须顺势变革自己的任务目标、组织结构、决策程序、人员配备、管理制度等，只有如此，组织才能有效地把握各种机会，识别并应对各种威胁，使组织更具环境适应性。

2. 使管理者更具环境适应性

一个组织中，管理者是决策的制定者和组织资源的分配者。在组织变革中，管理者必须能清醒地认识到自己是否具备足够的决策、组织和领导能力来应对未来的挑战。因此，管理者一方面需要调整过去的领导风格和决策程序，使组织更具灵活性和柔性；另一方面，管理者要能根据环境变化的要求重构层级之间、工作团队之间的各种关系，使组织变革的实施更具针对性和可操作性。

3. 使员工更具环境适应性

组织变革最直接的感受者就是组织的员工。组织如若不能使员工充分认识到变革的重要性，顺势改变员工对变革的观念、态度、行为方式等，就可能无法使组织变革措施得到员工的认同、支持和贯彻执行。需要进一步认识到，改变员工的固有观念、态度和行为是一件非常困难的事，组织要使人员更具环境适应性，就必须不断地进行再教育和再培训，决策中要更多地重视员工的参与和授权，要能根据环境的变化改造和更新整个组织文化。

【拓展知识】 **鲇鱼效应**

三、组织变革的内容

组织变革具有互动性和系统性，组织中任何一个因素的改变，都会带来其他因素的变化。然而，就某一阶段而言，由于环境情况各不相同，变革的内容和侧重点也有所不同。综合而言，组织变革过程的主要变量因素包括人员、结构、技术与任务，具体内容如下：

（一）人员的变革

人员的变革是指员工在态度、技能、期望、认知和行为上的改变。组织发展虽然包括各种变革，但是人是最主要的因素，人既可能是推动变革的力量，也可能是反对变革的力量。变革的主要任务是组织成员之间在权力和利益等资源方面的重新分配。要想顺利实现这种分配，组织必须注重员工的参与，注重改善人际关系并提高实际沟通的质量。

（二）结构的变革

结构的变革包括权力关系、协调机制、集权程度、职务与工作再设计等其他结构参数的变化。管理者的任务就是要对如何选择组织设计模式、如何制订工作计划、如何授予权力以及授权程度等一系列行动做出决策。现实中，固化式的结构设计往往不具有可操作性，需要随着环境条件的变化而改变，管理者应该根据实际情况灵活改变其中的某些组成要素。

（三）技术与任务的变革

技术与任务的变革包括对作业流程与方法的重新设计、修正和组合，包括更换机器设备，采用新工艺、新技术和新方法等。由于产业竞争的加剧和科技的不断创新，管理者应能与当今的信息革命相联系，注重在流程再造中利用最先进的计算机技术进行一系列的技术改造，同时，组织还需要对组织中各个部门或各个层级的工作任务进行重新组合，如工作任务的丰富化、工作范围的扩大化等。

四、组织变革的过程和程序

（一）组织变革的过程

为使组织变革顺利进行，并能达到预期效果，必须先对组织变革的过程有个全面的认识，然后按照科学的程序组织实施。

组织变革的过程包括以下三个阶段：

1. 解冻阶段

这是改革前的心理准备阶段。一般来讲，成功的变革必须对组织的现状进行解冻，然后通过变革使组织进入一个新阶段，同时对新的变革予以再冻结。组织在解冻期间的中心任务是改变员工原有的观念和态度，组织必须通过积极的引导，激励员工更新观念、接受改革并参与其中。

2. 变革阶段

这是变革过程中的行为转换阶段。进入到这一阶段，组织上下已对变革做好了充分的准备，变革措施就此开始。组织要把激发起来的改革热情转化为改革的行为，关键是要能运用一些策略和技巧减少对变革的抵制，进一步调动员工参与变革的积极性，使变革成为全体员工的共同事业。

3. 再冻结阶段

这是变革后的行为强化阶段，其目的是要通过对变革驱动力和约束力的平衡，使新的组织状态保持相对稳定。由于人们的传统习惯、价值观念、行为模式、心理特征等是在长期的社会生活中逐渐形成的，并非一次变革所能彻底改变，因此，改革措施顺利实施后，还应采取种种手段对员工的心理状态、行为规范和行为方式等进行不断地巩固和强化；否则，稍遇挫折，便会反复，使改革的成果无法巩固。

(二)组织变革的程序

组织变革程序可以分为以下几个步骤：

1.通过组织诊断，发现变革征兆

组织变革的第一步就是要对现有的组织进行全面诊断。这种诊断必须要有针对性，要通过收集资料的方式，对组织的职能系统、工作流程系统、决策系统以及内在关系等进行全面诊断。组织除了要从外部信息中发现对自己有利或不利的因素之外，更主要的是能够从各种内在征兆中找出导致组织或部门绩效差的具体原因，并确立需要进行整改的具体部门和人员。

2.分析变革因素，制订改革方案

组织诊断任务完成之后，就要对组织变革的具体因素进行分析，如职能设置是否合理、决策中的分权程度如何、员工参与改革的积极性怎样、流程中的业务衔接是否紧密、各管理层级间或职能机构间的关系是否易于协调等。在此基础上制订几个可行的改革方案，以供选择。

3.选择正确方案，实施变革计划

制订改革方案的任务完成之后，组织需要选择正确的实施方案，然后制订具体的改革计划并贯彻实施。推进改革的方式有多种，组织在选择具体方案时要充分考虑改革的深度和难度、改革的影响程度、变革速度以及员工的可接受程度和参与程度等，做到有计划、有步骤、有控制地进行。当改革出现某些偏差时，要有备用的纠偏措施及时纠正。

4.评价变革效果，及时进行反馈

组织变革是一个包括众多复杂变量的转换过程，再好的改革计划也不能保证完全取得理想的效果。因此，变革结束之后，管理者必须对改革的结果进行总结和评价，及时反馈新的信息。对于没有取得理想效果的改革措施，应当给予必要的分析和评价，然后再做取舍。

【拓展知识】 **“故事”改变了世界**

第二节 管理组织变革

一、组织变革的阻力及其管理

(一)组织变革的阻力

组织变革是一种对现有状况进行改变的努力，变革常常会遇到来自各种变革对象的阻力和反抗。产生这种阻力的原因可能是传统的价值观念和组织惯性，也有一部分来自对变革不确定后果的担忧，这集中表现为来自个人阻力和来自团体阻力两种。

1. 个人阻力

（1）经济利益造成的阻力。

变革从结果上看，可能会威胁到某些人的利益，如机构的撤并、管理层级的扁平化等都会给组织成员造成压力和紧张感。过去熟悉的职业环境已经形成，而变革要求人们调整不合理的或落后的知识结构，更新过去的管理观念、工作方式等，这些新要求都可能会使员工面临着失去权力的威胁。

（2）心理因素造成的阻力。

变革意味着原有的平衡系统被打破，要求成员调整已经习惯的工作方式，而且变革意味着要承担一定的风险。对未来不确定性的担忧、对失败风险的惧怕、对绩效差距拉大的恐慌以及对公平竞争环境的担忧，都可能造成人们心理上的倾斜，进而产生心理上的变革阻力。另外，平均主义思想、厌恶风险的保守心理、因循守旧的习惯心理等也会阻碍或抵制组织变革。

【拓展知识】　　**别让门关住自己**

2. 团体阻力

（1）组织结构变动产生的阻力。

组织结构变革可能会打破过去固有的管理层级和职能机构，并采取新的措施对责权利重新做出调整和安排，这就必然要触及某些团体的利益和权力。如果变革与这些团体的目标不一致，团体就会采取抵制和不合作的态度，以维持原状。

（2）人际关系调整产生的阻力。

组织变革意味着组织固有的关系结构的改变，组织成员之间的关系也随之需要调整。非正式团体的存在使得这种新旧关系的调整要有一个较长过程。在这种新的关系结构未被确立之前，组织成员之间很难磨合一致，一旦发生利益冲突，就会对变革的目标和结果产生怀疑和动摇，特别是一部分能力有限的员工将在变革中处于相对不利的地位。随着利益差距的拉大，这些人必然会对组织的变革产生抵触情绪。

（3）组织习惯产生的阻力。

在长期的组织工作中，组织本身已经形成了一种可以维持稳定的内在机制。通过规章制度、职务说明书等，组织事先规定了员工工作时必须遵循的工作内容、规则和程序，规定了员工与员工之间、员工与领导之间、员工与组织之间的运作方式，并通过培训等方式塑造和指导员工，让他们自觉遵守上述规定，表现出特定的行为方式。久而久之，组织成员的工作方式已经成为一种工作习惯，彼此之间已经形成了某种默契或契约，一旦实行改革，就意味着改变员工早已形成的工作关系和工作方式，必然会引起员工的不满。

（4）管理层对变革的重要性认识不够或固守陈旧观念而产生的阻力。

组织的任何一项变革都需要得到来自管理层的支持。因为管理层大权在握，能对下级发号施令，他们拥有组织的资源，组织的一举一动都与他们息息相关。如果变革的推动者未能做好管理层的工作，管理层对变革的重要性认识不够，尤其是过去长期很成功的管理者，往往看不到组织环境发生的变化，看不到成功背后暗藏的失败，管理层就不会重视组织变革，认为组织不需要变革，或者固守陈旧观念，不愿意轻易变革，这时管理层就会对组织的变革起到较大的阻碍作用。

(二)消除组织变革阻力的管理对策

为了确保组织变革的顺利进行，必须要事先针对变革中的种种阻力进行充分研究，并要采取一些具体的管理对策。

1. 客观分析变革的推力和阻力的强弱

库尔特·勒温(Kurt Lewin)曾提出运用力场分析的方法研究变革的阻力。其要点：把组织中支持变革和反对变革的所有因素分为推力和阻力两种力量，前者发动并维持变革，后者反对和阻碍变革。当两力均衡时，组织维持原状；当推力大于阻力时，变革向前发展；反之，则变革受到阻碍。管理层应当分析推力和阻力的强弱，采取有效措施，增强支持因素，削弱反对因素，进而推动变革深入进行。

2. 创新组织文化

美国心理治疗师维吉尼亚·萨提亚(Virginia Satir)提出的冰山理论认为，假如把水面之上的冰山比作组织结构、规章制度、任务技术、生产发展等要素，水面之下的冰体便是由组织的价值观体系、组织成员的态度体系、组织行为体系等组成的组织文化。只有创新组织文化并渗透到每个成员的行为之中，才能使露出水面的改革行为变得更为坚定，也才能够使变革具有稳固的发展基础。

3. 创新策略方法和手段

为了避免组织变革中可能会造成的重大失误，使人们坚定变革成功的信心，变革者必须采用比较周密可行的变革方案，并从小范围逐渐延伸扩大，特别是要注意调动管理层变革的积极性，尽可能削弱团体对组织变革的抵触情绪，力争使变革的目标与团体的目标相一致，提高员工的参与程度。

总之，无论是个人还是组织都有可能对变革形成阻力，变革成功的关键在于尽可能消除阻碍变革的各种因素，缩小反对变革的力量，使变革的阻力尽可能降低，必要时还应该运用行政的力量保证组织变革的顺利进行。

二、组织变革中的压力与管理

(一)组织变革中的压力

所谓“压力”，是指在动态的环境条件下，个人面对种种机遇、规定以及追求的不确定性所造成的一种心理负担。压力既可以带来正面激励效果，也可能造成负面影响。一般而言，压力往往与各种规定、对目标的追求相关联，例如，组织中的各项规定使每个人都不能随心所欲，而对工作业绩、奖励和提升的追求又使每个人产生极大的工作压力。

产生压力的因素有很多种，但变革中的主要压力因素主要有以下两种：

1. 组织因素

组织中的结构变动和员工的工作变动是产生压力的主要因素。例如，矩阵结构要求员工具有两个上级，从而打破了组织的统一指挥原则，并要求员工具有更强的组织协调能力。同样地，工作负担过于沉重或过于枯燥也会产生很大的压力，虽然从事具有挑战性工作的人可能更富有工作的激情，然而，一旦出现权责不统一或预期不明确，马上就会造成工作压力。另外，过于严厉的管制和规章制度、不负责任的上级、模糊不清的沟通渠道、不愉快的工作环境等都会产生很大的工作压力。

2. 个人因素

组织中的个人因素如家庭成员的去世，个人经济状况的困难、离异、伤病、配偶下岗、借债、法律纠纷等都是产生压力的主要因素。经验表明，员工的人格类型划分有助于组织对个人压力进行识别和调节。组织中往往将人区分为A型和B型两种人格。A型人总觉得时间紧迫，富有竞争性，比较没有耐心，做事非常快，很难有空闲时间，因此承受的压力就比较大，也容易通过各种形式表现出来，身体也更容易得病。B型人则刚好相反，轻松、悠闲、与世无争，性格比较开朗，因此压力也就较轻。

(二)消除组织变革压力的管理对策

并非所有的压力都是不良的，对于员工而言，如何对待因工作要求和组织结构的变革而产生的压力是重要的，如何减轻和消除不适的压力则更为重要。

对于组织因素而言，必须从录用员工时就要确定员工潜力的大小，看其能否适应工作的要求。当员工能力不足时，就会产生很大的压力。另外，改善组织沟通也会使沟通不畅所产生的压力减至最小。组织应当建立规范的绩效考核方案，如采取目标管理方法，清楚地划分工作责任并提供清晰的考核标准和反馈路径，以减少各种不确定性。如果压力来自枯燥的工作或过重的工作负荷，可以考虑重新设计工作内容或降低工作量。

对于个人因素而言，减轻个人压力会存在两个问题：一是管理者很难直接控制和把握某些因素，如团队建设往往需要人们有更多的自觉意识，而这种意识又很难取得观念上的一致；二是必须考虑到组织文化和道德伦理等因素。员工如若是因缺乏计划和组织观念而产生的压力，组织可以提供帮助予以合理安排，如若是涉及个人隐私方面的问题，则一般很难插手。组织可以通过建构强势文化，使员工的目标和组织的目标尽可能趋于一致，同时也可以采用一些比较适宜的、能够有效减轻压力的放松技术，如深呼吸、改善营养平衡、做形体操等方法，引导员工减少压力。

随着外部不确定性因素的加大，变革中的压力成本有上升的趋势，如生产效率的不稳定、员工流动率的增加、大量的医疗保健支出等。所以，如何帮助员工克服压力、适应环境，仍然是管理者和组织应当深入探讨的一个重要问题。

【拓展知识】 **组织变革的展望**

思政园地

大疆如何从初创到无人机帝国的进阶之路

与智能手机、个人电脑和互联网的发展类似，无人机也迅速从一种DIY爱好发展成为风靡全球的主流技术。如今的无人机产品一代比一代更小巧、安全、便宜，其飞行功能和拍摄质量也在快速地提高。而在无人机这个市值数10亿美元的行业中，总部扎根于中国深圳的大疆创新(DJI)是其中的龙头企业。

根据Skylogic Research(商业无人机行业研究咨询公司)2017年的一项研究，大疆目前掌控着全球无人机市场约72%的份额，其创新产品战略不断推动品牌推出业内最前沿的无人机产品，使其竞争对手望尘莫及，堪称“创新狂魔”“生产狂魔”。

大疆的创立

大疆这座无人机“帝国”于2006年开始于大学生汪滔的宿舍里。作为大疆的创始人，汪滔毕生都痴迷于研究无人机。从香港科技大学毕业后，他决心追逐梦想，把当时仍是初创公司的大疆搬到了深圳这个中国制造业的中心，将剩余的大学奖学金全部投注到公司上。事实证明，迁到深圳是大疆未来取得成功的关键一举。

大疆很早就开始销售DIY无人机和控制器。但直到2013年，大疆才发布第一款消费级无人机——大疆精灵Phantom 1号。大疆自始至终追求创新，专注于设计和技术融合，致力于打造先进又价格亲民的优质产品。从精灵Phantom 1号到最近发布的“御”Mavic Air，大疆向大众展示出了其无人机技术在极短时间内取得的极大进步。

研发投入

大疆凭借着对研发的大规模投入、对高质量的执着追求，以及扎根深圳的地理优势，在无人机市场发展的早期阶段，便有足够的能力制造出关键的硬件和软件，这使他们完全能以一己之力推动无人机技术向前发展，远超其他竞争对手。

大疆最早的成就之一是其先进的GPS系统。在GPS技术被集成到无人机之前，操作者原本无法确定无人机在空中的方位。这个问题极大地影响了整体的用户体验，并造成了许多潜在用户的流失。随着GPS模块和内置罗盘的集成，这项技术变得更加安全和易用，操作者终于可以完全掌控无人机，让其在特定位置盘旋。

大疆还有另一个重大技术突破，即他们的Lightbridge传输系统(大疆首款2.4G全高清数字图像传输系统)。在Lightbridge技术出现之前，用户原本是无法实时查看无人机镜头在远处空中拍摄的画面的，这就阻碍了无人机在娱乐和商业领域，尤其是在航拍和摄像领域更广泛的应用。而随着Lightbridge的发明，操作者可以直接从智能手机上实时观看无人机拍摄的高清视频，以便第一时间查看和完善自己的航拍照片和视频。

另外，大疆的自诊断软件也迈出了业内技术水平的又一大步。在无人机技术发展的早期，无人机发烧友们只能根据彩灯闪烁的情况来判断无人机出现的问题或缺陷。但有了大疆创新性的自诊断软件，用户可以轻松查看和自主测试无人机的每个部件，无须依赖灯光。得益于这项能够快速、轻松地确定无人机运行状况的技术，大疆无人机成为人们寻求可靠、安全和易用产品的心仪之选。

创新永不止步——大疆精灵系列

大疆代表性的精灵系列展示了他们在无人机技术快速创新方面的不懈追求。从精灵Phantom 1到精灵Phantom 4 Pro，大疆致力于在每一款新发布的无人机中实现技术改进，包括关键技术的发明，续航里程、时间和相机质量等方面规格的不断升级，使他们的无人机技术始终领先竞争对手一大截。

创新不仅要实现新技术的突破，也可以是商业模式的创新，数字化时代那些快速将技术融合到商业模式中企业能更快获得成功。助你平稳推进数字化创新，Runwise为你准备了最新《数字化创新趋势报告》，下方免费下载！

2013年发布的精灵Phantom 1是大疆首款应用了内置GPS系统的无人机产品。这款产品创新战略下催生的无人机具有革命性的意义，因为在此之前，用户无法固定飞机在空中的位置，这让他们难以自如地操纵无人机。内置GPS系统的应用意味着用户可以更精确地操控无人机，即使用户放开遥控器，无人机也可以自主固定位置或悬停在原处。内置GPS技术的集成最终使大疆的无人机比当时任何其他品牌的产品都更加安全可靠，也让操作者对无人机的控制前所未有地得心应手。

随后大疆推出精灵Phantom 2系列，继续在创新和发展无人机技术的道路上大步向前。在这款产品中，首先，大疆延长了产品的续航里程和电池寿命，这样无人机就可以在空中停留更长时间、飞得更远。这项改进的重大意义在于，从前操作者需要频繁地让无人机着陆进行续电，很大程度上影响了整体的使用体验，而现在则不再需要如此周折。其次，精灵Phantom 2 Vision和Vision+还附带了一个在更长续航距离下可选用的Lightbridge 1附加组件，以及一个稳定可靠、最远可达1千米的高清视频下行链路，这在当时可是闻所未闻的重大创新。这点同样意义重大，因为这样无人机操作者就可以通过智能手机查看和完善拍摄出来的高清航空照片和视频，从而充分发挥出无人机技术的创造性潜力。

精灵Phantom 2 Vision+还额外配备了首款三轴云台系统。在早期的无人机产品中，用户要么需要购买并自行安装摄像头和云台系统，要么使用只能上下移动的摄像头，即使这样，镜头仍然容易晃动。而Vision+先进的三轴云台系统保证了航拍影像的流畅和稳定，并让操作者能更自由地拍摄动态创意画面。

然而，大疆不断树立里程碑的壮举还没有结束。精灵Phantom 3系列的发布使公司成功占据市场主流。首先，精灵Phantom 3系列装配了内置Lightbridge系统和全新的底部视觉定位系统，增加了航拍的稳定性和精确度。除此之外，该系列还有另一个重大改进，便是将其内置GPS系统与俄罗斯格洛纳斯卫星导航系统（GLONASS）集成，使无人机能够连接更多的卫星，运行更加稳定，位置更加精确。

在精灵Phantom 3系列的推行中，大疆还附带推出了DJI Go应用程序。通过DJI Go应用，无人机操作者可以轻松连接并操纵无人机的摄像头设置和飞行控制，如果发现无人机有任何问题，应用会自动发出警报。这款应用程序界面精简、操作方便，使无人机技术更贴近大众，吸引更广泛的受众使用。

随后，革命性的精灵Phantom 4系列发布，继续展示着大疆不断推动无人机技术达到新高度的过人实力。精灵Phantom 4系列配备了全新设计的云台装置，新型云台支持的不再是单个镜头，而是无人机两边的摄像头都能支持。另外，还采用了全新升级的镁合金材料来增加稳定性和强度。这意味着操作者不再需要担心他们的无人机会拍摄出抖动或不稳定的画面，几乎可以保证画面影片级、无振晃的流畅效果，达到更专业的视觉成效。

精灵Phantom 4系列还配备了双IMU传感器和双罗盘装置，以适应更长的续航时间和更快的反应时间，同时还配有业内首款障碍感知系统，使无人机能够智能地识别其路径上的障碍物，及时停止或绕开。这款先进的障碍感知系统保证了大疆无人机更安全、更可靠的飞行，让操作者更加放心，操作更加稳健。此外，利用障碍感知系统，大疆无人机还能应用一系列"智能飞控模式"，包括"智能跟随"模式和"指点飞行"模式。

在整个精灵系列的发布过程中，大疆展示了他们的独创才智和发展无人机技术的奇思妙计。所发布的每一个系列都不断革新核心技术，使其无人机质量和安全性都远超其他竞争对手；每推出一次新款，产品的续航里程、摄像技术、成片质量、电池寿命和飞行性能都在不断提高。大疆在技术发展的道路上从未放慢脚步。从精灵 Phantom 1 号 10 分钟的飞行时间、约 300 米的飞行距离、还没有摄像头，到精灵 Phantom 4 Pro 30 分钟的飞行时间、7 千米的飞行距离，以及一个 4K 分辨率、20 兆像素的摄像头，大疆实实在在地证明了，他们的的确确有能力将无人机技术提升到其他企业不可睥睨的高度。

更小巧的可折叠无人机

续接精灵系列的巨大成功，大疆在 2016 年 9 月发布了他们的第一款小巧型可折叠无人机——大疆“御”Mavic Pro。“御”Mavic Pro 的发布表明了无人机技术已经再次发展到了全新的阶段，机型越来越小，对大众而言使用越来越方便。“御”Mavic Pro 与精灵系列的不同之处便正是其便携和小巧的设计。“御”Mavic Pro 折叠起来大约只有一个水瓶大小，在市场上同等功能的无人机中，还从未有能与之相比的机型大小。“御”Mavic Pro 一经发布就成了全球最受欢迎的消费级无人机，显示出大疆在创造一款集先进技术、时尚设计和用户友好功能于一身的无人机方面取得的巨大成功。

大疆在接下来的进阶之路上，又发布了他们有史以来最小型的无人机——大疆“晓”Spark。这款产品重量只有 300 克，也是大疆迄今为止价格最亲民的无人机。“晓”Spark 针对的是普通的无人机爱好者和初入门者，其特点是简易的操作方法和全新的“Gesture”高级飞行模式，该模式下，用户可以通过简单的手势控制无人机的飞行。通过“晓”Spark，大疆再一次展示了先进技术和小巧机型完美融合的创新成就。

随后，大疆最新发布的“御”Mavic Air 主打功能强大、便于携带、适合所有级别和年龄的无人机爱好者使用。在它发布的时候，大疆已经成为无人机行业的领导者，在一众竞争者之中一骑绝尘，它的对手只剩下自己。通过“御”Mavic Air，大疆又一次展示了他们永不止步的精神。“御”Mavic Air 比其前代产品机型更小，功能更加先进，包括搭配三轴云台，12 兆像素、4K/100mbps 的高清相机，前、后、底部三方位的障碍感知系统，8GB 的内存，以及更加智能的飞行性能。发布后，“御”Mavic Air 成为了全球无人机市场最受欢迎的消费级无人机，进一步巩固了大疆在无人机行业的主导地位。

大疆的商业扩张

在消费级无人机领域取得成功后，大疆意识到企业市场的巨大增收潜力，继而开始向企业领域进军。在继续主导消费级无人机市场的同时，大疆坚持不懈地投入开发他们的专业级无人机产品线，包括“悟”Inspire 系列和经纬 Matrice 系列。“悟”Inspire 系列专门为满足电影和电视行业的专业需求而设计，而经纬 Matrice 系列则是为了各个行业部门的商业和工业监测而设计。

大疆专业级无人机的魅力和创新性在于，他们把为消费级无人机而开发的关键基础技术，完美整合到了专业级无人机之中。通过这种方式，大疆的专业级无人机既能保持用户友好的特色，又能执行专业要求较高的企业任务。从对道路、建筑和桥梁进行空中监测和调查，到执行救援任务，大疆将无人机技术运用的发展潜力，提高至了改善甚至于转变全球各行业运作方式的高度。基于对研发的大量投资和对创新的不懈追求，大疆改变了世界对无人机技术的看法，无人机不再仅仅被视为一种航拍工具。随着人们对无人机潜力认识的不断提高，大疆无人机在公共安全、基础设施、能源和建筑等多个领域的应用都在不断增加，从而扩大了大疆在专业级和消费级无人机两个市场的主导地位。

多样化产品创新战略——相机和云台

事实证明，从无人机技术扩展到科技行业的其他领域，也是大疆取得“霸主地位”的一个关键举措。数年来，在其竞争者仍苦苦挣扎于推出单单一款产品的时候，大疆一直在源源不断地推出各类专门的无人机产品，覆盖从专业人士到普通消费者的全面需求。而近年来，大疆加大了对自身品牌的相机和云台系统的拓展投入，产品包括灵眸 Osmo 系列、如影 Ronin 系列云台和禅思 Zenmuse 系列云台相机。2017 年，大疆甚至收购了相机行业的代表性企业哈苏（Hasselblad）的多数股权，这表明了大疆的视野将不仅仅局限于无人机，而是要越来越多地关注到更多元的技术领域。通过对无人机、相机和云台设备巧妙的交叉推广，大疆得以翱翔于整个科技市场，创建出了与苹果公司类似的完整的“大疆生态系统”，在大众和市场眼中，大疆早已超越了简单的“无人机制造商”的范畴。

从初创到帝国

从精灵 Phantom 1 到“御”Mavic Air 如此短的时间内，大疆用事实证明，只要坚定不移地追求创新，无人机技术就能够达到曾经看起来遥不可及的高度。从消费级无人机到专业级别的经纬 Matrice 200 系列，大疆成功地从消费级市场拓展到专业级市场，并在两个领域都占据了主导地位。回顾精灵 Phantom 1 以来的时间，大疆一直致力于技术创新，从不甘于平庸。带着这种决心，大疆让世界亲眼见证了他们的产品越来越小巧、技术越来越安全、使用越来越人性化、价格越来越便宜的进阶之路。

根据高德纳咨询公司（Gartner）的预测，到 2020 年，全球无人机市场收入将增长到约 112 亿美元。由于巨大的增长潜力，有成千上万、大小不一的企业都在试图与大疆竞争，但最近也有其他公司将重心转向了软件和服务领域。

展望未来，大疆没有任何放缓脚步的迹象，反而仍在不断发展无人机技术的同时，准备着继续征服市场。在未来，预计大疆将继续拓展专业相机设备领域的业务，以进一步扩大其在消费级和专业级市场的主导份额。对比无人机与其他技术的发展，我们似乎正在见证着无人机技术新一轮的进阶过程。

资料来源：根据 dronelife 网站资料《从创业到帝国：大疆无人机的演变》（2018 - 05 - 14）整理而得。

复习思考题

1. 组织变革的类型及目标有哪些？
2. 一个组织是否存在连续变革的可能？
3. 如何处理组织变革过程中存在的与组织长远战略相矛盾的地方？
4. 组织如何尽快实现变革从而克服眼前的危机？
5. 如何采取措施可以使变革得到更多组织成员的理解与支持？

自测题

一、填空题

1. 推动组织变革的因素可以分为________和________两个部分。
2. 资源变化的影响是推动组织变革的________因素。
3. 保障信息畅通的要求是推动组织变革的________因素。

4. 按照变革的程度与速度不同，可以分为________变革和________变革。

5. 按照工作的对象不同，组织变革可分为________的变革、________的变革和________的变革。

6. 按照组织所处的经营环境状况不同，组织变革可以分为________变革和________变革。

7. ________是指组织对其长期发展战略或使命所做的变革。

8. ________会使组织结构、组织文化、用户服务、质量、成本等各个方面产生重大的改变。

9. 变革是指组织必须通过对员工的培训、教育等引导，使他们能够在________、________和________方面与组织保持一致。

10. 组织变革过程的主要变量因素包括________、________、________。

11. 组织变革的基本目标是提高组织的适应能力，包括以下三个方面：________、________、________。

12. 组织变革的过程包括________、________、________三个阶段。

13. 组织变革的阻力集中表现为来自________的阻力和来自________的阻力两种。

14. 组织中的________和员工的________是产生压力的主要因素。

15. 变革中的主要压力因素是________和________两种。

16. 组织变革就是组织根据________的变化，及时对组织中的要素进行________，以适应未来组织发展的要求。

17. 战略性变革是指组织对其长期发展战略或使命所做的变革。如果组织决定进行业务收缩，就必须考虑________；如果组织决定进行战略扩张，就必须考虑________，以及________等问题。

18. 结构的变革包括________、________、________、________等其他结构参数的变化。

19. ________是导致团体内部和团体之间发生冲突的最直接因素，组织变革的主要目标是要________。

20. 人员变革的主要任务是组织成员之间在________的重新分配。

二、单项选择题

1. 下列(　　)因素不是导致组织变革的主要动因。

A. 组织成员的期望与实际情况的差异　　B. 组织外部环境的变化

C. 组织内部条件的变化　　D. 组织的社会责任

2. 下列(　　)是实行组织变革的主要目标。

A. 提高组织的协调性　　B. 提高组织适应环境的能力

C. 提高组织的平衡性　　D. 提高组织的监督性

3. 下列对消除组织变革阻力不恰当的方法是(　　)。

A. 封锁消息　　B. 加强教育、培训

C. 让有关人员参与变革方案的制订　　D. 启用富有开拓创新精神的人

4. 变革总是伴随着(　　)，这种因素是阻碍变革的一个重要原因。

A. 先进性　　B. 落后性　　C. 不确定性　　D. 竞争性

5. 人们发现，对一些历史悠久的组织进行变革所遇到的阻力比在历史不长的组织中遇到的大得多，其程度有时甚至超乎人们的想象。你认为最根本的原因是(　　)。

A. 这种组织往往规模大、问题多、情况复杂、变革难度大

B. 习惯势力的作用

C. 这种组织的社会影响较大，所以一般不敢轻举妄动

D. 以上都是

6. 当代管理机构变革的一个大趋势是（　　）。

A. 管理层次复杂化　　B. 组织结构扁平化

C. 管理幅度日益减少　　D. 锥型结构更受欢迎

7. 下列选项中，（　　）不是诱发组织变革的需要并决定组织变革目标方向和内容的主要因素。

A. 领导者正常更换　　B. 战略

C. 环境　　D. 技术

8. 下列有关组织变革阻力的主要来源，说法正确的是（　　）。

A. 个体和群体方面的阻力　　B. 领导的分歧

C. 组织的阻力　　D. 外部环境的阻力

9. 组织变革阻力的管理对策不包括（　　）。

A. 分析阻力与推力的强弱　　B. 创新组织文化

C. 解雇持反对意见的员工　　D. 创新策略手段及方法

10. 组织变革的过程不包括（　　）。

A. 解冻　　B. 协调　　C. 变革　　D. 冻结

11. 组织变革的第一步是（　　）。

A. 通过组织诊断，发现变革征兆　　B. 分析变革因素，制订改革方案

C. 选择正确方案，实施变革计划　　D. 评价变革效果，及时进行反馈

12. 随着组织的不断发展，组织内部员工的知识结构、心理需要及价值观等都会发生相应的变化。这属于推动组织进行变革的（　　）。

A，短期原因　　B. 外部原因　　C. 长期原因　　D. 内部原因

13. 下列选项中不是推动组织进行变革的外部因素的是（　　）。

A，组织目标的选择与修正　　B. 科学技术的发展

C. 社会经济环境的变化　　D. 管理理论和实践的发展

14. （　　）是指组织面对外部环境和内部条件的变化而进行改革和适应的过程。

A. 组织设计　　B. 组织变革

C. 组织流程再造　　D. 组织管理

15. 组织变革的两大方面力量是（　　）。

A. 管理者和员工　　B. 外部环境和内部条件

C. 顾客和竞争对手　　D. 优势和劣势

16. 对组织的职权关系、协作机制、集权程度、职位设计、管理跨度等因素进行改变，属于（　　）。

A. 组织变革　　B. 文化变革　　C. 环境变革　　D. 结构变革

17. 对工作的流程、方法、设备、设施进行改变，属于（　　）。

A. 技术变革　　B. 人员变革　　C. 结构变革　　D. 环境变革

18. 对员工的工作态度、期望、任职和行为进行改变，属于（　　）。

A. 技术变革　　B. 人员变革　　C. 结构变革　　D. 环境变革

19. 管理者所能变革的领域或对象不外乎三种选择，即(　　)。

A. 外部环境、内部环境和组织结构　　B. 结构、技术和人员

C. 结构、文化和战略　　D. 环境、技术和目标

20. 以下不属于组织在选择变革方案时要充分考虑的因素的是(　　)。

A. 改革的深度和难度　　B. 改革的影响程度、变革速度

C. 员工的可接受程度和参与程度　　D. 新工艺、新技术和新方法的采用程度

三、多项选择题

1. 组织变革的目标应该是(　　)。

A. 使组织更具环境适应性　　B. 使管理者更具环境适应性

C. 使员工更具环境适应性　　D. 使董事会更具环境适应性

2. 对人员的变革，叙述正确的是(　　)。

A. 指员工在态度、技能、期望、认知和行为上的改变

B. 变革的主要任务是组织成员之间在权力和利益等资源方面的重新分配

C. 必须注重员工的参与

D. 注重改善人际关系并提高实际沟通的质量

3. 消除组织变革阻力的管理对策有(　　)。

A. 客观分析变革的推力和阻力的强弱　　B. 创新组织文化

C. 创新策略方法和手段　　D. 加强流程改造

4. 组织变革的内容包括(　　)。

A. 人员变革　　B. 结构变革

C. 技术与任务变革　　D. 制度变革

5. 以下导致组织变革的外部环境因素包括(　　)。

A. 国内政治形势的变化　　B. 科学技术的进步

C. 管理人员的调整　　D. 组织规模的扩大

E. 业务的迅速发展

6. 以下属于影响组织变革的内部条件的是(　　)。

A. 市场需要的变化　　B. 管理人员的调整

C. 组织规模的扩大　　D. 科学技术的进步

E. 业务的迅速发展

7. 组织变革须经过的步骤有(　　)。

A. 确定变革问题　　B. 组织诊断

C. 提出方案和选择方案　　D. 制订计划

E. 实施计划

8. 心理学家勒温从变革的一般特征出发，总结出组织变革实施计划的基本阶段主要是(　　)。

A. 解冻　　B. 反馈　　C. 任务　　D. 变革

E. 再冻结

9. 按照变革的对象，变革可以分为(　　)。

A. 突变式　　B. 正式关系式　　C. 非正式关系式　　D. 分段式发展式

E. 人员式

10. 组织诊断的手段有(　　)。

A. 职位说明书　B. 组织情况调查表　C. 组织手册　D. 组织结构图

E. 权力关系

11. 组织的分立化方式有(　　)。

A. 横向分立　B. 纵向分立　C. 水平分立　D. 行政分立

E. 市场分立

12. 组织发展的趋势主要有(　　)。

A. 组织结构扁平化　B. 组织运行柔性化　C. 组织边界模糊化　D. 组织协作团体化

E. 组织管理人本化

13. 组织诊断的程序是(　　)。

A. 明确诊断的职责　B. 收集所需的资料　C. 寻找变革的对象　D. 拟定变革的方案

E. 确定和改进变革方案

14. 需要组织变革的征兆有(　　)。

A. 内部环境　B. 决策失误　C. 沟通不灵　D. 业绩不佳

E. 缺乏创新

15 下列有关组织变革阻力的主要来源,说法错误的是(　　)。

A. 个体和群体方面的阻力　B. 领导的分歧

C. 组织的阻力　D. 外部环境的阻力

四、简答题

1. 简述战略性变革的内容。
2. 简述组织变革中来自个体方面的阻力。
3. 简述消除组织变革阻力的管理对策。
4. 简述组织变革中组织因素的压力。
5. 简述技术与任务变革的内容。

五、问答题

1. 组织变革的动因中,外部环境因素有哪些?
2. 组织变革的动因中,内部环境因素有哪些?
3. 组织变革的划分标准与类型有哪些?
4. 怎样理解组织变革的目标与要求?
5. 组织变革的程序是什么?

请用手机微信扫以下二维码,获取自测题参考答案。

第九章 自测题
参考答案

第十章

人力资源管理——管理人员

学习目标

知识目标：了解管理的配备含义、任务、程序和原则，熟悉管理人员的培训内容和方法，掌握管理人员选聘的方法，掌握管理人员考评的内容和方法。

能力目标：能够根据组织需求，选聘管理人员；能够对管理人员培训、考评进行实际操作。

素质目标：具备管理人员选聘、培训和考评的实际操作能力。

思政目标：培养学生思辨的人文管理精神和终身学习的职业发展理念，鼓励学生发扬工匠精神，脚踏实地、自强不息，提升职业竞争力和发展力。

思维导图

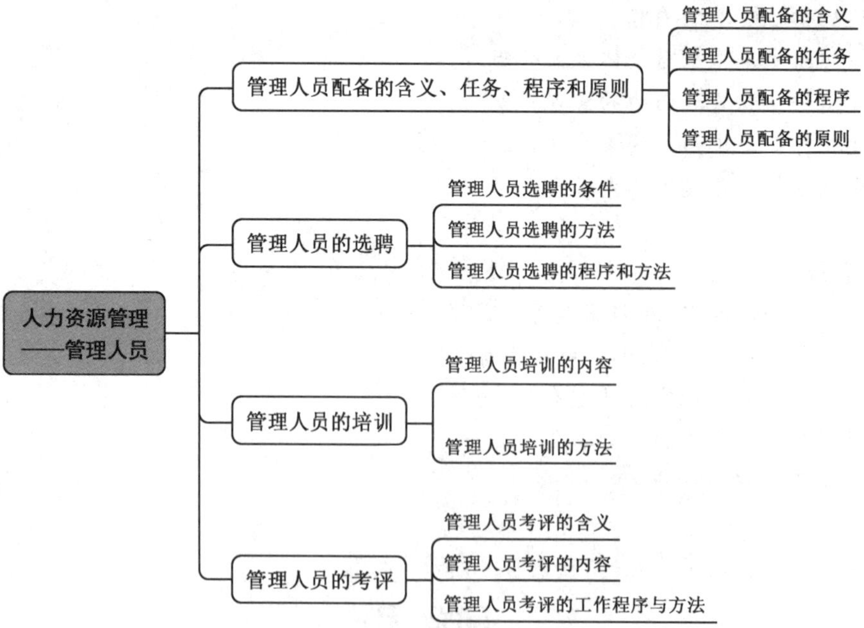

案例引入

国美"摸鱼门":员工的管理与激励

2021年11月17日23时许,国美控股集团有限公司在其官方公众号发表关于内部处罚通报的声明,在声明中,除了重申不提倡在工作时间内在办公区域从事与工作无关之事外,国美控股集团还表示,其高度关注内部通报违规外泄情况,将按公司保密规定予以追责。

此前,一则国美内部发布的《关于违反员工行为规范的处罚通报》流传到网上。文件显示,8月30日—9月3日期间,国美发现部分员工在工作时间玩游戏、看视频、听歌以及购物。文件列明了11位员工的姓名、办公楼层,以及在不同App上的流量消耗情况。

何谓"摸鱼",简言之,就是员工在工作时间里蹭公司内网流量从事与工作无关之事,其大宗者,以看视频、刷抖音、听音乐为多,当然网购也是排名前列。在任何时代,在任何大企业和组织中,上班偷油、开小差的事情都会发生。问题在于怎么监管、怎么沟通、怎么改变。"摸鱼"的案例,凸显了数字经济时代的职场,公司与员工需要构建全新的信任关系和工作契约,而做到这一点以前,需要回答几个重要的问题。

第一,企业对员工在工作时间段中的监控,到底可以采用什么样的工具?

显然,在这一"摸鱼"通报中,企业监控的是员工蹭的内网流量,或者按照网友的评价,只要在企业内用公司网上网,你就是在"裸奔"。企业是否有权限对员工上网行为做监控?从建立企业文化和员工互信的角度来看,监控应该是最坏和最后的手段。当然,工作场景中的数字监控也并不是中国独有,在全球企业都变得日益普遍,其背后的隐私及工作伦理问题,亟须深入讨论。

第二,监控之后以通报和处罚的方式,是否合适和有效?

"摸鱼"之所以常见,背后其实凸显的是年轻人对于工作心态的一种转变。从坏处着眼,这是一种对"对工作不负责任,得过且过"的态度的包容,甚至是纵容;从好处着眼,则是一种对灵活工作的宣示。智能手机时代,许多工作是在手机上完成的,每个人都有在微信或钉钉上处理工作的经历,在工作时间外聊工作很常见,那在工作时间内放松为什么不可以呢?

其背后是一个重要的追问:我们应该用什么方式去管理和激励数字时代的原住民?当技术可以让我们随时随地完成工作时,我们并不希望工作充斥到挤占每个人的生活和娱乐时间。监控和打卡,用工作时间来界定工作和生活的边界,显然是工业时代的老方法。在数字时代,是否需要引入新思维,用工作的结果,而不是简单用工作时间内能做什么或者不能做什么来考核每个人的工作?欧美一些大厂在园区内提供健身设施,允许员工工作时间内健身、享受公司提供的按摩服务,这些做法当然是想让员工花更多时间待在公司,但也未尝不是对M世代年轻人多元化需求的认可甚至鼓励。退一步说,即使这次可以惩罚,但用工业时代的管理方式管理M世代,只可能是猫鼠游戏,而企业一定总会是傻猫汤姆。

第三,怎么破局?

"摸鱼"是新瓶装旧酒的老问题,解决的办法也应是梳理和沟通,而不是围堵和谴责。企业需要思考的是如何塑造和提升自己的企业文化,提升员工的向心力。这不是说说就行,而需要切实的组织革新。过去两年,敏捷组织、赋能一线员工,变成越来越多企业组织转型的目标。一方面这是因为在互联网和面向消费的领域,年轻人有着敏锐的嗅觉和高强的数字学习力,企业需要充分发挥这些能力,而不是用制度和约束把他们套进听话执行的模子里;另一方面也是应对外部多变的世界，需要构建合适的组织去推动年轻人的创造力和创新热情。

“摸鱼”的可怕之处，不在于企业的大棒，而在于年轻人过早地对工作失去热情。每个世代都有找寻到自己责任与担当的路径，我们需要开放的心态和更大的包容。但我们可以也必须去做的，是讨论如何建立全新的工作契约，让工作有意义，努力有回报，工作时间可以有灵活度，但“摸鱼”也应该要有它的底线。

资料来源：周雨晴. 日本移民政策大转变：考虑允许外国人无限期居留[N]. 经济观察报，2021-11-18.

【问题思考】

1. 国美员工为什么会“摸鱼”？
2. 国美的转型调整给它的人力资源管理带来哪些挑战？
3. 国美如何对“摸鱼”员工进行管理？其可以怎样进行管理优化？
4. 国美借助数字化手段管理员工给企业人力资源管理带来哪些启示？

阅读材料

管理人员的选聘、培训及应用案例

管理人员的选聘是一个系统性的过程，需要通过一系列的步骤和程序进行。首先，需要制订选聘计划，这个计划需要包括选聘人员的数量、选聘人员的岗位分布、选聘的程序安排以及选聘的组织保证等内容。接着，可以通过公开招聘的方式建立选聘工作委员会或小组，公布选聘条件并说明相关待遇和选聘方法。

在选聘过程中，通常会先进行粗选或初选，审查候选人的硬件条件，如学历、年龄、专业和工作经验等，确认这些信息的真实性。然后，对初选合格者进行知识与能力的考核，这可能包括智力与知识测验、竞聘演讲与答辩，以及案例分析等环节，以评估候选人的实际能力。

此外，管理人员的选聘渠道主要有两种：内部提升和外部招聘。这两种方式各有优劣，企业可以根据自身的实际情况和需求来选择适合的选聘方式。

以下是一些管理人员选聘的案例分析：

江城联合公司的管理人员选聘程序包括：制订选聘计划—初步筛选—测试—聘任—使用。在这个过程中，可能会遇到各种问题，例如，如何公正公平地评估候选人的能力和潜力，如何确保选聘过程的透明度等。

万科公司早在“王石时代”就已经建立了一套内部人才选拔的流程，它从公司内部培养，并不断提拔这样一批人。这种内部提拔的方式，可以激励员工努力提升自己的能力，同时也可以培养出熟悉公司文化和业务的管理人员。

远翔公司在中层管理人员严重缺失的情况下，决定改从外部招聘，尤其招聘那些企业管理专业的好学生，为今后提为中层管理工作人员作好储备。这种做法可以帮助公司快速补充管理能力，同时也可以为公司的长远发展做好人才储备。

阿里巴巴改变了传统的HR主导的招聘方式，转变为以用人部门管理者为主实施招聘的做法。这种方式可以让管理者更深入地参与到招聘过程中，更好地理解岗位需求，从而找到更匹配的人才。

以上案例展示了不同企业在管理人员选聘方面的策略和方法，各有其优点和局限性。企业应根据自身的实际情况和需求,选择最适合自己的选聘方式。

案例一:北京东单东方广场的某外资 SP 公司因发展需要从外部先后招聘了两位行政助理,但结果都失败了。第一位入职者在第二天就没来上班,没有来电话,经她弟弟解释,她不打算来公司上班了,具体原因没有说明。她的辞职原因是工作内容和自己预期不一样,琐碎繁杂,觉得自己无法胜任前台接待工作。第二位工作十天后辞职。

案例二:近年来,从公司外部招聘来的中高层管理人员,大约有 50%的人员不符合岗位的要求,工作绩效明显低于公司内部提拔起来的人员。在过去的两年中,从公司外聘的中高层管理人员中有 8 人不是自动离职就是被解雇。

以上案例显示了管理人员选聘过程中可能遇到的问题,如人选与职位不匹配、人选对工作的理解和预期不符等。这些问题可能会导致选聘失败,对公司的发展造成影响。因此,企业在进行管理人员选聘时,应充分考虑候选人的能力和适应性,以确保选聘的成功。同时,也需要对选聘过程进行持续改进,以提高选聘的效果和效率。

以下是一些管理人员的培训案例:

某公司为了提高管理人员的领导能力和团队协作能力,组织了一次为期一周的领导力培训课程。该课程包括理论讲解、案例分析、角色扮演和团队合作等环节,旨在帮助管理人员更好地理解领导力的重要性,掌握有效的领导技巧,并学会如何与团队成员合作。

另一家公司为了提高管理人员的沟通和表达能力,组织了一次为期两天的沟通技巧培训课程。该课程包括演讲技巧、非语言沟通、冲突解决和谈判技巧等内容,旨在帮助管理人员更好地与客户、同事和下属进行有效的沟通和交流。

一家跨国公司为了提高管理人员的国际业务能力,组织了一次为期三周的国际商务培训课程。该课程包括国际市场分析、跨文化管理、国际贸易法律和国际营销等内容,旨在帮助管理人员更好地了解国际市场环境和规则,掌握国际业务运作的技巧和方法。

这些培训案例都针对不同的管理需求,提供了专业的培训内容和方法,帮助管理人员提升自己的能力和素质,更好地适应企业发展的需要。

资料来源:根据讯飞星火网站相关资料整理而得。

组织设计为系统的运行提供了框架。组织系统要发挥其功用,需要由人来操作,人员配备是组织设计的逻辑延续。对于组织而言,人是关键资源,组织中的其他资源需要通过人的有效整合和优化配置才能发挥其最大效用。人在组织中的这种特殊地位,决定了人员配备在管理工作中的重要性,而组织成员需要在管理人员的领导和指挥下开展具体工作,因此,管理人员的配备更是重中之重。

第一节 管理人员配备的含义、任务、程序和原则

一、管理人员配备的含义

管理人员配备,是指对管理人员进行恰当而有效的选拔、培训和考评,其目的是配备合适的人员去充实组织机构中所规定的各项职务,以保证组织活动的正常进行,进而实现组织的既

定目标。

管理人员配备不但包括选人、评人、育人，而且还包括如何使用人员，以及如何增强组织凝聚力来留住人员，这又和指导与领导工作紧密联系起来。

因此，人员配备不仅仅是人事部门的职责，更是各个层次主管人员的共同责任。当组织人员短缺时，主管人员需要提出增加人员的申请，随后他还需要与应征者进行接触和面谈。此外，主管人员还需要考核下级的工作，对他们的奖惩提出建议。

二、管理人员配备的任务

管理人员配备的任务可以从组织和组织成员两个不同的角度来考察。

(一)从组织需要的角度考察

1.使组织系统开动运转

要通过管理人员配备使组织系统开动运转，必须使机构中每个工作岗位都有适当的人去占据，使实现组织目标所必须进行的每项工作都由称职的人去完成。这是管理人员配备的基本任务。

2.为组织发展准备管理者力量

组织是一个动态的系统，处在一个不断变化发展的经济环境中。组织的目标和活动的内容需要经常根据环境的变化做适当的调整，由目标和活动决定的组织机构也会随之发生改变，而且也会在数量上有所增减。所以，我们在为组织目前的机构配备人员时，还需要考虑机构可能发生的变化，为将来的组织准备和提供管理人员。

3.维持成员对组织的忠诚

人才流动对个人来说可能是重要的，它可以使人才自己通过不断的尝试找到最适合自己、给自己带来最大利益的工作。但是，对于整个组织来说，人才流动虽有可能给企业带来“新鲜血液”的好处，但是其破坏性也不容忽视，人员不稳定，特别是优秀管理人才的外流，往往使组织多年的培养付之东流，而且可能破坏组织的人力资源发展计划，甚至影响企业在发展过程中的管理者需要。因此，要通过人员配备稳住人心，留住人才，维持成员对组织的忠诚。

(二)从组织成员需要的角度考察

留住人才，不仅要留住其身，更要留住其心。只有这样，才能达到维持他们对组织忠诚的效果。然而，组织成员能否真心实意地、自觉自愿地为组织努力工作，要受到许多因素的影响。

人员配备可以使每个人的知识和能力得到公正的评价、认可和运用。配备的人员对工作的要求与自身的能力是否相匹配，是否感到“大材小用”，从而“怀才不遇”，工作的目标是否有挑战性，这些因素与人们在工作中的积极、主动、热情程度有着极大的关系。

通过人员配备，使每个人的知识和能力不断发展，素质不断提升。知识与技能的提高不仅可以满足人们的心理需要，而且往往是职务晋升的阶梯。

三、管理人员配备的程序

一般来讲，企业是根据岗位来进行人员配备的，岗位效果与效率的产生，归根结底是由岗位上的员工创造的。因此，要剖析岗位效果与效率的差异，就必须了解企业中人员配备的整个流程，从流程的角度来研究这种差别。企业要实现自己的目标，实施既定的战略。就必然会进行人员配备来充实各个岗位，以完成各项具体的工作。由此不难看出，企业中的人员配备，是对既定的岗位挑选合适的人员加以配置，并采取有力措施，实现员工与岗位的有效结合，同时，面对可能出现的矛盾不断进行调整，进而实现岗位目标。显然，这一过程主要包括四个阶段。

(一)企业的岗位设计阶段

企业根据自己的目标，制定竞争战略，设计相应的组织结构，然后，根据这种结构安排，进行岗位设计，确立组织的岗位构架。在这个过程中，企业要对各个岗位进行职务分析，界定各岗位的人员任职要求，以及需实现的目标和要达到的绩效。

(二)企业对人员的甄选阶段

岗位设计之后，企业要根据各岗位人员任职条件，甄选合适的人员来充实这些职位，这个过程可能包括招聘(内部招聘或外部招聘)、培训等环节。企业希望以此来获得合适的岗位候选员工，为人员的合理配备和岗位绩效的产生提供必需的技能。

(三)岗位绩效的产生阶段

人员配备过程，这是岗位绩效的产生阶段。企业在招聘、培训等环节之后，认为候选员工已经具备了相应的技能，在适当的时机，便让其上岗。以此为始，是员工的工作阶段，员工通过履行工作职责，创造岗位绩效，实现岗位目标。

(四)反馈阶段

员工在岗位上工作一段时间之后，便会将工作的绩效和效果反馈给企业。当然，企业也经常通过绩效评估等方式来了解员工的工作状况，鉴别岗位目标的完成情况，并对出现的差异进行分析。

在反馈阶段之后，企业可能在分析的过程中，根据内外环境变化，对岗位进行重新设计，或对人员进行变动，也可采取其他措施，以期改变这种差异。从本质上来看，只是这一流程的不断循环与调整。

四、管理人员配备的原则

为使组织中的人与事优化组合，管理人员在配备过程中需要遵循一些基本原则。

(一)因事择人原则

选聘管理人员的目的在于使其担当一定的职务，要求其从事于职务相应的工作。要求工作者具备相应的知识和能力，从而使工作者卓有成效地完成。因此，因事择人是管理人员配备的首要原则。

(二)用人之长原则

一个人只有处在最能发挥其才能的职位上，才会干得最好，才能使组织得到最大的收益。因此，在进行人员配备时，必须根据职务的明确要求，寻找最合适的人选。所谓“最合适的人选”，并不是指那些在各方面都完美无缺的人，而是相对于某个特定职务来看候选人的长处适合于这个特定的职务。

(三)人事动态平衡原则

处在多变环境中的组织是在不断发展的，组织成员的能力和知识是在不断地提高和丰富的。同时，组织对其成员的素质认识也有一个不断全面、完善的过程。因此，人与事的配合需要进行不断的调整，使能力发展并得到充分证实的人去从事更高层次的、负更多责任的工作，使能力平平、不符合职务需要的人有机会进行力所能及的活动，以求每个人都能够得到最合理的使用，实现人与工作的动态平衡。

(四)公开竞争原则

公开竞争原则,是指组织越是想要提高管理水平,就越是要在主管职务的接班人之间鼓励公开竞争。实行公开竞争时,空缺的职务是对任何人都开放的,它不仅要求候选人能够胜任空缺的职务,而且要求他能比别人更有效地实现该职务对其的要求。只有进行公开竞争,组织才有可能选到合适的人员。公开竞争无论对组织内部或外部的人都应一视同仁,机会均等。要进行公开竞争,前提是人才必须能够流动,人才不流动,也就无所谓公开竞争。

第二节　管理人员的选聘

为了获得合适的管理人员来充实组织中的职位,就必须进行选聘,这是人员配备的第一步,如果选人选得好,育人就较容易,用人也得心应手,留人也方便。

一、管理人员选聘的条件

(一)管理愿望

管理愿望就是人们希望从事管理工作的主观要求。以管理作为自己的志向,以管理工作作为自己的职业追求,是成为成功的管理者的基本条件。负责选拔的主管人员必须摸清候选人之所以想从事管理工作的真正理由。如果管理人员的管理愿望是建立在对环境的细致分析,对管理工作性质的透彻理解和对自己能力充分自信的基础上,而不是建立在对某种地位和物质利益追求的基础上,是为了组织目标贡献自己的才能,这就是我们所指的强烈的管理愿望。这种人才,才可能进入管理人员选聘的视野。

(二)管理能力

管理者至少应具备三大基本技能,即技术技能、人际技能和概念技能。但是不同层次的主管人员因为职责不同,所需的三种技能的程度是不同的。由于能力是在实践中形成和发展起来的,因此我们在以是否具有管理能力这一标准来选拔管理人员时,就必须从管理人员在工作中认识问题、分析问题以及综合处理问题时表现出来的管理能力来评价。看一个管理人员是否具有认识问题的能力,要看他是否对组织中各项要求及其相互关系以及组织与外界关系有一个正确认识,是否对已经出现或即将出现的各种迹象有高度敏感,并具有明察秋毫的洞察力,对组织中出现的管理问题要能进行科学分析。

(三)对待风险的态度

管理的任务不仅在于执行上级的命令,维持系统的运转,而且要在组织系统或部门的工作中不断创新。只有创新,组织才能充满活力,才能不断发展。而创新意味着打破原有机制的约束,做以前没有做过的事情。因此,既有成功的可能,又有失败的风险,并且往往是希望越大,取得的成功越大,需要承担的风险也越大。因此,要创新,就要敢于冒险。富于冒险但不盲目的精神,应该作为对组织中所有管理人员的共同要求。

(四)正直的品质

正直是每个组织成员都应该具备的基本品质。对于管理人员来说,由于担任管理职务具有相当大的职权,而组织对权力的运用往往难以进行严密、细致、及时、有效的监督,所以,权力能否正确运用与拥有该权力的管理者自身的品质有很大关系。正直对于管理人员来说,意味着很多内容：不阿谀奉承、不欺上瞒下、不拉帮结派、不哗众取宠……总之，正直应该成为管理人员的基本品质，管理人员如果缺乏该品质，就有可能导致组织或部门人心涣散。

二、管理人员选聘的方式

选聘管理人员，既可以考虑从内部提升，也可以考虑从外部招聘。无论是内部提升，还是外部招聘，都要鼓励公开竞争。

（一）内部提升

内部提升，即从组织内部选聘那些能够胜任的人员来充实组织中的各种空缺职位。内部提升意味着由较低职位提升到较高职位。实行内部提升一般要求在组织中建立详尽的人员工作表现的调查登记资料，以便在需要填补空缺时，可据此进行研究分析，以找出合适人选。

1. 内部提升的优点

（1）组织对候选人的了解。组织对候选人比较了解，因为对机构中的人员有较充实可靠的资料，所以可了解候选人的优缺点，以判断其是否适合做新的工作。

（2）候选人对组织的历史和现状比较了解，能很快胜任工作。

（3）为组织成员的工作变换提供了机会，有助于激励组织成员的进取心和士气。

（4）使组织对其成员的训练投资得到回收。

2. 内部提升的缺点

（1）候选人供应有限，尤其是关键的主管人员，当组织内有大量空缺职位时，往往发生“青黄不接”的情况。

（2）可能造成“近亲繁殖”，因为组织成员习惯了组织内一脉相承的做法，不易带来新的观念，而创新对组织是不可缺少的要素。

（3）可能挫伤组织中没有得到提升的人的积极性。

（二）外部招聘

外部招聘即从组织外部设法得到组织需要的人员，特别是那些起关键性作用的人员。外部招聘可通过广告、就业服务机构、学校、组织成员推荐等途径来进行。它的对象可以是有管理经验的职场人士、即将迈入职场的大中专毕业生，或者是能胜任管理工作的其他各种人员。要使这项工作得以有效的实施，应将拟招聘管理岗位的相关信息（职务的性质和要求，工作环境的现状和前景，以及报酬和福利条件等）告知应聘者。

1. 外部招聘的优点

（1）有较广泛的来源来满足组织的需求，并有可能招聘到第一流的人才。

（2）可避免“近亲繁殖”，给组织带来新的理念和方法。

（3）可避免组织内没有得到提拔的人员的积极性受挫。

（4）由于大多数应聘者有一定的经验，可节省在培训上所耗费的大量时间和费用。

2. 外部招聘的缺点

（1）由于组织不了解应聘者的实际情况，有时会造成很大的失望。

（2）应聘者对组织的历史和现状不了解，需要有一个熟悉的过程。

（3）如果组织中有胜任的人未被选用，则从外部招聘会使他们感到不公平，对自己的前途失去信心。

究竟采用内部提升，还是外部招聘，要根据具体情况来定。一般来说，当组织内有能够胜任空缺职位的人时，应先从内部提升；当空缺的职务不很重要，但组织有一个持续发展的既定战略时，应当考虑从内部提升；然而，当组织急需某个关键性的主管人员来对其原定的战略进行重大修改，而组织内又无胜任这一重大职务的人员时，就要从外部招聘。不然，如果勉强地提拔内部人员将是不可思议的，因为这样做会使组织处于停顿状态。

在实际工作中，通常采用内部提升与外部招聘相结合的途径，将从外部招聘来的人员先放在较低的职位上，然后根据其表现再进行提升。

三、管理人员选聘的程序和方法

当明确了组织所需要填补空缺的管理人员的数量和标准，并制定了选聘的政策后，就要实施选聘了。选聘可在组织内由各级负责人员配备的主管人员和部门进行，亦可委托组织外机构或专家对候选人进行评价。

选拔的程序基本上是一套获得候选人有关资料的方法。这套程序包括哪些步骤，应视组织的规模和重要性，以及空缺职务的性质和要求而定。同时，还要考虑这些步骤的时间、费用、实际意义和难易等因素。

(一)组织内实施

由组织自行选聘时，主要程序包括面谈、获取有关参考资料、举行测验、体格检查，以及上级主管部门批准等。

1. 面谈

面谈的目的在于初步了解应聘者的情况，面谈时的问题包括应聘动机、期望、背景材料。通过面谈，可以考察应聘者的仪表举止，并可对其思维和表达能力做出初步的评估。面谈可以只举行一次，亦可举行多次，以便进一步了解情况。面谈的优点在于直接、简便，可以淘汰那些明显不符合要求的应聘者，其不足之处则在于容易受表面现象的影响。

2. 获取有关参考资料

候选人参考资料可以通过两种途径来获得：一是从候选人提交的职位申请表中获得，或者从候选人的档案记录以及推荐信、证明书、工作鉴定等一些他人提供的资料中获得；二是从面谈中获得，面谈可以直接获得许多候选人的第一手资料。

3. 举行测验

通过测验，可以进一步了解候选人各方面的素质和能力。通常的测验包括：

(1)智力测验，目的是衡量候选人的记忆力、思维的敏捷度和观察复杂事物相互关系的能力。

(2)熟练程度和适应性测验，目的在于识别候选人现有的技术熟练程度、掌握这类技术的能力及其潜力。

(3)职业测验，目的在于识别候选人最适宜担任的职务。

(4)个性测验，目的在于识别候选人领导才能方面的潜力。

体格检查和上级主管部门批准，也是选拔中不可或缺的两个步骤。

(二)组织外机构实施

组织外机构实施有评价中心、咨询公司、猎头公司等。这里我们主要介绍评价中心的方法。

为了衡量一位潜在候选人在典型的主管岗位上的预期绩效水平，评价中心通常安排一组候选人花 3～5 天进行一系列模拟操作。评价中心将要求他们进行以下活动：

(1)接受各种心理测验。

(2)参加一个组织的管理决策小组的活动。

(3)参加实际练习。

(4)参与讨论解决某些实际问题。

(5)就某一具体问题做简要的口头介绍,通常是向假定的上级推荐一种合适的行动方案。

(6)从事其他各种演习,如草拟一份书面报告。

进行演习期间,评判者(上级与选拔单位)观察他们的表现并随时向他们提问,最后做出评价。然后,与其他评判人员的评分进行比较,做出对某候选人关于其从事主管工作的能力的结论,并写出关于其管理潜力的总结报告。这些报告具有重要意义,不仅可作为选拔的指导文件,也可作为培养的依据。这个评价常常可以反馈给候选人(有时只在当他们提出要求时才这样做),向候选人告知他们在不同演习中的成绩,但是,关于是否提升的评价则应当是保密的。

这种方法效果如何,目前说法各不相同,因为采用这种方法的组织背景不同,而且这种方法本身还存在着某些问题。第一,时间花费较长,因为最有效的评价至少要好几天;第二,关于参与选拔的评选人员对评选工作是否客观的问题;第三,是否按照一位主管人员所要做的全部工作来设计内容,采用什么标准等;第四,大多数评价中心多偏重在各种情况下个人的以及人际关系的行为,而忽视了他们是否真正有无管理愿望这一重要因素。

第三节　管理人员的培训

随着组织的成长或变革,组织的管理队伍需要动态地调整和更新。管理人员的成长是一个渐进的过程,为了使管理人员适应职务晋升的要求和组织发展的需要,组织要特别重视管理人员的培训工作,这是一个组织是否具有长远战略性眼光的决定因素。

一、管理人员培训的内容

(一)思想教育

思想教育包括世界观教育、价值观教育、道德教育、理想教育以及职业教育等。思想教育的核心在于形成一种内化于管理人员心灵深处的历史使命感、社会责任感,形成一种内在的道德约束或自律。

企业思想教育应该有企业的特色。作为对主管人员的思想教育,应该注意:

(1)强调对管理人员的企业经营理念教育,使管理人员能够深刻领会企业的远景目标,并通过管理人员的作用使企业的远景目标成为组织成员的共同愿景。

(2)强调管理人员的敬业教育,使管理人员做到敬业爱岗,将管理工作作为一种神圣的事业,作为自己的职业生涯。

(3)强调管理人员的自律教育,使管理人员做到操守端正,品行高尚。

(4)强调管理人员的团队合作教育。

(二)管理业务知识

丰富的管理业务知识,有助于管理人员深刻理解环境的变化,并做出符合组织利益的决策。这里所讲的“管理业务知识”，是指广义的管理知识，作为一名管理人员，没有广博的知识是难以做好管理工作的。管理学的基本原理以及与组织业务活动有关的科学技术知识是管理人员必须掌握和精通的，在此基础上，各方面的知识要尽可能地拓宽。

（三）管理能力和技巧

管理能力和技巧，是管理知识在管理实践中的运用和反映。管理具有很强的实践性。因此，管理能力培训就是让管理人员运用管理理论的基本原理和方法，提高在实际工作中认识问题、分析问题和解决问题的能力和技巧。

不过，不同层次管理人员培训的重点是有差异的。基层管理人员培训的重点应是技术培训和管理基本理论与方法的学习；中层管理人员一般是部门负责人，信息沟通、人际交往、组织协调和决策在工作中占有重要地位，因此，中层管理人员培训的重点是领导艺术和管理技能的提高；高层管理人员培训的重点则应是提高战略分析和规划、决策的能力。

二、管理人员培训的方法

培训的主要方法有理论培训、职务轮换、提升、在副职上培训、参观考察、辅导等。具体形式有在职学习、脱产学习等。

（一）理论培训

管理人员尽管有些已进行过系统的理论学习，也应接受多方面的理论培训。理论培训有助于学员较深地了解有关学科的基本理论及其理论培训，有助于管理人员比较系统或者深入地了解有关学科的基本理论和方法，有助于提高管理人员的理论水平。不足之处在于对管理人员提高解决实际问题的能力帮助不大。因此，在组织理论培训时要力求理论联系实际，以提高学员解决实际问题的能力。

（二）职务轮换

职务轮换是使各级管理人员在不同部门的不同管理岗位上轮流工作，以使其全面了解整个组织的不同工作内容，得到各种不同的经验，为其今后在较高层次的职位上工作打好基础。

职务轮换包括管理工作轮换与非管理工作轮换。管理工作轮换是在提拔某管理人员担任较高层次职务之前，让他先在较低层部门的管理岗位工作，以积累不同部门的管理经验。了解各部门在组织中的地位、作用及其相互关系。非管理工作轮换是根据受培训者的个人经历，让他们轮流在组织的不同部门和岗位上工作一段时间，以熟悉组织的各种业务。

职务轮换，作为培养管理技能的一种重要方法，不仅可以使受训者丰富技术知识和提高管理能力，掌握组织业务与管理的全貌，而且可以培养他们的协作精神和系统观念，使他们明确组织的各部分在系统整体运行和发展中的作用，从而在解决具体问题时能自觉地从系统的角度出发，处理好局部与整体的关系。

为了有效地实现职务轮换的目的，要对受训人提出明确的要求，并据此对他们在各部门工作期间的表现严格考核，以防止他们在各部门匆匆而过，不能很好地利用机会。

（三）提升

提升是指将管理人员从较低层次提拔到较高层次。它的意义绝不仅仅体现在职位的高低上，而在于主管人员在由低到高晋升的过程中可学到不同层次的管理方法。

1. 有计划提升

有计划提升就是管理人员按计划的途径，经过锻炼，由低层提拔到较高层次的管理岗位。

这种有计划地提升，不仅上级主管人员知道，受训者本人也知道。这种方法的目的在于重点培养那些看来有发展前途的管理人员。这种方法不仅有利于上级领导对下级进行有目的地培养和观察，而且有利于受训者积极地去学习和掌握各种必备知识；有计划提升的另一个优点是下级主管人员通过各级“台阶”逐级上升，基础较为扎实。不足之处在于这种方法会使受训者一旦未被提升或提升较晚时，容易产生不满情绪或由此泄气。

2. 临时性提升

临时性提升是指当某个主管人员因某些原因，如度假、生病或出差而出现职务空缺时，组织指定某个下级主管人员为代理人。这种提升的原因虽然主要不是为了培训，但对作为代理人的下级主管人员来说，却是一个很好的实践机会。同时，组织也可借此机会考察其潜能。要使这种方法真正起到培训的作用，就必须让临时提升的主管人员有真正的实权，让他根据自己的权限做出各种必要的决策并对此承担全部责任。只有这样，他才能在实际工作中获得经验。如果上级主管人员只是把临时提升的下级作为一种象征性的领导，而不敢放手让他去管理，那么，这种方法就不能达到培训的目的，下级主管人员也会收获甚微。此外，还要注意，一般来说，临时性提升只是较短时间的，代理时间过长往往会影响其积极性。

（四）在副职上培训

让下级主管人员担任副职是一种常用的培训方法。这里的“副职”可以是组织的常设职务，也可以是特地为培训而设置的临时性职务，一般包括助理、秘书等。在副职上接受培训的管理人员有的仅限于观察上级主管如何行事，有的则被授予一定的权限。在副职上，受训者可通过对上级主管人员工作的密切观察，了解和学习上级主管人员工作的主要内容以及他们处理各种问题所采用的不同方法。上级主管人员必须根据在副职上受训者的经历和特点，针对他们缺乏的经验进行培训，不仅要让他们知道应该处理些什么、怎么处理，也要让他们知道为什么要这样处理；不仅要让他们观察上级主管处理问题的方法，而且也要适当地放手让他们自己学着去处理一些具体问题，这样才能达到培训的目的。

（五）参观考察

参观考察也是一种很好的培训方法。管理人员可参观考察组织内其他的先进部门，也可参观考察组织外的一些先进组织。目的是考察和学习其他部门和组织的先进管理经验和方法。参加这种培训的对象多为具有一定经验的主管人员。由于主管人员已有一定的工作经验，他们在参观和考察过程中，能对其他组织的经验有正确的评价，能找到那些对自己组织适用的具体做法。在参观和考察时，关键是要学习其他部门或组织的管理思想，对于一些具体方法不能照搬照抄，要结合本组织的特点加以消化吸收后再应用于实际工作中。

（六）辅导

所谓“辅导”，就是帮助引导。对于负责培训的上级主管人员来说，这是一种常规的培训方法。上级主管在辅导下级管理人员时，要着重培养他们怎样从管理学的基本原理出发，提高他们认识问题、分析问题、解决问题的实际能力，培养他们的管理技巧。特别要注意培养他们的自信心和独立工作的能力，而不只是让他们观察和模仿上级的做法。上级主管人员要随时帮助辅导对象弥补缺陷，尽可能地发挥他们的特长，使之形成一套自己的风格。在辅导中，上下级之间的互相信任是很重要的。上级对下级的信任可使下级主管人员有充分的信心去接受实际工作的挑战，下级对上级的信任则有利于其接受上级的教诲和指导。

第四节 管理人员的考评

一、管理人员考评的含义

管理人员的考评是指对管理人员的工作业绩进行考核和评价。管理人员考评是人员配备的一项重要内容,在整个组织的考核体系中处于非常重要的位置,考评的结果会直接影响组织目标的实现。通过对管理人员的考评,可以全面考察一名管理人员的管理能力和管理业绩。

二、管理人员考评的内容

对管理人员的考评是组织考核体系的一个难点:为确定工作报酬提供依据的考评着重管理人员的平时表现,而为人事调整或组织培训进行的考评则偏向管理人员技能和潜力的分析。为体现管理人员考评的全面性和目的性,考评的内容应该尽可能全面。

(一)关于能力的考评

能力考评是指通过考察管理人员在考评期的管理工作,评估他们的管理能力和发展潜力,重点分析他们是否符合现任职务所具备的要求,任职后素质和能力是否有所提升以及提升的程度,是否能通过晋升来担任组织更重要的职务。

考察管理人员的素质特征或能力水平的概念往往比较抽象,诸如决策能力、沟通能力、创新精神、正直的作风等。如果在能力考评中只给这些抽象的概念打分,会带来考评者打分的主观性和较大的随意性,与考评工作真实、可靠、客观的要求相悖。

美国管理学家孔茨等人认为,可以根据组织对不同管理人员的基本要求,借助管理学的知识,将管理工作进行发展,然后用一系列具体的问题说明每项工作,来考评管理人员在从事这些工作中所表现出来的能力。为尽可能得到客观的评价意见,具体问题的设计应以是非题的形式为主,对于难以设计成是非题的,应尽量给出多选的答案(如优秀、良好、中等、差等)以对问题进行明确的界定。这样操作不仅使能力考评方便可行,使考评得到的结论客观,而且可以促使被考评者注重自己的日常工作,根据组织的期望调整和完善自己的管理方法和艺术,从而能起到促进管理能力提升的作用。

(二)关于绩效的考评

绩效考评是指考核和评估管理人员在考评期内担任某个职务过程中对实现组织目标所做出的贡献,通过评价来对比组织要求某管理职务及其所管辖部门应提供的绩效与该部门的实际绩效。

绩效考评往往是努力程度和能力强度的函数,因此,绩效考评可以成为决定管理人员报酬的主要依据。绩效考评需要注意两个问题:第一,尽可能把管理人员的个人努力和部门的成就区别开来。要辨识出其所辖部门所产生的绩效有多大比重应归因于管理人员的努力。要对因环境变化对部门绩效产生的影响有一个正确的判断,因为在个人努力程度不变的情况下,外部也可能会发生组织无法预判、不可抗拒的变化,这些变化有时会对部门目标的实现起到促进或阻碍的作用。第二,绩效考评既是对下属的考评,也是对上级的考评。绩效考评是考核和评价具体管理人员及其部门对组织目标实现的贡献程度。考评的标准是根据组织对部门及管理人员的具体要求来确定的，这就要求组织（上级）在考评开始前就明确对部门和具体管理岗位的目标和要求；否则，绩效考评就无法顺利组织实施。因此，对下级绩效的考评，同时也是对上级组织工作能力的考评。

三、管理人员考评的工作程序与方法

（一）确定考评内容

管理职务不同，工作要求不同，管理人员应具备的能力和提供的贡献也不同。考评管理人员首先要根据不同岗位的工作性质，设计合理的考评表，以合理的方式提出问题，通过考评者对这些问题的填写得到考评的原始资料。

（二）选择考评者

考评者应该选择与被考评对象在业务上发生联系的相关部门的工作人员，这些人员可以从不同的角度提供考评所需要的资料。与被考评者发生业务联系的人员主要有三类：(1)上级，主要考核和评价下属的理解能力和组织执行能力；(2)关系部门，主要评估被考评者的写作精神；(3)下属，着重考评管理者的领导能力和团队建设能力等。

（三）分析考评结果，纠正误差

考评基础工作做完，要对收集上来的考评表进行筛选，剔除明显不符合要求的表格，然后综合打分，得出考评结果，并对结论中主要内容进行对照分析。比如，管理人员的绩效考评得分和能力考评得分差异很大，就需要检查和分析考评中有无与事实不符的、不负责任的评价，检验考评的可信程度，有效纠正偏差。

（四）反馈考评结果

反馈的形式可以是上级主管与被考评者的直接面谈，也可以是书面通知，或者两者结合使用。通过反馈，要让被考评者知道组织对自己能力的评价和贡献的认可程度，明确自身缺陷及改进的方向。如果被考评者认为考评结果不公正，应该给他们申辩的机会。

（五）建立人力资源档案

通过对管理人员的考评，可以使组织了解管理人员的成长过程和特点。组织依据定期考评的结论建立起人力资源档案，实现对管理人员的分类管理，从而为组织制定人事政策，组织管理人员的培训和发展提供依据。

思政园地

工匠精神 匠心追梦技能报国

在长期实践中，我们培育形成了爱岗敬业、争创一流、艰苦奋斗、勇于创新、淡泊名利、甘于奉献的劳模精神，崇尚劳动、热爱劳动、辛勤劳动、诚实劳动的劳动精神，执着专注、精益求精、一丝不苟、追求卓越的工匠精神。劳模精神、劳动精神、工匠精神是以爱国主义为核心的民族精神和以改革创新为核心的时代精神的生动体现，是鼓舞全党全国各族人民风雨无阻、勇敢前进的强大精神动力。

——习近平

党的十八大以来，习近平总书记曾先后多次提及工匠精神，特别是在党的十九大报告中，明确提出了弘扬工匠精神的要求，强调营造劳动光荣的社会风尚和营造精益求精的敬业风气。2020 年 11 月 24 日，习近平总书记在全国劳动模范和先进工作者表彰大会上，阐明了“执着专注、精益求精、一丝不苟、追求卓越”的工匠精神内涵。当前，我国已进入新发展阶段，建设高素质劳动大军，建设科技强国，推动经济社会高质量发展，必须大力传承和弘扬工匠精神。

工匠精神的形成背景

数千年来，我国历史上产生了无数的能工巧匠，创造了辉煌灿烂的物质文明，也为后人留下了丰厚的文化遗产。中国共产党在百年奋斗历程中，不断培育并逐渐形成了体现民族精神和时代精神的工匠精神。

在新民主主义革命时期，党发挥先锋队作用，发动和带领工人阶级开展革命运动，工人阶级在精神上从被动转为主动。从土地革命到解放战争，党带领人民开辟了革命根据地，革命根据地的手工业、工业生产成为工匠精神的实践源头。革命根据地往往地处偏远，几乎没有现代工业生产条件，加上敌人严密封锁，军民的生产生活条件极端困苦。党在根据地开展大生产运动和劳动竞赛等促进生产的活动，随着军需工业和民用工业的建立与发展，涌现出了以赵占魁、吴运铎为代表的一大批卓越工人，他们的生产成果为新民主主义革命的胜利奠定了重要物质基础。

在社会主义革命和建设时期，党领导工人阶级全力开展工业化建设。我国工人阶级在政治和经济上实现了翻身，一跃成为国家的主人，成为建设国家的中流砥柱。这一时期，我国工业基础薄弱，党中央为我国的工业化规划了蓝图，为工人阶级确立了奋斗方向。时代涌现了一批批“能工巧匠”，如郝建秀、倪志福、王进喜、王崇伦等，他们敬业乐业、无私奉献、自力更生，助力我国在新中国成立后至改革开放的短短几十年中，把落后的小生产、小工业发展成了大生产、大工业，建立了门类比较齐全的工业体系。这一时期，我国工人阶级参与建设和制造的诸多大工程和国之重器，赶上了世界先进水平，彰显了工人阶级的力量和现代化生产条件下的工匠精神。

在改革开放和社会主义现代化建设新时期，我国现代化建设飞速发展。我国工人阶级的整体劳动素质不断提高，具备了现代化的生产管理意识，能够学习、掌握现代科学技术。社会主义市场经济体制的确立，进一步激活了工人的活力，壮大了工人队伍，推动着生产力不断发展。几十年来，我国建立了世界最完整的现代工业体系，科技创新和重大工程捷报频传，基础设施建设成就十分显著，工人队伍是实现我国快速发展奇迹的中坚力量，使我国用几十年时间走完了发达国家几百年走过的工业化历程。

中国特色社会主义进入新时代，我国工人队伍在实现中国梦伟大进程中拼搏奋斗、争创一流、勇攀高峰，为决胜全面建成小康社会、决战脱贫攻坚发挥了主力军作用，用智慧和汗水营造了劳动光荣、知识崇高、人才宝贵、创造伟大的社会风尚，工匠精神更是日臻成熟。

工匠精神的内涵阐释

工匠精神是以爱国主义为核心的民族精神和以改革创新为核心的时代精神的生动体现，是鼓舞全党全国各族人民风雨无阻、勇敢前进的强大精神动力。

工匠精神是一种执着专注的精神。杰出的工人对自己的工作和劳动有着高度的价值认同，视之为人生价值的实现过程。航空修理上的“神医华佗”杨景德，从青涩到耄耋，从未离开过航空修理岗位；晒纸车间里的“铁人”毛胜利专注晒纸 30 年，续写宣纸传奇。这样的大国工匠还有很多，他们聚精会神地投入工作，达到一种忘我的境界。“航天焊将”陈久友的衣角被高温金属蒸汽烫焦，他竟浑然不知。“雕刻大师”马荣一拿起刻刀就仿佛进入了点与线组成的世界。这些取得杰出成绩的工匠，都在用才智长期坚守本职工作，即使面对丰厚物质利益的诱惑，也不改其心、不移其志。

工匠精神是一种精益求精的精神。优秀的工人都具有精品意识，他们在打造自己的作品时，有一种完美主义的“偏执”，为此不惜花费无量的时间和精力。中国新一代运载火箭总装第一人崔蕴，始终坚持践行“干工作就得做到极致，有多大劲使多大劲”的信念。“绝世刀工”龙小平，将每一件产品都当成自己的孩子来孕育。“中国陶瓷艺术大师”朱文立，不断精益求精、超越自我，终于烧制出了如同古老传世品一般的天青釉瓷器。精益求精的精神不仅反映在产品制作上，也体现在工人对技术的追求上，他们不断学习知识、磨炼技能、精进技艺。

工匠精神是一种一丝不苟的精神。优秀的工人每一次打造产品都会认真对待，绝不会因为“手熟”就粗心大意，越认真越熟练，越熟练也越认真。徐立平每一次为航天固体燃料发动机“雕刻火药”时，都像第一次操作那样精心。“深海钳工”管延安负责港珠澳大桥岛隧工程沉管舾装安装工作，他对自己的要求近乎苛刻，安装前反复练习，安装中高度专注，安装后再三检查，手中拧过 60 多万颗螺丝零失误，创下了 5 年零失误的深海奇迹。一丝不苟的精神突出表现在注重细节上，在优秀工人的眼里，打造的产品一点也不能差，在细节中打磨出高品质。

工匠精神是一种追求卓越的精神。追求卓越的精神，表现在工人对自身技艺和工作对象的超越性追求上。赵郁从一名普通装调工成长为中国汽车工业的杰出人物，源自其“当工人就要把自己锻造成一块好钢”的追求。姜涛从一名普通电焊工人成长为技能大师，源自其“既然选择了做一名工人，就要做一名好工人”的追求。追求卓越，就要不断创新，把技能技艺提升到更高层次。铸造工人毛正石不断钻研改进传统铸造工艺，使锻造中的废品率低于国际标准。航天钳工郑朝阳创新发明了多项技术，要求自己“做到 99 分还不够，要做到 101 分”。

工匠精神的时代价值

社会主义是干出来的，新时代是奋斗出来的。在新时代大力弘扬工匠精神，对于凝心聚力建设社会主义现代化强国、实现中华民族伟大复兴，具有十分重要的意义。

新时代弘扬工匠精神，助力培养高素质的技能人才队伍。劳动者素质对于一个国家、一个民族的发展至关重要。高素质的产业、技术工人队伍是支撑中国制造、中国创造的基础，对推动经济、社会高质量发展具有重要作用。在全社会弘扬工匠精神，有助于增强我国工人阶级的主人翁意识，激励更多工人尤其是青年一代走技能成才、技能报国之路，培养出更多高技能人才、大国工匠、能工巧匠，建设成一支知识型、技能型、创新型的劳动者大军，为全面建设社会主义现代化国家提供有力的人才保障。

新时代弘扬工匠精神，助力实现制造强国战略目标。制造业是立国之本、强国之基，发展高端制造业是国家的重大战略需求。面向未来，中国坚定不移继续深入实施制造强国战略。大力弘扬工匠精神，有助于巩固我国制造业中的“长板”、补足“短板”，完善我国制造业体系。有助于深入推进质量提升行动，促进以精工细作提升中国品质、以制造实力打造中国品牌，实现中国速度向中国质量转变、中国产品向中国品牌转变、中国制造向中国创造转变，并最终达成制造强国的目标。

新时代弘扬工匠精神，助力实施创新驱动发展战略。科技兴则民族兴，科技强则国家强。党的十八大以来，我国把科技创新摆在国家发展全局的核心位置，深入实施创新驱动发展战略，抢抓世界新科技革命和产业变革的机遇。大力弘扬工匠精神，有助于极大调动科技工作者的创新创造精神，集合人民群众的智慧和创造力，着力攻克核心关键技术，解决我国基础和关键领域的“卡脖子”难题；有助于坚定中国特色自主创新道路，推动我国掌握全球科技竞争先机，促进我国整体科技水平从跟跑向并行、领跑的战略性转变，并最终建成科技强国。

新时代弘扬工匠精神，助力广泛凝聚起全社会奋斗力量。实现第二个百年奋斗目标和中华民族伟大复兴的中国梦，必须依靠全体人民不懈奋斗。在全社会大力弘扬工匠精神，让劳动最光荣、劳动最崇高、劳动最伟大、劳动最美丽蔚然成风，形成尊重劳动、崇尚劳动的时代风尚和精益求精的敬业风气，汇聚起向上向善的强大奋斗力量。有助于促进全体劳动者勤于创造、勇于奋斗，更好发挥主力军作用，满怀信心投身全面建设社会主义现代化国家、实现中华民族伟大复兴中国梦的伟大事业。

资料来源：陈金彪.工匠精神 匠心追梦技能报国[N].中国教育报，2021-12-09.

复习思考题

1. 组织内外招聘各有哪些利弊？
2. 管理人员配备的原则、程序有哪些？
3. 常用的管理人员培训方法有哪些？
4. 管理人员考评的工作程序与方法是什么？
5. 管理人员考评工作的基本内容有哪些？

自测题

一、填空题

1. 人员配备的工作内容和程序包括________、________、________。
2. 人员需要量的确定主要以设计出的________和________为依据。
3. 管理人员选聘的标准有________、________、________、________和________。
4. 管理人员的招聘程序为________、________、________、________、________。
5. 测试和评估候选人分析问题和解决问题的能力，可借助________或称________的方法。
6. 培养能力与改变态度的培训方法有________、________和________。
7. 管理人员培训的目标有________、________、________、________。
8. 管理人员考评的程序应为________、________、________、________、________。
9. 为了得到正确的考评结果，首先要分析考评表的________。
10. 人事考评首先是为了列出企业________的清单，了解企业________的基本状况。
11. 人员配备也是为每个人安排适当的工作，所以要考虑组织成员的________、________、________。
12. 通过人员配备，使每个人的知识和能力得到公正的________、________和________。
13. 人员配备是在________的基础上进行的。
14. 要根据组织的________、________、________、________等的特点，有计划、有组织、有步骤地进行全员培训。
15. 人员配备的原则是________、________、________。
16. 管理人员的来源包括________和________。
17. 选聘工作的基础是________。

18. 现代绩效评估更多采用________。

19. 人力资源的需求量主要是根据组织中________和________来确定的。

20. 高层次管理人才的选拔应首先考虑________招聘方式。

二、单项选择题

1. 下列关于贡献考评的说法中，不正确的是（　　）。

A. 贡献考评是指考核和评估管理人员在一定时期内担任某个职务的过程中对实现企业目标的贡献程度

B. 应尽可能把管理人员的个人努力和部门的成就区别开来

C. 能力的大小与贡献的多少存在着严格的一一对应的关系

D. 贡献往往是努力程度和能力强度的函数。因此，贡献考评可以成为决定管理人员报酬的主要依据

2. 在下列选项中，（　　）应作为管理干部培训的主要目标。

A. 传授新知识与新技能

B. 灌输本企业文化

C. 培养他们的岗位职务所需的可操作性技能

D. 以上都是

3. 采取职务轮换的方式来培养管理人员，其最大的优点是有助于（　　）。

A. 提供受训者的业务专精能力　　B. 减轻上级领导的工作压力

C. 增强受训者的综合管理能力　　D. 考察受训者的高层管理能力

4. 下列选项中，与企业管理人员需要量无关的因素是（　　）。

A. 企业的产品数量　　B. 组织的规模

C. 人员的流动率　　D. 组织发展的需要

5. 管理人员选聘时不需要作为主要考虑标准是（　　）。

A. 管理的欲望　　B. 冒险的精神　　C. 强健的体魄　　D. 沟通的技能

6. 内部招聘的最主要缺点是（　　）。

A. 引起同事不满　　B. 有历史包袱，不能迅速展开工作

C. 要花很长时间重新了解企业状况　　D. 知识水平可能不够高

7. 某组织中设有一管理岗位，连续选任了几位干部，结果都是由于难以胜任岗位要求而被中途免职。从管理的角度来看，出现这一情况的根本原因最有可能是（　　）。

A. 组织设计上没有考虑命令统一的原则

B. 管理部门选聘干部上没有找到合适人选

C. 组织设计忽视了对干部的特点与能力的要求

D. 组织设计没有考虑到责权对应的原则

8. 某企业采用直线职能制的组织结构，企业中共有管理人员 42 人，其中厂长 1 人，车间主任 4 人，班组长 18 人，职能科长 3 人，科员 16 人。每一岗位均不设副职。这时，厂长的管理幅度为（　　）。

A. 4　　B. 7　　C. 22　　D. 23

9. 在招聘管理人员时，（　　）是其能有效开展工作的基本前提。

A. 良好的品德　　B. 勇于创新的精神　　C. 管理的愿望　　D. 较高的决策能力

10. 以下属于外部招聘的优点的是(　　)。
A. 有利于平息并缓和内部竞争者之间的紧张关系
B. 有利于保证选聘工作的正确性
C. 有利于调动员工的工作积极性
D. 有利于吸引外部人才
11. 关于内部提升和外部招聘,以下说法正确的是(　　)。
A. 高层次管理人才选拔应当外部优先
B. 外部环境变化剧烈时,企业应从内部选聘合适人才
C. 处于成长期的企业,内部招聘选择余地相对较小
D. 需要对原有战略进行调整时,内部提升更为合适
12. 确定从内部还是从外部选聘管理者时,下列选项中不能作为选聘依据的是(　　)。
A. 职务的性质　　B. 企业经营状况
C. 内部人员的素质　　D. 企业的员工人数
13. 人力资源管理中,人员考评的方法不包括(　　)。
A. 情景模拟法　　B. 重点记录法　　C. 直观评估法　　D. 实测法
14. 员工培训的对象一般是(　　)。
A. 公司全部员工　　B. 主管以下员工
C. 公司新进员工　　D. 公司管理人员
15. 以下属于内部提升的缺点的是(　　)。
A. 应聘者对组织缺乏深入了解　　B. 对员工的积极性造成打击
C. 组织对应聘者缺乏深入了解　　D. 可能会引发同事之间的矛盾
16. 下列选项中,选聘工作的基础有(　　)。
A. 有效性　　B. 相关性　　C. 目标性　　D. 战略性
17. 高层次管理人才的选拔应首先考虑(　　)的招聘方式。
A. 内部提升　　B. 外部招聘　　C. 内部培训　　D. 公开竞争
18. 下列选项中,不属于企业间员工流动的途径的是(　　)。
A. 招聘　　B. 职务轮换　　C. 承包　　D. 借调
19. 组织培训时请到(　　)型培训师是最糟的。
A. 弱　　B. 肤浅　　C. 讲师　　D. 敏感
20. 企业内部考虑晋升对象时,应综合考虑多方面的因素,下列选项中属于重点考察对象的是(　　)。
A. 工作态度　　B. 能力　　C. 人品　　D. 性格

三、多项选择题

1. 外部招聘的优点有(　　)。
A. 被聘干部具有外来优势,没有历史包袱　B. 能够为组织带来新鲜空气
C. 有利于使被聘者迅速开展工作　　D. 有利于鼓舞士气,提高工作热情
E. 有利于平息和缓和内部竞争者之间的紧张关系
2. 下列关于工作轮换的说法正确的是(　　)。
A. 工作轮换包括管理工作轮换与非管理工作轮换

B. 工作轮换能培养员工的协作精神和系统观念

C. 工作轮换的主要目的是更新知识

D. 为了有效地实现工作轮换的目的，要对受轮换训练的管理人员提出明确的要求

3. 设置助理职务的好处有(　　)。

A. 减轻主要负责人的负担

B. 使助理积累高层管理经验

C. 使培训组织者更好地了解受训人的管理能力

D. 受训者能够学习主管的工作方式，吸取经验

4. 下列选项中可用来考核管理人员计划能力的是(　　)。

A. 他是否为本部门制定与公司目标有明确关系的可考核的长期和短期目标

B. 他是否对下属在进行工作、承担责任的过程中授予相应的职权

C. 他是否理解公司政策在其他决策中的指导作用，并确保下属也这样做

D. 他是否定期检查计划的执行情况，以确保部门的实际工作与计划要求相一致

E. 他是否建立了必要的信息反馈制度，并明确职权系统与信息反馈系统在管理中的地位区别

5. 下列选项中可以用来考核管理人员组织能力的有(　　)。

A. 他对下属的工作职责和任务是否有明确的要求，并确保下属能理解自己的任务

B. 他是否理解公司政策在其他决策中的指导作用，并确保下属也这样做

C. 他是否对下属在进行工作、承担责任的过程中授予相应的职权

D. 他在授权后是否能控制自己不再利用这些职权进行决策，从而干预下属工作

E. 他是否建立了必要的信息反馈制度，并明确职权系统与信息反馈系统在管理中的地位区别

6. 下列选项中可以用来考核管理人员组织能力的有(　　)。

A. 他对下属的工作职责和任务是否有明确的要求，并确保下属能理解自己的任务

B. 他是否理解公司政策在其他决策中的指导作用，并确保下属也这样做

C. 他是否对下属在进行工作、承担责任的过程中授予相应的职权

D. 他在授权后是否能控制自己不再利用这些职权进行决策，从而干预下属工作

E. 他是否建立了必要的信息反馈制度，并明确职权系统与信息反馈系统在管理中的地位区别

7. 内部提升和外部招聘都是非常重要的选拔人才的方式，但是两者各有利弊。你认为在(　　)的情况下应优先采用内部提升的方式。

A. 选拔高层次管理人才

B. 需要对公司战略进行重大修改

C. 组织有一个持续发展的既定战略

D. 外部环境变化剧烈

8. 管理者需要就绩效评估做出一连串策略性决定，其包括(　　)。

A. 绩效评估的目标　　B. 确定考评责任者

C. 绩效评估的环境分析　　D. 根据特定考评目的进行正确考评

9. 绩效评估的作用有(　　)。

A. 为决策提供依据

B. 检验企业或员工是否具有强烈的竞争意识
C. 为组织发展提供支持
D. 为员工潜能评估以及相关人事调整提供依据
10. 传统的绩效评估方法有(　　)。
A. 个人自我评价法　　B. 小组评议法
C. 目标管理法　　D. 平行对比评估法
11. 人力资源计划的任务包括(　　)。
A. 系统评价组织中人力资源的需求量
B. 职前引导　　C. 职业生涯发展
D. 选配合适的人员　　E. 制订和实施人员培训计划
12. 外部招聘的局限性表现在(　　)。
A. 外部招聘者对本组织的相关信息知之不详
B. 组织通过选聘聘用外来人才的过程,不能百分之百地保证聘用到最合适的人选
C. 外部招聘可能挫伤组织内原有人员努力工作、升迁职位的希望和动力
D. 外聘者在组织内部人事基础薄弱,要开展工作,可能面临阻碍
13. 下列选项中,属于报酬概念范围的有(　　)。
A. 工资　　B. 奖金　　C. 股权　　D. 福利
E. 对工作的满足感
14. 在工作分析阶段,应做好(　　)。
A. 选择信息来源　　B. 按选定的方法收集信息
C. 选择工作分析人员　　D. 选择收集信息的方法和系统
15. 常见的绩效评估方法有(　　)。
A. 评估人撰写的记叙性材料
B. 评估者记录下能够说明员工的有效和无效贡献的细节
c. 评估者对被评估者的直接提问
D. 根据具体的指标,检查员工的完成情况

四、简答题

1. 简述管理人员配备的任务。
2. 简述管理人员配备要遵循的原则。
3. 怎样确定组织管理人员的需要量?
4. 简述外部招聘的优缺点。
5. 简述内部提升的优缺点。
6. 简述管理人员考核的作用。
7. 简述在贡献考评中要注意的事项。
8. 简述管理人员考评对管理人员的积极影响。
9. 简述传统考评方法的弊端和克服的方法。

五、问答题

1. 怎样评估现有人员的能力和素质?

2. 如何使人员的稳定与流动合理地组合，从而帮助每个管理人员找到最恰当的工作岗位，使人才得到最充分、最合理地使用的同时，保持组织的稳定性？

3. 为什么不仅要考评管理人员的贡献，还要考评其能力？管理人员考评的目的和作用是什么？

请用手机微信扫以下二维码，获取自测题参考答案。

第十章 自测题
参考答案

第十一章

管理沟通

学习目标

知识目标:了解沟通的概念;熟悉沟通的类型;掌握沟通的原则与方法;掌握沟通障碍的因素,明确克服沟通障碍的准则;掌握沟通的技巧。

能力目标:能够运用管理沟通理论克服,改进沟通中障碍的能力;能够运用各种沟通方式进行有效沟通的能力。

素质目标:沟通障碍的因素与克服方法;学会倾听,学会主动沟通与交流。

思政目标:通过管理沟通知识学习,培育并践行社会主义核心价值观、企业价值观、个人价值观,培养全局意识、正面思考能力以及自我反省能力,能够学会接受自己、调整自己的能力。

思维导图

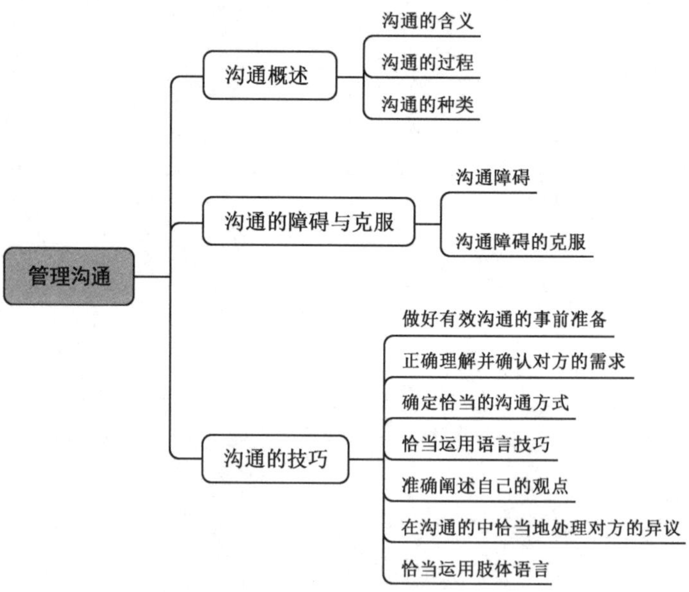

案例引入

一场不该发生的空难事故

仅仅几句话能否决定生与死的命运？1990 年 1 月 25 日恰恰发生了这种事件。那一天，由于阿维安卡 52 航班飞行员与纽约肯尼迪机场航空交通管理员之间的沟通障碍，导致了一场空难事故，机上 73 名人员全部遇难。

1 月 25 日晚 7 点 40 分，阿维安卡 52 航班飞行在南新泽西海岸上空 11 277.6 米的高空。机上的油量可以维持近 2 个小时的航程，在正常情况下飞机降落至纽约肯尼迪机场仅需不到半小时的时间，这一缓冲保护措施可以说十分安全。然而，此后发生了一系列耽搁。首先，晚 8 点整，肯尼迪机场管理人员通知 52 航班由于严重的交通问题，他们必须在机场上空盘旋待命。晚 8 点 45 分，52 航班的副驾驶员向肯尼迪机场报告他们的“燃料快用完了”。管理员收到了这一信息，但在晚 9 点 24 分之前，没有批准飞机降落。在此之间，阿维安卡机组成员再没有向肯尼迪机场传递任何情况十分危急的信息，但飞机座舱中的机组成员却相互紧张地通知他们的燃料供给出现了危机。

晚 9 点 24 分，52 航班第一次试降失败。由于飞行高度太低以及能见度太差，因而无法保证安全着陆。当肯尼迪机场指示 52 航班进行第二次试降时，机组成员再次提到他们的燃料将要用尽，但飞行员却告诉管理员新分配的飞行跑道“可行”。晚 9 点 32 分，飞机的两个引擎失灵，1 分钟后，另两个也停止了工作，耗尽燃料的飞机于晚 9 点 34 分坠毁于长岛。

当调查人员考察了飞机座舱中的磁带并与当事的管理员交谈之后，他们发现导致这场悲剧的原因是沟通的障碍。为什么一个简单的信息既未被清楚的传递又未被充分的接受呢？下面我们针对这一事件做进一步的分析。

首先，飞行员一直说他们“燃料不足”，交通管理员告诉调查者这是飞行员们经常使用的一句话。当被延误时，管理员认为每架飞机都存在燃料问题。但是，如果飞行员发出“燃料危急”的呼声，管理员有义务优先为其导航，并尽可能迅速地允许其着陆。一位管理员指出，如果飞行员“表明情况十分危急，那么所有的规则程序都可以不顾，我们会尽可能以最快的速度引导其降落的”。遗憾的是，52 航班的飞行员从未说过“情况紧急”，所以肯尼迪机场的管理员一直未能理解到飞行员所面对的真正困境。

其次，52 航班飞行员的语调也并未向管理员传递燃料紧急的严重信息。许多管理员接受过专门训练，可以在这种情境下捕捉到飞行员声音中极细微的语调变化。尽管 52 航班的机组成员相互之间表现出对燃料问题的极大忧虑，但他们向肯尼迪机场传达信息的语调却是冷静而职业化的。

最后，飞行员的文化和传统以及机场的职权也使 52 航班的飞行员不愿意声明情况紧急。正式报告紧急情况之后，飞行员需要写出大量的书面汇报。另外，如果发现飞行员在计算飞行过程需要多少油量方面疏忽大意，联邦飞行管理局就会吊销其驾驶执照。这些消极强化物极大阻碍了飞行员发出紧急呼救。在这种情况下，飞行员的专业技能和荣誉感可以变成赌注。

资料来源：根据凤凰新闻网网站资料(2020－08－21)整理而得。

【问题思考】

1. 你认为造成 52 航班失事的主要原因是什么？
2. 飞行员与机场管理员之间的沟通上存在什么问题，产生这些问题的原因是什么？

3. 从这个案例中，我们能够得到什么启发和借鉴？

阅读材料

大韩航空公司事件

从 1988 年到 1998 年，大韩航空公司每飞行百万次会损失 4.79 架飞机，是同期美国航空公司的 17 倍。其中一起是发生在 1997 年的大韩航空 801 航班坠机事件。这架飞机在降落目的地关岛之前，撞到了机场 5 千米外的一座山，造成飞机上 228 人死亡，只有 26 个人生还。

这起空难重复了阿维安卡 52 航班飞行事故的模式。首先，天气状况不好，当飞机飞到关岛上空时机舱外开始下雨。其次，出现了小故障，当天晚上机场跑道的射灯坏了，飞行员没有办法跟随射灯的光束进入跑道。另外，飞行员感觉疲惫，录音显示机长抱怨，“他们总是不断增加我们的工作量”，“真的很困”。而且，飞行员在操作上也有失误，机长选择目测着陆，却没有同时启动备选计划，以防止意外发生。同时，发生了驾驶舱内发生了讲话过于客气的问题。飞机是在凌晨 1 点 42 分 26 秒撞山的，在之前 20 分钟，副驾问：“是不是下雨了？”

事后分析，这是副驾在向机长提出警告。格拉德威尔说，在韩国文化里，副驾问这个问题，真正想说的是下面这些话：机长，外面天气很糟糕，跑道射灯还坏了，我们要不要制订一个着陆备选方案？疲惫的机长没有领会到他的这个暗示。飞机继续降落。然后机组另一个成员又给了一个暗示：今天，天气雷达对我们帮助很大。同样，这句话真正想要表达的意思是：今天晚上不适合进行目测着陆。天气雷达显示外面很危险。机长同样没有理解到这个警告。

资料来源：格拉德威尔. 异类：不一样的成功启示录[M]. 北京：中信出版社，2014.

每天我们滋生的许多烦恼和问题皆是因为人与人的沟通过程中的某个环节出了这样或那样的问题。也许更让我们费解的是，沟通不就是简单的对话吗？为什么还会惹出那么多麻烦？沟通真是简单的对话吗？本章让我们来探讨一下，沟通包含哪些环节，涉及哪些因素，沟通过程中可能出现哪些障碍，如何排除这些障碍来提高沟通的效果，以及怎样处理组织成员因沟通不足而引发的在认知、态度乃至行为上的冲突。

第一节　沟通概述

任何一个组织的运行都离不开组织成员的分工与合作，以有效地达到组织的既定目标，组织成员的分工合作以及行为协调有赖于相互之间传递信息，并了解这些信息表达的意思。组织成员之间若没有这种相互间的信息沟通，不但不能进行协调与合作，还会给组织运行造成障碍，甚至导致组织失败。

一、沟通的含义

沟通也称沟通联络，即信息交流。对于沟通的定义，可以说是众说纷纭、莫衷一是。《大英百科全书》认为，“沟通就是用任何方式，彼此交换信息，即指一个人与另一个之间用视觉、符号、电话、电报、收音机、电视或其他工具为媒介从事交换信息的方法”。《韦氏大辞典》认为，“沟通就是文字、语句或消息之交流，思想或意见之交换”。拉氏韦尔(Harold Laswel)认为，“沟通就是什么人说什么，由什么线路传至什么人，达到什么结果”。

赫伯特·西蒙(Herbert Simon)认为：“沟通可视为任何一种程序，借此程序，组织中的某一成员，将其所决定的意见或前提，传送给其他成员。”《美国主管人员训练协会》一书把沟通解释为“人们进行的思想或情况的交流，以取得彼此的了解、信任及良好的人际关系”。威廉·纽曼(Wiliam Newman)和查尔斯·萨默(Charles Summer)则把沟通解释为“在两个或更多人之间进行的事实、思想、意见和情感等方面的交流”。此外，沟通还被解释为用语言、书信、信号、电信等方式进行的交往，是在组织成员之间取得共同的理解和认识的一种方法。综观以上界定，可以看出对沟通的理解至少包括以下三个基本条件：

(一)沟通必须涉及两个或两个以上的人

沟通必须涉及两个或两个以上的人。其中“两个人”的含义也有不同，例如，两个管理人员在办公室商讨管理工作是沟通，同样，一个学生在图书馆阅读200年前某位作家写的作品，这也是沟通。

(二)沟通必须有一定的沟通客体或内容，即信息情报等

沟通是传达思想和信息的过程，如果在传达和交流的过程中没有相应的内容，则沟通是无效的。

(三)沟通必须有传递信息情报的途径，如语言、书信等

沟通是通过各种途径传递信息和情报。通过文字或口头表达传递思想、感情和意图。语言可以是口头的，也可以是书面的，而书信则是一种书面形式的沟通方式。无论使用何种途径，有效沟通都需要明确的信息传递途径，以确保信息能够准确地被接收和理解。

根据以上三个要素，我们可以把沟通简单地理解为信息或思想在两个或两个以上人中传递或交换的过程，从而把组织成员联系在一起，以实现组织的共同目标。

二、沟通的过程

从表面上看，沟通就是传递信息的过程，但是实际上，管理学意义上的沟通是一个复杂的过程。沟通的起始点是信息的发送者，终结点是信息的接受者。当终结点上的接受者反馈其想法意见时，他又转变为信息的发送者，最初起点上的发送者就成了信息的接受者。沟通就是这样一个轮回反复的过程，而且任何复杂的沟通均遵循一个基本的沟通过程模型，如图11－1所示。

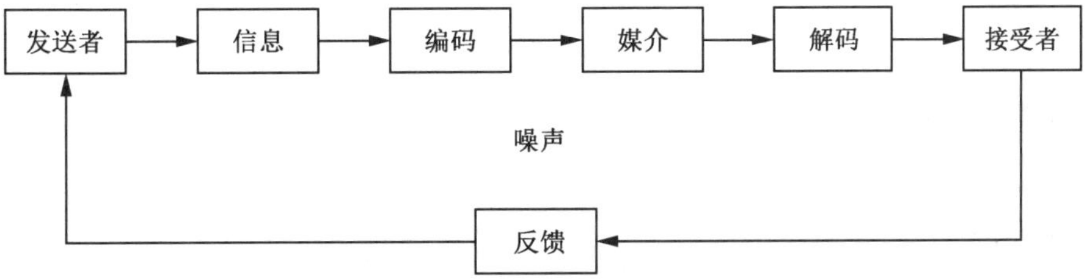

图11－1　沟通过程模型图

从沟通过程的分析中可以看出沟通有这样一些重要因素：发送者、信息、编码、媒介、解码、接受者、反馈以及噪声。

(一)发送者

发送者即信息源。发送者的动机、态度及其可靠性对沟通效果有重要作用,可以解决“谁正在沟通”“信息从何处来”“信息是否可靠”等问题。

(二)信息

信息是沟通主体(发送者与接受者)要分享的思想,通过语言和非语言两种方式来传达。

(三)编码

编码是发送者将信息译成可以传递的符号形式的过程,发送者的词汇和知识在这里起着重要的作用。

(四)媒介

媒介是指发送者将信息传递到接受者所借助的手段,如面谈、电话、会议、计算机网络、政策条例、计划和工作日程等。

(五)解码

解码是指信息接受者的思维过程,是信息接受者根据已有的经验和参考的框架进行解释的过程。在这一过程中,接受者得到的信息与发送者的本意可能相似,也可能不同。发送者应该明白,不管自己的期望如何,在接受者头脑中所进行的解码只反映了接受者自己的情况。

(六)接受者

接受者即接受信息的人。对这一要素,要考虑的问题包括:是什么促使他们接受和理解这些信息?他们对发送者建议的态度是积极的还是消极的,或者是不冷不热的?有一个还是几个关键的接受者?有无未考虑的接受者?

(七)反馈

反馈是发送者和接受者相互间的反应。由于反馈能让沟通的主体参与并了解信息是否按他们预计的方式发送和接受、信息是否得到共享,因此,反馈对沟通效果的好坏是至关重要的。相比之下,两个人面对面的沟通使沟通主体有最大的反馈机会,而在一个礼堂或报告厅所进行的报告,不论报告者还是听众,其反馈效果都十分有限。沟通活动中包含的人越少,反馈的机会就越多。

(八)噪声

噪声是影响接受、理解和准确解释信息的障碍。可以根据噪声的来源,将其分为外部噪声、内部噪声和语义噪声。外部噪声源于环境,它阻碍人们听到信息和理解信息,如机器的轰鸣声、马达的噪声,也包括人际关系等。内部噪声发生在沟通主体身上,如偏见、矛盾等。语义噪声是由人们在词语情感上的拒绝反应引起的,如语言中的侮辱性的词汇、不合适的口头语等。

三、沟通的种类

沟通的类别依划分标准的不同而不同。

(1)按照功能划分,沟通可以分为工具式沟通和感情式沟通。工具式沟通指发送者将信息、知识、想法、要求传达给接受者,目的是影响和改变接受者的行为。感情式沟通指沟通双方表达情感,获得对方精神上的同情和谅解,最终改善相互之间的人际关系。

(2)按照行为主体来划分,沟通可分为个体间沟通与群体间(或团队间)沟通。组织成员是组织活动的基本单元。任何个人都是在与组织中其他成员的协作下完成组织规定的任务的,离开其他成员的配合，个人在组织中可能一事无成。为了实现与其他成员的成功协作，每一个组织成员都需要研究如何借助合理的形式和手段准确地向其他人传递与自己的思想、情感以及行为有关的各种信息，并准确地理解他人发出的各种信息。群体或部门间的关系也是如此。只有通过有效的沟通才能实现相互间在了解与理解基础上的合作，以整合各自在组织活动中不同时空的贡献，促进组织目标的有效达成。

(3)按照所借助的中介或手段划分，沟通可分为口头沟通、书面沟通、非语言沟通、电子媒介沟通等。这些沟通方式的比较如表 11—1 所示。

表 11—1　各种沟通方式比较

沟通方式	举　例	优　点	缺　点
口头沟通	交谈、讲座、讨论会、电话	快速传递，快速反馈，信息量大	传递中经过层次越多，信息失真越严重，核实越困难
书面沟通	报告、备忘录、信件、文件、内部期刊、布告	持久，有形，可以核实	效率低，缺乏反馈
非语言沟通	声、光信号，体态，语调	信息意义十分明确，内涵丰富，含义隐含灵活	传递距离有限，界限模糊，只能意会、不能言传
电子媒介沟通	传真、闭路电视、计算机网络、电子邮件(E-mail)	快速传递，信息容量大，远程传递，可同时传递多人，廉价	单向传递，电子邮件可以交流，但看不见表情

(4)按照组织系统，沟通可分为正式沟通和非正式沟通。一般来说，正式沟通是指以企业正式组织系统为渠道的信息传递，非正式沟通是指以企业非正式组织系统或个人为渠道的信息传递。

(5)按照方向，沟通可分为下行沟通、上行沟通和平行沟通。下行沟通是指上级将信息传达给下级，是由上而下的沟通。上行沟通是指下级将信息报告给上级，是由下而上的沟通。平行沟通指同级之间横向的信息传递，也称横向沟通。

(6)按照是否进行反馈，沟通可分为单向沟通和双向沟通。一般来说，单向沟通是指没有反馈的信息传递。双向沟通是指有反馈的信息传递，是发送者和接受者相互之间进行信息交流的沟通。表 11—2 比较了这两种沟通的优缺点。

表 11—2　单向沟通和双向沟通的比较

比较内容	单向沟通	双向沟通
沟通速度	快	慢
沟通内容的准确性	低	高
沟通者的心理压力	小	大
沟通前的准备工作	较充分	较不充分
沟通时需要的应变能力	较弱	较强
沟通对促进人际关系	较不利	较小
沟通时的群体规模	较大	较小
接受者接受信息的把握度	小	大
工作秩序	好	差

第二节 沟通障碍与克服

一、沟通障碍

在沟通的过程中，由于存在着外界干扰以及其他种种原因，信息往往被丢失或曲解，使得信息的传递不能发挥正常的作用。因此组织的沟通存在有效沟通的问题。所谓“有效沟通”，简单地说，就是传递和交流信息的可靠性和准确性高，实际上还表示组织对内外噪声的抵抗能力强。

影响有效沟通的障碍包括下列因素：

（一）个人因素

个人因素主要包括两大类：一是有选择地接受，二是沟通技巧的差异。

所谓“有选择地接受”，是指人们拒绝或片面地接受与他们的期望不一致的信息。研究表明，人们往往听或看他们愿意接纳的东西，或他们想听或想看到的东西，甚至只愿意接受中听的，拒绝不中听的。

除了人们接受能力有所差异外，许多人运用沟通的技巧也很不相同。有的人擅长口头表达，有的人擅长文字描述。所有这些问题都会妨碍人们进行有效的沟通。

（二）人际因素

人际因素主要包括沟通双方的相互信任、信息来源的可靠度和发送者与接受者之间的相似程度。

沟通是发送者与接受者之间“给”与“受”的过程。信息传递不是单方面，而是双方面的事情，因此，沟通双方的诚意和相互信任至关重要。上下级间的猜疑只会增加抵触情绪，减少坦率交谈的机会，也就不可能进行有效的沟通。

信息来源的可靠性由下列四个因素所决定：(1)诚实；(2)能力；(3)热情；(4)客观。有时，信息来源可能并不同时具有这四个因素，但只要信息接受者认为发送者具有即可，可以说信息来源的可靠性实际上是由接受者主观决定的。就个人来说，员工对上级是否满意很大程度上取决于他对上级可靠性的评价；就团体而言，可靠性较大的工作单位或部门相对能比较公开、准确和经常地进行沟通，他们的工作成就也相应地较为出色。

沟通的准确性与沟通双方间的相似性有着直接的关系。沟通双方特征的相似性影响了沟通的难易程度和坦率性。沟通一方如果认为对方与自己很接近，那么他将比较容易接受对方的意见，并达成共识。相反，如果沟通一方视对方为异己，那么信息的传递将很难进行下去。

（三）结构因素

结构因素包括地位差别、信息传递链、团体规模和空间约束四个方面。

研究表明，地位的高低对沟通的方向和频率有很大的影响。地位悬殊越大，信息趋向于从地位高的流向地位低的。事实清楚地表明，地位是沟通中的一个重要障碍。

一般来说，信息通过的等级越多，它到达目的地的时间也越长，信息失真程度则越大。这种信息连续地从一个等级到另一个等级所发生的变化，称为信息链传递现象。

当工作团队规模较大时，人与人之间的沟通也相应变得较为困难。这可能部分地由于沟通渠道的增长大大超过人数的增长。

企业中的工作常常要求员工只能在某一特定的地点进行操作。这种空间约束的影响往往在员工单独于某位置工作或在数台机器之间往返运动时尤为突出。空间约束不仅不利于员工之间的交流，而且也限制了他们的沟通。一般来说，两人之间的距离越短，他们交往的频率也越高。

(四)技术因素

技术因素主要包括语言、非语言暗示、媒介的有效性和信息过量。

大多数沟通的准确性依赖于沟通者赋予字和词的含义。由于语言只是个符号系统，本身没有任何意思，它仅仅是我们描述和表达个人观点的符号或标签。每个人表述的内容常常是由他独特的经历、个人需要、社会背景等决定的。因此，语言和文字极少对发送者和接受者双方都具有相同的含义，更不用说许许多多不同的接受者。语言的不准确性不仅表现为符号多样，它还能激发各种各样的感情，这些感情可能又会更进一步歪曲信息的含义。同样的字词对不同的团体来说，会导致完全不同的感情和不同的含义。

管理人员十分关心各种不同沟通工具的效率。一般来说，书面沟通和口头沟通各有所长。

书面沟通常常用于传递篇幅较长、内容详细的信息。优点是：为读者提供以适合自己的速度、用自己的方式阅读材料的机会；易于远距离传递；易于储存，并在做决策时提取信息；因为经过多人审阅，所以比较准确。

口头沟通适合于需要翻译或精心编制才能使拥有不同观念和语言才能的人理解的信息。优点是：快速传递信息，并且希望立即得到反馈；传递敏感的或秘密的信息；适用于不适合用书面媒介传递的信息；传递感情和非语言暗示的信息。

总之，选择何种沟通工具，在很大程度上取决于信息的种类和目的，还与外界环境和沟通双方有关。

我们生活在一个信息爆炸的年代。企业主管人员面临着信息过量的问题。例如，管理人员只能利用他们所获得信息的1%到1‰进行决策。信息过量不仅使主管人员没有时间去处理，而且也使他们难于向同事提供有效的、必要的信息，沟通也随之变得困难重重。

二、沟通障碍的克服

从上述的沟通障碍看，采取适当的行动方式能够将这些沟通障碍有效消除，也就实现了管理的有效沟通。因此，无论是对组织中的沟通还是组织间的沟通，有效沟通的实现取决于对沟通技能的开发和改进。克服沟通中的障碍一般有以下准则：

(一)明了沟通的重要性，正确对待沟通

管理人员十分重视计划、组织、领导和控制，对沟通常有疏忽，认为信息的上传下达有了组织系统就可以了，对非正式沟通中的小道消息常常采取压制的态度，这表明企业管理层没有从根本上对沟通给予足够的重视。

(二)培养“听”的艺术

对管理人员来说，“听”不是一件容易的事。管理人员应较好地“听”，也就是要积极倾听。一些有关“听”的艺术如表11－3所示。

表 11－3 “听”的艺术

要	不 要
表现出兴趣	争辩
全神贯注	打断
该沉默时必须沉默	从事与谈话无关的活动
选择安静的地方	过快或提前做出判断
留出适当的时间用于辩论	草率地给出结论
注意非语言暗示	让别人的情绪直接影响你
当你没有听清楚时，请以疑问的方式重复一遍	
当你发觉遗漏时，直截了当地问	

（三）创造一个相互信任、有利于沟通的小环境

企业经理人员不仅要获得下属的信任，而且要得到上级和同僚们的信任，他们必须明白：信任不是人为的或从天上掉下来的，而是诚心诚意争取来的。

（四）缩短信息传递链，拓宽沟通渠道，保证信息的畅通无阻和完整性

如减少组织机构重叠，在利用正式沟通渠道的同时，开辟高层管理人员至基层管理人员的非正式的沟通渠道，以便信息的传递。

（五）建立特别委员会，定期加强上下级之间的沟通

建立特别委员会，定期加强上下级之间的沟通。特别委员会由管理人员和第一线的工作人员组成，定期相互讨论各种问题。

（六）组成非管理工作组

当企业发生重大问题、引起上下关注时，管理人员可以授命组成非管理工作组。该工作组由一部分管理人员和一部分职工自愿参加，利用一定的时间，调查企业的问题，并向最高主管部门汇报。最高管理层也要定期公布他们的报告，就某些重大问题或“热点”问题在全企业范围内进行沟通。

（七）加强平行沟通，促进横向交流

通常，企业内部的沟通以与命令链相符的垂直沟通居多，部门间、工作小组间的横向交流较少。而平行沟通却能加强横向的合作，且对组织间沟通尤为奏效。

第三节　沟通的技巧

一、做好有效沟通的事前准备

充分而全面的准备直接关系到沟通的质量。如果想进行一次有效的沟通，一定要提前做好充分的准备。

（1）确立明确而详细的沟通目标。

（2）沟通的出发点。你准备通过这次沟通要达到一个什么样的效果，实现什么样的目的，实现这一目的的意义是什么，这是沟通工作的出发点。

(3)制订沟通计划。明确沟通目的之后，还需要确定如何通过沟通来实现这一目的，这就要求制订沟通计划。

(4)制定详细的工作辅助表。

(5)在沟通中，注意细节。在沟通中，除了当事人外，通常还会涉及其他的小物品或应注意的小细节，这些细微的工作同样需要事先做好准备。

(6)沟通中遇到异议和争执。沟通中遇到异议和争执是很正常的。如果能在事前正确的预测出这些异议和争执，预先周密地做好各种应对的准备，我们就可以节省出不少时间来迅速而妥善地解决这些问题。

二、正确理解并确认对方的需求

(一)有效提问

每当人们有不清楚的地方时，往往会以问题的形式表达出来，那么如何才能使自己的提问更有效，以便能收集更可靠的信息呢?

1.提问要紧扣主题

漫无边际的提问虽然能使你获得更多的信息，却不容易得到关于对方需求的最直接、最有价值的内容。

2.提问要适时、适度

在沟通开始时以提问的方式来确认对方的需求，并不意味着在沟通一开始就立即提出问题，而是应该先营造一个比较轻松的氛围，待到适当的时机再提出相关问题。

3.提问要分清类别

提问有开放式和封闭式两种。不同的提问方式有不同的作用，要根据沟通时的具体情况和你想获取信息的类别来确定具体运用哪种提问方式；也可以将这两种提问方式结合起来一起使用。

(二)积极倾听

1.倾听要专注

很难想象当你在倾听别人的讲话时，还同时在思考自己的一些事情，或心里想着如何来评判对方的谈话，却还能很好地把握要表达的意图。

2.倾听要有目的

不应该盲目地倾听，要清楚倾听是为了获取对方的真正需求。虽然在倾听时不应该放过任何细节，但是也要有所选择。

3.倾听要有适时的反馈

倾听的过程也是一个互动的过程，对方在讲话时需要做相应的适时配合，可以点头表示赞同对方的观点，或用一些语句、语气词、表情等表示正在专注地倾听对方的讲话。

(三)及时确认

在对方讲话的过程中，不要轻易去打断，可以在讲话告一段落之后进行相关内容的确认。

三、确定恰当的沟通方式

沟通方式有很多，传统的沟通方式有电话沟通、书面沟通和当面沟通。随着社会的发展和科技的进步，传真、电子邮件等各种新的沟通方式越来越多地应用到我们的工作中来。面对众多的沟通方式,选择一种或几种适合的沟通方式可以使沟通更有效。

四、恰当运用语言技巧

有效沟通就是使信息在双方间自由流动。要把你所要表达的信息顺畅地传达给对方,就要运用恰当的语言表达技巧。

(一)语言表达要清晰、明确

语言表达要清晰、明确,能让对方明白你要表达的意思。弄清楚了你的意图,对方才可以做出正确的反应,以配合这次沟通。

(二)语言表达要铿锵有力

说话的力度也不容忽视,它体现了沟通者要表达信息的确定和对自己的信心。一般认为,不包含模糊或者限制性词语的语言比较有力度。

(三)语言表达要幽默生动

威严不可缺少,但是幽默感也同样重要。一个不懂幽默的人很难在所有的沟通场合中游刃有余。在适当的场合适度地开一些无伤大雅的小玩笑,有时甚至是自嘲,既可以缓解当时的紧张气氛,又可以增进与对方的友好感情。

五、准确阐述自己的观点

(一)观点阐述要清晰

1.语句要清晰完整

你所表达的语言在结构上要尽量完整。除非在沟通双方比较熟悉的情况下,可以省略一部分句子成分,一般情况下都应把句子说完整。这样,对方在倾听你的话语时就不会产生疑问。

2.条理要清楚

如果你表达的意思不清晰,尽管费了很多口舌,最终可能还是不能让对方明白你要表达的意思。所以,在阐述自己的观点时,应把想说的话在心里先梳理一下,应该先说什么,后说什么,不要给人语无伦次的感觉。

3.吐字要清晰

口齿伶俐、吐字清晰是使沟通顺畅的基本要素。如果对方连你说的话都听不清楚,那么沟通便无法再进行下去。

(二)观点阐述要全面

(1)内容要全面,对所要表达的观点是否比较全面、客观,而非一时冲动,若较全面则需明确表达。如果不是很全面,应再仔细考虑,还有哪些内容没有考虑周到。

(2)表达要全面,按照前期思路归纳总结内容要点予以全面表达。

(3)考虑要全面,应预测对方聆听后的反应,并依据这些不同反应来制定相应对策。

(三)观点阐述要讲究艺术

(1)要围绕中心,重点明确。确保每次沟通都有一个核心主题或目标,同时还要强调最重要的观点或信息,以确保对方能够准确地理解主要内容。这将有助于确保信息的准确传达,提高沟通的效果和效率。

(2)符合逻辑,顺序合理。语言表述要体现一定的逻辑关系,否则即使你费了半天口舌,对方还是不清楚你要表达的主要意思,给人语无伦次的感觉。

六、在沟通中恰当地处理对方的异议

(一)直面异议,不可回避

当对方提出了不同观点时,一定要引起重视,并且把这种情况看作是沟通中可以逾越的一个障碍。

(二)尊重对方,表示理解

要创造这样一种沟通的环境,即沟通双方人人平等,大家畅所欲言,各抒己见。如果对方不同意你的观点,首先要向对方表示理解,尊重对方的情绪和意见。

(三)用"柔道法"说服对方

在沟通过程中,如果对方不同意你的观点,一般要耐心地尽量说服对方。说服别人并不那么容易,往往是自己说服自己倒要容易些。依据这个原理,我们建议使用"柔道法",即用对方的观点来说服对方。应该仔细分析对方观点的漏洞或者自相矛盾的地方,再抓住机会有理有据地向对方说明,这样,对方也就容易被说服。

七、恰当运用肢体语言

沟通的55%是通过肢体语言进行的,这表明肢体语言比语言本身传递的信息量更大,而且更加可信。

(一)恰当运用音色和语气

在沟通过程中,要依据谈话的内容和沟通对象来确定所用的音色和语气。注意听觉效果上的和谐和沟通对象的接受程度。

(二)学会用眼睛说话

与对方沟通时,你的眼睛要注视着对方,以示你正在专心致志地倾听或者告诉对方你要表达的信息,并且要适时与对方的目光进行适当的交流,把你所感受到的信息通过眼神表达出来。

(三)学会点头和微笑

微笑是一种友好的表现。双方在轻松友好的气氛中进行沟通,就会更深入、细致。

(四)注意手势

手势运用的频度和幅度要适度。它主要受说话者情绪的驱动,如果手势使用过频,会让人生厌,很可能使沟通中断。

思政园地

政策沟通,让"一带一路"行稳致远

2013年秋天,习近平主席先后在哈萨克斯坦和印度尼西亚提出共建丝绸之路经济带和21世纪海上丝绸之路,即"一带一路"倡议。十年来,在习近平主席的亲自倡导和推动下,"一带一路"倡议在政策沟通、设施联通、贸易畅通、资金融通、民心相通方面取得丰硕成果,成为造福中国和共建国家的"发展带"、惠及人民的"幸福路"。

从2023年10月13日起,中国之声推出特别报道《丝路画卷》。10月13日推出《政策沟通,让"一带一路"行稳致远》。

在中越边境广西友谊关口岸，满载榴莲、山竹等进口水果的跨境车辆络绎不绝。友谊关口岸是中国与东盟水果进出口贸易的最大口岸。近些年，随着共建“一带一路”倡议和“两廊一圈”框架对接合作持续推进，口岸的通关量不断增长。友谊关海关综合业务科副科长林小明：今年1月至9月，经友谊关口岸进出境车辆达31.4万辆次，同比增长了146.8%，较10年前增长约3.7倍，口岸整体通行能力大幅提升。

从越南提出的“两廊一圈”战略到老挝的“变陆锁国为陆联国”战略，从沙特的“2030愿景”到科威特的“2035愿景”……越来越多的国家和地区将自身发展战略与“一带一路”倡议相对接。2017年5月，在首届“一带一路”国际合作高峰论坛开幕式上，习近平主席指出，推进“一带一路”建设，要聚焦发展这个根本性问题，释放各国发展潜力，实现经济大融合、发展大联动、成果大共享。

截至目前，我国已与150多个国家和30多个国际组织签署了200多份共建“一带一路”合作文件，覆盖我国超八成的建交国。“一带一路”倡议同联合国2030年可持续发展议程及各国的发展战略对接，形成了3 000多个合作项目，打造了一个个国家地标、民生工程、合作丰碑，让共建国家民众看到了实现共同发展的希望。联合国开发计划署署长阿希姆·施泰纳：很多参与“一带一路”建设的发展中国家都把这当作是本国发展的机遇，作为参与国也获得了更多发展选择。中国对很多国家发展的投入，为疫情之后各国的经济复苏做出重要贡献，并且也会有力支撑联合国2030年可持续发展目标。

同时，“一带一路”倡议还与东盟、非盟、欧亚经济联盟等地区组织的发展规划协同增效。外交部国际经济司司长李克新介绍，十年来，中国与各方在能源、税收、金融、人文、绿色发展等领域搭建起20多个“一带一路”多边合作平台，同步推进政策沟通和务实合作。外交部国际经济司司长李克新：中国同广大合作伙伴一道，搭建起了以“一带一路”国际合作高峰论坛为引领、以双边、三方、多边合作机制为支撑的复合型国际合作架构，取得了丰硕的合作成果。

十年实践充分证明，共建“一带一路”顺潮流、惠民生、得民心、利天下，不仅开辟繁荣之路，更点亮希望之光。外交部发言人汪文斌：我们愿以举办第三届“一带一路”国际合作高峰论坛为契机，同国际社会一道总结经验、擘画蓝图，让“一带一路”这对腾飞的翅膀引领世界飞向和平发展、合作共赢的光明未来。

资料来源：根据中央广播电视总台中国之声《新闻和报纸摘要》(2023-10-13)《政策沟通，让“一带一路”行稳致远》资料整理而得。

复习思考题

1. 你在学习、生活中遇到的沟通障碍有哪些？

2. 非正式沟通渠道的存在究竟好不好？在什么时候好？什么时候不好？

3. 当你意识到沟通障碍并试图去克服时，发现最大的困难是什么？根据你的经验，你认为提高你沟通技能的最有效途径是什么？

4. 请比较以下三种表达方式：(1)“我不喜欢你这身打扮”；(2)“你的这身打扮与公司的衣着规定不符”；(3)“大家希望你能系领带上班”。并分析这三种表达方式可能引起的心理反应和沟通效果。

自测题

一、填空题

1. ________认为："沟通可视为任何一种程序，借此程序，组织中的一成员，将其所决定的意见或前提，传送给其他有关成员。"

2. 沟通是指可理解的________或________在两个人或两人以上的人类中传递或交换的过程。

3. 沟通的起始点是信息的________，终结点是信息的________。

4. 从沟通过程的分析中可以看到沟通包括一些重要因素：发送者、________、________、媒介、________、接受者、________以及噪声。

5. ________是指信息接受者的思维过程，是信息接受者根据已有的经验和参考的框架进行解释的过程。

6. 按照功能划分，沟通可以分成________和________。

7. 按照方法，沟通可以分为：________、________、________、________、________、________。

8. 按照组织系统，沟通可分为________和________。

9. 沟通过程中存在许多干扰和扭曲信息传递的因素，通常将这些因素称为________。

10. 按照方向，沟通可分为________、________、________。

11. 按照是否进行反馈，沟通可以分为________和________。

12. 非正式沟通的主要功能是________，体现的是职工的________和________，与企业正式的要求无关。

13. 所谓________，简单地说，就是传递和交流信息的可靠性和准确性高，实际上还表示组织对内外噪声的抵抗能力强。

14. 影响有效沟通的个人因素包括________和________。

15. 信息来源的可靠性由四个因素决定：________、________、________和________。

16. 人际因素主要包括沟通双方的________、信息来源的________和发送者与接受者之间的________。

17. 结构因素包括________、________、团体规模和________四个方面。

18. 需要沟通效果的结构因素主要包括________、________、________和________。

19. 影响沟通效果的技术因素主要包括________、________、________和________。

20. 沟通的________是通过肢体语言进行的，这表明肢体语言比语言本身传递的信息量更大，而且更加可信。

二、单项选择题

1. 以下选项中不属于影响沟通过程因素的是（　　）。

A. 发送者　　B. 信息　　C. 解码　　D. 语速

2. 在沟通的基本要素中，有这样一种要素，其功能是产生、提供用于交流的信息，是沟通的初始者，在沟通中处于主动地位。请问这种沟通要素是（　　）。

A. 传送者　　B. 接受者　　C. 信息　　D. 语言

3.(　　)是沟通主体要分享的思想和基础。

A. 信息　　B. 过程　　C. 网络　　D. 环境

4.(　　)是发送者和接受者相互间的反应,对于沟通效果好坏至关重要。

A. 编码　　B. 媒介　　C. 反馈　　D. 噪声

5. 按照(　　)划分,沟通可以划分为个体间沟通和群体间沟通。

A. 功能　　B. 方向　　C. 组织系统　　D. 主体

6. 信息接受者根据自己已有的经验和参考的框架进行解释信息,这一过程叫(　　)。

A. 噪音　　B. 编码　　C. 解码　　D. 反馈

7. 在沟通过程中,信息接受者不再向信息发送者反馈信息。这种沟通属于(　　)。

A. 口头沟通　　B. 非言语沟通　　C. 单向沟通　　D. 双向沟通

8. 按照组织结构规定的路线和程序所进行的沟通是(　　)。

A. 非正式沟通　　B. 正式沟通　　C. 单向沟通　　D. 言语沟通

9. 下列情况下,适合使用单向沟通的是(　　)。

A. 时间比较充裕,但问题比较棘手

B. 下属对解决方案的接受程度至关重要

C. 上级缺乏处理负反馈的能力,容易感情用事

D. 下属能对解决问题提供有价值的信息和建议

10. 下列说法不正确的是(　　)。

A. 双向沟通比单向沟通需要更多的时间

B. 接受者比较满意单向沟通,发送者比较满意双向沟通

C. 双向沟通的噪声比单向沟通要大得多

D. 在双向沟通中,接受者和发送者都比较相信自己对信息的理解

11. 下列关于非正式沟通的说法正确的是(　　)。

A. 非正式沟通传播的是小道消息,准确率较低

B. 非正式沟通经常将信息传递给本不需要它们的人

C. 非正式沟通信息交流速度较快

D. 非正式沟通可以满足职工的需要

12. 如果发现一个组织中小道消息很多,而正式渠道的消息很少,这是否意味着该组织(　　)。

A. 非正式沟通渠道中信息传递很通畅,运作良好

B. 正式沟通渠道中消息传递存在问题,需要调整

C. 其中有部分人特别喜欢在背后乱发议论,传递小道消息

D. 充分运用了非正式沟通渠道的作用,促进了信息的传递

13. 下列选项中不属于正确理解并确认对方的是(　　)。

A. 有效提问　　B. 积极倾听　　C. 及时确认　　D. 注意手势

14. 在公司生产部与技术部之间的协调是(　　)。

A. 纵向沟通　　B. 横向沟通　　C. 正式沟通　　D. 非正式沟通

15. 某地区经销办事处经理接到一客户的紧急特殊售后服务要求,需要某企业生产车间派工人来帮助,其沟通经过了这样一条路线:销售经理—市场经营副总经理—总经理—制造副总经理—生产车间主任—某工人。这是采用了(　　)沟通渠道。

A. 斜向沟通 B. 上行沟通 C. 下行沟通 D. 纵向沟通

16. 国内越来越多的企业都开始设内部咖啡厅，其主要目的是(　　)。

A. 形成非正式组织 B. 促进信息沟通

C. 增强企业凝聚力 D. 给员工一个放松场所

17. 人际沟通中会受到各种噪声干扰的影响，这里所指的噪声干扰可能来自(　　)。

A. 沟通的全过程 B. 信息传递过程

C. 信息解码过程 D. 信息编码过程

18. 在改善人际沟通时应该注意(　　)。

A. 沟通时注意控制自己的情绪

B. 沟通注重语言，非言语提示可以忽略

C. 管理者要以自己可以理解的语言和下属沟通

D. 下属在反映问题时，管理者应关注自己的想法，以便对下属进行明确的指导

19. 销售部经理说："我们的销售队伍在竞争对手中是实力最强大的，要不是我们的产品缺乏多样性、不能及时满足消费者需要，我们的销售业绩也不会这么差。"生产部经理说："一流的熟练技术工人完全被缺乏想象力的产品设计局限了。"研发部经理打断说："创新思维凝结出的高科技含量的产品葬送在单调乏味而又机械的低产出生产线上。"上述谈话揭示该企业在组织上存在什么严重问题？(　　)。

A. 各部门经理的论述都有道理，只是态度过于强硬

B. 各部门经理对各自角色及其在组织中的作用定位不清晰

C. 各部门经理过于强调本部门工作的重要性

D. 各部门经理对组织内各项职能的分工合作缺乏客观而准确的认识

20. 在提问类型中，常以"为什么……"、"如何……"、"哪个……"等方式开头，以鼓励对方回答，从而获取信息。请问这种属于(　　)。

A. 封闭式提问 B. 重复式提问 C. 开放式提问 D. 确认式提问

三、多项选择题

1. 沟通过程需要考虑的重要因素，主要包括(　　)。

A. 发送者 B. 媒介 C. 反馈 D. 噪声

2. 根据沟通过程中所借助和采用的媒介，沟通可以分为(　　)。

A. 口头沟通 B. 书面沟通 C. 正式沟通 D. 电子媒介沟通

3. 下列选项中，非正式沟通可以满足职工的需要是(　　)。

A. 生理需要 B. 安全的需要 C. 尊重的需要 D. 社交的需要

4. 使用正式语言符号(中介或手段)所进行的沟通称为言语沟通。它主要包括(　　)。

A. 书面沟通 B. 口头沟通 C. 直接沟通 D. 间接沟通

5. 无声言语沟通主要是通过非自然语言或态势语言来传递信息。请问下列属于无声言语沟通类型的是(　　)。

A. 表情言语 B. 动作言语 C. 体态言语 D. 哑语

6. 管理沟通的内容主要包括(　　)。

A. 言语沟通 B. 组织沟通 C. 人际沟通 D. 非言语沟通

7. 在倾听类型中，有全神贯注地倾听、专心地倾听和随意的倾听。对于下列(　　)，你需

要全神贯注地倾听。

A. 体育新闻　　B. 合同条款　　C. 进度报告　　D. 投资规划

8. 假设你是某公司的管理人员，你能够经常主动地听取员工的意见、想法和建议。请问你与员工之间的沟通属于(　　)。

A. 上行沟通　　B. 下行沟通　　C. 平行沟通　　D. 纵向沟通

9. 假如你是某公司生产部的经理，你要与采购部的业务员进行有关原材料质量方面的沟通。请问这种沟通属于(　　)。

A. 交叉沟通　　B. 纵向沟通　　C. 横向沟通　　D. 垂直沟通

10. 常见的反馈类型主要有(　　)。

A. 判断　　B. 分析　　C. 复述　　D. 忘却

11. 言语和非言语信号在以下选项中相关联的是(　　)。

A. 矛盾　　B. 判断　　C. 分析　　D. 强调

12. 下列非言语类型中，属于副语言的是(　　)。

A. 表情　　B. 眼神　　C. 语调　　D. 大笑

13. 形体暗示所具有的沟通功能有(　　)。

A. 态度信息　　B. 心理信息　　C. 情绪信息　　D. 权力信息

14. 有一个考察团来你所在的企业参观，你负责接待并向客人介绍你公司的情况。这种发言属于(　　)。

A. 即兴发言　　B. 引荐发言

C. 欢迎辞　　D. 传递信息的发言

15. 当个人的行为与所产生的效果互不相容或具有不一致的成分时，就导致了冲突。这种冲突属于(　　)。

A. 内心冲突　　B. 人际冲突

C. 认识冲突　　D. 目标冲突

四、简答题

1. 如何克服沟通中的障碍？
2. 如何处理冲突？
3. 什么情况下适合使用双向沟通？
4. 什么情况下适合使用单向沟通？
5. 试比较单向沟通和双向沟通。
6. 非正式沟通有何特点？
7. 企业应如何对待非正式沟通？
8. 个人因素是如何影响有效沟通？
9. 比较书面沟通和口头沟通。

五、问答题

1. 什么是沟通？为什么要沟通？沟通的基本步骤有哪些？
2. 非正式沟通有何特点？管理者应该如何对待组织中的非正式沟通？
3. 沟通的障碍有哪些？如何克服障碍？

4. 有效沟通需要做好哪些事前准备？如何正确理解并确认对方的需求？

5. 联系生活实际说明，在沟通中如何恰当处理对方的异议？

6. 联系实际，你认为要克服倾听障碍应注意哪些问题？

请用手机微信扫以下二维码，获取自测题参考答案。

第十一章 自测题
参考答案

第十二章

员工激励

学习目标

知识目标:了解激励的含义、行为与产生的原因;理解激励理论的类型,熟悉激励的原则,掌握激励的方式。

能力目标:激发团队成员的积极性和动力,提高团队的工作效率和绩效;自我激励的能力,调动下属工作积极性,利于提高工作能力、组织能力、决策能力、应变能力、创新能力。

素质目标:通过学习,学生能够了解并尊重团队成员,发扬合作精神,增强团队凝聚力。

思政目标:通过学习,树立正确政治观、人生观、价值观等;正直的道德品质,包括真诚、勤奋、公平、责任感等。

思维导图

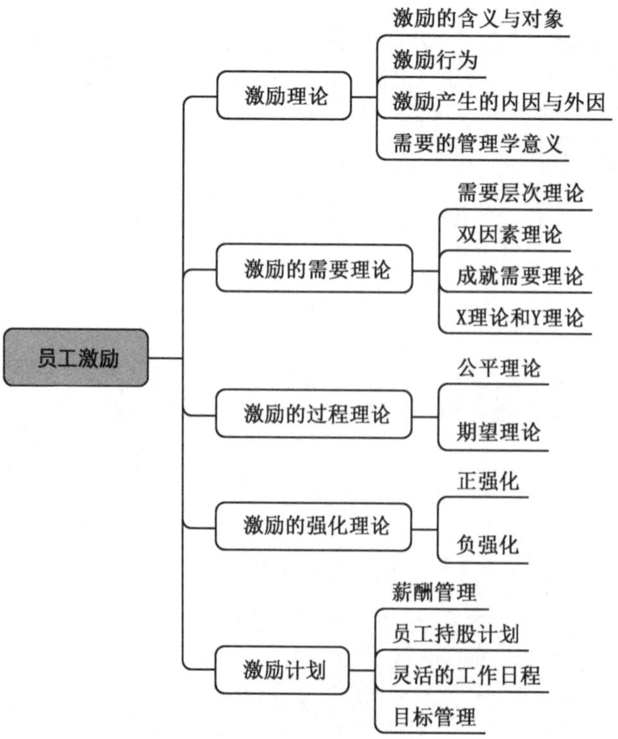

案例引入

谷歌激励模式

谷歌公司员工的薪酬从激励角度上讲，可以分为两类：

一类是外在激励性薪酬，如工资、固定津贴、社会强制性福利、公司内部统一的福利项目等；

另一类是内在激励性薪酬，如员工的个人成长、挑战性工作、工作环境、培训等。

通过建立公平合理的奖励机制及相对有效的福利激励措施，谷歌公司在吸引人才加入方面拥有绝对竞争力。

建立公平合理的奖励机制

谷歌公司的奖金不是依据工作分量进行分配，而是依据项目的重要程度。

例如，某员工负责一个非常小并且在其他人看来是超乎目前应用水平，或者毫无实际应用价值的软件产品，但只要该员工能证明他的想法是正确的，而反对者是错误的，那么该员工的奖金同样数目不菲。

谷歌公司还实行另外一种奖励机制：每个季度末，公司会将每一个项目向所有员工公示，并且贴上完成该项目的员工的名字、照片。

谷歌这样做的原因在于，他们认为，每个项目的成败都关系着公司的命脉，所以任何一个关系公司未来命运的人，都应该受到所有员工的尊重。

这种奖励机制的优势在于，谷歌作为创意型公司，创意是它的发展源泉，这套激励机制能激发员工的积极性，有利于员工开发新项目，同时保障了员工开发新项目的利益，给予员工合理的经济回报。

谷歌公司采取的有效福利措施

谷歌的福利政策是很多人想要去谷歌工作的原因之一。

为了让员工保持愉快的心情，谷歌制定了高标准的员工福利政策，包括设置健身中心，提供免费美食、免费理发、医疗服务以及各种高科技清洗服务等。

谷歌希望用这些福利达到几大目标，包括在竞争激烈的市场上吸引最优秀的人才；让员工在公司享用美食和处理私人事务，从而使他们可以长时间地加班；告诉员工，公司看重他们的价值。

谷歌还曾推出一项福利：如果员工不幸去世，其配偶还能在未来 10 年领取去世员工的半数薪酬；他们的未成年子女还能每月收到 1 000 美元的生活费，直至 19 周岁。

除此之外，配偶还能获得去世员工的股权授予。

这项福利给谷歌人才战略带来的无形效果是难以估量的。

资料来源：根据知乎网站资料《股权激励十大经典案例》(2023-04-01)整理而得。

【问题思考】

1. 结合管理理论分析谷歌的股权激励方法为什么能起作用？

2. 股权激励在员工行为管理上可能会引发哪些新的问题？如何应对这些问题？

阅读材料

经营之圣:稻盛和夫

稻盛和夫,出生于日本鹿儿岛,生于1932年,卒于2022年。1955年鹿儿岛大学毕业后,进入京都绝缘子制造公司松风工业工作。27岁创办京都陶瓷株式会社(现名京瓷Kyocera),52岁创办第二电信(原名DDI,现名KDDI,在日本为仅次于NTT的第二大通信公司),这两家公司又都在他的有生之年进入世界500强。1959年创办京都陶瓷株式会社,1966年就任京瓷公司社长。1984年成立第二电电企画株式会社,就任社长。2010年就任日本航空会长,让濒临破产的日航起死回生,而且业绩全世界行业第一。

稻盛和夫常常说:"人生就是一场修行。"他的事迹告诉我们,人生一切皆有可能,从平凡到伟大其实是有迹可循的。

一味空谈企业使命和经营哲学,是无法团结员工的。而只是片面地提高薪资待遇,也不能保证员工愿意跟公司同甘共苦。阿米巴经营的成功之处在于,它把经营哲学和多元激励有机结合在一起。

稻盛和夫的激励方法以人为本,注重员工的自我实现和自我激励,同时通过共同的目标、精神激励和持续学习等方式,激发员工的工作热情和动力,促进企业的发展。

资料来源:根据百度网站资料(2024-03-28)整理而得。

第一节　激励理论

激励理论是指通过特定的方法与管理体系,将员工对组织及工作的承诺最大化的过程。激励理论是关于如何满足人的各种需要、调动人的积极性的原则和方法的概括总结。

激励的目的在于激发人的正确行为动机,调动人的积极性和创造性,以充分发挥人的智力效应,做出最大成绩。

一、激励的含义与对象

(一)激励的含义

激励,在管理学的一般教科书中,通常是和动机连在一起的,主要是指人类活动的一种内心状态。美国管理学家罗宾斯把动机定义为个体通过高水平的努力而实现组织目标的愿望,而这种努力又能满足个体的某些需要。一般而言,动机是指为满足某种需要而产生并维持行动,以达到目的的内部驱动力。因此,无论是激励还是动机,都包含三个关键要素,即努力、组织目标和需要。

(二)激励的对象

从激励的定义可知,激励是针对人的行为动机而进行的工作。因而,激励的对象主要是人,或者准确地说,是组织范围中的员工或领导对象。

正确认识激励的对象,有助于体现领导的管理职能。从激励的内涵看,意味着组织中的领导者应该从行为科学和心理学的基础出发,认识员工的组织贡献行为,即认识到人的行为是由动机决定的，而动机是由需要引起的。动机产生以后，人们就会寻找能够满足需要的目标，而目标一旦确定，就会进行满足需要的活动。从需要到目标，人的行为过程是一个周而复始、不断进行、不断升华的循环。这样，通过认识激励的对象来说明：需要是人类行为的基础，不同的需要在不同的条件下会诱发不同的行为。

二、激励行为

对激励对象的讨论说明，人类的有目的的行为都是出于对某种需要的追求。某种需要未满足时产生激励的起点，进而导致某种行为。行为的结果，可能是需要得到满足，之后再发生对新需要的追求；行为的结果也可能是遭受挫折，追求的需要未得到满足，由此而产生消极的或积极的行为。

所以，激励是组织中人的行为的动力，而行为是人实现个体目标与组织目标相一致的过程。无激励的行为，是盲目而无意识的行为；有激励而无效果的行为，说明激励的机理出现了问题。如领导者打算通过增加额外的休息日来提高员工的劳动生产率，但结果可能有效，也可能无效，因为在一定的环境下，员工可能更愿意保持以往的工作日，希望提高薪资，而不是增加闲暇支出。这说明，激励与行为也有匹配的问题。

这样就进一步说明，要通过激励促成组织中人的行为的产生，取决于某一行动的效价和期望值。所谓"效价"，是指个人对达到某种预期成果的偏爱程度，或某种预期成果可能给行为者带来的满足程度；"期望值"则是某一具体行为可带来某种预期成果的概率，即行为者采取某种行动，获得某种成果，从而带来某种心理上或生理上满足的可能性。显然，能够满足某一需要的行动对特定个人的激励力是该行动可能带来结果的效价与该结果实现可能性的综合作用的结果。

三、激励产生的内因与外因

如何对组织中的员工进行激励，是建立在对人的运动规律的认识基础上。人不是孤立存在的，而是生活在特定的环境之中。这个环境包括气候、水土、阳光、空气等自然环境和社会制度、劳动条件、经济地位、文化条件等社会环境。外界环境对人的影响是客观存在的。因此，激励产生的根本原因，可分为内因和外因。内因是由人的认知知识构成，外因则是人所处的环境，从激励基础上人的行为可看成是人自身特点及其所处环境的函数。显然，激励的有效性在于对内因和外因的深刻理解，并达到一致性。

这样，为了引导人的行为达到激励的目的，领导者既可在了解人的需要的基础上，创造条件促进这些需要的满足，也可以通过采取措施，改变个人的行动的环境，这个环境被研究人员称为人的行动的"力场"。对企业而言，领导者在对"力场"中活动的员工行为的引导，就是要借助各种激励方式，减少阻力，增强驱动力，提高员工的工作效果，从而改善企业的经营的效率。

四、需要的管理学意义

显然，激励的出发点，就是激发人通过具体的手段，对未满足的需要产生某种期望值。因此，需要对管理学的领导职能来说，是能否发挥管理作用并影响组织成员完成组织目标的前提。

从领导方式看，需要是领导者指挥下属和鼓励下属的行为基础。领导的目标，最终是通过他人的活动或投入，实现组织的目标。因此，这种目标应该是领导者指挥下属实现个体目标和组织目标相结合的产物。而组织目标的有效实现，就不仅是领导者运用影响力影响下属的过程，还是领导者能否为下属创造发展空间以整合个人目标的过程。

领导者和下属的组织行为，都是一种通过采取行动来满足未实现的需要的过程。领导者的需要，既可以是源于对制度权力的渴望，也可以是源于实现自我价值的意愿。同样，下属未满足的需要也是多样性的。因此，对员工的激励能否有效，很大程度上取决于组织中领导者对下属的未满足的需要的识别。

正是从需要这种人的动机导向出发，引出了关于如何激励的各种理论。对需要以及人的内在动机和环境的激发，形成各种各样具体的激励理论。由于激励理论大多数是围绕人的需要的实现及其特点的识别，以及如何根据需要的不同类型和不同特点来采取措施，进而影响他们的行为而展开的，根据对激励对象不同方面的重视程度，一般可以把激励理论分为激励的需要理论、激励的过程理论和激励的强化理论。

【拓展知识】 **中国古代的激励思想**

第二节　激励的需要理论

这类激励理论，根据对人性的理解，这种突出激励对象的未满足的需要类型，有两种思路。一种是从社会文化的系统出发，对人的需要进行分类，通过提供一种未满足的需要的框架，寻求管理对象的激励效率，称为需要层次理论；另一种是从组织范围角度出发，把组织中个人与工作的关系问题，称为双因素理论。这两种激励理论形成于 20 世纪 50 年代，此后还有与强调需要相关的成就需要理论。

一、需要层次理论

这一理论是由美国社会心理学家亚伯拉罕・马斯洛（Abraham Maslow）提出来的，因此也称为马斯洛需要层次理论。

需要层次理论主要试图回答这样的问题：决定人的行为的尚未得到满足的需要有哪些内容？早在 20 世纪 30 年代著名的霍桑实验中，梅奥等研究人员就以工厂为研究对象，希望找出提高工人劳动生产率的手段，除泰勒从前倡议的经济利益刺激外，是否还有其他激励内容。结果发现，工人劳动积极性的提高，在很大程度上取决于他们所处的环境，既包括车间环境又包括工厂外的社会环境。为此，梅奥认为工人在劳动过程中被激励的前提，是作为“社会人”的人格状态而存在的人，而不仅仅是简单的“经济动物”。

马斯洛在这种意义上深化了包括霍桑试验在内的其他关于激励对象的行为科学研究，他通过对需要的分类，找出了对人进行激励的途径，即激励可以看成是对具体的社会系统中未满足的需要进行刺激的行为过程。

马斯洛的需要层次理论有两个基本出发点：一是，人是有需要的动物，其需要取决于他已经得到了什么，还缺少什么，只有尚未满足的需要能够影响行为。换言之，已经得到满足的需要不再起激励作用。二是，人的需要都有轻重层次，某一层需要得到满足后，另一层需要才出现。

在这两个论点的基础上，马斯洛认为，在特定的时刻，人的一切需要如果都未能得到满足，那么满足最主要的需要就比满足其他需要更迫切。只有前面的需要得到充分的满足后，后面的需要才显示出其激励作用。

为此，马斯洛认为，每个人其实都有五个层次的需要，即生理的需要、安全的需要、社交的需要、尊重的需要、自我实现的需要(见图 12—1)。

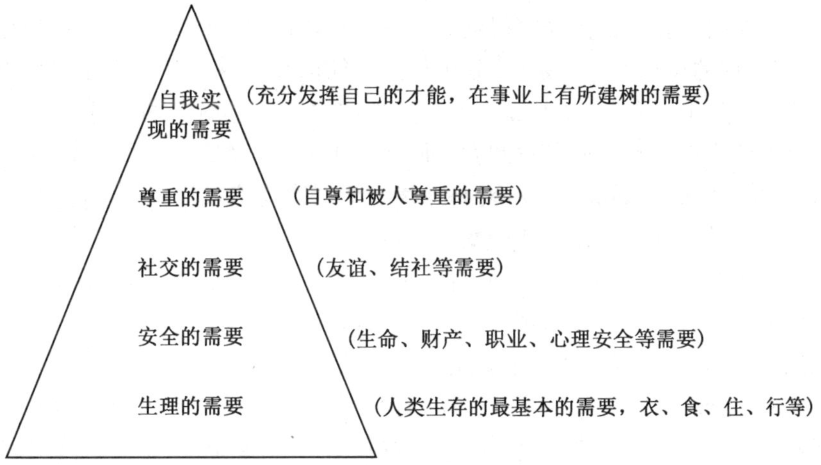

图 12—1 马斯洛的需要层次“金字塔”

(一)生理的需要

这是任何动物都有的需要，只是不同的动物，这种需要的表现形式不同而已。对人类来说，是最基本的需要，如衣、食、住、行等。所以，在经济欠发达的社会，必须首先研究并满足这方面的需要。

(二)安全的需要

这是保护自己免受身体和情感伤害的需要。它又可以分为两类：一类是现在的安全的需要，另一类是对未来的安全的需要。也就是说，一方面希望自己现在的社会生活的各个方面均能有所保障；另一方面，也希望未来生活能有所保障。

(三)社交的需要

这是包括友谊、爱情、归属及接纳方面的需要。这主要产生于人的社会性。马斯洛认为，人是一种社会动物，人们的生活和工作都不是孤立地进行的，这已由 20 世纪 30 年代的行为科学研究所证明。这说明，人们希望在一种被接受或归属的情况下工作，属于某一群体，而不希望在社会中成为离群的孤岛。

(四)尊重的需要

这种需要分为内部尊重和外部尊重。内部尊重主要包括自尊、自主和成就感；外部尊重主要包括地位、认可和关注或者说受人尊重。自尊是指在自己取得成功时有一股自豪感，它是驱使人们奋发向上的推动力。受人尊重，是指当自己做出贡献时，能得到他人的承认。

（五）自我实现的需要

这是成长与发展、发挥自身潜能、实现理想的需要，是一种追求个人能力极限的内趋力。这种需要一般表现在两个方面：一是胜任感，有这种需要的人力图控制事物或环境，不是等事物被动地发生与发展，而是希望在自己的控制下进行。二是成就感，对有这种需要的人来说，工作的乐趣在于成果和成功，他们需要知道自己工作的结果。成功后的喜悦远比其他任何报酬都重要。

马斯洛还将这五种需要划分为高低两级。生理的需要和安全的需要称为较低级的需要，而社交的需要、尊重的需要与自我实现的需要称为较高级的需要。高级需要是从内部使人得到满足，低级需要则主要是从外部使人得到满足。马斯洛需要层次理论会自然得到这样的结论，在物质丰富的条件下，几乎所有员工的低级需要都得到了满足。

马斯洛需要层次理论在实践中得到管理者的普遍认可，这主要归功于该理论简单明了、易于理解、具有内在的逻辑性。但是，正是由于这种简洁性，也提出了一些问题，如这样的分类方法是否科学等。其中一个突出的问题，就是这种需要层次是绝对的高低还是相对的高低？马斯洛需要层次理论在逻辑上没有对此做出回答。事实上，高低的需要被满足是一种相对的过程。我国管理学者从这一问题出发，对马斯洛需要层次理论本身进行了讨论，认为人类需要实际上具有多样性、层次性、潜在性和可变性等特征。

需要的多样性，是指一个人在不同时期可有多重不同的需要；即使在同一时期，也可存在着好几种程度不同、作用不同的需要。需要的层次性，应是相对排列，而不是绝对由低到高排列的，需要的层次应该由其迫切性来决定，对于不同的人在不同时期，感受到最强烈的需要类型是不一样的，因此，有多少种类型的需要，就有多少种层次不同的需要结构。需要的潜在性，是决定需要是否迫切的原因之一，人的一生中可能存在多重需要，而且许多是以潜在的形式存在的，只是到了一定时刻，由于客观环境和主观条件发生了变化，人们才发现、感觉到这些需要。

【拓展知识】　　亚伯拉罕·马斯洛

因此，只有在认识到了需要的类型及其特征的基础上，组织的领导者才能根据不同员工的不同需要进行相应的有效激励。马斯洛需要层次理论为组织激励员工，提供了一个参照样本。

要正确认识管理者的需要层次，对多层次的需要应科学分析，区别对待，防止片面性；努力将管理手段条件与被管理者的不同层次的需要联系起来，最大限度地满足不同员工的需要；要分析和寻找不同员工的优势需要，有针对性进行激励。

二、双因素理论

双因素理论也称“保健-激励理论”是美国心理学家费雷德里克·赫茨伯格（Fred-erick Herzberg）于20世纪50年代后期提出的。这一理论的研究重点，是组织中个人与工作的关系问题。赫茨伯格试图证明,个人对工作的态度在很大程度上决定着任务的成功与失败。为此,在 50 年代后期,他在匹兹堡地区的 11 个工商业机构中,向近 20 名白领工作者进行调查。在调查中,用所设计的诸多有关个人与工作关系的问题,要求受访者在具体情境下详细描述他们认为工作中特别满意或特别不满意的方面。最后,通过对调查结果的综合分析,赫茨伯格发现,引起人们不满意的因素往往是一些工作的外在因素,大多同他们的工作条件和环境有关;能给人们带来满意的因素,通常都是工作内在的,是由工作本身所决定的。由此,赫茨伯格提出,影响人们行为的因素主要有两类:保健因素和激励因素。保健因素是那些与人们的不满情绪有关的因素,如公司的政策、管理和监督、人际关系、工作条件等。保健因素处理不好,会引发对工作不满情绪的产生;处理得好,可以预防或消除这种不满。但这类因素并不能对员工起激励的作用,只能起到保持人的积极性、维持工作现状的作用,所以保健因素又可称为维持因素。

激励因素是指那些与人们的满意情绪有关的因素。与激励因素有关的工作处理得好,能够使人们产生满意情绪;如果处理不当,其不利效果顶多只是没有满意情绪,而不会导致不满。他认为,激励因素主要包括这些内容:工作表现机会和工作带来的愉快,工作上的成就感,由于良好的工作成绩而得到的奖励,对未来发展的期望,职务上的责任感。这两类因素与员工对工作的满意程度之间的关系如图 12—2 所示。

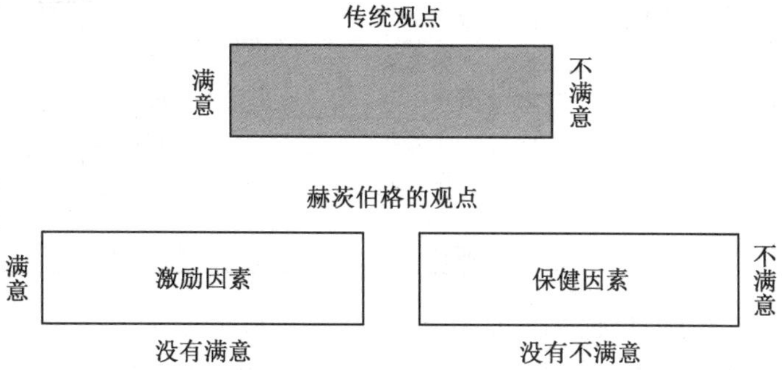

资料来源:周三多.管理学[M].5 版.北京:高等教育出版社,2018.

图 12—2　赫茨伯格双因素理论

赫茨伯格双因素激励理论的重要意义在于它把传统的满意/不满意(认为满意的对立面是不满意)的观点进行了拆解,认为传统的观点中存在双重的连续体:满意的对立面是没有满意,而不是不满意;同样,不满意的对立面是没有不满意,而不是满意,如图 12—3 所示。这种理论对企业管理的基本启示是:要调动和维持员工的积极性,首先要注意保健因素,以防止不满意情绪的产生。但更重要的是要利用激励因素去激发员工的工作热情,努力工作,创造奋发向上的局面,因为只有激励因素才会增加员工的工作满意感。

不过,正如马斯洛需要层次理论在讨论激励的内容时有固定的缺陷一样,赫茨伯格的双因素理论也有欠完善之处。像在研究方法本身、研究方法的可靠性以及满意度的评价标准这些方面,赫茨伯格这一理论都存在不足。另外,赫茨伯格讨论的是员工满意度与劳动生产率之间存在的一定关系,但他所用的研究方法只考察了满意度,并没有涉及劳动生产率。双因素理论与需要层次理论之间的关系如图 12—4 所示。

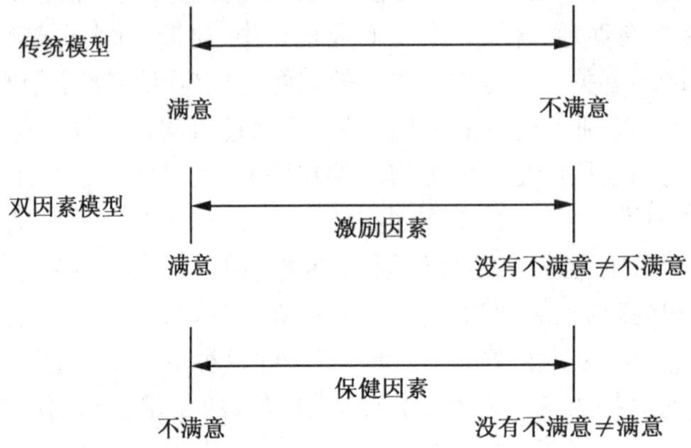

资料来源:周三多. 管理学[M]. 5 版. 北京:高等教育出版社,2018.

图 12—3 传统模型与双因素模型的区别

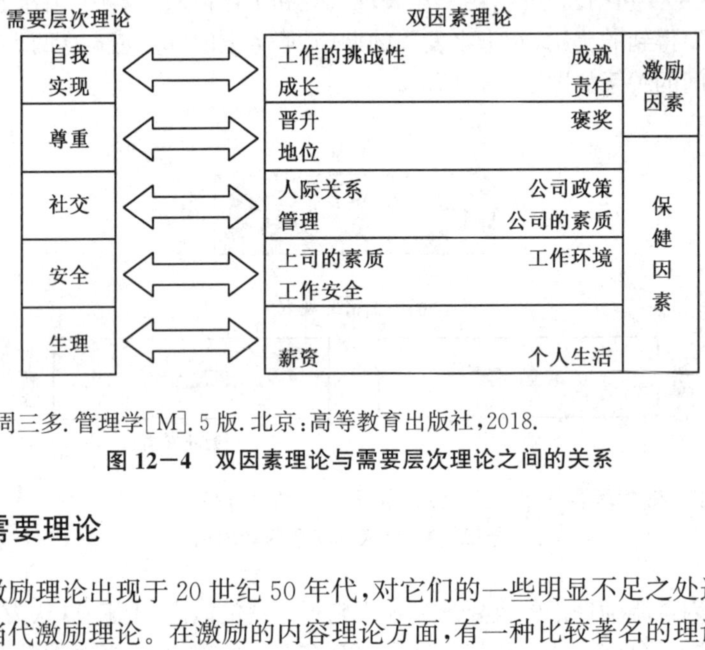

资料来源:周三多. 管理学[M]. 5 版. 北京:高等教育出版社,2018.

图 12—4 双因素理论与需要层次理论之间的关系

三、成就需要理论

前面两种激励理论出现于 20 世纪 50 年代,对它们的一些明显不足之处进行的补充,一般认为就构成了当代激励理论。在激励的内容理论方面,有一种比较著名的理论,即成就需要理论,由美国管理学家大卫·麦克利兰(David MaCleland)提出。

成就需要理论认为,在人的一生中,有些需要是靠后天获得的。换句话说,人们不是生来就有这些需要的,而是通过生活经验能够学习的。有三种需要的研究最多,它们是:

(1)成就的需要,指渴望完成困难的事情、获得某种高的成功标准、掌握复杂的工作以及超过别人。

(2)依附的需要,指渴望结成紧密的个人关系、回避冲突以及建立亲切的友谊。

(3)权力的需要,指渴望影响或控制他人、为他人负责以及拥有高于他人的职权的权威。

早期的生活阅历决定着人们是否获得这些需要。如果鼓励儿童做自己的事情,并且让他们接受强化培训,他们就会获得某种实现成就的需要;如果让他们加强形成温暖的人际关系,他们就会发展出某种依附的需要;如果让他们从控制别人那里获得满足,那他们就会获得某种权力的需要。

麦克利兰对人的后天需要及其在管理学上的意义研究了二十多年。他指出，有着强烈成就感需要的人，是那些倾向于成为企业家的人。他们喜欢把事情做得比竞争者更好，并且敢冒商业风险。另一方面，有着强烈依附感需要的人，是成功的“整合者”，他们的工作是协调组织中几个部门的工作。整合者包括品牌管理人员和项目管理人员，他们必须具有过人的人际关系技能，能够与他人建立积极的工作关系。不过，麦克利兰指出，这种需要一直未能引起研究人员的足够重视。高归属需要者喜欢合作而不是竞争的环境，希望彼此间的沟通和理解。而有着强烈权力需要的人，则经常有较多的机会晋升到组织的高级管理层。相比之下，有强烈的成就需要但没有强烈的权力需要的人，容易登上他们职业生涯的顶峰，只不过职位的组织层次较低。原因在于，成就的需要可以通过任务本身得到满足，而权力的需要，则只能通过上升到某种具有高于他人的权力层次才能得到满足。

四、X 理论和 Y 理论

这是关于人性的问题，由美国管理心理学家道格拉斯・麦格雷戈(Douglas McGregor)总结提出。管理者关于人性的观点是建立在一些建设基础上的，管理者正是根据这些假设来塑造激励下属的行为方式。管理者对人性的假设有两种对立的基本观点：一种是消极的 X 理论，另一种是积极的 Y 理论。

(一)X 理论

(1)员工天性好逸恶劳，只要有可能，就会躲避工作；

(2)以自我为中心，漠视组织要求；

(3)员工只要有可能就会逃避责任，安于现状，缺乏创造性；

(4)不喜欢工作，需要对他们采取强制措施或惩罚办法，迫使他们实现组织目标。

(二)Y 理论

(1)员工并非好逸恶劳，而是自觉勤奋，喜欢工作；

(2)员工有很强的自我控制能力，在工作中执行完成任务的承诺；

(3)一般而言，每个人不仅能够承担责任，而且还主动寻求承担责任；

(4)绝大多数人都具备做出正确决策的能力。

X 理论与 Y 理论关于人性假设比较如图 12—5 所示：

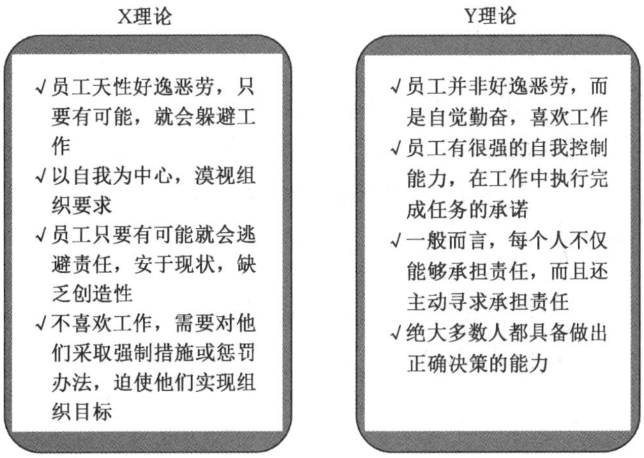

资料来源：周三多. 管理学[M]. 5 版. 北京：高等教育出版社，2018.

图 12—5　X 理论与 Y 理论关于人性假设比较

麦格雷戈认为,Y 理论的假设比 X 理论更实际有效,因此他建议让员工参与决策,为员工提供富有挑战性和责任感的工作,建立良好的群体关系,有助于调动员工的工作积极性。总的来说,激励的内容理论突出了人们根本上的心理需要,并认为正是这些需要激励人们采取行动。需要层次理论、双因素理论和成功需要理论,都有助于管理人员理解是什么在激励人们。所以,管理人员可以设计工作去满足需要,并辅助适当和有效的工作行为。

【拓展知识】 **人性假设**

第三节 激励的过程理论

激励的过程理论试图说明员工面对激励措施,如何选择行为方式去满足他们的需要,以及确定其行为方式的选择是否成功。过程理论有两种:公平理论和期望理论。

一、公平理论

公平理论是美国心理学家亚当斯(Adams)在 1965 年首先提出来的,也称为社会比较理论。这种理论的基础在于:员工不是在真空中工作的,他们总是在进行比较,比较的结果对于他们在工作中的努力程度有影响。大量事实表明,员工经常将自己的付出与所得和他人进行比较,而由此产生的感觉将影响他们以后付出的努力。这种理论主要讨论报酬的公平性对人们工作积极性的影响。它指出,人们将通过横向和纵向两个方面的比较来判断其所获得报酬的公平性。

员工选择的与自己进行比较的参照类型有三种,分别是“其他人”“制度”和“自我”。“其他人”,包括在本组之中从事相似工作的其他人以及别的组织中与自己能力相当的同类人,包括朋友、同事、学生甚至自己的配偶等。“制度”,是指组织中的工资政策与程序以及这种制度的运作。“自我”,是指自己在工作中付出与所得的比率。

对某项工作的付出,包括教育、经验、努力水平和能力。通过工作获得的所得或报酬,包括工资、表彰、信念和升职等。亚当斯提出贡献率的公式,描述员工在横向和纵向两方面对所获报酬的比较以及对工作态度的影响。

(一)横向比较

所谓“横向比较”,就是将“自我”与“其他人”相比较来判断自己所获得报酬的公平性,从而对此做出相对应的反应。用公式表示为:

$$\frac{Q_p}{I_p}=\frac{Q_x}{I_x}$$

式中:Q_p 代表自己对自己所获报酬的感觉;Q_x 代表自己对其他人所获得报酬的感觉;I_p 代表自己对付出的感觉;I_x 代表自己对其他人付出的感觉。横向比较,其结果有三种情况:

(1)如果$Q_p/I_p=Q_x/I_x$,说明该员工觉得报酬是公平的,他可能会为此而保持工作的积极性和努力程度。

(2)如果$Q_p/I_p>Q_x/I_x$,说明该员工得到了过高的报酬或付出的努力较少,在这种情况下,一般来说,他不会要求减少报酬,而有可能会自觉地增加自我的付出。但过一段时间后,他就会重新因过高估计自己的付出而对高报酬心安理得,于是其产出又会回到原先的水平。

(3)如果$Q_p/I_p<Q_x/I_x$,说明该员工对组织的激励措施感到不公平。此时他可能会要求增加报酬,或者自动地减少付出,以便达到心理上的平衡,也可能离职。

(二)纵向比较

除了进行横向比较,还存在着在纵向上把自己目前的状况与过去的状况进行比较。用公式表示为:

$$\frac{Q_p}{I_p}=\frac{Q_x}{I_x}$$

式中:Q_p 代表自己目前所获报酬;Q_x 代表自己过去所获报酬;I_p 代表目前的投入量;I_x 代表自己过去的投入量。

纵向比较,其结果仍然有三种情况:

(1)如果$Q_p/I_p=Q_x/I_x$,说明该员工认为激励措施基本公平,积极性和努力程度可能会保持不变。

(2)如果$Q_p/I_p>Q_x/I_x$,说明该员工不会觉得所获得报酬过高,因为他可能会认为自己的能力和经验有了进一步的提高,其工作积极性不会因此而提高多少。

(3)如果$Q_p/I_p<Q_x/I_x$,说明该员工觉得很不公平,工作积极性会下降,除非管理者给他增加报酬。

上述分析表明,公平理论认为组织中员工不仅关心从自己的工作努力中所得的绝对报酬,而且关心自己的报酬与他人报酬之间的关系。他们对自己的付出与所得和别人的付出与所得之间的关系进行比较,做出判断。如果觉得这种比率和其他人相比不平衡,就会感到紧张,这样的心理是进一步驱使员工追求公平和平等的动机基础。

公平理论对企业管理的启示是非常重要的,它告诉管理人员,员工对工作任务以及公司的管理制度,都有可能产生某种关于公平性的影响作用。而这种作用对仅仅起维持组织稳定性的管理人员来说,是不容易觉察到的。员工对工资提出增加的要求,说明组织对他至少还有一定的吸引力,但当员工的离职率普遍上升时,说明企业组织已经使员工产生了强烈的不公平感,这需要管理人员高度重视,因为它意味着除了组织的激励措施不当以外,更重要的是,企业的现行管理制度有缺陷。

公平理论的不足之处在于员工本身对公平的判断是极其主观的,这种行为对管理者施加了比较大的压力。因为人们总是倾向于过高估计自我的付出,过低估计自己所得到的报酬,对他人的估计则刚好相反。因此,管理者在应用该理论时,应当注意实际工作绩效与报酬之间的合理性,并注意对组织的知识吸收和积累有特别贡献的个别员工的心理平衡。

【拓展知识】　　　　美国航空公司的解决之道

二、期望理论

相比较而言,对激励问题进行比较全面研究的是激励过程的期望理论。这一理论主要由美国心理学家维克托·弗鲁姆(Victor Vroom)在20世纪60年代中期提出并形成。期望理论认为,只有当人们预期到某一行为能给个人带来有吸引力的结果时,个人才会采取特定的行动。他对于组织通常出现的这样一种情况给予了解释,即面对同一种需要以及满足同一种需要的活动,为什么有的人情绪高昂,而另一些人却无动于衷呢?有效的激励取决于个体对完成工作任务以及接受预期奖赏的能力的期望。

根据这一理论的研究,员工对待工作的态度依赖于对下列三种联系的判断:

(一)努力-绩效的联系

员工感觉到通过一定程度的努力而达到工作绩效的可能性。如需要付出多大努力才能达到某一绩效水平?我是否真能达到这一绩效水平?概率有多大?

(二)绩效-奖励的联系

员工对于达到一定工作绩效后即可获得理想的奖励结果的信任程度。如当我达到这一绩效水平后,会得到什么奖励?

(三)奖励-个人目标的联系

如果工作完成,员工所获得的潜在结果或奖励对他的重要性程度。如这一奖励是否能够满足个人的目标?吸引力有多大?

在这三种关系的基础上,员工在工作中的积极性或努力程度(激励力)是效价和期望值的乘积。用公式表示为:

$$M=V\times E$$

式中:M 代表激励力,V 代表效价,E 代表期望值。

如本章第一节所述,期望值是指人们对自己能够顺利完成某项工作可能性的估计,即对工作目标能够实现概率的估计;效价是指一个人对这项工作及其结果(可实现的目标)能够给自己带来满足程度的评价,即对工作目标有用性(价值)的评价。

效价和期望值的不同结合,会产生不同的激发力量,一般存在以下几种情况:高 $E\times$ 高 $V=$ 高 M,中 $E\times$ 中 $V=$ 中 M,低 $E\times$ 低 $V=$ 低 M,高 $E\times$ 低 $V=$ 低 M,低 $E\times$ 高 $V=$ 低 M。这表明,组织管理要收到预期的激励效果,要以激励手段的效价(能给激励对象带来的满足)和激励对象获得这种满足的期望值都同时足够高为前提。只要效价和期望值中有一项的值较低,都难以使激励对象在工作岗位上表现出足够的积极性。

期望理论的基础是自我利益,它认为每位员工都在寻找获得最大的自我满足。期望理论的核心是双向期望,管理者期望员工的行为,员工期望管理者的奖赏。期望理论的假说是管理者知道什么对员工具有吸引力。期望理论的员工判断依据是员工个人的知觉,而与实际情况关系不大。不管实际情况如何,只要员工以自己的知觉确认自己经过努力工作就能达到所要求的绩效,达到绩效后就能得到具有吸引力的奖赏,他就会努力工作。

因此,期望理论的关键是,正确识别个人目标和判断三种联系,即努力与绩效的联系、绩效与奖励的联系、奖励与个人目标的联系。

激励过程的期望理论对管理者的启示是,管理人员的责任是帮助员工满足需要,同时实现组织目标。管理者必须尽力发现员工在技能和能力方面与工作需求之间的对称性。为了提高激励,管理者可以明确员工个体的需要,界定组织提供的结果,并确保每位员工有能力和条件

(时间和设备)得到这些结果。企业管理实践中不时有公司在组织内部设置提高员工积极性的激励性条款或举措,如为员工提供担任多种任务角色的机会,激发他们完成工作和提高所得的主观能动性。通常,要达到使工作的分配出现所希望的激励效果,根据期望理论,应使工作的能力要求略高于执行者的实际能力,即执行者的实际能力略低于(既不太低,又不太高)工作的要求。

【拓展知识】 **皮格马利翁效应**

第四节 激励的强化理论

这种理论观点主张对激励进行针对性的刺激,只看员工的行为及其结果之间的关系,而不是突出激励的内容和过程。强化理论是由美国心理学家斯金纳(Skinner)首先提出的。该理论认为,人的行为是其所获刺激的函数。如果这种刺激对他有利,这种行为就会重复出现;若对他不利,这种行为就会减弱直至消逝。因此,管理要采取各种强化方式,以使人们的行为符合组织的目标。根据强化的性质和目的来分,强化可以分为两大类型。

一、正强化

所谓“正强化”,就是奖励那些符合组织目标的行为,以便使这些行为得到进一步加强,从而有利于组织目标的实现。正强化的刺激物不仅包含奖金等物质奖励,还包含表扬、提升、改善工作关系等精神奖励。为了使强化达到预期的效果,还必须注意适时不同的强化方式。有的正强化是连续的、固定的,譬如对每一次符合组织目标的行为都给予强化,或每隔一个固定的时间都给予一定数量的强化。尽管这种强化有及时刺激、立竿见影的效果,但久而久之,人们就会对这种正强化有越来越高的期望,或者认为这种正强化是理所应当的。管理者只有不断加强这种正强化,否则其作用会减弱甚至不再起到刺激行为的作用。另一种正强化的方式是间断的、时间和数量都不固定的正强化,管理者根据组织的需要和个人行为在工作中的反映,不定期、不定量实施强化,使每次强化都能起到较大的效果。实践证明,后一种正强化更有利于组织目标的实现。

二、负强化

所谓“负强化”,就是惩罚那些不符合组织目标的行为,以使这些行为削弱甚至消失,从而保证组织目标的实现不受干扰。实际上,不进行正强化也是一种负强化,例如,过去对某种行为进行正强化,现在组织不再需要这种行为,但这种行为并不妨碍组织目标的实现,这时就可以取消正强化,使行为减少或者不再重复出现。同样,负强化也包含减少奖酬或者罚款、批评、降级等。实施负强化的方式与正强化有所差异，应以连续负强化为主，即对每一次不符合组织的行为都应及时予以负强化，消除人们的侥幸心理，减少这种行为重复出现的可能性。

强化理论对管理实践的启示：要及时对员工的行为进行强化；要坚持奖惩结合的原则，奖惩结合优于只奖不罚或只罚不奖；要坚持以奖为主，以罚为辅的原则，防止过多的惩罚带来的消极影响。

总之，强化理论强调行为是其结果的函数，通过适当运用及时地奖罚手段，集中改变或修正员工的工作行为。强化理论的不足之处在于它忽视了诸如目标、期望、需要等个体要素，仅仅注重当人们采取某种行动时会带来什么样的后果。因而强化并不是员工工作积极性存在差异的唯一解释。

第五节　激励计划

上述关于激励的各种理论，都是突出不同激励环节的结果。在管理实践中，孤立地看待和应用它们都是错误的做法。实践中激励和绩效之间并不是简单的因果关系。要使激励能产生预期的效果，就必须考虑奖励内容、奖励制度、组织分工、目标设置、公平考核等一系列的综合因素，并注重个人满意程度在努力中的反馈。另外，需要注意的是，所有的激励理论都是就一般情况而言的，而每个员工都有自己的特性，他们的需求、个性、期望、目标等个体变量各不相同。因此，领导者根据激励理论处理激励实务时，应该针对员工的不同特点采用不同的方法。结合上述各种激励理论，常用的激励方式主要有四种：工作激励、成果激励、批评激励以及培训教育激励。

工作激励是指通过分配适当的工作来激发员工内在的工作热情；成果激励是指在正确评估工作成果的基础上给员工以合理的奖罚，以保证员工行为的良性循环；批评激励是指通过批评来激发员工改正错误行为的信心和决心；培训教育激励则是通过灌输组织文化和开展技术知识培训，提高员工的素质，增强其更新知识、共同完成组织目标的热情。

进入 20 世纪 90 年代以来，西方企业在多种激励理论的基础上，提出了一些形式新颖的激励计划，竭力改善企业员工的满意度和绩效。这些计划主要包括薪酬管理、员工持股计划、灵活的工作日程和目标管理等。

一、薪酬管理

获得薪酬是许多员工参与企业活动的基本目的。薪酬制度的建立和完善是管理激励的基本工作内容之一。除与基本工作相应的基本工资外，员工的薪酬管理还包括以下几个方面：

(一)绩效工资

企业突出绩效工资意味着员工是根据其绩效贡献而得到奖励的，因此，这种工资一般又称为奖励工资。它实际上是激励的期望理论和强化理论的逻辑结果，因为增加工资是和工作行为挂钩的。通用汽车公司就曾大力推行这种激励计划。公司管理层在取消员工的年度生活补贴后，建立了一种绩效工资制度，通过涨工资刺激员工努力工作。

(二)分红

这是员工和管理人员在特定的单位中，当单位绩效打破预先确定的绩效目标时，接受奖金的一项激励计划。这些绩效目标可以是细化了劳动生产率、成本、质量、顾客服务或者利润。与绩效工资不同的是，分红鼓励协调和团队工作，因为全体员工都对经营单位的利益在做贡献。绝大多数公司对分红采用了某种精确制定的绩效目标和奖金的核算方法。

(三)总奖金

这是以绩效为基础的一次性现金支付计划。单独的现金支付旨在提供激励的效价。这种计划在员工感到他们的奖金真正反映了公司的繁荣时才有效，不然效果适得其反。

(四)知识工资

这是指一个员工的工资随着他能够完成的任务的数量增加而增加。知识工资增加了公司的灵活性和效率，因为公司需要做工作的人会越来越少。但要贯彻这项计划公司必须有一套高度发达的员工评估程序，必须明确工作岗位，这样工资才可能随着新工作的增加而增加。

二、员工持股计划

实施员工持股计划是给予员工部门企业的股权，允许他们分享改进的利润绩效。相对而言，员工持股计划在小企业的管理中比较流行，但也有像宝洁公司(P&G)这样的大企业在采用这种激励计划。员工持股计划实际上是公司以放弃股权的代价来提高生产率水平，绝大多数企业主管发现这种激励形式的效果很不错。员工持股计划使得员工们更加努力工作，因为他们是所有者，要分担企业的盈亏。但要使这种激励计划有效进行，管理人员必须向员工提供全面的公司财务资料，赋予他们主要决策的权利，以及给予他们包括选举董事会成员在内的投票权。

三、灵活的工作日程

灵活的工作日程主要指取消对员工固定的5日上班8小时工作制的限制。修改的内容包括4日工作制、灵活的时间以及轮流工作。

执行4日工作制，员工就是工作4天，每天10小时，而不是5日工作制中的每天从上午8点到下午5点的8个小时。这一激励目的，是满足员工想得到更多闲暇时间的需要。灵活的时间就是让员工选择工作日程。轮流工作是让两个或两个以上的员工共同覆盖某一项每周工作40小时的工作。这一激励计划意味着公司同意使用兼职员工，这很大程度是为了满足带小孩的母亲的需要，同时又消除了员工因长期从事某种工作而导致的枯燥和单调。

四、目标管理

无论是管理学家德鲁克的目标管理理论(MBO)，还是心理学家爱德温·洛克(Edwin Locke)的目标设定理论，都有一个共同基础，即一个为员工所接受的清晰的目标，可以使员工受到激励。所以，目标激励是至关重要的、有效的激励手段。克里斯托夫·埃利(Christo-pher Elie)和克莱斯门·沙利(Clemen Suly)描述了个体目标设定过程推理的四个阶段：确定要达到的标准；判断这个标准能否达到；判断这个标准与个体目标是否相匹配；接受标准，目标随之确定，开始为实现目标采取行动。

实践表明，当目标明确并具有挑战性时，能更有效地激励个体或团队行动。目标管理理论将目标的具体性、参与决策、明确时间规定、绩效反馈作为目标激励的四个组成部分。当员工们亲自参加的目标确定时，士气会高涨，也会产生更大的责任感来完成目标。对员工的行动做出准确的反馈，可以帮助他们调整工作方法，鼓舞他们为实现目标作坚持不懈的努力。

目标设定需要相当强的管理技术。更具体的、有挑战性的、可实现的目标问题总是在某些具体条件下更有效;在群体之中,成员之间的相互协作对群体的绩效至关重要时,个体的绩效目标就可能是无效的。因为追求个体绩效目标可能会降低合作,所以绩效目标要根据群体的需要来设定;如果你不断延伸目标,则会进一步激发员工产生更大的积极性和更高的绩效。

上述这些激励计划,一个最明显的优势是企业增强了对熟练员工的组织吸引力,最终有效降低了对这种员工的市场受训成本和培训成本。在 20 世纪 90 年代的企业经营中,员工的知识积累日益成为企业重要的竞争优势,对员工的管理要从知识管理的高度予以把握。

思政园地

完善干部担当行为的激励机制

《中共中央国务院关于新时代推进西部大开发形成新格局的指导意见》明确提出,要"激励干部担当作为""团结带领广大干部群众认真抓好各项任务落实"。习近平总书记指出:"要建立崇尚实干、带动担当、加油鼓劲的正向激励体系,树立体现讲担当、重担当的鲜明导向。"党的十九届四中全会从健全提高党的执政能力和领导水平制度的战略高度,对完善担当作为的激励机制提出了明确要求。今年我们面临决战决胜脱贫攻坚和全面建成小康社会的艰巨任务,再叠加疫情影响,做好经济社会发展工作难度更大,更加需要完善以示范引领激励担当作为、以精准考核激励科学实干、以合理容错纠错激励大胆创新的正向激励机制,真正把政治上过得硬、善于贯彻新发展理念、制度执行力和治理能力强、"愿作为、能作为、善作为"的干部选拔出来,从而为实现"两个一百年"奋斗目标、实现中华民族伟大复兴的中国梦营造良好的政治生态和从政环境。

首先,激励机制对于充分调动干事创业的积极性,让广大干部想干愿干积极干,提升工作精气神具有重要作用。注重示范激励,是我们党教育和引导广大干部担当作为的一条基本经验。要充分发挥领导干部的率先垂范作用、先进典型的榜样示范作用、荣誉表彰的精神引领作用,推动全党全社会形成见贤思齐、崇尚英雄、争做先锋的良好氛围。

坚持领导干部率先垂范。习近平总书记指出,领导干部是党和国家事业发展的"关键少数",对全党全社会都具有风向标作用。当前,改革发展稳定任务繁重、形势严峻复杂,迫切需要领导干部当先锋、做表率、展作为,发挥以上率下、示范带动作用,激励广大干部担当作为、奋勇争先。教育和引导领导干部特别是党政一把手争当改革的促进派、实干家,敢于挑最重的担子、啃最硬的骨头,敢于打破利益阻隔、推进有风险阻力的重大改革。

加强先进典型选树宣传。选树先进典型、传播优秀事迹,是我们党开展思想政治教育宣传、发挥示范引领作用的重要法宝。积极弘扬和传承老一辈革命家开拓进取、勇于担当的崇高精神风范,使之成为激励广大干部见贤思齐、奋发有为的生动教材和精神动力。大力挖掘新时代敢于担当作为的先进个人,将选树焦点对准改革创新、干事创业中涌现出来的典型案例,激发和增强全党全社会崇尚实干、敢于担当的思想自觉和行动自觉。推动典型宣传走深走心走实,以群众喜闻乐见的方式、清新朴实的文风讲述担当作为的感人事迹,树立更多可亲可敬、可信可学的身边楷模。

健全功勋荣誉表彰制度。加强荣誉表彰,是充分发挥典型示范、精神引领作用,形成崇尚先进、尊爱英雄的良好风尚,增强中国特色社会主义事业凝聚力和感召力的有效举措。落实党和国家功勋荣誉表彰制度，规范部门和地方荣誉表彰工作，设立改革创新、担当作为奖项，表彰各条战线中涌现出的具有强烈创新意识和担当精神的干部。完善荣誉表彰评选甄别，坚持高标准、严要求，激励更多在基层一线和普通岗位上担当作为、实绩突出的干部。完善表彰对象管理服务，把表彰结果作为干部任用、评先选优的重要依据，制定表彰对象的待遇及帮扶规定，为他们干事创业、再立新功创造良好的环境和条件。

其次，考核评价是引导干部奋发有为、促进事业发展的“指挥棒”。“指挥棒”用好了，敢于担当、踏实做事、不谋私利的干部的积极性和主动性就调动起来了。充分发挥考核评价的激励鞭策作用，增强干部担当作为内生动力，从源头上解决“干与不干、干多干少、干好干坏一个样”的问题，要从指标体系、方法流程、结果运用三个方面着力。

优化考核指标体系，树立担当作为鲜明导向。在改革进入攻坚期、深水区的关键时刻，迫切需要大批敢于担当型干部来攻克体制机制顽疾、突破利益固化藩篱。习近平总书记指出，衡量党员、干部有没有斗争精神、是不是敢于担当，就要看面对大是大非敢不敢亮剑、面对矛盾敢不敢迎难而上、面对危机敢不敢挺身而出、面对失误敢不敢承担责任、面对歪风邪气敢不敢坚决斗争。体现精准化要求，制定考核指标体系，突出政治担当、历史担当、责任担当，突出处理复杂问题、完成急难险重任务的成效。体现差异化要求，实施分级分类分岗位考核，增强指标的针对性和可操作性，调动和保护好各区域、各层级、各战线干部的积极性。

改进考核方法流程，促进担当作为精准识别。考核干部是否担当作为，贵在精准、难在精准。必须进一步优化方法流程，增强考核的真实性、客观性、准确性。完善部门协同联动，统筹推进社会经济发展重点领域的系统性、全局性考核，打破信息孤岛，实现多方齐抓共管、资源整合、开放共享。完善综合分析研判，全方位、多角度、近距离了解干部，把日常考核和重大事件、关键任务考核结合起来，把潜绩考核和显绩考核结合起来，精准识别干部担当作为的能力、作风、实绩。

强化考核结果运用，确保担当作为实效彰显。完善结果应用，坚持考用结合、考奖结合、考培结合，把考核结果落实到干部选拔任用、评奖评优、培养教育之中。完善结果反馈，及时向干部反映考核等次、存在问题、改进建议，跟踪督促整改落实情况，帮助干部强化担当意识、提升干事本领。完善结果公开，合理制定公开内容和范围，把考核结果公开和领导联系责任制挂钩，使“红红脸、出出汗”成为常态，营造以担当立身、凭实绩进步的良性竞争环境。

再次，改革创新有风险，只有允许试错、宽容失败，建立鼓励干部探索创新的容错纠错机制，旗帜鲜明为那些敢于担当、踏实做事、不谋私利的干部撑腰鼓劲，才能激励广大干部奋发有为，凝聚形成创新创业的强大合力。要把容错激励落实到各项工作中，宽容干部在改革创新中的失误错误，让干事创业者轻装上阵，为担当作为者保驾护航。

厘清容错范围界限。明确清晰的范围界限，是防止混淆错误性质，避免错容、乱容的前提。习近平总书记强调，要把干部在推进改革中因缺乏经验、先行先试出现的失误和错误，同明知故犯的违纪违法行为区分开来；把上级尚无明确限制的探索性试验中的失误和错误，同上级明令禁止后依然我行我素的违纪违法行为区分开来；把为推动发展的无意过失，同为谋取私利的违纪违法行为区分开来。科学界定容错条件情形，从问题性质、主观动机、客观条件、决策程序、后果影响、纠错处置等方面着手细化标准、厘清边界。完善分级分类、动态调整的容错清单，划定红线和底线，使广大干部准确掌握容错的尺度。

健全容错制度链条。让规范有效的制度链条环环相扣，是实施科学容错的保障。只有通过建章立制，健全和规范容错认定的制度流程和操作细则，减少制度执行的自由裁量空间，推进依法依规容错，才能确保容错结果经得起历史和人民检验。完善事前备案，对推进重大改革创新中的风险事项进行提前报备，对决策过程、执行效果展开动态监测和跟踪评价。完善调查评估，注重行政评价与社会评价相结合，客观公正取证核实，全面精准查清事实、厘清责任。完善会商审定，推动部门联动研判，允许当事人申辩解释，对于改革创新重大事项，组织专家委员会以公开听证形式进行审查评议，增强容错认定的权威性和公信力。

合理运用容错结果。是否合理妥善对待容错结果，使之转化为干部担当作为、干事创业的内在动力，是衡量容错激励机制水平的重要标准。完善容错处置，对认定为容错免责对象的干部，不打棍子、不揪辫子、不扣帽子，在干部考核、选拔任用、评先评优等方面予以客观评价、公正对待。完善容错公开，对认定为容错免责的事项，在适当范围内及时通报公开、说明缘由，为干部澄清正名、消除负面影响。完善纠偏纠错，坚持容纠并举、有错必纠，对造成损失或不良影响的错误，及时采取补救措施止损、挽损，通过谈心谈话帮助干部吸取经验教训、调整心态情绪，勉励其重整旗鼓再出发、提振精神再担当。

资料来源：彭少峰.完善干部担当作为的激励机制[N].光明日报，2020-06-04.

复习思考题

1. 根据行为科学的观点，人的行为有何特点？如何影响或引导人的行为？
2. 什么是需要层次论？该理论对管理者有何启示？
3. 什么是激励理论？双因素理论可为我们提供哪些启示？
4. 试介绍并评价期望理论的主要观点。
5. 试对企业管理实践中的不同激励方式进行比较和分析。

自测题

一、填空题

1. 激励的目的在于激发人的正确________，调动人的________和________，以充分发挥人的________，做出最大成绩。

2. 无论是激励还是动机，都包含三个关键要素：________、________和________。

3. 激励的对象主要是人，或者准确地说，是组织范围中的________或________。

4. 需要对管理学的领导职能来说，能否发挥________并影响组织成员完成________的前提。

5. 需要层次论主要试图回答这样的问题：决定人的行为的________的需要有些什么________。

6. 马斯洛将五种需要划分为高低两级。其中________、________与________称为较高级的需要。

7. 赫茨伯格提出，影响人们行为的因素主要有两类：________和________。

8. 成就需要理论认为有________、________和________三种需要是靠后天学习获得的。

9. 管理者对人性的假设有两种对立的基本观点：一种是消极的________理论；另一个是积极的________理论。

10. 公平理论指出人们将通过________和________两个方面的比较来判断其所获得。

11. 期望理论认为员工在工作中的积极性或努力程度(激励力)是________和________的________。

12. 所谓正强化,就是那些符合组织目标的行为,以便使这些行为得到进一步________,从而有利于组织目标的。

13. 韦纳的归因理论是关于________他人或自己的行为结果的一种理论。

14. 目标管理理论将目标的________、________、________、________作为目标激励的四个组成部分。

15. 结合各种激励理论,常用的四种激励方式是:________、________、________和________。

16. 激励产生的内因是________,外因是________。

17. 马斯洛的五种需要分为高低两级,其中________和________称为较低级的需要。

18. 激励因素是指那些与人们的________有关的因素。

19. 期望理论的基础是________,它认为每位员工都在寻找获得最大的自我满足。

20. ________是意味着员工根据绩效贡献而得到的奖励,因此,这种工资又称为奖励工资。

二、单项选择题

1. 马斯洛认为每个人都有五个层次的需要,依次是(　　)。

A. 生理-安全-社交-尊重-自我实现

B. 安全-生理-尊重-社交-自我实现

C. 自我实现-尊重-社交-安全-生理

D. 社交-尊重-自我实现-安全-生理

2. 期望理论认为,激励水平取决于期望和(　　)的乘积。

A. 工作绩效　　B. 目标的主观概率

C. 效价　　D. 目标的客观概率

3. (　　)是重点研究如何改造和强化人的行为,变消极为积极的一种理论。

A. 过程型激励理论　　B. 归因论

C. 行为改造型激励　　D. 强化论

4. (　　)是人类行为的直接原因,驱使人们产生某种动机。

A. 欲望　　B. 需要　　C. 动机　　D. 激励

E. 生理需要

5. 比较马斯洛的需求层次理论和赫兹伯格的双因素理论,马斯洛提出的五种需求中,属于保健因素的是(　　)。

A. 生理和自尊的需要　　B. 生理、安全和自我实现的需要

C. 生理、安全和社交的需要　　D. 安全和自我表现实现的需要

6. 从期望理论中,我们得到的最重要的启示是(　　)。

A. 目标效价高低是激励是否有效的关键　　B. 期望概率的高低是激励是否有效的关键

C. 存在着负效价,应引起领导者注意　　D. 应把目标效价和期望概率进行优化组合

7. 公平理论认为,激发动机的过程,也是进行(　　)比较的过程。

A. 贡献与报酬　　B. 人与人

C. 报酬与报酬　　D. 贡献与贡献

8. 期望理论和公平理论属于(　　)激励理论。

A. 内容型　　B. 过程型

C. 行为改造型　　D. 综合型

9. 对一个尊重需求占主导地位的人,下列选项中激励措施最能产生效果的是(　　)。

A. 提薪　　B. 升职

C. 解聘威胁　　D. 工作扩大化

10. 从管理者所采用的管理方式中可以看出他们对于人性的认识。例如,采用"胡萝卜加大棒"方式的管理者常常把人看作是(　　)。

A. 经济人　　B. 社会人

C. 复杂人　　D. 追求自我实现的人

11. 某企业规定,员工上班迟到一次,扣发当月 50%的奖金,自此规定出台之后,员工迟到现象基本消除,这是强化方式属于(　　)。

A. 正强化　　B. 负强化　　C. 惩罚　　D. 奖励

12. Y 理论的要点之一是(　　)。

A. 多数人的个人目标与组织目标是相矛盾的

B. 多数人的工作都是为了满足基本的需要

C. 人是由社会需求而引起动机的

D. 在适当条件下,一般人不仅会接受某种职责,而且还会主动寻求

13. 管理者激发员工的工作热情,使他们产生满意情绪,要利用(　　)。

A. 保健因素　　B. 维持因素　　C. 激励因素　　D. 薪酬

14. 对同一活动,组织的不同成员会有不同的反应,这种现象可用(　　)解释。

A. 期望理论　　B. 公平理论　　C. X 理论　　D. 超 Y 理论

15. 某公司今年超额完成利润指标,公司决定按员工个人工资的 50%一次性发放年终奖金,结果花钱买来的是怨声载道,此现象可用(　　)理论来解释。

A. 期望理论　　B. 公平理论

C. 双因素理论　　D. 需要层次理论

16. 对有利于组织目标的行为实行正强化,对不符合组织目标的行为实行负强化,此外还有(　　)。

A. 放任　　B. 自然消减　　C. 顺其自然　　D. 自动撤销

17. 在年终分配中,员工小张认为自己受到了不公平的待遇,下列选项中,最不利于小张消除不公平感的是(　　)。

A. 经理向小张介绍其他同事的工作表现,使其了解自己的差距

B. 小张自己减少工作投入

C. 经理跟小张谈话,使他明白绝对的公平是不存在的

D. 了解小张不满的原因,视情况给他一些补贴

18. 双因素理论的正确性受到一些质疑,但不包括(　　)。

A. 该理论与马斯洛的需要层次理论脱节

B. 采用方法本身导致了该理论

C. 被调查对象的代表性也不够

D. 不论是有关工作环境的因素还是工作内容的因素，都可能产生激励作用，而不仅是使职工感到满足，这取决于环境和职工心理方面的许多条件

19. 赫茨伯格的双因素理论，下列选项中属于激励因素的是（　　）。

A. 成就　　B. 安全　　C. 工资水平 D. 工作条件

20. X理论假设（　　）支配个人的行为。

A. 低层次需要　　B. 高层次需要　　C. 中层次需要　　D. 各种需要

三、多项选择题

1. 根据赫茨伯格的双因素理论，下面的因素属于保健因素是（　　）。

A. 工作本身　　B. 工作条件　　C. 公认　　D. 责任

2. 麦克利兰的成就激励理论中的核心需求为（　　）。

A. 成就需要　　B. 归属需要　　C. 权力需要

3. 中国企业引入奖金机制的目的是发挥奖金的激励作用，但到目前，许多企业的奖金已成为工资的一部分，奖金变成了保健因素，这说明（　　）。

A. 双因素理论在中国不怎么适用

B. 保健和激励因素的具体内容在不同的国家是不一样的

C. 防止激励因素向保健因素转化是管理者的重要作用

D. 将奖金设计成为激励因素本身就是错误的

4. 在马斯洛的需要层次中，属于高层次需要的有（　　）。

A. 生理需要　　B. 自我实现的需要　　C. 社交需要　　D. 尊重需要

5. 下列属于激励因素的有（　　）。

A. 责任　　B. 成就　　C. 工资　　D. 工作条件

6. 比较马斯洛的需要层次理论和赫兹伯格的双因素理论，马斯洛提出的五种需要中，属于保健因素的是（　　）。

A. 尊重的需要　　B. 自我实现的需要　　C. 生理的需要　　D. 安全的需要

7. 下列选项中，能在需要层次理论中得到合理的解释的有（　　）。

A. 一个饥饿的人会冒着生命危险去寻找食物

B. 穷人很少参加排场讲究的社交活动

C. 在陋室中苦攻“哥德巴赫猜想”的陈景润

D. 一个安全需要占主导地位的人，可能因为担心失败而拒绝接受富于挑战性的工作

8. 根据Y理论，你认为持有此理论观点的管理者在为下属制订计划时，不会倾向于（　　）。

A. 指令性计划　　B. 具体计划　　C. 综合性计划　　D. 指导性计划

9.（　　）不是人类行为的直接原因，驱使人们产生某种动机。

A. 欲望　　B. 需要　　C. 动机　　D. 激励

10. 某企业规定，员工上班迟到一次，扣发当月50%的奖金，自此规定出台之后，员工迟到现象基本消除，不属于的这种强化方式有（　　）。

A. 正强化　　B. 负强化　　C. 惩罚　　D. 奖励

11. 赫茨伯格在《工作的激励因素》著作中首次提出双因素理论，即（　　）理论。

A. 保健因素　　B. 激励因素　　C. 控制因素　　D. 组织因素

12. 期望理论认为，激励水平取决于(　　)的乘积。

A. 工作绩效　　B. 期望　　C. 效价　　D. 目标的客观概率

13. 某公司今年超额完成利润指标，公司决定按员工个人工资的 50%一次性发放年终奖金，结果花钱买来的是怨声载道，此现象不可用(　　)理论来解释。

A. 期望理论　　B. 公平理论　　C. 双因素理论　　D. 需要层次理论

14. 赫茨伯格认为，下列因素中(　　)属于保健因素。

A. 工资　　B. 奖金　　C. 政策与行政管理　　D. 工作安全性

15. 克里斯塔夫·埃利和克莱斯门·沙利描述了目标设定过程推理的四个阶段，它们是(　　)。

A. 确定要达到的标准

B. 判断这个标准是否达到

C. 判断这个标准与个体目标是否相匹配

D. 接受标准，目标随之确定，开始为实现目标采取行动

四、简答题

1. 简述弗罗姆的激励期望理论模型及其管理学意义。
2. 简述强化理论中主要的强化方式。
3. 简述麦克利兰的成就需要理论。
4. 简述 X 理论、Y 理论以及超 Y 理论的主要观点。

五、问答题

1. 员工个体的哪些特点可以决定工作再设计对工作满意度和工作效益产生积极影响的程度。

2. 对许多公司来说，工资收入低的服务性员工总会存在激励方面的问题。比如，训练不足、激励水平不高的机场安检人员就是一例。如何才能通过激励手段减少这些员工的倦怠、激发他们的工作热情呢？

3. 一位高级管理者认为，管理者因为享有福利和退休计划而感觉非常安全，但他却反其道而行之，专门奖励那些敢于冒险的管理者，并取消了许多有保障的福利待遇。这种激励方法能够奏效吗？为什么？

4. 一家小公司本月为了表彰某位员工，特地把前门靠近公司总裁的停车位的地方让给了该员工。我们应该用那种激励理论来解释该公司所采用的积极的激励措施？

请用手机微信扫以下二维码，获取自测题参考答案。

第十二章 自测题
参考答案

第十三章

组织领导

学习目标

知识目标：了解领导的基本知识；掌握领导的风格类型，领导的基本理论和方法。

能力目标：能运用领导理论分析实际问题，培养领导者的素质和领导工作的艺术。

素质目标：了解常用的领导艺术，能实现有效指挥，具备组织协调能力。

思政目标：引导学习者加强自身的人格修养，增强自己的人格魅力，从而培养自身的领导素养。

思维导图

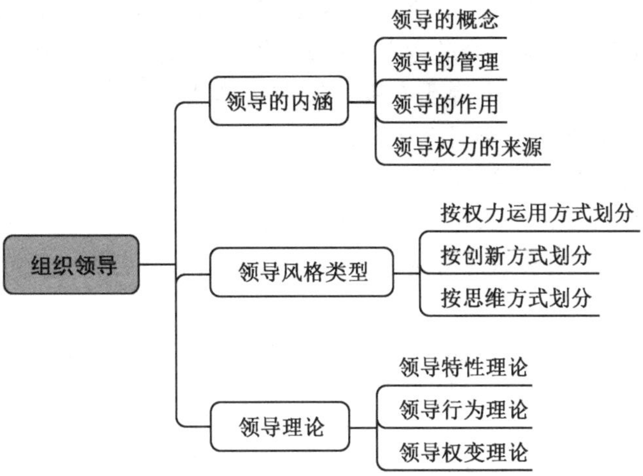

案例引入

360 的领导人周鸿祎

2016 年 1 月 26 日，360 董事长周鸿祎在公司年会上宣布，将对 360 部分业务进行单独拆分，并在公司内部推行鼓励员工创业计划。这一决定，使 360 公司董事长周鸿祎重新回到了人们的视线。尽管经历退市风波、主营业务放缓增长等事件，但 360 仍屹立在中国互联网大军中，周鸿祎功不可没。

孩童般的心性

周鸿祎一直是一个充满争议的人物，然而他本人对此非常淡然。曾有360员工针对小米和360发布《公关的弱智和弱智的公关》一文，称其为周冷禅；得知此事后，周鸿祎不但没有生气，反而在公司组织学习，并有针对性的提拔了此人。他还很喜欢将个人生活中的趣事与全体员工分享。其所作的许多决策也源于个人秉性：你们收费，我就免费，你们预装应用，我就卸载应用……直到后来各大企业模仿此功能，这种单纯直接的决策方式才为同行所敬佩。

挑战文化

对公司的每一项决策，周鸿祎喜欢提出建议，但从未要求员工完全照办；相反，他鼓励员工有自己的主见，甚至可以"你说你的我做我的"。只要你做得对，做得好，他还是可以接受不同意见的。他愿意为员工的错误埋单，赔个几百上千万的项目很多，但只要觉得正确就坚持去做，不计成本。

当360随身wifi面世时，设计团队赋予其许多功能，但周鸿祎将其减至仅剩上网功能，结果果然火了。但他自己并不看好这个产品，一度觉得没有必要做这个项目；在项目团队顶着压力把产品发行后，他的态度就180度大转弯，立刻开启了360的智能硬件时代。

鼓励内部创业

当前360员工人数已达6 000，公司管理力度减弱，这些已使360很难像初创企业一样灵活运转。360管理层遇到的矛盾是，无法将之前的管理办法简单复制到一个规模更为庞大的团队中。这些措施，与其说是一项计划，不如说是周鸿祎为促进企业转型而采取的一项激励措施。

周鸿祎毫不掩饰他对创业文化的喜爱。不过，他也意识到，在大公司内部"光空谈创业文化是没用的"，所以他要用业务拆分的方式，鼓励内部员工创业。按照周鸿祎的阐述，内部培养创业者可分两个层次：一是360本身要有核心业务，扮演"航空母舰"的角色；二是将部分中高层管理人员、业务骨干培养成为公司合伙人。

周鸿祎称，360给创业项目创始员工分配20%～30%不等的股票池，鼓励脱颖而出的员工成为360旗下创始业务的合伙人，可拥有旗下公司股份。对于最后不能独立上市的公司，360方面将按"市面公允价值"将公司股份进行回购，再重新装入到已上市公司中，以实现员工个人的财务自由和资本回报。

真实、认真、"产品经理"……这些都是360员工对周鸿祎的评价。现在看来，这位热衷于产品技术创新的领导很可能掀起一场企业管理方面的变革。

【问题思考】

1. 请分析周鸿祎的领导方式并分析其特点。

2. 从案例中你看到了周鸿祎的哪些领导艺术？

资料来源：周三多. 管理学——原理与方法：习题与案例指南[M]. 7版. 上海：复旦大学出版社，2019.

阅读材料

印度的“比尔·盖茨”——阿兹姆·普雷姆吉

阿兹姆·普雷姆吉简介

阿兹姆·普雷姆吉(Azim Premji)1945年出生在印度孟买;毕业于美国斯坦福大学电机工程学院;1996年从他已故父亲手中接任,成为印度维普罗(Wipro)公司的董事长;2001年创建了阿兹姆·普雷姆吉基金会,将数十亿财富投入其中,基金会通过各种项目已帮助了180万名儿童;2003年入选《财富》杂志“美国以外最有实力的25个商业领袖”和《福布斯》“最有实力改变世界的十人”;2004年入选《时代》杂志“全球100个最有影响力的人”;2006年他以133亿美元的身价名列《福布斯》世界富豪榜第25位,成为印度第二富豪。

印度软件外包业之父

1966年,正在斯坦福大学求学的普雷姆吉听到父亲去世的噩耗后,立即赶回印度,并首次参加了维普罗的股东大会并继承了父亲的衣钵,成为该公司的掌门人。

维普罗当年只是个进行食用油加工和蔬菜交易的小公司。1966年,普雷姆吉接手公司后迅速制定了多元化发展的战略,公司逐步从植物油向人造黄油、香皂、化妆品、照明设备、电机等领域发展。1977年,印度政府驱逐了IBM公司在印度的业务,普雷姆吉看准了计算机市场蕴藏的巨大商机,抓住IBM撤离后的市场空白,开始代理佳能、爱普生、惠普的产品,并以此为起点,全力主攻计算机硬件市场。1979年普雷姆吉的公司开始生产自己的计算机。随后几年,由于全球化竞争,使得生产计算机的利润下降,普雷姆吉意识到,以印度软件人才为基础,发展低价的软件市场,将是一个良好的契机。1984年,维普罗公司推出了空白表格程序软件和文字处理组合程序,这标志着公司开始进军软件开发市场。

如今,维普罗已经成长为一个全球性的研发和经营IT系统的高科技公司,公司年销售额超过100亿英镑,软件开发业务已占公司总利润的85%,客服群覆盖索尼、菲亚特、微软、戴尔等国际大企业,普雷姆吉本人也被称为“印度软件外包业之父”。

不图享乐,永葆谦卑之心

普雷姆吉的家位于印度西南部城市班加罗尔的一个平房小院里。早晨四点半,这位六十多岁的维普罗软件开发有限公司的董事长准时起床,先喝上一杯浓咖啡,然后就开始向驻四大洲分公司的经理发送电子邮件,他提问的问题从业务细节到地缘政治,内容极为宽泛;七点,他步行到公司上班,陪同到公司谈业务的客户共进早餐,他的早餐并不复杂,通常都是炒鸡蛋和烤面包;然后,按照日程安排参加一系列重要会议,就这样一直到中午,连续7个小时不休息;午饭往往和员工一起吃,因为他认为这样可以听到一些在办公室里听不到的信息,午饭后,第二轮7小时的工作又开始了;下午工作结束后,他经常会乘坐商务航班到孟买、旧金山、伦敦等地视察。这就是他的日常工作,日复一日,年复一年。

在平时的工作中,普雷姆吉不厌其烦地要求员工节约用纸、离开办公室要关灯,他身体力行,有时候他还真在下班后赶不上机场的免费交通车,就打出租车或坐城市列车回家,甚至有时候会坐便宜的三轮摩托。普雷姆吉在印度国内旅行时,坚持与手下的工作人员一起坐经济舱。对此他解释说:“我们没有什么区别,这样会使你接近客观实际,我认为有太多CEO失去了对客观事实的敏感,他们与客户生活在不同的世界里。”

普雷姆吉的经营之道

在谈到他的经营之道时，普雷姆吉这样说："当你变得更强大的时候，必须学会将事情委托给他人。这样做的好处是，挖掘每一位员工的潜能，让他们投身到公司的运作中。""在我们的工作中，谦卑和诚实至关重要。在尊重个人价值的基础上，我们承诺为消费者提供最诚信的服务。"

资料来源：根据人工智能头条网站资料(2020－12－23)整理而得。

第一节　领导的内涵

一、领导的概念

领导是在一定的社会组织和群体内，为实现组织预定目标，领导者运用其法定权力和自身影响力影响被领导者的行为，并将其导向组织目标的过程。

领导必须有以下三个要素：

(1)领导者必须有下属或追随者；

(2)领导者必须拥有影响追随者的能力；

(3)领导行为具有明确的目的，并可以通过影响下属来实现组织目标。

"领导"一词有两种词性含义：一是名词属性的领导，即"领导者"的简称；二是动词属性的领导，即"领导行为"的简称，指领导者所从事的活动。

二、领导和管理

领导和管理有着密切的关系，从表面上看，两者似乎没有什么差别，人们通常将它们混为一谈。但实际上，两者既有紧密联系，又有很大差异。领导和管理的共同之处在于：从行为方式看，领导和管理都是一种在组织内部通过影响他人的协调活动，实现组织目标的过程；从权力的构成看，两者也都与组织层级的岗位设置有关。

(一)领导与管理的联系

领导是管理的一个方面，属于管理活动的范畴，管理包含领导；但是除了领导，管理还包括其他内容，如计划、组织、控制等。从这一角度来讲，有效地进行领导的能力是作为一个有效管理者的必要条件之一；有效的管理者必须首先是一位具备较高领导艺术和能力的人。

(二)领导与管理的区别

管理者是由组织任命的，是组织中有一定的职位并负有责任的人，他存在于正式组织之中，拥有合法的权力。他对组织成员的影响力，主要来源其所在职位拥有的职权。

领导者可以是任命的，也可以是从一个群体中自发产生的。领导从根本上来讲是一种影响力，是一种追随关系。人们往往追随那些他们认为可以提供满足自身需要的人，正是人们愿意追随他，才使他成了领导者。所以，领导者既可能存在于组织中，也可能存在于一定的群体中；既可能存在于正式组织中，也可能存在于非正式组织中。

因此，领导者不一定是管理者，管理者也并不一定是领导者。在理想的情况下，所有的管理者都应该是一个领导者，只有这样，他们的管理才会真正有效。一个人处在组织的管理岗位与其是否具备管理和领导能力没有必然联系。领导者与管理者的不同点如表13－1所示。

表13－1　　领导者与管理者的不同点

领导者	管理者
剖析	执行
开发	维护
价值观、期望和鼓舞	控制和结果
长期视角	短期视角
询问“做什么”和“为什么”	询问“怎么做”和“何时做”
挑战现状	接受现状
做正确的事	正确地做事

关于领导者与管理者的差异，有许多学者进行过长期研究。综合各人研究的结果，领导者与管理者关注点的差异，如表13－2所示。

表13－2　　领导者与管理者关注点的差异

事项	领导者	管理者
制定议程	明确方向——确立一幅未来的图景，为实现目标，制定变革的战略	计划和预算——为达到所期望的结果，设立详细的步骤和时间表，然后分配所需要的资源，开始行动
发展完成计划所需的人力网络	联合群众——通过言行将所确定的企业经营方向传达给群众，争取有关人员的合作，并形成影响力，使他们相信远景目标的影响力，并得到他们的支持	企业组织和人员配备——根据完成计划的要求建立企业组织机构，配备人员，赋予他们完成计划的职责和权力，并对完成计划的职责和权力，进行引导，且采取某些方式或创建一定系统监督计划的执行情况

三、领导的作用

领导者在带领、引导和鼓励下属为实现组织目标而努力的过程中，要具有指挥、协调和激励三个方面的作用。

（一）指挥作用

指挥作用，是指在组织活动中，需要有头脑清醒、胸怀全局、高瞻远瞩、运筹帷幄的领导者帮助组织成员认清所处的环境和形势，指明活动的目标和达到目标的路径。

（二）协调作用

协调作用，是指组织在内外因素的干扰下，需要领导者来协调组织成员之间的关系和活动，朝着共同的目标前进。

（三）激励作用

激励作用，是指领导者为组织成员主动创造能力发展空间和职业生涯发展的行为。

四、领导权力的来源

领导的核心在于权力。领导权力通常就是指影响他人的能力，在组织中就是指排除各种障碍完成任务，达到目标的能力。根据约翰·弗伦奇(John French)和伯特伦·雷文(Bertram

Raven)等人的研究,领导权力有以下五种来源(见图 13—1):

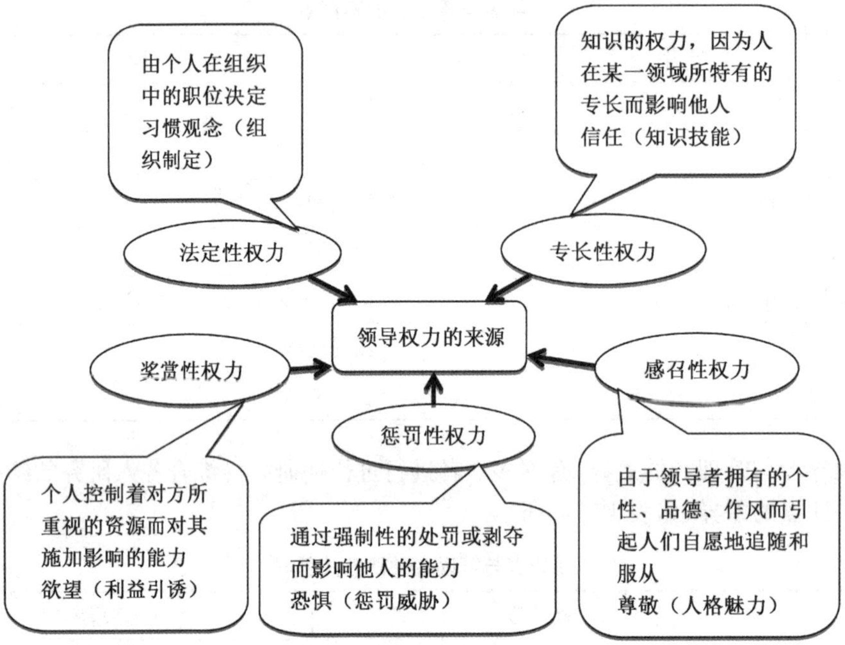

图 13—1 领导权力的五种来源

(一)法定性权力

法定性权力是由个人在组织中的职位决定的。个人由于被任命担任某一职位,因而获得了相应的法定权力和权威地位。例如,在政府和企业等层级组织中,上级在自己的职责范围内有权给下级下达任务和命令,下级必须服从;教练有权决定谁上场和比赛的策略,队员必须服从;裁判有权判定是否犯规和是否得分,并有权用出示黄牌或红牌提出对某一队员的警告或处罚,队员必须服从;老师有权布置作业,出试题和给分,学生必须服从等。

但拥有法定权力,并不等于就是领导,我们通常把层级机构中担任各级职位的管理人员都称为领导。事实上,这些负责人可能是有效的领导者,也可能不是。有些领导者根本没有自愿的追随者,只是凭借手中的权力下达任务,这样的人并不是真正的领导者。

同时,应当充分认识到下层甚至普通员工也拥有宪法、劳动法、合同法、工会法等法律和规章制度赋予他们的法定权力,他们凭借这种权力,也可以有效地影响和抵制领导者的领导行为。

(二)奖赏性权力

奖赏性权力是指个人控制着对方所重视的资源而对其施加影响的能力。例如,上级在其职权范围内可以决定或影响下级的薪资、晋升、提拔、奖金、表扬,或分配有利可图的任务、职位,或给予下属所希望得到的其他物质资源或精神上的安抚、亲近、信任、友谊等,从而有效地影响他人的态度和行为。

奖赏性权力是否有效,关键在于领导者要确切了解对方的真实需要。人们的需要是多方面的,也可能各不相同,不一定都是薪资或晋升,所以必须采用适当的方式才能取得良好的效果。

被领导者也拥有某种奖赏权,例如,对领导者的忠诚、顺从,更加积极地忘我工作,为了组织利益不计个人安危的英勇行为，甚至对领导者的热情招呼、演讲后的热烈鼓掌等，都可以看作是被领导者对领导者的奖赏。这种奖赏权也能有效地影响领导行为。

(三)惩罚性权力

惩罚性权力是指通过强制性地处罚或剥夺而影响他人的能力。例如，批评、罚款、降职、降薪、撤职、除名、辞退、开除、起诉等，或者调离到偏远、劳苦、无权的岗位上去。这实际上是利用人们对惩罚或失去既得利益的恐慌心理而影响或改变他人的态度和行为。

应当注意，惩罚权虽然十分必要，见效也很快，但毕竟是一种消极性的权力，因此务必慎用。如果使用不当，可能产生严重的消极后果。例如，下属在合法范围内拥有消极怠工、抗议、上访、静坐、游行、示威、罢工等权力，员工可以利用这种合法权力来对领导者的不当行为进行惩罚，甚至引发不应有的暴力事件。

(四)感召性权力

感召性权力是由于领导者拥有吸引他人的个性、品德、作风而引起人们的认同、赞赏、钦佩、羡慕而自愿地追随和服从。例如，无私工作、刚正不阿、主持正义、清正廉洁、思路敏捷、开拓创新、不畏艰险、有魄力，关心群众疾苦、保护下属利益、倾听不同意见、结交下级朋友等规范行为，都会引来大批追随者，形成巨大的模范权力。

感召性权力的大小与职位高低无关，只取决于个人的行为。不过，高职位的人的模范行为会有一种放大的乘数效应。一些行为对普通人来说可能是很平常的事，但对某些高层领导者就会变成非常感人的模范行为，产生巨大的感召性权力。但是，在任何组织中，总是有许多没有任何职位的人，也往往会有巨大的感召性权力，成为非正式的群众领袖，他们对人们的影响力可能远远大于拥有正式职位的领导者。对组织有利的做法是后者应对前者有更多的尊重和争取更好的合作。

(五)专长性权力

专长性权力是知识的权力，指的是因为人在某一领域所持有的专长而影响他人的能力。一位医生精湛的医术在医院中具有巨大的影响力；一位资深的教授、著名学者可能没有任何行政职位，但在教师和学生中具有巨大的影响力；企业中的一位财务专家、营销专家、工程师等都可能拥有某种专长权力，而在一定领域内发挥巨大的影响力。

任何领导者绝对是不可能在所有领域内都具有专长权，所以对组织中正式职位的领导者而言只要在他的工作职责范围内具有一定的专长权就可以，而不必要求一定是某一领域的专家。例如，大学校长只要具有正确的办学理念，能充分尊重和依靠各领域的专家教授，能筹集到足够的办学经费就行，不一定非要有“院士”称号不可。实践证明，许多院士在本领域有专长权，有追随者，有无可争辩的权威地位，但面对全校错综复杂的局面往往一筹莫展。这样既耽误了组织的发展机遇，又浪费了专家的宝贵精力，荒芜了专长业务，给组织和个人都带来了无可挽回的损失。

组织中的各级领导者只有正确地理解领导权力来源，精心地营造和运用这些权力，才能成为真正有效的领导者。

即使成为真正有效的领导者，也必须清醒地认识到领导者与追随者、领导者与管理者的正确关系。没有追随者就没有领导者，没有埋头苦干的管理者，领导者也难以获得成功。一个组织的成功必须依靠领导者、追随者、管理者的共同努力；不仅领导者要成为有效的领导者，追随者也要成为有效的追随者，而不是一味地盲从，管理者也要成为有效的管理者，而不能只满足于循规蹈矩地工作。

在现实生活中，处于层级组织各级职位的领导者在不同情况下，往往要扮演多重角色。在上级领导者面前，他是顺从的追随者，精明的管理者；在下属面前，他又是令人敬畏的领导者。从最底层的领导者到最高层的领导者，概莫能外。即便是国家元首，也不是绝对的领导者，他必须成为民众意愿的积极追随者，成为广大人民群众利益的忠实代言人；否则就可能动摇领导者的权威地位。这就是中国古语所说的“水能载舟，亦能覆舟”的道理。

第二节 领导风格类型

领导风格是指领导者的行为模式。领导者在影响别人时，会采用不同的行为模式达到目的。企业领导风格就是习惯化的领导方式所表现出的种种特点。习惯化的领导方式是在长期的个人经历、领导实践中逐步形成的，并在领导实践中自觉或不自觉地起稳定作用，具有较强的个性化色彩。每一位领导者都有其与工作环境、经历和个性相联系的与其他领导者相区别的风格。领导风格研究的理论价值和实践意义在于它更能反映现实的领导活动，解释领导有效性的差异。

每个领导者在日常管理中使用的六种领导风格都有其倾向性。不论管理者是否学习过情境领导理论，事实上，他们在日常工作和生活中，都曾经使用过这六种领导风格中的某些风格去影响他人。

所以，领导风格范围是指领导者个体在日常管理中使用某些领导风格的倾向性。换句话说，领导风格范围是指领导者在领导力测评中表现出来的对于这六种领导风格的使用习惯。中国企业界的多次领导力测试结果表明，在中国的管理者中，只有少部分人曾经用过六种领导风格去影响他人；大多数人平生仅使用过三种领导风格，还有少部分人只用过其中两种领导风格。

通过观察一个领导者的领导风格范围，可以看出该领导者在试图影响他人时，自己在改变行为方式时有多少弹性。如表 13－3 所示。

表 13－3　　按不同的划分标准可以有不同类型的领导者

划分标准	类　型
权力运用方式	集权型领导者
	民主型领导者
创新方式	魅力型领导者
	变革型领导者
思维方式	事务型领导者
	战略型领导者

一、按权力运用方式划分

按领导者权力运用方式，可以将领导风格分为：集权型领导者和民主型领导者。

(一)集权型领导者

所谓“集权”,是指领导者把权力进行集中的行为和过程。因此,所谓“集权型领导者”,就是把管理的制度权力相对牢固地进行控制的领导者。由于管理的制度权力是由多种权力的细则构成的,如各级领导的法定权、奖赏权、惩罚权等,都有正式的规章制度严格地明文规定,这就意味着对被领导者或下属而言,受控制的力度较大。在整个组织内部,资源的流动及其效率主要取决于集权型领导者对管理制度的理解和运用。同时,个人专长权和感召权是他行使上述制度权力成功与否的重要基础。这种领导者把权力的获取和利用看成是自我的人生价值。

显然,这种领导者的优势在于通过完全的行政命令,使管理的组织成本在其他条件不变的情况下,低于在组织边界以外的交易成本可能获得较高的管理效率和良好的绩效。这对于组织在发展初期和组织面临复杂突变的环境时,是有益处的。但是,长期将下属视为某种可控制的工具,则不利于他们职业生涯的良性发展。

(二)民主型领导者

民主型领导者和集权型领导者形成了鲜明的对比。民主型领导者的特征是向被领导者授权,鼓励下属的参与,并且主要依赖于其个人专长权和感召权影响下属。从管理学角度看,意味着这样的领导者通过对管理制度权力的分解,进一步激励下属的需要,去实现组织的目标。不过,这种权力的分散性使得组织内部资源的流动速度减缓,因为权力的分散性一般会导致决策速度降低,进而增大组织内部的资源配置成本。但是这种领导者为组织带来的好处也十分明显,通过激励下属的需要,发展所需的知识,尤其是意会性或隐性知识,能够充分地积累和进化组织的能力,员工的能力结构也会得到长足提高。因此,相对于集权型领导者,这种领导者更能为组织培育 21 世纪越来越需要的智力资本。

二、按创新方式划分

按领导者在领导过程中进行制度创新的方式,可以将领导风格分为:魅力型领导者和变革型领导者。

(一)魅力型领导者

魅力型领导者有着鼓励下属超越他们预期绩效水平的能力。他们的影响力来自以下方面:有能力陈述一种下属可以识别的、富有想象力的未来远景;有能力提炼出一种每个人都坚定不移赞同的组织价值观系统;信任下属并获取他们充分信任的回报;提升下属对新结果的意识;激励他们为了部门或组织利益而超越自身的利益。魅力型领导者和事务型领导者的区别:一是不像事务型领导者那样看不到未来光明的远景;二是善于创造一种变革的氛围,热衷于提出新奇的、富有洞察力的想法,把未来描绘成诱人的蓝图,并且还能用这样的想法去刺激、激励和推动下属勤奋工作。此外,魅力型领导者对下属有某种情感号召力,可以鲜明地拥护某种达成的共识观念,有未来眼光,而且能就此和下属沟通并激励下属。

(二)变革型领导者

变革型领导者鼓励下属为了组织的利益而超越自身利益,并能对下属产生深远而不同寻常的影响,如美国微软公司的比尔·盖茨。变革型领导者关心每个下属的日常生活和发展需要,帮助下属用新观念分析老问题,进而改变他们对问题的看法,能够激励、唤醒和鼓励下属为达到组织或群体目标而付出加倍的努力。

三、按思维方式划分

按领导者在领导过程中的思维方式,可以将领导风格分为:事务型领导者和战略型领导者。

(一)事务型领导者

事务型领导者也可称为维持型领导者。事务型领导者通过明确角色和任务要求,激励下属向着既定的目标活动,并且尽量考虑和满足下属的社会需要,通过协作活动提高下属的生产率水平。他们对组织的管理职能和程序推崇备至,勤奋、谦和而且公正。他们以把事情理顺、工作有条不紊地进行为豪。事务型领导者重视非人格的绩效内容,如计划、日程和预算,对组织有使命感,并且严格遵守组织的规范和价值观。

(二)战略型领导者

战略型领导者的特征是用战略思维进行决策。战略本质上是一种动态的决策和计划过程,战略追求的是长期目标,行动过程是以战略意图为指南,以战略使命为目标基础。因此,战略的基本特征是行动的长期性、整体性和前瞻性。对战略型领导者而言,是将领导的权力与全面调动组织的内外资源相结合,实现组织长远目标,把组织的价值活动进行动态调整,在市场竞争中站稳脚跟的同时,积极竞争未来,抢占未来商机领域的制高点。战略型领导者认为组织的资源由有形资源、无形资源和有目的地整合资源的能力构成。他们的焦点经常超越传统的组织边界范围中的活动,进入组织之间的相互关联区,并将这种区域视为组织潜在的利润基地。

战略型领导者的行为是指拥有遇见、洞察、保持灵活性并向他人授权,以创造所必需的战略变革能力。战略型领导者是多功能的,涉及通过他人进行管理,包含整个企业的管理,并帮助组织处理随着竞争环境的巨变带来的变化。管理人力资本的能力是战略型领导者最重要的技能。能干的战略型领导者有能力创造产生知识资本的社会结构,能提出组织创新的思想。对企业来说,21 世纪的竞争将不只是产品之间或公司之间的竞争,更是组织管理人员思维方式之间和管理框架之间的竞争。战略型领导者的行为的有效性,取决于他们是否愿意进行坦荡、鼓舞人心但是务实的决策。他们强调同行、上级和员工对决策价值的反馈信息,讲究面对面的沟通方式。

第三节　领导理论

领导理论是研究领导有效性的理论,是管理学理论研究的热点之一。影响领导有效性的因素以及如何提高领导的有效性是领导理论研究的核心。

领导理论的研究成果可分为三个方面,即领导特性理论、领导行为理论和领导权变理论。

一、领导特性理论

这是一种最古老的传统理论,认为伟大的领导者都具有某些共同的特性。个人特性的差异形成了各自不同的领导风格。例如,拿破仑、丘吉尔、甘地、斯大林、毛泽东等,他们天生具有的一些共同的特性才使他们成为伟大的领导者,并且都有自己独特的领导风格。20 世纪 90 年代领导特性理论出现了一些新的观点,认为领导者确实具有某些共同的特性,但是领导者的特性并不是先天具有的,而是后天形成的。他们都是经过非常勤奋的努力学习和在实践中长期艰苦锻炼,才渐渐成为有效领导者的。

比如,斯托格第(Stogdil)领导品质理论:

五种身体特征:精力、外貌、身高、年龄、体重。

两种社会性特征:社会经济地位、学历。

四种智力特征:如果断性、说话流利、知识广博、判断分析能力。

十六种个性特征:适应性、进取心、热心、自信、独立性、外向、机警、支配、有主见、急性、慢性、见解独到、情绪稳定、作风民主、不随波逐流、智慧。

六种与工作有关的特征:责任感、事业心、毅力、首创性、坚持、对人的关心。

九种社交特征:能力、合作、声誉、人际关系、老练程度、正直、诚实、权力的需要、与人共事的技巧。

关于领导特性理论有很多,但相比较有效的领导者具有的共同特性,一般有以下几点:

(一)努力进取,渴望成功

他们具有崇高的抱负和志向,并能为之付出全部精力,进行持之以恒的不懈努力,正是这种坚强的意志和毅力,使他们到达成功的顶峰。

(二)强烈的权力欲望

他们具有强烈的领导欲望,遇事都勤于思考,常常会提出与众不同的见解,并总想用自己的见解和理论去影响他人,试图赢得他人的信任、尊重和对理想的认同,从而争取得到更多的追随者。

(三)正直、诚信,言行一致

这是人类社会普遍推崇的价值观,只有具有这种特性的人才能取得他人的信任。尽管一些想成为领导者的人在这方面实际做的还有距离,但他们一定不遗余力地完善自己,尽量向人们展示自己公正直率、诚实可信、言行一致的形象,因为只有这样人们才愿意追随他。

(四)充满自信

他们不怕任何困难、挫折、勇于面对巨大的挑战。对自己追求的事业永远充满自信,并且善于把这种自信传递给他人,使群体产生一种勇往直前的力量。

(五)追求知识和信息

他们对新事物充满敏感和兴趣,尽一切可能坚持不懈地去获取有关的知识和有用的信息,努力使自己拥有更多的专长权,在相关领域中使自己拥有更多的发言权,从而获得更多的追随者,或者使追随者更加理性和坚定。

每个领导者在上述各个特性方面,发展不可能完全均衡,因而形成了领导者各自的个性和领导风格。权力欲和自信心特强的人可能更易于走向集权;反之则更乐于实行民主,特别重视正直、诚信,渴望成功的人,可能更愿意采取务实的事务型领导风格;知识和信息方面能力特强的人,可能更倾向于进行战略型领导风格。除此之外,每个领导者的性格心态和领导所处的情景,以及追随者状态都会对领导风格产生重大影响,这正是特性理论的不足之处。

二、领导行为理论

领导行为理论试图从研究领导者的行为特点与绩效的关系,来寻找最有效的领导风格,早期的学者主要从领导者更关心工作绩效,还是更关心群体关系,以及是否让下属参与决策三个方面研究领导行为。

(一)密歇根大学的研究

密歇根大学的研究由伦西斯·利克特(Rensis Likert)及其同事在 1947 年开始进行,试图比较群体效率如何随领导者行为的变化而变化。这项研究的目的是期望建立实现预期的绩效和满意水平的基本原理，以及有效的领导方式类型，结果发现了以下两种不同的领导方式：

1. 工作(生产)导向型的领导行为

这种领导者关心工作的过程和结果，并用密切监督和施加压力的办法来获得良好绩效、满意的工作期限和结果评估。对这种领导者而言，下属是实现目标和任务绩效的工具，而不是和他们一样有着情感和需要的人，群体任务的完成情况是领导行为的中心。

2. 员工导向型的领导行为

这种领导者表现为关心员工，并有意识地培养与高绩效的工作群体相关的人文因素，重视人际关系。员工导向型领导者把他们的行为集中在对人员的监督，而不是对生产的提高上。他们关心员工的需要、晋级和职业生涯的发展。

密歇根大学的研究人员发现，在员工导向型领导的组织中，生产的数量要高于工作导向型领导组织的生产数量。另外，这两种群体的态度和行为也不相同。在员工导向型的生产单位中，员工满意度高，离职率和缺勤率都比较低。在工作导向型的生产单位，产量虽然不低，但员工的满意度低，离职率和缺勤率高。在这种经验观察的基础上，密歇根大学领导行为方式研究的结论是，员工导向型领导者与高的群体生产率和高满意度成正相关，而生产导向型领导者则与低的群体生产率和低满意度成正相关。

(二)俄亥俄州立大学的研究

大约在密歇根大学对领导方式展开研究的同一时期，美国俄亥俄州立大学的研究人员费莱西(Fleishman)和他的同事们也在进行关于领导方式的比较研究。他们的研究样本，是国际收割机公司的一家卡车生产厂。他们的研究结果本来罗列了十种不同的领导方式。但最后，他们把这十种类型进一步归纳为两个维度，即关怀维度(Consideration)和定规维度(Initiation of Structure)。

关怀维度代表领导者对员工以及领导者与追随者之间的关系，对相互信任、尊重和友谊的关注，即领导者信任和尊重下属的观念程度。定规维度代表领导者构建任务、明察群体之间的关系和明晰沟通渠道的倾向，或者说，为了达到组织目标，领导者界定和构造自己与下属的角色的倾向程度。该项研究说明，一个领导者的行为在每一种维度中可以出现很大的变化。领导者在每种维度中的位置通过对两种维度的问卷调查测度。根据这样的分类，领导者可以分为四种基本类型，即高关怀-高定规、高关怀-低定规、低关怀-高定规、低关怀-低定规。如图13—2所示。

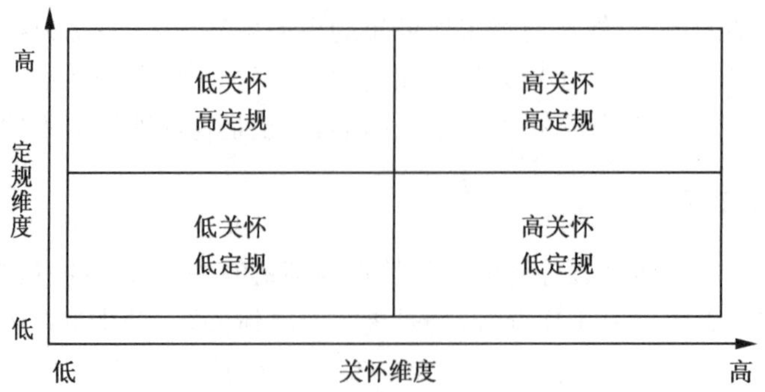

图13—2 俄亥俄州立大学研究的四种领导类型

俄亥俄州立大学的这项研究发现，在两个维度方面皆高的领导者，一般更能使下属达到高绩效和高满意度。不过高关怀-高定规型风格并不总是产生积极效果，而其他三种维度组合类型的领导者行为，普遍与较多的缺勤、事故、抱怨以及离职有关系。研究还发现，领导者的直接上级给领导者的绩效评估等级，与高关怀度呈负相关。

(三)管理方格理论

密歇根大学和俄亥俄州立大学的研究结果发表以后，引起了对理想的领导行为广泛的讨论。一般的看法是，理想的领导行为既要是绩效型的又要是关怀型的。对这种理想的领导行为加以综合的重要成果，是美国得克萨斯大学的布莱克(Blake)和穆顿(Mouton)提出的管理方格理论。这一理论充分概括了上述两项研究所提炼的员工导向和生产导向维度。在这种领导理论中，首先把管理人员按他们的绩效导向行为(称为对生产的关心)和维护导向行为(称为对人员的关心)进行评估，给出等级分值。然后以此为基础，把分值标注在两个维度坐标界面上，并在这两个维度坐标轴上分别划出 9 个等级，从而生成 81 种不同的领导类型。

如图 13—3 所示，有代表性的领导行为包括：(1,9)型，又称乡村俱乐部型管理，表示领导者只注重支持和关怀下属而不关心任务和效率；(1,1)型，又称贫乏型管理，表示领导者不愿意努力工作，对工作绩效和对人员的关心都很少，很难维持组织成员的关系，也很难有良好的工作绩效；(5,5)型，又称中庸之道型管理，表示领导者维持足够的任务效率和令人满意的士气；(9,1)型，又称任务型管理，表示领导者只重视任务效果而不重视下属的发展和士气；以及(9,9)型，又称团队型管理，表示领导者通过协调和综合工作相关活动而提高任务效率和士气。他们认为，(9,9)型的管理者工作是最佳的领导方式，并提出，原则上达不到(9,9)等级的管理人员，要接受如何成为一个(9,9)型领导人的培训。

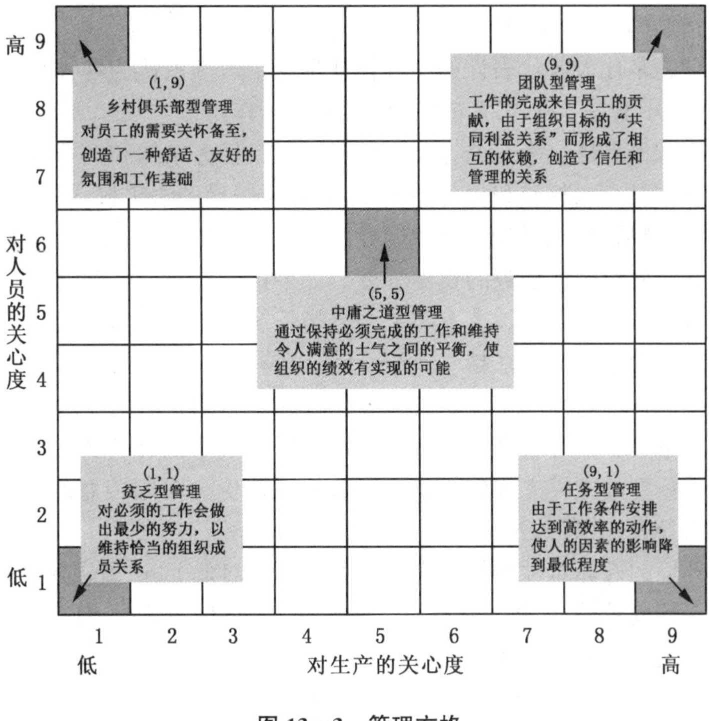

图 13—3　管理方格

20 世纪 60 年代，管理方格理论受到美国工商界的普遍推崇。但后来，这一理论逐渐受到批评，因为它仅仅讨论一种直观而且是最佳的领导行为，并且，管理方格理论并未对如何培养管理者给出答案，只是为领导方式的概念化提供了框架。另外，也没有实质性证据支持在所有情况下，(9,9)型领导方式都是最有效的方式。例如，在不同的社会、经济、文化和政治背景中，管理者领导方式的优劣，并不能简单地通过中性或平衡的(9,9)分布能够陈述的。这说明，领导的行为理论并不是对某种领导方式的最佳选择，领导方式的研究应是多角度的。

三、领导权变理论

权变理论，又称情境理论。情境论认为，并不存在具有普遍适用的领导特性和领导行为，有效的领导者能因自己当时所处情境的不同而改变自己的领导行为和领导方式。领导权变理论主要有以下几种：

(一)菲德勒权变理论

菲德勒(Fiedler)经过长期研究，提出了领导权变理论。该理论认为不存在一种“普遍适用”的领导方式或领导风格，领导工作受到领导者所处的客观环境的影响。或者说，领导者和领导方式是某种既定环境的产物，用公式表示为：

$$S=f(L,F,E)$$

式中：S 代表领导方式，L 代表领导者特征，F 代表追随者特征，E 代表环境。

即领导方式是关于领导者特征、追随者特征和环境的函数。领导者特征主要是指领导者的个人品质、价值观和工作经历。追随者特征主要是指追随者的个人品质、价值观、工作能力等。环境主要是指工作特征、组织特征、社会状况、文化影响、心理因素等。工作是具有创造性还是简单重复，组织的规章制度是比较严密还是宽松，社会时尚是倾向于追随服从还是推崇个人能力等，都会对领导方式产生强烈的影响。

菲德勒权变理论是比较有代表性的一种权变理论。该理论认为各种领导方式都可能在一定环境内有效，这种环境是多种外部与内部因素的综合作用体。

菲德勒将权变理论具体化为三个方面，即职位权力、任务结构和上下级关系。职位权力是指领导者所处的职位具有的权威和权力的大小，或者说领导的法定权、惩罚权、奖励权的大小。权力越大，群体成员遵从指导的程度越高，领导的环境也就越好；反之，则越差。任务结构是指任务的明确程度和下属对这些任务的负责程度。如果这些任务越明确，而且下属责任心越强，则领导环境就越好；反之，则越差。上下级关系是指下属乐于追随的程度。如果下级对上级越尊重，并且乐于追随，则上下级关系越好，领导环境也越好；反之，则越差。

菲德勒设计了一种问卷来测定领导者的领导方式。该问卷的主要内容是询问领导者对最不与自己合作的同事(LPC)的评价。如果领导者对这种同事的评价大多用敌意的词语，则该领导趋向于工作任务型的领导方式(低 LPC 型)；如果评价大多用善意的词语，则该领导趋向于人际关系型的领导方式(高 LPC 型)。

菲德勒认为环境的好坏对领导的目标有重大影响。对低 LPC 型领导来说，比较重视工作任务的完成。如果环境较差，他将首先保证完成任务；当环境较好时，任务能够完成，这时他的目标将是搞好人际关系。对高 LPC 型领导者来说，比较重视人际关系。如果环境较差，他将首先将人际关系放在首位；如果环境较好时，人际关系也比较融洽，这时他将追求完成工作任务。如图 13－4 所示。

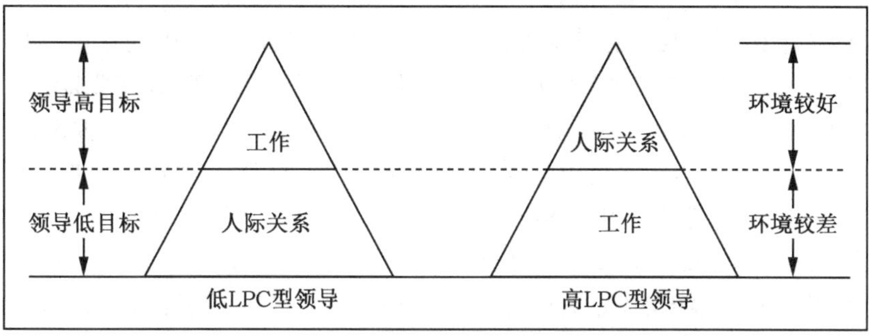

资料来源：周三多. 管理学[M]. 5 版. 北京：高等教育出版社，2018：215.

图 13—4　领导目标和环境关系示意图

菲德勒对 1 200 个团体进行抽样调查，得出结论，如表 13—4 所示。

表 13—4　菲德勒模型

人际关系	好	好	好	好	差	差	差	差
工作结构	简单	简单	复杂	复杂	简单	简单	复杂	复杂
职位权力	强	弱	强	弱	强	弱	强	弱
环境	Ⅰ	Ⅱ	Ⅲ	Ⅳ	Ⅴ	Ⅵ	Ⅶ	Ⅷ
领导目标	高			不明确			低	
低 LPC 型领导	人际关系			不明确			工作	
高 LPC 型领导	工作			不明确			人际关系	
最有效方式	低 LPC			高 LPC			低 LPC	

资料来源：周三多. 管理学[M]. 4 版. 北京：高等教育出版社，2014.

领导环境决定了领导的方式。在环境较好的Ⅰ、Ⅱ、Ⅲ和环境较差的Ⅶ、Ⅷ的情况下，采用低 LPC 型领导方式，即工作任务型的领导方式比较有效。在环境中等的Ⅳ、Ⅴ和Ⅵ情况下，采用高 LPC 型领导方式比较有效，即人际关系型的领导方式比较有效。

(二)路径-目标理论

路径-目标理论是罗伯特·豪斯(Robert House)发展的一种领导权变理论。

该理论认为，领导者的工作是帮助下属达到他们的目标，并提供必要的指导和支持，以确保各自的目标与群体或组织的总体目标一致。所谓“路径-目标”，是指有效的领导者既要帮助下属充分理解工作目标，又要指明实现目标所遵循的路径。

根据路径-目标理论，领导者的行为被下属接受的程度，取决于下属是将这种行为视为获得当前满足的源泉，还是作为未来满足的手段。领导者行为的激励作用在于：(1)使下属的需要满足取决于下属有效的工作绩效；(2)提供有效绩效所必需的指导、支持和奖励。为考察这些假设，豪斯确定了四种领导行为：指导型领导者让下属明确他们应该做什么和如何去做，并对下属提出期望和具体的工作指导，这种领导类型与俄亥俄州立大学的定规维度相似；支持型领导十分友善，表现出对下属需要的关怀，它与俄亥俄州立大学的关怀维度相似；参与型领导则与下属共同磋商，并在决策之前充分考虑他们的建议；成就导向型的领导设定富有挑战性的目标，并期望下属发挥出自己的最佳水平，与菲德勒权变理论不同的是，豪斯认为领导者是灵活的，统一领导者可以根据不同的情景表现出任何一种领导风格。

路径-目标理论提出了两类情景变量作为领导行为-结果关系的中间变量，即环境因素（任务结构、正式权力系统和工作群体）和下属的个人特点（控制点、经验和知觉能力）。控制点是指个体对环境变化影响自身行为的认识程度。根据这种认识程度的大小，控制点分为内向控制点和外向控制点两种。内向控制点是说明个体充分相信自我行为主导未来而不是环境控制未来的概念；外向控制点则是说明个体把自我行为的结果归于环境影响的观念。据此，下属分为内向控制点（Internal Locus of Control）和外向控制点（External Locus of Control）两种类型。环境因素和下属个人特点决定着领导行为类型的选择。这一理论指出，当环境因素与领导者行为相比重复或领导者行为与下属特点不一致时，效果皆不佳。

以下是路径-目标理论引申出的一些假设范例：

（1）相对于具有高度结构化和安排完好的任务来说，当任务不明或压力过大时，指导型领导有利于产生更高的满意度。

（2）当下属执行结构化任务时，支持型领导有利于促成员工高绩效和高满意度。

（3）指导型领导不太适合于知觉能力强或经验丰富的下属。

（4）组织中的正式权力关系越明确、越层级化，领导者越应表现出支持性行为，降低指导性行为。

（5）内向型控制点的下属，比较满意于指导型风格。

（6）当任务结构不清时，成就导向型领导将会提高下属的努力水平，从而达到高绩效预期。

（三）领导生命周期理论

另外一种领导情景理论，是由美国管理学者保罗·赫塞（Paul Hersey）和肯尼斯·布兰查德（Kenneth Blanchard）提出来的。他们补充了另外一种因素，即领导行为在确定是任务绩效还是维持行为更重要之前应当考虑的因素——下属的成熟度（Maturity），并以此发展为领导生命周期理论。这一理论把下属的成熟度作为关键的情景因素，认为依据下属的成熟度水平选择正确的领导方式，决定着领导者的成功与否。

赫塞和布兰查德把成熟度定义为：个体对自己的直接行为负责任的能力和意愿。它包括工作成熟度（Job Maturity）和心理成熟度（Psychological Maturity）。工作成熟度是下属完成任务时具有的相关技能和技术知识水平，心理成熟度是下属的自信心和自尊心。高成熟度的下属既有能力又有信心做好某项工作。

生命周期理论提出任务行为和关系行为这两种领导维度，并且将每种维度进行了细化，从而组合成四种具体的领导方式：

1. 指导型（Telling）领导（高任务-低关系）

领导者定义角色，告诉下属应该做什么、怎样做以及在何时何地做。

2. 推销型（Selling）领导（高任务-高关系）

领导者同时提供指导行为和支持行为。

3. 参与型（Participating）领导（低任务-高关系）

领导者与下属共同决策，领导者主要角色是提供便利条件和沟通。

4. 授权型（Delegating）领导（低任务-低关系）

领导者提供较少的指导或支持。

在此基础上，领导方式和任务成熟度之间的关系如图 13－5 所示。图中 S 代表四种领导方式，从 S4 到 S1 分别是授权、参与、推销和指导，它们依赖于下属的成熟度 M。M4 代表高成熟度，M1 代表低成熟度。

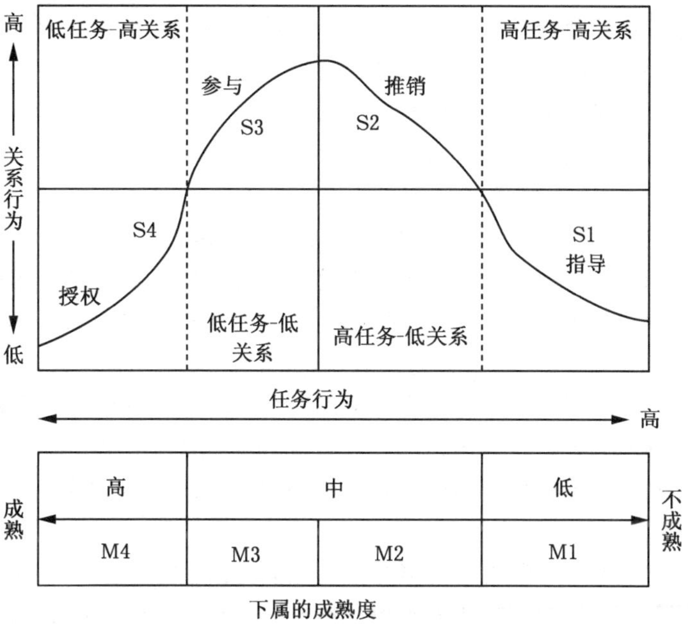

资料来源：周三多. 管理学[M]. 4 版. 北京：高等教育出版社，2014.

图 13－5 领导方式生命周期理论

这样一来，赫塞和布兰查德就把领导方式和员工的行为关系通过成熟度联系起来，形成一种周期性的领导方式。当下属的成熟度水平不断提高时，领导者不但可以减少对活动的控制，而且还可以不断减少关系行为。如指导型领导方式 S1，是对低成熟度的下属而言的，表示下属需要得到明确而具体的指导；S2 表示领导者需要高任务-高关系行为，高任务行为能够弥补下属能力的欠缺，高关系行为则试图使下属在心理上领悟领导者的意图；S3 表示可以运用支持性、非指导型的参与风格有效激励下属；S4 是对高成熟度的下属而言的，表示下属既有意愿又有能力完成任务，领导者需要采用授权，而减少任务行为与支持行为。

与菲德勒权变理论相比，领导生命周期理论更直观和容易理解，但它只针对了下属的特征，而没有包括领导行为的其他情景特征。因此，这种领导方式的情景理论算不上完善，但它对于深化领导者与下属之间的研究，具有重要的基础作用。

思政园地

如何做一个好的领导者

——读毛泽东《当学生，当先生，当战争领导者》

《当学生，当先生，当战争领导者》是 1938 年 8 月 22 日毛泽东在中共中央党校讲课时讲的。讲话的人早已逝去，听讲话的人恐怕走得也差不多了。但每当读起它，讲课人幽默诙谐的语气和听课人兴致勃勃的样子立刻跃然纸上，仿佛把我们带回了 75 年前的岁月。

1938 年，抗日战争正在激烈地进行。日本侵略者风头正劲，1937 年 12 月 13 日攻陷国民政府首都南京,1938 年 5 月 19 日占领战略要地徐州。蒋介石迁都的重庆也开始摇摇欲坠。眼看着大片国土沦陷,全国上下笼罩在一片悲观的气氛中。这年 5 月,毛泽东发表了《论持久战》,全面分析了中日战争所处的时代,对比了中日双方的基本特点,驳斥了速胜论,更批驳了亡国论,回答了困扰人们思想的种种问题,在国内外产生了很大影响。由于中国共产党凝聚人心的抗日救国的方针政策和英勇抗战的模范行动,再加上毛泽东高瞻远瞩的抗日理论,全国各地不少热血青年纷纷涌向延安。为了使这些青年迅速成长为能上前线,打日本的骨干力量,延安办起了很多速成学校。

纵观毛泽东在延安的 10 年,1938 年是他在各学校讲课最多的一年。以《毛泽东年谱》为依据,这一年他总共讲了 30 次。考虑到毛泽东的活动没有日志记载,估计讲课次数会比 30 次还要多。由于处在战争时期,主要任务是对日作战,所以他讲课单位最多的是抗大,其次是陕北公学,然后是鲁迅艺术学院。在中央党校讲课,1938 年仅此一次。从毛泽东的讲话内容判断,中央党校已多次请他讲课,他一直到 8 月 22 日才来,所以在讲话开头就表示了歉意。

再看这一年毛泽东到各校讲课的内容。他面对"不避艰苦,从很远的地方,风尘跋涉,来此学习"的爱国青年,讲得最多的问题,就是同学们当时急需了解和必须解决的问题,归纳起来主要有以下四个方面:

第一,生动深刻地帮助同学们分析形势,然后指出办法和前途,使他们增强必胜的信心。比如:他告诉同学们形势的确很糟,有人说中国必亡,甚至有人说中国亡了。然后他说:"我说不是全亡,城市亡了,乡村未亡;大路亡了,小路未亡;白天亡了,夜里未亡。"那么怎样办呢?他又给同学们讲:我们的办法就是"画'豆腐块',在大路附近画'豆腐块'。在'豆腐块'边上我们暂时没有办法,因为那是大路、大城市,被日本拥有优势武器的兵种占领着,这就是说,'中国不是亡国,而是亡路'。日本得到了城市、大路的速决战,也就得到了乡村、小路的持久战"。"从几条大路来讲,敌人包围了我们;反过来,我们占据了大路附近的许多'豆腐块',我们就包围了敌人"。毛泽东的这些话,对同学们来说,如醍醐灌顶,让他们信心倍增。

第二,反复强调延安的学校与外面的大学不同,时间短,只有几个月,学不到很多东西。但有三样是应该学到的:一是坚定正确的政治方向,这就是打日本;二是艰苦奋斗的工作作风,必须有这种作风才能打倒日本帝国主义;三是机动灵活的战略战术。有了这三样东西,便能最终打败敌人。这三样东西,后来成了抗大的校训,再后来成为人民解放军的三大作风。

第三,告诉同学们抗日军人必须具备三个条件:一要开展,就是在政治方面知大局,顾大体。只有了解大局的人才能合理而恰当地处理小的问题。即使是当排长的也应该有个全局的图画,这样才有大的发展。他要求,"抗大要上战略课,讲大局大兵团的战略"。由此,我们想到,毛泽东当年偏于井冈山一隅,每次给中央写报告都要涉及中国共产党的大战略,可以说,这是他的经验之谈。二要积极,就是要有政治热情和政治积极性。有了这种积极性就可以战胜工作中的困难。三要有朝气,就是要有蓬蓬勃勃向上发展之气。这之后也成了他对青年人的要求。

第四,讲了一些关于思想方法、工作方法、学习方法、领导方法的问题,强调了游击战的重要性,并希望同学们要有血战到底的决心等。这是在 1938 年战争十分危急,全民团结抗战的情况下,面对外来的青年学生,毛泽东频繁给他们讲课的大体情况。

1938 年是毛泽东人生很重要的一年,也是中国共产党很重要的一年。这一年的七八月间,王稼祥从共产国际回来,传达共产国际执行委员会总书记季米特洛夫的意见说:"应该承认毛泽东同志是中国革命实际斗争中产生出来的领袖,告诉王明,不要争了吧!"共产国际还要求中共中央领导机关要以毛泽东为首解决统一领导问题。从此，毛泽东名正言顺地成为中国共产党的主要领导人。随后，中共六届六中全会召开，毛泽东连续三天作《论新阶段》的政治报告，分析抗战形势和国共合作的情况，部署党的工作等。毛泽东为中央党校学生讲课，恰恰是在王稼祥从莫斯科回来之后、传达国际指示之前的事情。

当时，武汉吃紧，一旦失守，敌之战略进攻、我之战略防守阶段便要结束，即将进入战略相持的新阶段。在这个新阶段，我党更加需要大批干部到敌后开展抗日游击战争，创建抗日根据地。中央党校培养的都是县委以上的领导干部，他们最需要注意的是一些什么问题呢？从讲话题目《当学生，当先生，当战争领导者》可以看出，毛泽东最关心的还是党的干部如何当好一个战争领导者的问题。虽然从讲话的篇幅来看，讲当学生的内容最多，其次是当先生，讲当战争领导者的内容最少，但这恰恰反映了毛泽东的一个指导思想，要当好一个战争的领导者，首先要善于当学生。没有不耻下问的精神，不把所要领导的地方情况搞清楚，是当不好领导者的。所以，这篇讲话的精神实质应该是如何做好一个战争领导者的问题。在这场讲话中，毛泽东以循循善诱的方式，将这个问题娓娓道来。

第一，他告诫学生：要先了解客观情况，经过考虑再下命令。面对着这些出门就要指挥一方的党校学生，毛泽东此时最担心的是他们不先了解客观情况就乱下命令，那样是很危险的。因而他讲到：你们在党校是学生，出了党校门还是要当学生。大党校者地球也。那里面的东西多得很，学之不尽，取之不竭。学校学习是第一章，以后还要带着时常学习的态度，不断地学下去，活到老，学到老。每到一处，不要宣布自己是大老爷，要宣布自己是学生，老老实实问一问情形，地形路途，东南西北，苛捐杂税，贫农，富农，男男女女都查个清楚。从前怎样，某年怎样，如何发展，弄个明白。在党校就把党校弄个清楚，出去当县委区委，首先至少把一县一区查一查清楚。不要乱下命令，更不要你的命令别人做不到立即加以处罚，不弄清情形而乱下命令是要不得的。弄清楚了，才能对症下药。隔靴抓痒是没有用的，原因在于没有抓到痒处。解决问题也要抓住其要点才行。你们出去无论打游击，做党的工作，群众工作，不管对象是谁，都要找清他的底子。在党校学了一个方法，出了学校还是学习，在实际斗争中，在工作中，尤其要老老实实当学生。毛泽东的话可谓语重心长，但讲到这里，他还不放心，进一步强调：你们在学校已经学了马克思主义，将来就要向工人学，向农民学，向知识分子学。还要向资本家学，就是研究资本家如何剥削的一套；还要向土豪劣绅学习，他们为什么能富，为什么能讨小老婆；还要向日本帝国主义学，为什么他有强大的飞机大炮，他的战略战术如何，政治情况又如何，等等。所谓"知己知彼，百战百胜"。我们要最后胜利，如不知己知彼，就不可能。知己知彼就得学习，随时随地当学生。不要有自大的作风，以为自己地下全知，天上一半，不肯老老实实了解客观情形，把这情形研究一下，再想个办法，施之于事。我所说的就是要学这个办法，这就是从马克思那里来的。在学校学习等于开张门，出去后要大规模地学习，第二种学习就是大党校，你们能这样，我们就放心了，不会犯大错误了。如果不用这个办法，不先了解客观情况之后经过考虑再下命令，一定很危险，我想党校同志们是有这样的意识。

第二，他告诫学生：要有当先生的精神，但没有先生的架子。他说，当学生又当先生，岂不怪哉？一点也不怪，当不好学生也就当不好先生。我们中国人很多，四万万五千万，但这些人懂得不很多，什么团结抗日，什么民主政权，什么民生幸福，持久战，游击战，运动战等懂得很少，这就需要你们去当先生，在做事中间当先生，也就当学生同时当先生。你所知道的就当先生，不知道的就当学生，学了然后再去教育他们，马克思就是这样。毛泽东又以孔子为例，说，从前有个好教员孔夫子，他慢慢地来先弄清楚学生的脾气，然后因材施教。孔夫子既做到了学而不厌，随时当学生，又做到了诲人不倦，所以学生们都喜欢他。你们出去无论做什么工作，也要好好地弄清楚，不要不耐烦。如果每人能诲人不倦，肯去讲，肯去说，有台就演讲，有谈话机会就谈话，有这种积极地教育人家的精神，就是当先生。但不要摆先生的架子，如果宣布“我做先生”，那就坏了，群众都会慢慢地脱离你，最后剩下你一个。我提倡当先生，但又反对当先生，所反对的是自称先生。同志们都不要摆臭架子，就是要恭恭敬敬，客客气气，才和人讲得通，你的心和人家的心相通起来。无论是群众、父母、朋友或最亲爱的，都要把心打通，不要架子。每人都要有教育人家的精神，都要有提高干部水平的责任，要说到舌子烂，喉子干，就是说要肯讲肯说，多讲多说，不倦地讲，不倦地说，有当先生的精神，但没有先生架子。

第三，他要求同学们要当战争领导者。党校培养学生的目的，是为党培养干部，是要散到全国各地领导战争。针对同学们的疑问，毛泽东谈道：目前的中国要想获得独立和自由，唯有通过战争才能解决问题。无论你做哪一项工作，都要和战争配合。现在有一批同志到山东去干党的工作，他们除了和游击队配合以外，还有什么办法？不然只有走，或者坐监。上海、平津等地的工作要做，但是第二位，在那里只能偷偷摸摸，小声讲话。党的主要工作要放在战区，用战争方式来扩大游击区，扩大抗日政权，消灭汉奸统治，扩大党，扩大党的威信，来挤日本，挤得日本兵怕八路军。所以大家要研究战争，如果共产党员不懂得战争的道理，不懂如何指挥，就当不成功战争的领导者。有同志说自己对战争是门外汉，这句话相当对，又不完全对。也就是说只要有决心，到了地方就向老百姓研究一下、调查一下，就会有办法，就会组织队伍。战争并不难，想做就行。

讲到这里，毛泽东突然感觉到问题越讲越大，该说的都说了。他客套一下，表示以后“我还要到党校来，将来有机会可再讲”。正在同学们听得有滋有味的时候，一句“欲知后事如何，且听下回分解”让大家兴趣更浓。同学们很是高兴，给予了热烈回应。

毛泽东的这个讲话，中心就是教诲党校学生，将来做领导工作时，一定要先了解客观情况，经过缜密的考虑再下命令，也就是老老实实当学生；到了地方以后，要反复向群众讲抗日救国的道理，讲党的方针政策，讲得舌子烂、喉子干，也就是当没有架子的先生；因为中国的主要矛盾是抗日，所以一定要研究战争，懂得战争的道理，当战争的领导者。这场 75 年前的讲话，其思想方法充满了哲学意味，至今仍然具有真理性价值。若是违反了它，无论是谁，就会如毛泽东所说，“一定很危险”。

（作者张素华，女，中共中央文献研究室研究员，北京 100017）

资料来源：张素华. 如何做一个好的领导者——读毛泽东《当学生，当先生，当战争领导者》[J]. 党的文献，2013(6)：7—10.

复习思考题

1. 何为领导？领导管理的作用具体表现在哪些方面？

2. 菲德勒权变理论的主要观点是什么？该理论对管理者有何启示？

3. 路径-目标理论的主要观点是什么？该理论对管理者有何启示？

4. 领导生命周期理论的主要观点是什么？该理论对管理者有何启示？

5. 卢布・马丁当上了一家铲车装配厂的经理。他信奉参与式管理，即使当一位基层主管利用他（马丁）的授权把两位很能干的直线经理换成了他（基层主管）自己的朋友时也是如此。在此情境下关于马丁的领导风格，你会想对他说什么？

6. 对一位领导者来讲，他的领导风格是固定不变的还是灵活多变的？请讨论。

自测题

一、填空题

1. 领导是指________。

2. 领导必须具备以下三个要素：________、________和________。

3. 领导的作用包括________、________和________。

4. 领导权力的来源：________、________、________、________、________。

5. 按领导者________，可以将领导风格分为：集权型领导者和民主型领导者。

6. 按领导者在领导过程中进行制度创新的方式，可以将领导风格分为：________和________。

7. 按领导者在领导过程中的思维方式，可以将领导风格分为：________和________。

8. 追随者特征主要指追随者的________、________、________等。

9. 魅力型领导者对下属有________，可以鲜明地拥护某种达成的共识观念，有未来眼光，而且能就此和下属沟通并激励下属。

10. 民主型领导者的特征是向被领导者________，鼓励下属的参与，并且主要依赖于________。

11. 战略型领导者的特征是________。战略本质上是一种动态的决策和计划过程，战略追求的是长期目标，行动过程是以战略意图为指南，以________为目标基础。

12. 战略型领导者的行为是指拥有________、________、________并向他人________，以创造所必需的战略变革能力。

13. 根据路径-目标理论，领导者的行为被下属接受的程度，取决于________。

14. 密歇根大学的研究的目的是________。

15. 密歇根大学的研究发现了两种不同的领导方式：________和________。

16. 密歇根大学领导行为方式研究的结论是________与________和________成正相关，而与________和________成正相关。

17. 费莱西和他的同事们关于领导方式的比较研究结果归纳为两个维度，即________和________。

18. 俄亥俄州立大学的研究下，领导者可以分为四种基本类型，即________、________、________、________。

19. 团队型管理，表示领导者通过协调和综合工作相关活动而提高________和________。

20. 管理方格理论充分概括了上述两项研究所提炼的________和________。

二、单项选择题

1. 美国得克萨斯大学的布莱克和穆顿提出的（　　）。

A. 管理方格论　　B. 路径-目标理论

C. 领导生命周期理论　　D. 菲德勒权变理论

2. 菲德勒设计了一种（　　）来测定领导者的领导方式。

A. 方案　　B. 问卷　　C. 情境　　D. 设想

3.(　　)发展的一种领导权变理论是路径-目标理论。

A. 保罗·赫塞　　B. 布莱克　　C. 罗伯特·豪斯　　D. 肯尼斯·布兰查德

4. 美国管理学者保罗·赫塞和肯尼斯·布兰查德提出领导(　　)。

A. 菲德勒权变理论　　B. 管理方格论

C. 领导生命周期理论　　D. 生命周期理论

5. 路径-目标理论认为(　　)和下属个人特点决定着领导行为类型的选择。

A. 环境因素　　B. 经济因素　　C. 社会因素　　D. 价值观

6.(　　)与菲德勒权变理论相比,领导生命周期理论更直观和容易理解,它对于深化领导者与下属之间的研究,具有重要的基础作用。

A. 领导生命周期理论　　B. 路径-目标理论

C. 菲德勒权变理论　　D. 生命周期理论

7.(　　)管理者工作是最有效的领导方式。

A. 贫乏型管理　　B. 中庸之道型管理

C. 任务型管理　　D. 团队型管理

8.(　　)主要有:菲德勒权变理论、路径-标理论、领导生命周期理论。

A. 领导权变理论　　B. 领导行为理论　　C. 领导特性理论　　D. 管理方格理论

9. 菲德勒认为(　　)的好坏对领导的目标有重大影响。

A. 经济　　B. 文化　　C. 环境　　D. 社会

10. 环境主要指(　　)、组织特征、社会状况、文化影响、心理因素等。

A. 工作特征　　B. 工作性质　　C. 经济状况　　D. 组织形式

11. 奖赏性权力是指个人控制着对方所重视的(　　)而对其施加影响的能力。

A. 财富　　B. 资产　　C. 资源　　D. 资金

12. 专长性权力是(　　)的权力,指的是因为人在某一领域所持有的专长而影响他人的能力。

A. 智慧　　B. 知识　　C. 特长　　D. 技能

13. 每个领导者在日常管理中使用的六种领导风格都有其(　　)。

A. 客观性　　B. 偏见性　　C. 中立性　　D. 倾向性

14. 领导者的优势在于通过完全的(　　),使管理的组织成本在其他条件不变的情况下,低于在组织边界以外的交易成本可能获得较高的管理效率和良好的绩效。

A. 立法法令　　B. 执行指令　　C. 行政命令　　D. 管理法令

15. 事务型领导者也可称为(　　)领导者。

A. 民主型　　B. 传统型　　C. 维持型　　D. 政治型

16. 管理(　　)的能力是战略型领导者最重要的技能。

A. 制度建设　　B. 人力资本　　C. 市场营销　　D. 技术创新

17.(　　)的差异形成了各自不同的领导风格。

A. 职业经验　　B. 学历背景　　C. 个人特性　　D. 自身魅力

18.(　　)是指任务的明确程度和下属对这些任务的负责程度。

A. 任务过程　　B. 任务结构　　C. 任务环节　　D. 任务责任

19. 当任务结构不清时,(　　)将会提高下属的努力水平,从而达到高绩效预期。

A. LPC型领导　B. 指导型领导　C. 成就导向型领导　D. 内向型领导

20.（　）有着鼓励下属超越他们预期绩效水平的能力。

A. 指导型领导者　B. 魅力型领导者　C. 变革型领导者　D. 民主型领导者

三、多项选择题

1. 领导是管理的一个方面，但是除了领导，管理还包括其他内容，这些内容是（　）。

A. 计划　B. 执行　C. 组织　D. 控制

E. 监督

2. 领导者在带领、引导和鼓励下属为实现组织目标而努力的过程中，要具有的作用是（　）。

A. 策划作用　B. 协调作用　C. 激励作用　D. 指挥作用

3. 根据弗伦奇和雷文等人的研究，领导权力有五种来源，以下不属于这五种来源的是（　）。

A. 法定性权力　B. 职责性权力　C. 惩罚性权力　D. 专长性权力

E. 任命性权力

4. 按照三种不同的划分标准可以将领导者划分为六种类型，以下属于按创新方式划分的领导者类型有（　）。

A. 集权型领导者　B. 魅力型领导者　C. 民主型领导者　D. 战略型领导者

E. 事务型领导者　F. 变革型领导者

5. 对于按权力运用方式划分的领导者而言，行使制度权力成功与否的重要基础是（　）。

A. 法定权　B. 奖惩权　C. 个人专长权　D. 感召权

6. 在战略型领导者内容里，战略的基本特征是行动包括的特性有（　）。

A. 长期性　B. 综合性　C. 规划性　D. 整体性

E. 前瞻性

7. 根据斯托格第领导品质理论，以下内容属于身体特征的是（　）。

A. 精力　B. 外貌　C. 身高　D. 学历

E. 声誉　F. 年龄

8. 在斯托格第领导品质理论中，以下不属于智力特征内容的是（　）。

A. 说话流利　B. 知识广博　C. 人际关系　D. 判断分析能力

E. 见解独到

9. 根据密歇根大学在1947年开始的比较群体效率如何随领导者行为的变化而变化的研究中，发现的两种不同领导方式是（　）。

A. 工作（生产）导向型领导行为　B. 激励导向型领导行为

C. 民主导向型领导行为　D. 员工导向型领导行为

10. 在俄亥俄州立大学的研究中，领导类型可以根据关怀维度、定规维度的区别分出四个种类，包括（　）。

A. 低关怀高定规　B. 无关怀高定规　C. 高关怀高定规　D. 高关怀无定规

E. 低关怀低定规

11. 在布莱克和穆顿提出的管理方格理论中，以下管理模式属于对人员关心度高的有（　）。

A. 乡村俱乐部型　B. 中庸之道型　C. 任务型　D. 团队型
E. 贫乏型

12. 生命周期理论提出任务行为和关系行为这两种领导维度，并且将每种维度进行了细化，从而组合成的四种具体领导方式有(　　)。

A. 指导型领导　B. 推销型领导　C. 参与型领导　D. 授权型领导
E. 监督型领导

13. 费德勒将权变理论具体化为三方面，这三方面是(　　)。

A. 职位权力　B. 任务结构　C. 团队关系　D. 工作流程
E. 上下级关系

14. 领导权变理论的研究成果可以分成三种，这三种不包括(　　)。

A. 领导特性理论　B. 费德勒权变理论　C. 路径-目标理论　D. 领导生命周期理论
E. 领导品质理论

15. 路径-目标理论提出了两类情景变量作为领导行为-结果关系的中间变量，它们是(　　)。

A. 社会因素　B. 环境因素　C. 科技水平　D. 下属的个人特点

四、简答题

1. 简述领导与管理的区别。
2. 简述集权型领导者。
3. 简述事务型领导者与战略型领导者。
4. 简述管理方格理论的(1,9)、(9,9)、(5,5)、(1,1)、(9,1)的领导类型。
5. 简述菲德勒权变理论的主要内容。

五、问答题

1. 领导必须具备的三个要素是什么？
2. 什么是专长性权力？
3. 按不同的划分标准可以有哪些不同类型的领导者？
4. 解释并指出生命周期理论组合成四种具体的领导方式有哪些？

请用手机微信扫以下二维码，获取自测题参考答案。

第十三章 自测题
参考答案

第十四章

控制系统与过程

学习目标

知识目标：掌握控制的含义；熟悉控制的基本类型；把握控制的过程；了解有效控制的基本原则，识别控制模式。

能力目标：能够运用控制理论、方法分析身边的事情或者管理案例，能够采用科学合理的控制技术对个人和组织进行有效管理。

素质目标：管理者角色的转换，管理者技能的侧重，管理者层次与管理职能的联系。

思政目标：结合海尔对于产品质量控制案例，鼓励大家多为民族品牌建设做贡献。

思维导图

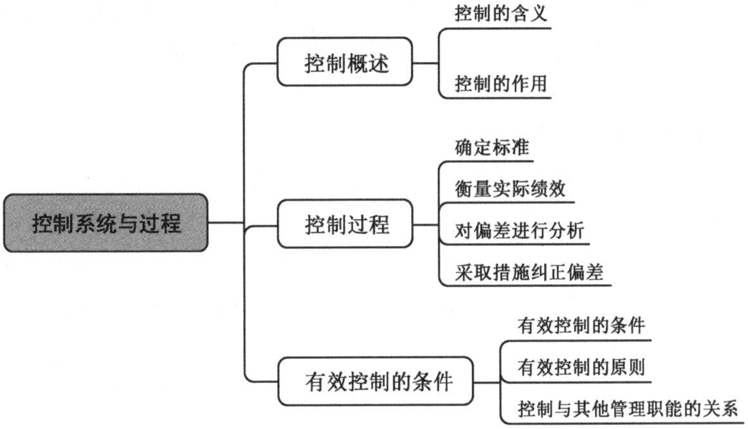

案例引入

海尔智家：质量灯塔的持续进化路

对于海尔智家（SH：600690）来说，过去的三十多年中，质量引领一直都是其持续进化的主线，在外界观察者眼中，海尔智家在质量领域的努力可谓非同寻常。

在积极落实国家质量强国战略的同时，海尔智家矢志不渝地根据时代发展和用户需求，对质量创新的内涵和举措进行迭代。事实上,在全球范围内,足以证明这种迭代行动能力的竞赛和评比可谓层出不穷,但过去 10 年中,只有海尔智家拿到了层出不穷的奖项。

首先,在 2013 年海尔成为首批捧回中国质量奖殊荣的企业。必须提的是,这个中国质量奖来历非同一般:2012 年,经中央批准,中国质量奖正式设立,是我国质量领域的最高荣誉。其次,在 2009—2019 年的 10 年中,海尔智家获得国际表彰奖励 12 个,其中创新表彰奖励 6 个,质量表彰奖励 2 个。其中最值得一提的是,2018 年海尔智家拿下了"亚洲质量卓越奖"。最后,海尔智家更是拿下了中国质量协会的质量技术一等奖、全国现场管理推进质量标杆示范单位、全国六西格玛管理推进先进企业等奖项和称号,以及省内的山东省省长质量奖、山东省质量管理奖等诸多奖项。除此之外,近几年来,海尔智家荣获国内外质量大奖 100 余个,其中包括六西格玛、亚洲质量创新奖等大奖,仅在 ICQCC 上就已连续 5 年获奖,收获了 28 个奖项,为行业树立了高质量的典范。

最近一段时间,海尔智家参加的国际比赛进一步验证了海尔智家的实力。就在刚刚过去的 11 月,国际质量管理小组会议(ICQCC)在印度召开,共有来自全球 13 个国家的 904 个项目入围参赛。其中,海尔智家选拔了特种冰箱、贵州冰箱、黄岛商用空调 3 个质量控制小组项目参赛。经过海尔智家小组成员的悉心准备和精彩展示,最终 3 个小组得到了专家的一致认可并全部获得金奖。

在质量领域的全球最高领奖台上拿到国际级大奖,难度已经非同凡响。更重要的是,能长期与各种质量奖结缘,已经证明了海尔智家的实力。很明显,从国际到国内的这些奖项,从正面证明了海尔智家的质量硬实力,海尔智家在质量管理上的迭代进化路径得到了认可。也因此,海尔智家的创新发展之路可以看作"中国创造"转型发展的一个缩影,在推进制造强国、质量强国的道路上,持续推动着行业的创新发展。

对大众而言,非常值得探索的一个问题是:海尔智家的质量管理基因从何而来?我们只有回溯海尔智家在质量进化和迭代上层出不穷的种种创新解决方案,才能把握住海尔智家几十年进化的底层代码。

海尔智家的质量管理进化逻辑

在笔者看来,海尔智家在质量管理层面的迭代有 3 个核心逻辑:

首先,海尔智家在管理层面本身具备持续的迭代能力。海尔智家的质量发展之路,是不断根据中国时代发展和用户需求,对质量创新的内涵和举措进行迭代的过程。纵观中国质量体系建设历程,再聚焦到海尔智家,从全面质量管理到用户全流程参与,再到场景体验迭代的新时代质量管理,海尔智家成功地通过创新引领了行业质量发展趋势。

其次,海尔智家专注于对质量管控的体系建设。只有高品质的产品和服务才能够赢得市场和用户的尊重,而不断追求尽善尽美的服务体系建设,正是海尔智家质量管理的精髓。通过这一创新成果,海尔智家质量学院也得以成立。不难看出,模式的成立和制度的启动,是海尔智家质量管理三十多年的积淀,成了家电行业质量标准化建设的新里程碑。

最后,以上两个逻辑的背景建立在从海尔智家质量管理抽离出来的核心管理哲学上:人单合一,组织重塑。从 2010 年起,海尔智家开始重塑组织,以自主经营体,也就是后来被称为的小微组织为核心。具体而言,就是通过拿掉层级的概念,让每一个自主经营体都构成一个节点,拥有独立自主的决策权、用人权和薪酬权。不同的团队构成节点,节点之间通过合作共创共赢。

通过这样的架构变革,海尔智家的经营边界开始由有限向无限延伸。海尔智家始终坚持以“人的价值最大化”为宗旨，提出“创客所有制”，让每个平凡的员工都有机会成为自主人，人人都是自己的CEO，在为用户创造的价值中，实现自驱动、自进化和自关差，而不是与其他传统组织一样逐渐僵化。

人单合一才是海尔智家成功实现质量管控层面的逐渐迭代的核心来源。通过管理哲学的逻辑抽离，海尔智家从一开始就预示了质量进化的结果。在海尔智家质量进化的发展线索中，质量管理的成绩单足以说明问题。

海尔智家的质量进化成绩单

如果梳理海尔智家质量进化背后的主线，我们可以将其进化之路分为5个阶段：从关注产品质量，到关注服务质量，再到关注组织经营管理质量、关注场景体验，致力于实现用户体验的提升。

海尔智家质量体系发展的第一个阶段，是产品质量的提升。

在海尔人眼中，产品的质量不是由企业定义的，而是由用户定义的。随着科技变革和市场变革的演进，用户对质量的内涵也从单一的产品质量转变为场景化的体验质量，因此，企业需要精准地把握用户对质量需求的升级，不断提升质量内涵，坚持为用户创造新的价值。在传统时代，用户认为质量好就是产品用不坏；到了互联网时代，用户需求更加偏向智能化的产品；物联网时代，则更加看重个性化定制的场景体验。而海尔智家的实践恰恰可以看作是这种发展趋势的一个缩影。围绕用户的基础质量需求，海尔不断通过技术创新提升产品质量。数据显示，截至目前，海尔已经申请了6万+的全球专利，其中3.8万+为发明专利申请，占比超过63%，位居中国家电行业第一。

海尔智家质量体系发展的第二个阶段，是服务质量的提升。

随着海尔的渐渐壮大，被兼并进体内的诸多公司得到了海尔智家“激活休克鱼”的哲学管理，海尔智家逐渐实现了服务质量体系的提升。红星电器原来是生产洗衣机的工厂，被海尔兼并的时候净资产只有1个亿，但亏损达2.5亿元。在海尔的文化体系下，兼并第一个月当月亏损700万元，第二个月减亏，第三个月减亏，到第四个月便实现盈利100万元。海尔实现这一切，靠的是企业文化贯彻组织创新。这一阶段，海尔开始实行OEC管理法，每人每天对每件事进行全方位的控制和清理，目的是“日事日毕，日清日高”。而这也成了海尔创新的基石。

海尔智家质量体系发展的第三个阶段，是经营管理质量的提升。

在海尔由小到大、由弱到强的成长脉络中，张瑞敏从未停止过自我探索、自我颠覆的步伐。2005年，海尔进入发展分水岭，当年净利润下滑37.09%。外界非议萦绕，改革迫在眉睫，张瑞敏放弃了对日式管理哲学的研习，打掉传统的企业顶层，正式推出创新的组织模式：人单合一。通过集研发、制造、营销于一体的“三位一体”的本土化布局，海尔满足当地用户需求，针对不同市场和地区采取差异化的运营管理，海尔智家的全球协同已见成效，海外业务规模持续提升。至今，海尔智家旗下自有品牌在各主要区域市场份额均为前五且稳步提升，在全球家电巨头中脱颖而出。

海尔智家质量体系发展的第四个阶段，是场景体验的提升。

为打造物联网第一品牌，从2006年布局UHome开始，海尔智家就在为智慧家庭的全屋连接、定制成套、迭代升级储备能量。2019年，“青岛海尔”正式更名为“海尔智家”，显示出海尔智家布局智慧家庭的决心。2020年，海尔智家向全球推出场景品牌三翼鸟。2021年，三翼鸟平台升级上线，为用户提供涵盖家电、家装、家居、家生活的“一站式”定制服务，正式开启“一站式”定制智慧家新时代。服务全球用户，在美国、意大利、俄罗斯、巴基斯坦等国家，海尔智家

001 号体验中心也正在同步落成，海外累计建成近 800 家。

海尔智家质量体系发展的第五个阶段，是用户体验的提升。

经历了前面的 4 个发展阶段，海尔智家为全球用户带来的体验，已经从高质量的产品，升级至智慧家庭生活全场景的衣食住娱。与产品品牌提供产品不同，三翼鸟以用户体验为中心，以场景应用为牵引，打造出三大提升用户智慧生活体验的特色：一是从"升级产品"变成"升级用户场景"；二是个性化定制，从企业主导的千人一面，变为用户参与的定制化场景解决方案；三是终身化迭代，从一次购买到终身交互，产品和服务可以不断升级，永不落伍。不止于此，智家体验云还搭建了一个以用户最佳体验为中心的生态网络，通过衣联网、食联网、空气网、水联网等生态子平台，联合洗涤剂、食品、装修服务等各类资源方，打造了一个共赢共创的生态圈，共同提供定制化服务。

通过持续不断的变革，海尔智家正在迅速实现难以企及的质量高度，成为世界家电行业质量管理的超级灯塔。

资料来源：根据海尔集团官网资料(2021-12-15)整理而得。

【问题思考】

1. 结合案例，海尔智家的质量管理基因从何而来？

2. 结合生活实际，海尔智家的质量改进策略给我们带来了哪些启示？

阅读材料

张瑞敏：海尔砸冰箱

1984 年以前，青岛电冰箱总厂主要生产单缸洗衣机，那时候是按照一等品、二等品、三等品、等外品等分类的。原因就是在那个时候中国刚刚改革开放，物品缺乏造成市场非常好，只要产品还能用，就可以堂而皇之地送出厂门，而且绝对有市场，绝对卖得掉。就是连等外品都能够销售得出去。实在卖不了的产品，就分配给一些员工自用，或者送货上门半价卖掉。

1984 年末张瑞敏到厂以后，他们班上班后反复给大家上质量课，学习日本质量管理知识，成立质量管理小组。应该说，质量管理的一种方法，员工往往容易学会，但是，大家质量意识的提高，却不是一朝一夕所能改变的。因为，在员工的头脑里整天是一等品、二等品、三等品、等外品，固有的产品质量观念很难改变。冰冻三尺，非一日之寒啊。但是，张瑞敏却坚持说：这些冰箱必须就地销毁。他顺手拿了一把大锤，照着一只冰箱，咣咣就砸了过去，把这台冰箱砸的稀巴烂，然后把大锤交给了责任者，转眼之间，把 76 台冰箱全都销毁了。当时，在场的人一个个的都流泪了。虽然一台冰箱当时才 800 多元钱，但是，员工每个月的工资才 40 多块钱，一台冰箱是他们两年的工资呀。张瑞敏说：从现在开始，我们要确立质量方面的一种理念："有缺陷的产品就是废品"。以后我们的产品不能再一、二、三等品、等外品的分类了。我们的产品就分合格品、非合格产品。市场只有合格品，非合格品就不能进入市场，要再进入市场，就追究生产者的责任。

他还说，从现在开始，我们要完善质量管理制度，以后谁再生产这样的冰箱，责任由谁负。

由此，大家开始明白，海尔的前途与有没有严格的质量控制是息息相关的，一定要重视产品的质量。冰箱总厂的老职工胡秀英说："忘不了那沉重的铁锤，高高举起又狠狠落下，一台质量不合格的冰箱顷刻间成了一堆废铁。它砸碎的是我们陈旧的质量意识，唤醒了我们去努力提高自身素质的意识。有了质量控制,我们才有了现在的一切。”

在这个事件中,张瑞敏带头扣掉了自己当月的工资,以做警戒。这一事件作为海尔创业史上的一个重要镜头,也成为海尔发展史上的经典案例。

又经过4年的时间,也就是1988年12月的时候,海尔就获得了中国电冰箱市场的第一枚国内金牌,把冰箱做到了全国第一。

资料来源:根据网易网站《张瑞敏:海尔亏损147万,他怒砸76台冰箱,只为中国不再用残次品》资料(2023-06-21)整理而得。

第一节 控制概述

控制是管理过程不可分割的一部分,是组织中各级管理人员一项重要的工作内容。

一、控制的含义

控制(Controling)是一个在很多领域内都广泛使用的术语,它最基本的含义是指控制主体按照给定的条件和目标,对控制客体施加影响的过程和行为。该术语最先应用于技术工程领域,自从诺伯特·维纳(Norbert Wiener)的《控制论》问世以来,控制的含义更加广泛,它已用于生命机体、人类社会和管理系统之中。

管理学中的控制职能,是指管理者为了达到一定的组织目标,运用一定的控制机制和控制手段,对管理对象施加监督、比较和纠正工作绩效的过程。

根据以上定义,管理学中构成控制活动必须具备以下三个条件:

(一)要有明确的目的或目标

要有明确的目的或目标,没有目的或目标就无所谓控制。控制是建立在科学计划的基础之上,控制的基本目的是防止工作出现偏差,需要将实际工作的进展与预先设定的标准进行比较,因此控制之前必须制定相应的评价标准,即计划。计划不仅为实际工作提供了行动路线,也为后续的控制工作奠定了基础。在制订计划时不仅要考虑实施问题,还要考虑后续控制工作的需要。计划越明确、全面、完整,控制越容易,效果越好。

(二)管理者要清楚员工当前的绩效表现

管理者要清楚员工当前的绩效表现,管理控制研究的先驱者道格拉斯·沙文(Douglas S. Sherwin)[①]对控制的概括为“控制的基础是管理者手中掌握的信息,控制的本质就是对照预定标准调整运营活动”。因此,控制职能需要信息沟通网络作为支撑,控制工作本身是一个信息交流的过程,控制者需要不断收集相关信息,以快速判断员工的实际工作进展。

(三)受控客体必须具有多种行动可能性

受控客体必须具有多种行动可能性,如果事物发展的未来方向和结果是唯一的、确定的,就谈不上控制。管理者可以在受控员工的多种行动可能性中通过一定的手段进行选择,如果员工因条件所限导致该选择不成立,控制也就无法实现。

---

① SHERWIND. S. TheMeaningofControl[J]. Dunn's Busines Review,1956(2):23－26.

二、控制的作用

有了计划、组织、领导这三种管理职能，员工们知道了要做什么，怎么做，有工作的积极性，而且彼此能有效协调，那么，为什么还需要“控制”这项职能呢？人们可以制订目标计划，创建一种组织结构来协调人们有效地实现目标，而且可以通过有效的领导方式和行为来激励员工，但是，所有这些职能无法确保组织的发展都如同事先计划的一样，也不能保证树立的目标一定能成为现实，因此，管理过程需要为控制留有一席之地，因为管理者只有通过控制这一方法，才能了解组织目标是否实现，以及与目标出现偏差的原因。具体来看，控制职能的作用主要体现在以下几个方面：

（一）控制保证员工行动与目标相吻合

组织通过计划确立了目标，为管理者和员工的行动指明了方向，但是，明确目标并不能保证实现目标，员工接受目标也并不意味着会采取有效行动来使之达成。控制与计划恰似剪刀的两刃，两者不可分割，通过控制职能，管理者能够衡量计划、目标的实现程度，进而采取进一步的措施，保证员工的行为相对于计划是有效的，利于目标的逐步实现。

（二）控制有利于管理者向员工授权

许多管理者不愿意向自己的员工授权，因为他们担心员工会造成工作偏差，并在实际中不断放大，最后导致计划失败，自己将因此承担责任。但如果管理者构建了一套有效的控制系统，能及时反馈员工的绩效信息，从而及时发现偏差，将问题放大的概率降至最低。

（三）控制有助于管理者及时了解组织环境的变化并迅速应对，确保组织安全

当今组织所处的环境中，外部的自然灾害、各种社会力量的不稳定性，以及内部的财务丑闻、生产事故、工作场所暴力等，都会带给组织重大的威胁。在这类事件发生之时，管理者必须保护组织资产。全面的控制措施和应急计划，有助于保证组织将这类事件的破坏性降至最低。

（四）控制为进一步修正、完善计划提供依据

作为管理过程的最后一个环节，控制提供了返回到计划的关键纽带，让管理者明白未来该采取何种行动，由此，管理职能形成了一个闭环（见图 14—1）。

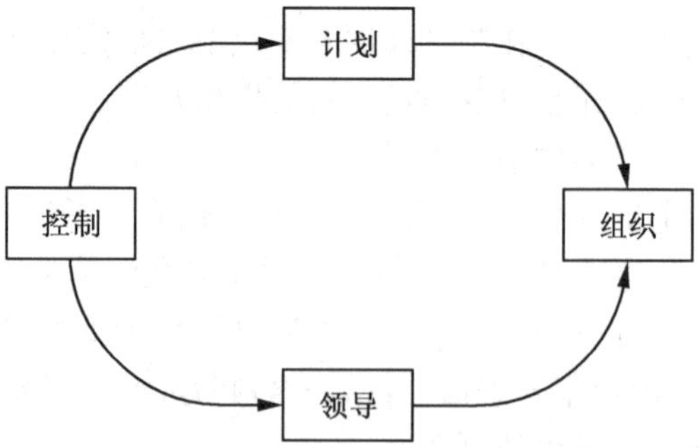

图 14—1 计划-控制

在实际的管理过程中，按照不同的分类标志，可分为不同的控制模式。例如，按照业务范围可把控制分为质量控制、成本控制、作业控制和资金控制等；按照控制对象的全面性，可分为局部控制和全面控制；按照控制发生时间点的不同，可分为前馈控制、实时控制和反馈控制。这最后一种控制模式的分类，是管理学理论中的主流划分，具有普遍的适用性和指导性。

前馈控制、实时控制和反馈控制，分别集中于某项活动开始之前、进行之中以及结束之后实施控制(见图 14－2)。例如，一家手机经销商为提高销售量，可以对销售人员的活动进行事前、事中和事后控制。事前可以通过评估各款手机的受欢迎程度，谨慎选择销售代表等，都是保证促销活动有效的前提。在促销过程中，安排专门人员监督销售代表与顾客接触时的言谈举止，发现不良行为并实时纠正。在促销结束后，计算销售业绩或者打电话询问客户满意度等，这些都是事后控制。下面具体讨论这三类控制模式的特点和适用条件。

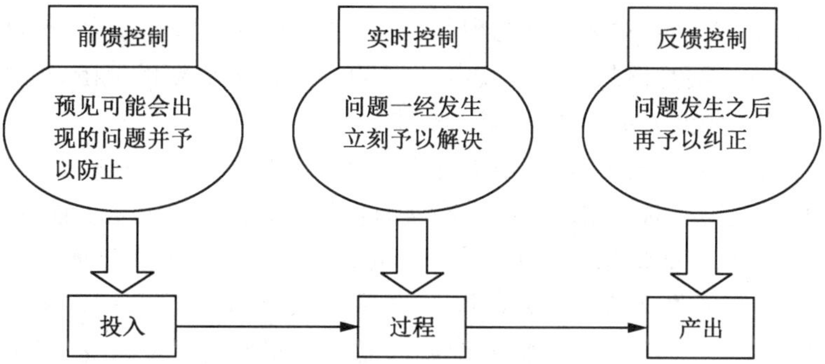

图 14－2　组织控制的主要模式

1. 前馈控制

前馈控制(Fedforward Control)，有时也称事前控制或者预防控制，是在问题发生之前就予以干预，进而使潜在问题无法显现，是一种事前识别和预防偏差的控制模式。例如，各大航空公司定期对飞机进行维护保养就是一种前馈控制，其目的是检测和预防可能导致事故发生的机械故障。

前馈控制是一种最理想的控制模式，它防患于未然，因而付出的代价最小。其他类型的控制模式都不可避免地存在时滞效应，等到管理者意识到问题出现时，实际上早已发生，而导致问题出现的原因则可能更早就已出现。例如，很多公司通过会计报表的方式来了解过去一年的业绩，等到 3 月才能核算出截至 12 月 31 日的经营情况，若发生亏损，起因可能源于早在 1 月所做的工作。从产出的结果获得的反馈不足以提供有效的控制，这些反馈充其量是事后分析，对于已发生的事情无能为力。而有效的前馈控制系统能提醒管理者，如果现在不采取行动，就会出现问题，因而他们能及时采取纠正措施。

管理过程中的前馈控制一般运用于新员工的选拔和雇用。为保证组织的各项工作顺利开展，在员工还未正式加入组织时就予以控制。组织通过识别必要的技能，运用一系列测试手段和其他筛选方法，来甄别和雇用具备这些技能的人员，以确保候选人或者员工有安全而有效工作的能力，提高员工按照标准规定来行事的可能性。另一种前馈控制是风险的发现与管理，例如，银行在审批重大的贷款项目时，一般要求提供大量的文件资料，据此评估企业未来的偿债能力，减少贷款风险。

前馈控制尽管有很多优点，但其实施也需要具备严格的条件：第一，应对计划和控制系统进行周密分析，确定应重点关注哪些投入变量。第二，构建一个反映系统运行的模型，并对模型定期检查和更新，确保投入变量和产出变量之间的关系与现实情况一致。第三，定期收集投入变量数据，并把它们输入到构建的模型中。第四，定期评估实际投入与计划投入之间的差异，并评估这些差异对预期最终产出的影响。第五，有采取措施的空间，前馈控制的目的就在于向管理者显示问题，因此，他们必须有据此采取行动的能力和权限。

2. 实时控制

实时控制(Concurent Control)，有时也称并行控制、同期控制和现场控制，是指在一项工作进行的过程中，持续监控员工的行为和活动，目的是使其与业绩标准相符合的一种控制活动。例如，上课时老师随时纠正一些同学不良的课堂行为，这就是典型的实时控制。

实时控制最常见的方式是直接观察员工的行为，过去用来描述这一管理方式的术语是走动式管理(Management by Walking Around)，即管理者在工作现场走动观察员工的表现，及时发现问题及可改进的方面，对员工进行现场交流和指导。而且，随着电子信息技术的发展，借助摄像头进行远程的实时控制正大行其道，一方面它能扩大观察的范围，提高实时控制的效率；另一方面减少控制职能人员的数量，降低成本。

实时控制与信息的获取密不可分，随着计算机技术与网络的发展，极大促进了数据收集、存储和传送的速度，使得实时控制能够建立在实时信息系统的基础之上。所谓"实时信息"，就是事情一旦发生就会出现的信息。例如，近年来超市和百货公司都通过使用电子收款机系统(POS 机)，来替代传统的收银结算服务，当顾客付款后，它能立刻将每一笔销售资料传输给各相关部门，财务部能马上得知销售额增加，仓储部能立刻监测到存货减少，促销员的业绩也能实时得到记录，生产部门的管理者也能在该系统的帮助下，随时报告生产进度，累计工时以及是否能按计划完工等信息。借助实时获取的信息，管理者可进一步与标准相比较，及时发现问题，找出偏差并分析问题产生的原因，制订纠偏方案并予以实施，进而减少或消除偏差。

3. 反馈控制

反馈控制(Fedback Control)，又称为事后控制、结果控制，是指某项任务完成之后实施的控制，它是最常用的控制类型，其控制的着眼点在于组织的产出结果上—最终产品或者服务的质量。例如，对考试绩点高的同学颁发奖学金，而对绩点低的同学强制留级作为惩罚，诸如此类都属于事后控制。

管理中的控制系统与物理系统、工程系统和社会系统中广泛采用的基本过程是相似的。许多系统通过信息反馈来自我控制，运用它们自身的一些能量来收集效果信息，借以按标准比较绩效，根据偏离标准的差距，由此引发变革和纠偏措施。例如，在空调等家用电器中使用的温度控制器就是一个典型的反馈控制系统，当感应系统监测到室内温度高于预定温度时，制冷系统会接到信号自动启动；当室内温度升高到预定温度，制热系统接到信号后会自动关闭。这种对空调工作效果不间断的监测与控制开关的系统，使室内温度始终保持在理想条件。同样，人体内也有多种反馈系统控制温度、血压、神经反应等身体状况。

反馈控制有两大优点：第一，反馈控制让管理者知晓其计划工作的效果如何，这是非常重要的信息，如果反馈显示实际绩效与期望绩效之间的差距很小，这表明管理者进行的计划基本上是有效的；如果偏差很大，那么管理者可以利用这些信息来制订新的计划。第二，反馈能够起到激励的作用，员工在了解自己工作绩效的基础上会更加努力，而反馈能提供这些信息。当然，反馈控制也有其天然缺陷，因为必须等到组织发现问题以后才能予以纠正，而等到管理者掌握这些信息时，损失已经产生，无法避免。

【拓展知识】　　**控制论先驱诺伯特·维纳**

第二节　控制过程

由于前馈控制和实时控制要求的条件较高，反馈控制依然是最主要的控制模式，本节将主要讨论其具体的实施步骤，以及各子步骤需要重点关注的问题。

综合大多数学者的研究，控制过程可分为四个步骤：确定标准，衡量实际绩效，对偏差进行分析，采取措施纠正偏差。

一、确定标准

理想状态下，管理者应该根据计划对工作成果进行评价，但由于计划的明确性和复杂性差异很大，管理人员也难以做到面面俱到，因而就有必要选择具体标准。标准是衡量绩效的尺度，是从整个计划方案中挑选出来用以测度绩效的单位。

在选择标准时，关键控制点原则是一条重要的控制原则，它强调在实施有效控制时，管理者必须选择需要特别关注的地方，以确保整个工作按计划要求执行。因此需要特别关注的控制点应当是关键性的，它们或是经营活动中的限制因素，或者能够比其他因素更清楚地体现计划是否得以有效实施。基于该原则，计划的每一个目的、每一项目标、每一种活动、每一条政策、每一道程序以及每一种预算，都有可能成为衡量工作绩效的标准。在实际的控制过程中，标准主要体现在以下几个方面：

（一）实物标准

实物标准是非货币衡量标准，例如，常用标准有物流的货运吨公里数、单位机器台时的产量、每单位产出所需的工时数等，实物标准通常用来控制原材料耗用、员工聘用、提供服务以及生产过程的操作层面上使用，另外，实物标准还可以用来反映品质。

（二）成本标准

成本标准是货币衡量标准，广泛使用的成本标准包括单位产品的直接成本和间接成本，以及单位产品的人工成本、原材料成本、销售费用等。同实物标准一样，成本标准通常也运用于操作层面。

（三）资本标准

资本标准有很多子类，它们全部都是货币衡量标准，例如，流动资产与流动负债比率、负债与股东权益比率、固定资产与总资产比率、现金与应付账款比率、债权融资与股权融资比率等。资本标准同投入企业的资本有关，而与经营成本无关，因而主要反映在资产负债表中，而与利润表无关。

(四)收益标准

在销售量的基础上增加货币价值即为收益标准,例如,每位顾客的平均销售额,在既定市场范围内的人均销售额。

(五)无形标准

针对某些关键要素,例如,员工的能力、才干、创新性、忠诚度等,既不能以实物又不能以货币来衡量,此时需要根据具体情境,借助一些测度理论开发量表,采用定量或定性的方法来确定这些无形标准。

除上述几种标准外,还有一类确定标准的方法即标杆法,它是一种根据行业内的最佳实践来确定目标和生产率标准的方法。例如,一家公司需要 8 天来交付客户订单,行业的平均水平需要 6 天,而最优秀的公司仅用 4 天,那么,6 天就不能成为标准,应以最快速的 4 天作为标杆。标杆有三种不同的类型:一是战略标杆,通过比较各种战略来确定关键的成功要素;二是经营标杆,比较相关成本以及各种产品差异的可能性;三是职能标杆,比较它们的有效性及支持性作用,如市场营销、信息系统、物流、人力资源管理等。无论哪种标杆,均需要选择绩效卓越的公司作为参照,收集和分析数据,这些数据将成为绩效评估的基础。

此外,还有学者建议从标准是否可量化的角度,进一步分为定量标准和定性标准,前者是控制标准的主要形式,后者主要是有关服务质量、组织形象等难以量化的标准。在工业企业中,最常用的定量控制标准有四种:时间标准(如工时、交货期等),数量标准(如产品数量、废品数量),质量标准(如产品等级、合格率)和成本标准(如单位产品成本)。组织中所有作业活动都可依据这四种标准进行控制。对于一项工作,人们总是可以近似或准确地找出数量、质量、时间及成本间的内在联系。如生产控制往往注重质量和时间控制,而销售控制更多侧重于成本和数量控制。

二、衡量实际绩效

控制活动应当跟踪工作进展,及时预示脱离正常或预期成果的信息,及时采取矫正措施。在衡量的过程中应注意以下问题:

(一)通过衡量绩效,检验标准的客观性和有效性

通过衡量绩效,检验标准的客观性和有效性。利用预先制定的标准去检查各部门、各阶段和每个人工作的过程,同时也是对标准的客观性和有效性进行检验的过程。检验标准的客观性和有效性,是要分析对标准执行情况的测量能否取得符合控制需要的信息。

(二)确定适度的衡量频率

有效的控制要求确定适度的衡量频率,即衡量不仅要体现在控制对象的数量与标准上,而且要体现在对同一标准的测量次数或频率上。适度的衡量频率取决于被控制活动的性质、控制活动的要求。对那些长期的较高水平的标准,适用于年度控制。而对产量、出勤率等短期、基础性的标准,则需要比较频繁的控制。

(三)建立信息反馈系统

为纠正偏差应该建立有效的信息反馈网络,使反映实际工作情况的信息既能迅速收集上来,又能适时传递给管理人员,并能迅速将纠偏指令下达给相关人员,使之能与预定标准相比较,及时发现问题,并迅速地进行处置。有两类反馈控制的形式。一类是可自我纠正的,即不需从外界采取纠偏措施进行干预就能自我调节。另一类是不能自我纠正的,即指在纠正措施发生之前需要外界干预。

从管理控制职能的角度看，除了要求信息的准确性以外，还要求信息的及时性、可靠性和适用性。及时性有两层含义：一是对那些时过境迁就不能追忆和不能再现的重要信息要及时记录；二是信息的加工、检索和传递要快。信息的可靠性除了与信息的精确程度有关外，还与信息的完整性相关，要提高信息的可靠性，最简单的办法是尽可能多地收集有关信息。信息的适用性有两个基本要求：一是管理控制工作需要的是适用的信息；二是信息必须经过有效的加工、整理和分析，以保证在管理者需要的时候能够提供精炼而又满足控制要求的全部信息。

管理者可以采用四种方法来获取绩效信息，包括个人观察、统计报告、口头汇报和书面报告，每种方法各有其优缺点（见表 14－1），绝大多数管理者会综合使用这些方法。

表 14－1　　衡量实际绩效的信息来源

	优　点	缺　点
个人观察	1. 获得第一手资料 2. 信息未必过滤 3. 对工作细节的关注度高	1. 易被个人偏见影响 2. 时间花费较多 3. 可能对被观察对象形成干预
统计报告	1. 表现清晰直观 2. 有效显示因素之间的关联	1. 提供的信息有限 2. 忽略主观性因素
口头汇报	1. 容易获得相关信息与细节信息 2. 能提供语言和非语言的反馈	1. 信息可能被过滤 2. 信息不能存档
书面报告	1. 全面 2. 正式 3. 容易存档和查找	需要较长时间的准备

三、对偏差进行分析

通过将实际业绩与控制标准进行比较，可确定这两者之间有无差异。若无差异，工作按原计划继续进行。若有差异，首先要了解偏差是否在标准允许的范围之内，由于所有的工作活动都可能出现某些偏差，因而有必要确定一种可接受的偏差范围，当偏差超过该范围时要立刻引起管理者的关注，深入分析偏差产生的原因。

（一）找出偏差产生的主要原因

有些偏差可能是由于计划本身和执行过程中的问题造成的，而另一些偏差则可能是由于偶然的暂时的局部性因素引起的，不一定会对组织活动的最终结果产生重要影响。在采取纠正措施以前，必须对反映偏差的信息进行评估和分析。管理者必须把精力集中于查清问题的原因上，既要审视内部的因素，也要关注外部环境的影响，寻找问题的本质。评估和分析偏差信息时，首先要判别偏差的严重程度，判断其是否会对组织活动的效率和效果产生影响；其次要探寻导致偏差产生的主要原因。

（二）确定纠偏措施的实施对象

导致偏差出现的原因，既可能是组织的实际活动，也可能是指导这些活动的计划或衡量活动的标准。因此，纠偏的对象可能是进行的活动，也可能是衡量的标准，甚至是指导活动的计划。计划、目标或标准的调整是由两种原因决定的：一种原因是最初制订的计划或标准不科学，过高或过低，有必要对标准进行修正。另一种原因是所制订的计划或标准本身没有问题，但由于客观环境发生了变化，或一些不可控制因素造成的大幅度偏差，使原本适用的计划或标准变得不合时宜，也必须重新调整原有的计划或标准。

四、采取措施纠正偏差

(一)纠偏措施

针对产生偏差的主要原因,在纠偏措施上可采取如下方法:首先,对于由工作失误而造成的问题,控制工作主要是加强管理、监督,确保员工行为与目标接近或吻合;其次,由于计划或目标不切实际而产生的偏差,控制工作主要是按实际情况修改计划或者目标;最后,若组织的运行环境发生重大变化,使计划失去客观的依据,控制工作主要是启动备用计划或重新制订新的计划。

(二)具体做法

管理人员可以运用组织职能重新分派任务来纠正偏差,还可以采用增加人员,更好地选拔和培训下属人员,或是最终解雇、重新选拔人员等办法来纠正偏差。此外,管理人员还可以对工作做出更全面的说明和采用更有效的领导激励方法来纠正偏差。

(三)纠偏措施的类型

可将具体的纠偏措施分为两种类型:一是立即执行的临时性应急措施,二是永久性的根治措施。

对于那些迅速、直接地影响组织正常活动的急迫问题,多数应立即采取补救措施,也就是想方设法解决当下困境,以使绩效回到正常轨道上。例如,某一种规格的零部件因某些原因无法按期生产出来,其他部门都受其影响而出现停工待料,此时,不应花时间考虑该追究什么人的责任,而要采取措施确保在尽可能短的时间内增加产量,满足下游环节需求。管理者可以凭借手中的权力,采取如下行动:要求工人加班加点,短期突击;增添工人和设备;派专人负责指导完成等。危机缓解以后,则可转向永久性的根治措施,如更换车间管理人员,变更整个生产线,或者重新设计部件结构等。现实中不少管理者在控制工作中常常局限于充当“救火员”的角色,没有认真探究“失火”的原因,并采取根治措施消除偏差产生的根源和隐患。长此以往,必将自己置于被动的境地。

(四)采取纠偏措施时需要注意的问题

1. 使纠偏方案双重优化

纠偏方案的第一重优化,是指考虑纠偏工作的经济性问题。如果管理人员发现纠偏工作的成本大于偏差可能带来的损失,管理人员将放弃纠偏行动。若要纠偏,应使纠偏的成本小于偏差可能带来的损失。第二重优化是在此基础上,通过对各种纠偏方案的比较,找出其中追加投入最少、成本最小、解决偏差效果最好的方案来组织实施。

2. 充分考虑原先计划实施的影响

由于对客观环境的认识能力提高,或者由于客观环境本身发生了变化而引起的纠偏需要,可能会导致对部分原先计划,甚至全部计划的否定,从而要求对组织活动的方向和内容进行重大的调控。这种调整类似于“追踪决策”的性质。追踪决策是相对于初始决策而言的。初始决策是指所选定的方案尚未付诸实施,没有投入任何资源,客观对象与环境尚未受到决策的影响和干扰,因而是以零为起点的决策。进行重大战略调整的追踪决策则不然。组织外部的经营环境或内部的经营条件已经由于初始决策的执行而有所改变,是非零起点,因此,在制定和选择追踪决策的方案时,要充分考虑到伴随着初始决策的实施已经消耗的资源,以及这种消耗对客观环境造成的种种影响和人员思想观念的转变。在美国大型钢铁企业的发展历程中,管理者曾注意到新出现的炼钢技术占地更小,可变成本更低,但迫于原有投资的限制,不愿放弃沉没成本，报废原有的生产设施，因此控制成本的方法只是在原有生产模式上的小修小补，但终因改进空间有限造成大部分老式钢铁企业被淘汰。

3. 注意消除组织成员对纠偏措施的疑虑

控制人员要充分考虑到组织成员对纠偏措施的不同态度，特别是要注意消除执行者的疑虑，争取更多的人理解、赞同和支持纠偏措施，以避免在纠偏方案实施过程中可能出现的人为障碍。

第三节　有效控制的条件

要提高控制的有效性，除了按步骤实施控制过程外，还需要满足一定的条件，遵循一定的原则，本节主要讨论这些有效控制的条件和原则，以及控制与其他管理职能的关系。

一、有效控制的条件

尽管控制的基本原理和过程都是普遍适用的，但是，管理者在设计实际的控制系统时，应当结合具体的工作情境，满足以下必要条件：

(一)控制要与计划、岗位两者相匹配

控制的系统与方法应该反映计划的要求，与之相符，尤其不能违背计划，造成控制与计划脱节。同样，控制应该与管理者的层次相适应，高层管理者的控制范围和所从事的控制工作肯定不同于中层管理者。此外，控制工作还应当反映组织结构，体现出谁应该对计划实施的偏差负责。

(二)控制应与管理者的个体特征相适应

控制方案的设置也必须依管理者的情况而定。控制系统和信息收集当然都是为了帮助管理者更好地履行这一职能，但是，如果这种系统不是某些管理者所能理解和明白的，那么它将很难发挥作用。人们通常对不能理解的事物缺乏信任，也不会采用它。

(三)控制应关注关键点上的例外情况

要通过控制提升组织运行的效率和效果，设计的控制系统一定要对关键点上的例外情况敏感，关注预期绩效的例外情况能更有效地分配管理者的注意力，使他们关注重点领域。这是因为管理者仅仅发现例外情况是不够的，有些偏差可能无关紧要，而另一些则影响巨大，特别要清楚的是，某些方面的细小偏差也许比其他方面的较大偏差会有更大的意义，例如，办公室行政人员的工资超预算 5%，比低值易耗品的支出超 20%更应引起管理者的关注。因此，在实际工作中，例外原则必须同关键点原则一起执行，仅仅注意例外情况是不够的，人们还必须注意关键点上的例外情况，有效的控制要求管理者将精力放在最重要的事项上。

(四)控制应尽量客观

管理工作或多或少会带有主观性，但对下属人员工作好坏的评价不应主观评价，若仅凭主观臆断，管理者或下属的个性喜好会掺杂其中，从而使对绩效的评判失去准确性。但如果对评价的标准定期检查，根据实际情况不断做出调整和更新，下属将很难不理会评价结果，对相应的纠偏措施也更容易接受。有效控制要求客观、准确和合适的标准。

(五)控制应具有灵活性

面对计划的变更,不可预见的情况,控制职能应仍能发挥作用,特别是在计划失败的情况下,要想保持有效控制,则控制系统必须具有灵活性。以预算系统为例,我们就会比较容易理解控制灵活的必要性,预算系统通常提前预计一定数量的经费,并授权管理者在经费预算的标准内雇用员工、采购原材料以及提供服务。通常情况下,预算是以一定的预测销售额为基础,如果实际销售量大大高于或低于预期,那么这个预算将变得意义不大。在上述情况下,由于其缺乏灵活性,人们对这种预算控制制度提出疑问。无须赘言,人们需要的控制系统既要反映销售量变化,又要能反映出其他偏离工作的情况。

(六)控制应与组织文化相结合

为了确保有效控制,控制系统与措施都必须与组织文化相适应。在一个分权程度比较高,员工享有很大自主权和参与权的组织里,如果采取严格的控制系统,其结果会因与员工做事习惯相冲突而失败。另外,如果管理者的领导风格是独裁式的,不允许下属参与决策,那么,即使采用随意性控制系统也难以成功。根据现有研究,凡是参与意识不强或不习惯于参与管理的员工,都希望有明确的绩效标准和具体的绩效衡量方法。

(七)控制也要符合经济性

控制方案的选择应物有所值。这个要求看似简单,但实际执行时却很难抉择,管理者有时很难判定某个具体的控制系统是否值得实施,在控制方面的花费应该多大。经济性是一个相对概念,控制产生的效益随着监控活动重要性的增加而增长,此外,组织运营的规模、缺少控制将导致的费用增加情况等,也都会影响控制方案的经济性评价。

(八)控制应与接下来的纠偏行动挂钩

有效的控制应揭示失误出现在何处,谁应对此负责,以及确保接下来的纠偏措施是对症的。只有通过适当的计划、组织和领导等管理行为,纠正了偏离计划的偏差,才能说明该控制系统是行之有效的。

二、有效控制的原则

在满足上述控制条件的基础上,控制还应遵循一定的原则,具体如下:

(一)适时控制原则

组织运营过程中产生的偏差只有及时采取措施加以纠正,才能避免偏差的扩大,或防止偏差对组织不利影响的扩散。及时纠偏,要求管理人员及时掌握能够反映偏差产生及其严重程度的信息。如果等到偏差已经非常明显,且对组织造成了不可挽回的影响后,反映偏差的信息才姗姗来迟,那么,即使这种信息是非常系统、绝对客观、完全正确的,也不可能对纠正偏差带来任何指导作用。纠正偏差的最理想方法应该是在偏差未产生之前,就注意到偏差产生的可能性,从而预先采取必要的防范措施。

(二)控制关键点原则

为了进行有效的控制,需要特别注意在根据各种计划来衡量工作成效时具有关键意义的那些因素。对一个管理人员来说,随时注意计划执行情况的每一个细节,通常是浪费时间、精力和资源,是没有必要的,也是不可能的。他们应当也只能够将注意力集中于计划执行中的一些主要影响因素上。事实上,控制住了关键点,也就控制住了全局。

(三)适度控制原则

适度控制是指控制的范围、程度和频度要恰到好处。有效的控制应该既能满足对组织活动监督和检查的需要，又要防止与组织成员发生强烈的冲突，适度的控制应能同时体现这两个方面的要求。一方面，要认识到，过多的控制会对组织中的人造成伤害，对组织成员行为的过多限制会扼杀他们的积极性、主动性和创造性，会抑制他们的创新精神，从而影响个人能力的发展和工作热情的提高，最终会影响组织的效率；另一方面，也要认识到，过少的控制，将不能使组织活动有序地进行，不能保证各部门活动进度和比例的协调，将会造成资源的浪费。此外，过少的控制还可能使组织中的个人无视组织的要求，我行我素，不提供组织所需的贡献，甚至利用在组织中的便利地位谋求个人利益，最终导致组织的涣散和崩溃。

（四）客观控制原则

控制工作应该针对组织的实际状况，采取必要的纠偏措施，或促进组织活动沿着原先的轨道继续前进。因此，有效的控制必须是客观的、符合组织实际的。客观控制源于对组织活动状况及其变化的客观了解和评价。为此，控制过程中采用的检查、测量技术和手段必须能正确地反映组织状态在时空上的变化程度，准确地判断和评价各部门、各环节的工作与计划要求的相符或相背离程度，这种判断和评价的正确程度还取决于衡量工作成效的标准是否客观和恰当。为此，组织还必须定期检查过去规定的标准和计算规范，使之符合现时的要求。另外，由于管理工作带有许多主观成分，因此，对一名下属人员的工作是否符合计划要求，不应不切实际地加以主观评定，因为管理者的偏好与个性都会影响对业绩的判断。没有客观的标准、态度和准确的检测手段，人们对组织实际工作就不易有一个正确的认识，从而难以制定出正确的措施，进行客观的控制。

三、控制与其他管理职能的关系

控制作为管理的最后一个职能，对计划、组织和领导等职能起到一种评判反馈与调整校准的作用，当然，其他管理职能也为控制措施的执行提供条件，控制与其他管理职能之间的关系归纳如下：

（一）控制与计划的关系

控制工作是指按计划、标准来衡量所取得的成果并纠正所发生的偏差，以保证计划、目标的实现。如果说管理的计划工作是谋求一致、完整而又彼此衔接的计划方案，那么，管理的控制工作则是使一切管理活动都能按计划进行。计划和控制是一个问题的两个方面。计划是基础，它是用来评定行动及其效果是否符合需要的标准。计划越明确、全面和完整，控制的效果也就越好。控制职能使管理工作成为一个闭环系统。在多数情况下，控制工作既是一个管理过程的终结，又是一个新的管理过程的开始，它使计划的执行结果与预定的计划相符合，并为计划提供信息。

（二）控制与组织的关系

组织职能是通过建立一种组织结构框架，为组织成员提供一种适合默契配合的工作环境。因此，组织职能的发挥不但为组织计划的贯彻执行提供了合适的组织结构框架，为控制职能的发挥提供了人员配备和组织机构，而且组织结构的确定实际上也就规定了组织中信息联系的渠道，为组织的控制提供了信息系统。如果目标的偏差产生于组织上的问题，则控制的措施就要涉及组织结构的调整、组织中的权责关系和工作关系的重新确定等方面。

（三）控制与领导的关系

领导职能是通过领导者的影响力来引导组织成员为实现组织的目标而做出积极的努力。这意味着领导职能的发挥影响组织控制系统的建立和控制工作的质量；反过来，控制职能的发挥又有利于改进领导者的领导工作，提高领导者的工作效率。

总而言之，控制工作中的纠偏措施可能涉及管理的各个方面，要把那些不符合要求的管理活动引回到正常的轨道上来，同时，控制的有效性也受其他管理活动的制约。

思政园地

赛格大厦晃动 市民紧急疏散

2021年5月18日中午时分，深圳市赛格大厦出现晃动，现场大量人员紧急从大厦撤离。此事引起网络热议，网友批评该大厦建筑质量太差，导致楼体竟然会晃动。发生此事件的赛格大厦基本情况：赛格大厦总高355.8米，总建筑层79层，地上75层。

2021年5月18日21时至19日15时，受深圳市住建部门委托，多家专业机构对赛格大厦的振动、倾斜、沉降等情况进行实时监测，该三项指标均远远小于规范允许值，监测数据未显示异常情况。中冶建筑研究总院(深圳有限公司)及哈尔滨工业大学(深圳)两家机构独立连续监测结果表明，赛格大厦69层振动最大加速度发生在19日13时51分，均小于《高层建筑混凝土结构技术规程—JGJ3—2010》关于办公、旅馆顶点风振加速度限值0.25m/s2的规定，两家机构监测幅值分别为0.045m/s2和0.044m/s2。经深圳市房屋安全和建设工程质量检测鉴定中心对赛格大厦倾斜进行测量，测量结果显示倾斜率位于0.01％～0.02％。根据《建筑地基基础设计规范》，倾斜率测量结果远低于规范标准(＜0.2％)。中冶建筑研究总院(深圳有限公司)对赛格大厦沉降监测结果在0.00mm～－0.05mm，变化值稳定，建筑物沉降稳定。

2021年5月19日，经广东省市专家研判，初步认为：一是深圳赛格大厦系上下震颤而不是左右摆动；二是造成震颤的原因是多种因素耦合，主要是风的影响，还有地铁运行(两条地铁从楼下经过)和温度的影响(近两天气温升高，温差达8度，对钢结构影响大)；三是经专家现场踏勘和会商研判，赛格大厦主体结构是安全的，内部结构坚固，各种附属设施完好。面对大楼商户提出的大楼是否有倾斜和大楼开放时间的问题。经专家测量，赛格大厦倾斜率位于0.01％～0.02％，小于允许倾斜0.2％，远远小于规范要求，专家一致认为赛格大厦没有倾斜。深圳市将根据楼体结构排查情况，研判大厦恢复开放时间。专家建议，下一步可以考虑安装阻尼器以提高防风防震能力和舒适度。质量调谐阻尼器涉及的一个核心问题就是设计一个控制系统，当检测到楼房震动时，做出控制决策，控制大摆锤摆动产生同频率反作用力，使得两者偏差趋于零或者有界。

资料来源：根据环球网《5·18深圳赛格大厦摇晃事件》(2021-05-19)资料整理而得。

复习思考题

1. 控制的作用有哪些？
2. 比较前馈控制与反馈控制各自的优点。
3. 控制过程包含哪几个步骤？
4. 有效控制的条件有哪些？
5. 控制与计划、组织、领导这三种管理职能有何联系？

自测题

一、填空题

1. 控制最基本的含义是指控制主体按照给定的________和________，对控制客体施加影响的________和________。

2. 管理学中的控制职能，是指管理者为了达到一定的________，运用一定的控制机制和控制手段，对管理对象________、________和________的过程。

3. 按照业务范围可把控制分为________、________、________和________。

4. 按照控制对象的全面性，可分为________和________。

5. 按照控制发生时间点的不同，将控制分为________、________和________。

6. 控制可以保证员工________与________相吻合，有利于管理者向________。

7. 控制有助于管理者及时了解________的变化并________，确保________。

8. 控制可以为进一步________、________计划________。

9. 控制过程分为________、________、________、________四个环节。

10. 有效控制的原则主要有________、________、________和________。

11. 有效控制应满足控制要与________、________两者相匹配。

12. 控制应与________相结合；控制也要符合________。

13. 控制应与管理者的________相适应，应关注关键点上的________。

14. 控制对计划、组织和领导等职能起到一种________与________的作用。

15. 其他管理职能为控制措施的执行提供________，控制与其他管理职能之间存在________。

16. 如果组织的产品或服务非常明确和确定，市场竞争十分激烈，那么________将会是有效的控制系统。

17. 管理控制过程中的关键环节是________。

18. 绩效控制工具包括以下几项：________、________、________、________。

19. 管理者正在使用财务信息将上一个季度的实际工作绩效与预算工作绩效进行比较，他运用的是________。

20. 控制的重要性体现在它是管理职能环节中________，提供了________的关键联系，是管理者________的唯一办法。

二、单项选择题

1. 控制工作得以展开的前提是(　　)。

A. 建立控制标准　　B. 分析偏差原因

C. 采取纠正措施　　D. 明确问题性质

2. “治病不如防病，防病不如讲究卫生”，根据这一说法，下列选项中，最重要的控制方式是(　　)。

A. 预先控制　　B. 实时控制　　C. 反馈控制　　D. 前馈控制

3. 管理控制工作的一般程序是(　　)。

A. 建立控制标准，衡量绩效，分析偏差产生原因，采取纠正措施

B. 采取纠正措施，分析差异产生原因，建立控制标准

C. 建立控制标准，采取纠正措施，分析差异产生原因

D. 分析差异产生原因，采取矫正措施，建立控制标准

4. 种庄稼需要水，但这一地区近年老不下雨，怎么办？一种办法是灌溉，以弥补雨水的不足。另一种办法是种耐旱作物，使所种作物与环境相适应。这两种措施分别是（　　）。

A. 纠正偏差和调整计划　　B. 调整计划和纠正偏差

C. 反馈控制和前馈控制　　D. 前馈控制和反馈控制

5. 分析工作的执行结果，将它与控制标准相对照，发现偏差，了解其原因及影响，并采取纠正措施的控制，就是（　　）。

A. 现场控制　　B. 前馈控制　　C. 反馈控制　　D. 直接控制

6. 能够有效地监督组织各项计划的落实与执行情况，发现计划与实际之间的差距，这一管理环节是（　　）。

A. 领导　　B. 组织　　C. 控制　　D. 计划

7. 控制活动过程中，管理人员所在的部门、所处的管理层次不同，实施控制的主要任务也不尽相同。一般来说，主要从事例外的、非程序性的和重大的程序性控制活动的是（　　）。

A. 中层管理人员　　B. 基层管理人员

C. 重点部门的管理人员　　D. 高层管理人员

8. 在黄金饰品加工企业，管理者通过电子监测仪监督检查进出生产车间的每一个人，以便控制黄金的流失。这里的电子检测仪就是控制的（　　）。

A. 目的　　B. 主体　　C. 工具　　D. 客体

9. 下列有关控制和计划之间关系的表述，不正确的是（　　）。

A. 控制和计划是一个事物的两个方面

B. 控制和计划没有内在联系

C. 计划是实现控制工作的依据

D. 控制是计划的保证

10. 管理控制系统实质上也是一个（　　）系统。

A. 自动控制　　B. 完全开放　　C. 信息反馈　　D. 完全封闭

11. 控制的根据是（　　）工作。

A. 计划　　B. 组织　　C. 人员配备　　D. 指导和领导

12. 下列说法正确的是（　　）。

A. 反馈控制是控制工作的基础

B. 反馈控制的纠正措施往往是预防式的

C. 反馈控制的工作重点是把注意力集中在历史结果上，并将作为未来行为的基础

D. 反馈控制要注意避免单凭主观意志进行工作

13. 通过提高主管人员的素质来进行的控制工作是（　　）。

A. 现场控制　　B. 反馈控制　　C. 前馈控制　　D. 间接控制

14. 根据职位要求及职位上的人员的技术和素质的要求，对主管人员和非主管人员的选拔、培养和训练是（　　）前馈控制。

A. 人力资源　　B. 原材料　　C. 资金　　D. 财政资源

15. 依据控制的（　　）划分，控制可以分为现场控制、前馈控制和反馈控制。

A. 内容　　B. 环节　　C. 对象　　D. 对象的性质

16. 现场控制的内容不包括(　　)。

A. 预测可能出现的结果,以确保目标的实现

B. 向下级指示恰当的工作方法和工作过程

C. 监督下级的工作以保证计划目标的实现

D. 发现不合标准的偏差时,立即采取纠正措施

17. 管理控制的基本步骤不包括(　　)。

A. 提高认识　　B. 拟定标准　　C. 衡量成效　　D. 纠正偏差

18. 注重于对已发生的错误进行检查改进属于(　　)。

A. 预先控制　　B. 现场控制　　C. 事后控制　　D. 直接控制

19. 实施控制的关键性步骤是(　　)。

A. 拟定标准点　　B. 选择关键控制点　　C. 选择控制技术　　D. 建立控制系统

20. 控制过程的起点是(　　)。

A. 进行预测　　B. 科学决策　　C. 分析判断　　D. 确定标准

三、多项选择题

1. 管理控制的必要性主要是由(　　)决定的。

A. 提高企业部门和员工的绩效

B. 不同组织成员的认识能力和工作能力存在差异

C. 企业面临的外部环境不断发生的变化

D. 任何企业的管理权限都制度化或非制度化地分散在各个管理部门和层次

2. 控制理论的基本原理是(　　)。

A. 可以通过对系统的调节来纠正系统输出与标准值之间的偏差,从而实现对系统的控制

B. 在企业生产经营活动开始之前就对系统进行控制

C. 任何系统都是由因果关系链联结在一起的元素的集合

D. 为了控制耦合系统的运行,必须确定系统的控制标准

3. 控制的基本过程包括(　　)。

A. 确定控制标准　　B. 根据标准衡量执行情况

C. 纠正偏差　　D. 核算成本

4. 反馈控制主要包括(　　)。

A. 计划任务分析　　B. 财务分析　　C. 成本分析　　D. 质量分析

5. 控制过程中遇到阻力的主要原因有(　　)。

A. 控制不及　　B. 控制对象不当　　C. 控制点不当　　D. 标准不科学

6. 下列各要素属于组织的控制系统要素的有(　　)。

A. 控制目标体系　　B. 控制的主体

C. 控制的客体　　D. 控制的手段和工具系统

7. 控制活动可以按控制点处于事物发展进程的哪一个阶段,而划分为(　　)三种类型。

A. 事前控制　　B. 事中控制　　C. 反馈控制　　D. 事后控制

8. 关于控制的主要作用,可以从组织环境的不确定性说起,你认为下述选项中有误的是(　　)。

A. 如组织实际活动能按计划执行,那么也就无须进行控制了

B. 在动态环境中,计划跟不上变化,所以计划没有意义和作用,只有控制才是最重要的

C. 只要计划周全,不论千变万化都无须控制

D. 变化是亘古不变的规律,现代组织所面临的环境大多是复杂多变和不确定的

9. 现场控制是由于管理者具有有限的理性,以及变化莫测的环境对前馈控制的一种补充形式,下述选项中与之相符的是(　　)。

A. 生产报表和生产过程进度控制　　B. 学生的家庭作业

C. 期中考试　　D. 年终工作总结

10. 按控制的手段可以把控制划分为(　　)两种类型。

A. 直接控制　　B. 过程控制　　C. 反馈控制　　D. 间接控制

11. 下列说法错误的是(　　)。

A. 有的偏差不影响组织运行的结果

B. 所有的偏差都是不利的

C. 同类偏差发生的原因都是共同的

D. 偏差都反映的计划和执行之间存在的严重问题

12. 管理循环,又称 PDCA 循环,中文的意思是指(　　)。

A. 计划　　B. 实施　　C. 检查　　D. 处理

13. 审计是一种常用的控制方法,主要包括(　　)三种形式。

A. 财务审计　　B. 业务审计　　C. 管理审计　　D. 领导审计

14. 为了合理利用好时间,首先要对这四类事排个顺序。下列选项中,正确的排序为(　　)。

A. 紧急又重要　　B. 重要但不紧急　　C. 不紧急也不重要　　D. 紧急但不重要

15. 应用 ABC 管理法对物质进行分类,下面分类标准正确的有(　　)。

A. A 类物资:品种数约占 5%～10%,资金数约占 90%

B. A 类物资:品种数约占 10%～15%,资金数约占 80%

C. B 类物资:品种数约占 20%～30%,资金数约占 15%

D. C 类物资:品种数约占 60%～65%,资金数约占 5%

四、简答题

1. 简述控制职能的含义。
2. 简述构成管理中控制职能的三个条件。
3. 简述控制职能的作用。
4. 简述控制的主要模式分类。
5. 简述控制标准的主要类型。
6. 简述控制过程包含的几个步骤。

五、问答题

1. 比较前馈控制与反馈控制,它们各自的优点有哪些?
2. 在衡量实际绩效的过程中,应注意哪些问题?
3. 控制过程中信息及时性与信息适用性的具体要求是什么?

4. 控制过程中可采取哪些类型的纠偏措施?

5. 管理者在控制过程中产生偏差的原因及应采取的纠偏措施有哪些?

6. 有效控制的条件有哪些?

请用手机微信扫以下二维码,获取自测题参考答案。

第十四章 自测题
参考答案

第十五章

创　新

学习目标

知识目标：熟悉创新职能的基本知识，掌握制度创新、技术创新、组织创新的基本内容，了解创新的过程、理论创新的内容和特点。

能力目标：能够区分各类创新主体的内涵与过程；培养学生的创新意识与创新能力，以适应不断变化的环境，为学生从事经济管理科学研究以及管理工作奠定基础。

素质目标：各种创新主体之间的关系；培养大学生时代感和使命感；培养学生文化自信和民族自豪感，帮助学生树立正确的价值观。

思政目标：充分认识并感知创新是一个复杂的社会系统工程，培养在激烈的市场竞争中，不断驾驭和开拓创新的精神和能力，将生死之道牢牢掌握在自己手中。

思维导图

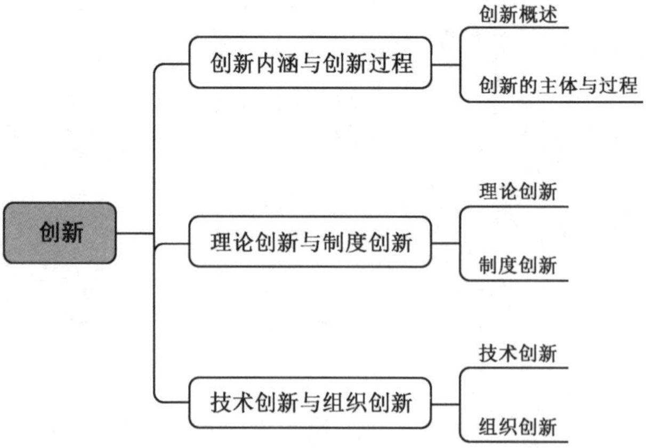

案例引入

中集特箱：推行全面管理创新 实现高端产品转型

南通中集特种运输设备制造有限公司（简称“中集特箱”）是中集集团旗下骨干企业。中集特箱成立于1998年，注册资本1 000万美元，总投资1 700万美元，主营特种运输装备、新能源等多用途集成装备、海工平台配套装备，历年销售额在15亿美元左右。中集特箱组建有江苏省工程技术研究中心、江苏省企业技术中心、江苏省工业设计中心等研发平台，技术能力处于行业领先地位。先后被认定为国家高新技术企业、国家知识产权示范企业、江苏省创新示范企业、江苏省服务型制造示范企业、江苏省管理创新优秀企业；荣获省部级科技进步奖3项、省专利金奖1项、国家专利优秀奖3项。目前拥有授权有效专利近300件，其中发明专利80余件、境外专利40余件。近两年承担了江苏省科技成果专项资金项目、江苏省高价值专利培育示范项目。

中集特箱以全面管理创新为统领，围绕向高技术、高附加值高端装备领域转型的战略定位，建立企业全面管理创新机制，构建科学、规范、高效的战略管控体系与平台。成功实现了企业挺进高端装备领域，在业内开创了向高端技术产品转型的先河。

全面管理创新，建立战略管控体系与平台

管理创新是战略落地的具体载体。公司的中长期发展战略规划，明确了"成为业内认同、质量领先的集装箱及特种物流装备的主要制造商、服务商和方案提供商"的企业愿景。为使战略规划顺利落地，中集特箱建立了全面管理创新机制，构建科学、规范、高效的战略管控体系与平台，在遵循PDCA循环管理法则下，通过管理创新的制定、实施、点检、总结和固化形成方针管理的闭环，从而实现挑战性的公司总经理方针目标，各部门基于部门职能，对总经理方针目标进行承接分解，发动员工认真制订本部门的管理创新和个人课题，由企业经管理层及上下游部门共同评审后确定，从而确保了企业每项目标都能落实到部门，并到岗到人。

营运模式创新，为客户提供整套解决方案

中集特箱通过前瞻性的市场调研、信息收集以及与竞争对手的差异化分析，了解掌握行业信息和动态。一方面分析国家方针政策，在对政策的研究中寻找企业在新产品、高端产品上的突破方向和领域；另一方面做好现有客户和大客户的维护工作，主动沟通，挖掘潜在需求；与国内大型和知名的物流企业展开联合调研，了解物流企业上游链的"具体运输货物"运输需求，从中捕捉市场商机，开发适合各类货物运输的、具有创新特性的高端运输装备。中集特箱还利用中集集团的集团化运作优势，对整个装备制造行业(包括竞争对手)进行信息收集和分析研判，把握新产品、高端产品的突破方向，从而与竞争对手拉开差距，确保始终走在行业前列。

基于高端装备产品区别于一般产品的特殊要求，中集特箱对原有的营运方式进行调整。在客户仅提出潜在需求的情况下，中集特箱改变原先"来图加工""依单生产"的营运方式，为客户提供一整套解决方案。结合客户需求，凭借自身在集装箱运输化方面的专业知识和经验，与客户一起从前期市场调研入手，了解其上下游产业链、上游物流公司运作方式和下游供应商配套能力，通过全方位调研，综合制订出科学经济的解决方案，帮助客户有效解决了一整套的物流运输方案。如在航天科技集团最初仅提出集装箱运输火箭这一设想的基础上，中集特箱通过实现高端产品的"私人定制"，不断与客户沟通并调整解决方案，最终成功研制了长征系列火箭运输箱，该成果荣获2017年度江苏省科学技术奖。

技术管理创新，实现向高端装备领域的技术突破

为了实现向高端装备领域转型升级的管理创新，中集特箱优化企业组织结构，推行产品线经理责任制。实行产品线"市场经理"和"技术经理"的协同作战，市场部按照产品线进行分工，内部建立各个产品线的开拓团队，并明确产品线的"市场经理"，由"市场经理"负责组织制定产品线年度开拓计划并贯彻落实；技术部按照市场部的分工，同步组建技术开发团队，由主任级以上的工程师兼任各产品线的“技术经理”，由“技术经理”对该产品线所涉及的行业标准和行约行规进行研究，并组织产品技术开发。同一产品线的“市场经理”和“技术经理”之间形成紧密互动，共同推进产品线的经营管理工作。

在进行前瞻性的高端产品开发时，中集特箱组成临时“产品项目小组”，从市场、技术、采购、生产、质控、物流等部门选拔专业骨干加入，由管理部领导亲自挂帅，担任项目的总协调人，形成了矩阵式的组织架构，负责开展市场调研、产品开发、市场推广等工作，打破了部门间的沟通壁垒，提高了沟通效率和协同度，对高端装备产品的集中攻关起到了强有力的组织保障。

研发新产品不是闭门造车，而是要在做足市场调研、充分了解客户潜在需求的基础上优化创新设计，这就要求企业的研发管理处于动态管理中。中集特箱研制的长征五号火箭系列运输箱，其中最大的单个箱体外形尺寸相当于 40 个 6.096 米标准集装箱，是目前国际上最大的运输箱体，装运物体为航天火箭的各个部件，因此对箱体的密封、保温、监测等各方面均有较高的要求。为此，中集特箱确定了技术研发项目经理，根据新产品特点组建了研发团队，几十次前往航天集团以及运输码头、天津总装厂等地，现场实地调研功能需求和运输环境，并在设计过程中与航天集团保持了密切沟通，确保项目的成功实施。

在研发高端产品智能化方面，中集特箱设定了“通过新技术的运用，增强公司及产品市场竞争力”的管理创新。以国家《企业知识产权管理规范》为导向，中集特箱建立了知识产权管理体系，对现有知识产权管理制度进行修订完善，并贯穿于高端产品从开发到制造的全流程。

优化生产流程，满足高端产品制造需求

由于高端产品性能的特殊性，其生产制造要求比一般集装箱产品高很多。在火箭运输箱等高端产品生产中，采用焊接机器人及变位机和相关工装进行焊接角件组件等，取得了满意的焊接效果；利用摄像头采集薄板对接形成的实际焊缝，在焊接中准确识别焊缝特征并实时控制焊枪姿态，及时给予真实焊接跟踪，将焊缝特征的变化实时进行数字化转换为跟踪机构的指令，实现了整个焊接跟踪过程的智能化识别和“绿色化”制造，克服了其他跟踪形式因焊接造成的不足，更适合高端产品的生产需求。从材料配套的职能出发，着重开展了高端装备原材料的国产化替代工作。

不同于普通集装箱产品流线化、批量性的生产组织方式，高端产品往往品种各异批量较小。为此，中集特箱在普通集装箱生产中推行标准作业体系的基础上，导入开发了一整套适合高端产品生产的“多品少批标准作业”的生产体系。该体系通过对零部件工艺安装操作过程的标准化设定及设备、工装、物料布局的合理化安排，制定相应作业标准，形成标准工时、变化点管理、员工技能育成等流程，贴近生产实际，提升了生产效率，使作业标准真正落地地应用于“多品种、少批量”高端产品的生产中，确保了设计要求的达成。

资料来源：根据彭拜网网站资料(2021-03-28)整理而得。

【问题思考】

1. 中集特箱推行的全面管理创新主要体现在哪些方面？

2. 在全球经济持续走低、中美贸易摩擦不断升级的恶劣市场环境下，中集特箱公司如何通过管理创新走出发展困境？

3. 中集特箱最重要的经济贡献点是什么？其走向成功的关键点在哪里？

阅读材料

大连中集特种物流装备有限公司

大连中集特种物流装备有限公司成立于2003年，主要产品包括国际标准集装箱、“一带一路”大宗商品公铁水多式联运特种集装箱、航空航天仪器设备用集装箱方舱、节能环保水处理一体化集装箱、新能源储能设备箱、智能集装箱模块化建筑、可移动防疫医疗方舱及近海集装箱、近海可移动罐柜等海洋工程石油平台特种物流装备，已发展成为全球最重要的特种集装箱等集装单元化物流装备供应商之一。公司累计获得专利授权超过300项；参与制定国家标准3项、主持和参与制定行业标准2项，荣获国家高新技术企业、国家知识产权优势企业、国家级专精特新“小巨人”企业、省瞪羚企业、省级企业技术中心、市工程研究中心、市工业设计中心、大连市最佳雇主、大连市市长质量奖等资质荣誉。公司始终高度重视科技创新和自主研发，拥有先进、完善的研发平台及设施设备，拥有一支富有朝气、素质优良、技术过硬、经验丰富、勇于创新的技术精英团队，科技人员和研发人员占员工总数的比例分别超过30%和15%，保证了公司雄厚的科研力量和强大的研发能力，累计获得专利授权近130项，参与国家及行业标准修制定近10项，拥有现代物流产品资源近1 000种，进而保证了企业在本产业领域技术创新中的领军作用和核心竞争能力，成为金属托盘箱、罐箱、海洋石油辅助物流装备等研制的行业龙头。

资料来源：根据大连中集特种物流装备有限公司官网资料整理而得。

计划、组织、领导与控制是保证计划目标实现所不可缺少的。从某种意义上说，它们是同属于管理的“维持功能”，其任务是保证系统按预定的方向和规则运行。但是，管理在动态环境中生存的社会经济系统，仅有维持是不够的，还必须不断调整系统活动的内容和目标，以适应环境变化的要求，这就是常被人们忽视的管理的“创新职能”。

第一节　创新内涵与创新过程

一、创新概述

自从人类诞生以来，欲望无限与资源有限之间的矛盾就一直困扰着人类。从原始社会如何索取必要的食物以满足人类生存的需要，到奴隶社会如何获得更多的土地、财富和奴隶以满足奴隶主们奢侈的生活，一直到现在人类如何合理地配置有限的资源以保持人类与自然的和谐发展，人类致力于协调这一对矛盾的努力从来没有间断过。而这个过程，离不开管理的“创新职能”。

（一）创新的内涵

1. 创新的含义

何谓创新？顾名思义，“创”是指创造，是一种行为；“新”与“旧”相对，与“创”搭配表示一种结果，指新的东西；“新”是一个褒义词，具有“正面”“积极”的含义。“创新”就是指创造新的东西，是进步的、对社会有益、具有正面意义的东西，是对已有的东西进行替代、覆盖的活动。在英语中，创新是 Innovation，起源于拉丁语。它有三层含义：一是更新，二是创造新的东西，三是改变。但是，改变的结果有可能是正面的，也有可能是负面的。因此，改变不等于创新，创新也不仅是改变。所以，只有做出具有正面价值、进步意义的改变，才是创新。

关于“创新”的概念，不同学科、不同领域有不同的解释。其中，最具有经典意义的是经济学家约瑟夫·A. 熊彼特(Joseph Alois Schumpeter)在 1912 年出版的《经济发展理论》从经济学的角度对创新下的定义，即“创新是指以新的方式展开的生产活动，以获取更好的经济产出”，具体包括以下五种情况：一是生产出一种新的产品，即产品创新；二是采用一种新的生产方法，即方法创新或工艺创新；三是开辟一个新的市场，即市场创新；四是获得某种原料或半成品的新的供应来源，即生产要素创新；五是实行一种新的企业组织形式，即组织创新或制度创新。这里的“创新”不是一个技术概念，而是一个经济概念。

20 世纪 50 年代，美国管理大师德鲁克把创新引入管理领域。他认为，创新就是赋予资源以新的创造财富能力的行为。1985 年他在研究日本创新活动时就曾指出，创新不只是技术创新，也必然涉及经济创新与社会创新。他认为，从日本的创新活动来看，没有社会的整体改革，譬如在教育、经济等方面的改革，技术创新就不可能取得成功。

现在的创新概念已不局限于经济领域和管理领域，“创新”一词扩展到了社会的方方面面，如理论创新、制度创新、经营创新、技术创新、教育创新等。因此，对创新所做的定义应该包含更广的范围。

本书倾向于袁江洋和刘益东在《创新能力建设：专业技术人员创新案例》一书中对“创新”给出的定义，即创新是指通过创造或引入新的技术、知识、观念或创意创造出新的产品、服务、组织、制度等新事物并将之应用于社会以实现其价值的过程。这里所指的“价值”，包括经济价值、社会价值、学术价值、艺术价值等。

从上述关于创新的概念来看，创新具有如下含义：

第一，生产一种新产品，或采用一种新的生产过程、一种新组织形式或管理形式，或一种新式的市场行为。

第二，利用新技术、知识、观念或创意，设计生产或形成新的产品、服务、组织、制度、流程或管理方式等新事物。

第三，通过新产品等新事物的社会化实现其价值，而且所追求的价值并不只限于经济价值。

第四，新技术、知识、观念或创意的形成、产生或引入。

第五，获得原材料或半制成品的一种新的供应来源。

2. 创新的要素

要对创新给出一个完整的定义是非常困难的。不过，一个比较完整的创新概念，应该包括以下五个要素：

一是创新主体。创新可以是一个人的行为、两个人共同的行为，也可以是两个以上的人的共同行为，即组织的行为。一个人的创新行为比较简单，但两人以上的创新行为比较复杂，一个人的创新能力强不等于一个组织的创新能力强，需要组织内部的协同才能达到整个组织的创新能力最优。

二是创新动力或创新诱因。创新不会无缘无故地发生，必然有其产生的诱因。创新源于问题或需求，遇到问题，需要通过创新去解决，或者他人有需求需要我们去满足时，引发创新。

三是创新作用的对象，或者创新领域的属性。社会经济的各个方面都可能需要创新，技术方面的创新称技术创新，管理方面的创新称管理创新，理论方面的创新称理论创新，等等。

四是创新是一个过程。创新是源于问题，直到问题得到圆满解决的全过程，或者是从需求的提出、创意的产生，直到价值实现的全过程。

五是创新的目的是实现价值。创新是目的性很强的活动，其目的是解决问题或满足需求。

3. 创新的领域

创新涵盖众多领域，包括政治、军事、经济、社会、文化、科技等各个领域的创新。因此，创新可以分为科技创新、企业创新等。

科技创新是社会生产力发展的源泉。科技创新，是指科学技术领域的创新，涵盖两个方面：自然科学知识的新发现、技术工艺的创新。在现代社会，大学、科学工程研究等研究机构是基础科学技术创新的基本主体，而企业是应用工程技术、工艺技术创新的基本主体。

企业创新是现代经济中创新的基本构成部分。企业往往由生产、采购、营销、服务、技术研发、财务、人力资源管理等职能部门组成，因而企业的创新涵盖这些职能部门，企业创新包括产品创新、生产工艺创新、市场营销创新、企业文化创新、企业管理创新等。

（二）创新的特征

从创新的概念来看，创新具有以下特征：

1. 创造性

创造性是创新最本质的特征。“创”与“新”具有因果关系，不“创”就谈不上“新”，而“新”的东西无不体现出其创造性。因此，创新是一种创造性行为，它必然要求创新者具有创造的能力，包括创造性的决策能力和组织才能。从另一个角度看，创新是一种实践性很强的活动，特别是体现出企业家精神的一种实践，是企业家创造性地对生产要素重新组合的过程。然而，创造往往要突破常规，如果不能突破常规，不能打破现有制度或规范等的制约，就难以取得有创造性的成果。

2. 目的性

创新是一种目的性很强的活动，其目的就是解决问题，满足需求。在经济领域，创新是一种经济活动。企业进行技术创新，包括产品创新和工艺创新，是为了提高市场竞争力；进行管理创新，是为了减少管理层次，提高管理水平，降低管理成本；进行市场创新，是为了开拓新的市场，扩大市场规模，提高市场占有率；进行制度创新，是为了消除影响企业发展的体制性障碍等。总之，企业进行创新，不仅是为了应对市场竞争的压力，更是为了追求利润最大化。社会领域、政治领域、文化领域等方面的创新，也是如此，也都有较强的目的性。

3. 过程性

创新是一个过程，从创意的提出到价值的实现，其间要经历多个阶段。在一些专家学者对创新的定义中，也有从过程的角度进行定义的。由于角度不同，有的将创新过程分为三个阶段，有的分为四个阶段，有的认为要分五个阶段，有的甚至分为七个阶段。无论分成几个阶段，或者如何来划分，都说明创新是多阶段的。认识创新过程的多阶段性特征，可以将创新活动按各阶段的不同情况与特点加以控制和管理，从而减少创新风险。

4. 综合性

创新的事项可大可小，其复杂性与涉及面直接相关。较复杂的创新活动涉及多个组织、多个部门的合作与配合，涉及技术、资金、市场、信息等多个要素的投入与管理，涉及研发、生产、采购、营销、售后服务等多个环节，涉及战略战术的制定与实施等方方面面。可以说，创新是一个系统工程。就企业而言，其创新活动要与发展战略相适应，要由多个部门配合才能完成。在这个系统工程中，任何一个环节或部门出现问题都会影响创新的效率，影响创新成果的实现程度，甚至导致创新的失败。

5. 风险性

创新是一个探索过程，探索的不确定性决定了创新的风险性，即存在失败的可能性。通过加强创新风险管理，降低创新风险，防范创新风险的发生。

(三)创新的管理

1. 创新管理的含义

何谓创新管理？顾名思义，创新管理是创新与管理的组合，可以从三个角度来理解：一是对创新活动的管理或者说“管理创新活动”，即把创新当作名词来理解；二是对管理进行创新或者说“管理即创新”，将创新当作动词来理解，强调对管理进行创新的过程，包括制度创新、体制创新和机制创新；三是创新的管理或者说“创新型管理”，即将创新当作形容词来理解，表明一种状态，强调与过去的管理相比是新的。管理创新是指引入新的管理思想、方法、手段、组织方式等，也属于创新活动的范畴，因此，第一种含义包含了第二种含义。本章主要是指对创新活动的管理，即从第一个角度理解。

2. 创新管理的演变

从创新管理研究的演进历程来看，一般认为创新管理经历了个体创新管理、组合创新管理和全面创新管理三个阶段。

第一阶段是个体创新管理阶段(20 世纪 40—70 年代)，这一阶段主要研究企业创新的过程、成功因素和动力，是以个体的创新过程活动或者要素为主要研究对象，还涉及创新过程中各构成要素之间的内在互动机理和关系，其显著特征是单一、线性、内源式的创新管理。

第二阶段是组合创新管理阶段(20 世纪 80—90 年代)，这一阶段的研究视角从单个的创新系统构件转到创新系统要素之间的关系上，提出了组合思想和组合创新理论。组合创新的研究和实践，大体经历了从产品的组合创新、技术的组合创新、不同创新的组合到基于核心能力的组合创新四个逐渐深入的过程，包含了产品创新与工艺创新、重大创新与渐进创关系。

第三阶段是全面创新管理阶段(20 世纪 90 年代中期以来)，即出现了集成创新观和系统创新观的创新理论。集成创新观强调对各种创新要素的创造性整合，体现出一定的系统性思想。

3. 创新管理的要素

创新是一个管理过程，成功的创新管理包括以下四个要素：一是战略，即从战略的角度看待创新和创新管理问题；二是机制，即建立有效的实施机制，对创新过程中的各个要素进行管理；三是组织，即为创新提供一个支持性的组织环境，包括建立创新型组织和创新型企业；四是外部联系，即与顾客、市场供应商、竞争者和其他外部知识来源之间建立和维持有效的外部联系。创新管理就是在创新过程中围绕这四个因素进行管理，这是从横向来看待创新管理的。

4. 创新管理的层次

从纵向来看，创新管理是一项综合管理职能，体现在创新的战略管理、过程管理、要素管理、项目管理和知识产权管理等多个方面，可以分为四个层次：一是意识层次，即创新理念的确立、创新文化的建设、创新氛围的建造等；二是制度层次，即创新制度的建立、创新机制的建立、对创新成功予以奖励、对创新失败给予宽容等；三是要素管理层次，如创新团队的组建、创新人才的培育、创新设施的更新改造、创新条件的改善等；四是活动管理层次，即创新规划、组织、协调、控制以及风险评估与防范等。

将以上两个角度结合起来，就形成对创新管理的立体视角。从中可以看出，创新管理是很复杂的，却又是十分重要的。管理有四项基本职能：计划、组织、领导、控制，创新管理的内容也体现在管理的这四项基本职能中。要实现从创意到最终产品的价值转化，实现创新的成功，创新管理需要从战略、组织、机制、文化等方面进行精心设计，为创新的价值提供切实的保障。

二、创新的主体与过程

（一）创新的主体

1. 创新主体的含义

主体是实践活动的承担者。从实践活动的本质属性看，可以将“主体”这一概念的内在规定性归结为以下三点：(1)主体具有由需要激发的进行对象性活动的能动性；(2)主体具有在目的推动下的创造性；(3)主体具有对自身活动进行自我控制和自我调节的自主性。①

创新主体是自始至终参与管理创新全过程，即有自己的创意并成功地将其付诸实施的人。所以，创新的主体是人，这里的“人”有两层含义：一是指个人，如自然人的发明创造，像爱迪生等；二是指团体或组织，如企业创新体系、区域创新体系、国家创新体系的建立。

创新主体是具有创新能力并实际从事创新活动的人或社会组织。创新是人类独有的活动，是人类所进行的能动的创造性活动，是人之所以为万物之灵的一大基本特征。动物是没有创新的，蜜蜂把它们的蜂房建造得再精密、再完美也不是创新，而只是一种本能性活动。

2. 创新主体的分类②

熊彼特在创立其创新理论时，创新主体主要是指企业家，范围显然过于狭窄。实际上，创新领域是广阔的，创新主体是多元的，人们可以用不同的标准对创新主体进行分类。

按照创新主体在进行创新活动时所采取的组织形式来分类，可以分为个体主体、团队主体和国家主体；按照创新主体完成的创新内容来分类，可以分为理论创新主体、技术创新主体、制度创新主体、文化创新主体等。

不同的创新主体应该具备不同的创新素质，而创新素质的高低又往往直接决定其创新能力的强弱。因此，研究创新主体的问题，努力提高各类创新主体的素质，成为提高自主创新能力的关键性因素。

3. 创新主体的特征

在创新领域中，创新主体应满足以下几个方面的特征：③(1)具有对创新活动自主的决策权；(2)具有进行创新活动所要求的能力；(3)承担创新活动的责任与风险；(4)获取创新活动的收益。

4. 企业的主体地位

创新主体是具有创新的动力和能力的、创新投入、活动和收益的承担者。当将创新作狭义理解，即技术创新时，一般认为企业是创新主体。

首先，创新是一项与市场密切相关的经济活动，只有企业才会在市场机制的激励和约束下去从事创新。其次，根据新古典经济学派的创新理论，创新是指生产要素的重新组合，这种组合只有企业家通过市场来实现，这个作用是其他组织和个人无法替代的。最后，技术创新需要很多与产业有关的特定知识，它们是产业技术创新的基础。

因此，全体员工是创新活动的源泉，全体员工的积极性、智慧和创造力的发挥是管理创新

---

①②③ 创新主体，百度百科。

活动的源泉;管理者是管理创新的中坚力量,管理者如果对提出的创意并加以有效实施,就能成为管理创新的主体;管理专家和研究机构是管理创新的辅助力量;创新型企业家是管理创新的关键。

创新的客体是客观世界,包括自然科学、社会科学以及人类自身思维规律。创新的关键是改变,向新的方向、有效的方面量和质的变化。创新的结果有两种:其一是物质的,如蒸汽机、电脑等;其二是非物质的,如新思想、新理论、新经验等。

(二)创新的过程

不少杰出的创新都留下了动人的传说:瓦特看到壶盖被蒸汽顶起而发明了蒸汽机,牛顿被下落的苹果砸了头而发现了万有引力,门捷列夫玩纸牌时想出了元素周期表。如果创新如此简单,创造学就实在是不用学了。

我们研究创新的过程,是把过程看得比结果更为重要。创新是由创新思维的过程所决定的,而结果仅是过程的成功产物。但是,教育上的一个缺陷是注重创新成果的渲染,而对创新的过程讲得不多,甚至导致人们对创新的误解。

1.创新过程的四阶段理论

创新“四阶段理论”是一种影响最大、传播最广,而且具有较强实用性的创新理论。该理论由英国心理学家华莱士(Walas)提出,该理论认为创新的发展分为四个阶段:准备期、酝酿期、明朗期和验证期。

(1)准备期。

准备期是准备和提出问题阶段。一切创新是从发现问题、提出问题开始的。问题的本质是现有状况与理想状况的差距。

(2)酝酿期。

酝酿期也称沉思和多方思维发散阶段。在酝酿期,要对收集的资料、信息进行加工处理,探索解决问题的关键,因此常常需要耗费很长时间,花费巨大精力,是大脑高强度活动时期。此时良好的意志品质和进取性格显得格外重要,因为这是酝酿期取得进展直至突破的心理保证。

(3)明朗期。

明朗期,即顿悟或突破期,寻找到了解决办法。明朗期很短促、很突然,呈猛烈爆发状态,在明朗期灵感思维往往起决定作用。

(4)验证期。

验证期是评价阶段,是完善和充分论证阶段。验证期是把明朗期获得的结果加以整理、完善和论证,并且进一步得到充实。论证有两层含义:一是理论上验证,二是放到实践中检验。验证期的心理状态较平静,但需耐心、周密、慎重,不急于求成和不急功近利是很关键的。

2.创新的实施步骤

(1)信息收集与整理。

创新的第一阶段就是进行信息的收集与整理。管理者要从管理目标与需要出发,大量收集与整理信息资料;分析组织内部存在的不协调;界定所要解决的问题与任务要求;同时明确客观环境与主观条件。在此基础上,厘清创新的大致方向。

(2)创新方案的制订。

创新是有风险的。为了将风险降到最低,企业必须根据本企业内外的实际情况,结合公司的整体发展战略和业务特点,制定适合本企业的创新方案。

(3)实施创新方案。

有了创新方案，就要迅速付诸实施，而不论这一方案是否绝对完善和十全十美。如果想等到创新方案达到完美的时候再行动，那将是看别人成功的时候。

(4)不断完善创新方案。

创新是有风险的，是可能失败的，为了尽可能避免失败，取得最终的成功，创新者在开始行动以后，要不断研讨，集思广益，对原有方案进行补充、修改和完善。

(5)持续创新。

这一轮的创新成功，为下一轮的创新提供了动力。创新不能停止，必须要在一个新的起点上实施再创新。即使这一轮创新失败，也要从失败中总结经验，吸取教训，为持续创新提供鉴。

(三)创新的动力

1. 创新动力的内涵

所谓"动力"，是指使机械做功的各种作用力，如水力、风力、电力、热力等，泛指推动事物运动和发展的力量。从力量作用的方向来看，可将动力分为推力与拉力，而压力的释放也可以转化为动力。

在现代管理中，动力可分为物质动力、精神动力和信息动力三大类。物质动力是指利用物质刺激会产生相应的经济效果；精神动力是指通过包括信仰、精神刺激等因素产生相应的效果，它不仅可以补偿物质动力的缺陷，其本身也有巨大的威力，有时甚至可以成为决定性动力；信息动力是指通过与外界的信息交流产生前进的动力。

所谓"创新动力"，是指促进和推动创新的力量。从影响创新因素的来源来看，有外部因素和内部因素之分；从力量来源来看，创新动力可分为推力、拉力，而压力释放出来，也可转化为动力。

2. 创新的外部动力

来源于外部的创新动力主要包括以下几个要素：

(1)技术发展的推动力。

任何技术都具有完成商业化过程的内在特性，一旦条件成熟，就会进入商业化过程。正因如此，越来越多的先进技术直接服务于经济和社会发展领域，从而促使企业不断地采用先进技术进行适用性开发和创新。科学技术发展规律表明，科学技术的突破与发展，确实能使企业形成一定的创新动力。

(2)市场需求的拉引力。

当企业发现一个新的市场机会，或在市场中发现了一个新的细分市场，或者在生产经营中存在需要解决的问题，如原材料成本上升、人员流动率较高等，都会积极地启动创新。据有关资料显示，有60%～80%的创新是市场需求和生产需要所激发出来的。因此，市场需求是研发构思的来源，是拉动、牵引创新的主要动力。IBM公司1947年制造的计算机可以解决许多世界性的科学难题，那台机器就成为IBM公司最早的计算机。佳能公司发现，中小企业需要使用复印机，而在当时还是一个空白的细分市场，于是立即启动创新机制，开发出了适合中小企业使用的复印机，并迅速占领了中小企业市场，从而在复印机市场上，与施乐公司平分秋色。

(3)市场竞争的压力。

市场竞争迫使企业和个人寻求创新机会，以取得有利的竞争地位。市场竞争所带来的威胁既有实际威胁，也有潜在威胁。实际威胁是指竞争对手成功地引入创新，在竞争中处于优势，或者由劣势转为优势，或与竞争者之间的差距不断缩小。潜在威胁是指竞争对手加大了创新投入的规模和强度，改善了创新投入的结构，不断地提高创新人员的数量和素质等。这些都会迫使企业和个人积极地从事创新,战胜竞争对手,获得持续、健康的发展。在激烈的市场竞争面前,要么生存发展,要么淘汰死亡,只有这两种结局。

(4)政策激励的拉引力。

各级政府通过税收优惠、财政补贴、金融扶持、知识产权保护和激励分配等各种扶持政策来激发企业和个人的创新积极性。政府对待创新活动的态度及采取的措施,可以直接影响企业和个人的创新行为及价值取向,甚至关系到创新的成败。大量的实践经验证明,规模较大、收益较多的创新,一般都得益于政府政策的扶持。在一些情况和条件下,如果只有市场需求的拉动、市场竞争的压力,以及技术的推动,而企业没有正确有效地运用政府的政策,也难以促使员工主动地进行创新。

3.创新的内部动力

来源于内部的创新动力包括以下要素:

(1)物质动力。

物质动力,即追逐物质利益的动力。无论是个人还是企业,都热衷于对利益的追逐。个人创新的动力之一是希望获得更多的收入,企业创新的动力之一是降低生产成本、减少经营费用和提高收入,进而提高经营利润。为了追求长期的利益最大化,无论是个人还是企业,都要着眼于未来,积极主动地投入创新,参与创新。

(2)精神动力。

精神动力,即个人信仰、宗教、人生追求、精神上的荣誉感与满足感、社会责任感、奉献精神等,也会引发创新,也会形成对创新的推动。

(3)信息动力。

信息动力,即在交流中获得的新思想、新知识、新信息,也能促进创新。例如,许多创新来源小企业的研发活动,而许多创意往往是在小企业与其大公司客户双向交流的过程中产生的。企业内部的交流,包括员工之间、上下级之间、企业与供应商之间、企业与客户之间的交流,都可能产生创意,引发创新。所以,许多企业举办内部研讨会、工作交流会、专家咨询会等,组织员工参与交流,同时不惜花费较高的代价参加各种行业交流会、学术研讨会、新产品展示展销会等。这些交流,都会促进创新。

【拓展知识】　　要敢于打破自己的优势,形成新的优势

第二节　理论创新与制度创新

一、理论创新

(一)理论创新的内涵

理论创新是指人们在社会实践活动中,对出现的新情况、新问题,进行新的理性分析和理性解答，对认识对象或实践对象的本质、规律和发展变化的趋势做新的揭示和预见，对人类历史经验和现实经验作新的理性升华。简单地说，就是对原有理论体系或框架的新突破，对原有理论和方法的新修正、新发展，以及对理论禁区和未知领域的新探索。①

理论创新是相对于应用创新而言的，可分为意识形态理论创新、基础科学理论创新。意识形态理论创新包括哲学理念创新、思想观念创新等。基础科学理论创新涉及面更是广泛。

（二）理论创新的地位

理论创新是最重要的创新，是整个创新思想的核心，是其他一切创新的基础。只有突破陈旧思想观念的束缚实现理论创新，才能在新的理论的指导下，实现其他方面的创新。所以，理论创新是其他一切创新的基础，其他创新都是在理论创新的指导、推动及影响下进行的。理论创新是最重要的、决定性的创新。如果没有理论上的创新，人们的思想观念还处在旧理论体系的禁锢和束缚中，就谈不上其他方面的创新。

理论创新是科技创新和体制创新的先导。理论创新不仅要具有勇于创新的思想意识，还必须要有科学的思想方法。只有坚持在继承中求创新，在比较中求创新，在综合中求创新，在实践中求创新，才能使理论创新既有坚实的基础，又能与时俱进。

概括起来，理论创新必须坚持两个基本要求：一是必须坚持马克思主义的立场、观点和方法，坚持马克思主义的基本原理；二是一定要贯彻解放思想、实事求是的思想路线，坚持勇于追求真理和探索真理的革命精神。

（三）理论创新的分类

依据理论创新实现的不同方式，可以把理论创新分为五种，即原发性理论创新、阐释性理论创新、修正性理论创新、发掘性理论创新和方法性理论创新。

（1）原发性理论创新，是指新原理、新理论体系或新学派的架构与形成。

（2）阐释性理论创新，是指依据社会实践的需要，清除附加给原有理论的错误解释，对其思想资料和原理进行梳理归纳，恢复理论本来的面目。

（3）修正性理论创新，是指在肯定和继承原有理论的基础上，根据实践的需要，对原有的理论体系和原理，做出新的补充和修改、新的论证和发挥。

（4）发掘性理论创新，是指前人已经提出的某些理论，由于各种原因，被遗忘了、掩埋了、淡化了，根据时代的需要，把它重新凸显出来，使其重放光芒。

（5）方法性理论创新，是指从科学研究方法和学科体系角度，用新的原则、新的模式或新的视野，对社会实践问题做出新的解释，实现科学研究方法、思想的更新。比如，信息论、系统论、控制论等。②

（四）理论创新的特点

理论创新与创新的理论是一个问题的两个方面。前者是行为过程，后者是形态结果，不能分离。因此，从作为形态的创新理论的本质属性来看，作为过程的理论创新具有三个方面的主要特点，即实践性、开放性和实用性。

1. 实践性

实践性，即理论创新源于实践又回到实践，由实践检验其真理性和现实性。实践性原则既是理论的现实性的体现，又是理论发挥作用的桥梁、中介和动力。

---

①② 理论创新，MBA 智库·百科，https://wiki.mbalib.com/wiki/%E7%90%86%E8%AE%BA%E5%88%9B%E6%96%B0.

2. 开放性

开放性，即理论创新要成为时代精神的精华，必须广泛汲取前人和同时代人的思想成果，吸收各门具体科学的理论成就。

3. 实用性

实用性，即理论创新的有用性。不是“有用即真理”，而是指理论创新的科学价值性，它要求在理论创新研究中，必须坚持历史尺度和价值尺度的辩证统一。①

二、制度创新

（一）制度创新的内涵

制度创新理论是制度经济学与熊彼特创新理论两个学术流派的融合。对制度创新的概念及内容的完整表述是由道格拉斯·诺斯（Douglas North）和兰斯·戴维斯（Lance Davis）给出的，他们认为，制度创新指的是能够使创新者获得追加或额外利益的，对现存制度（指具体的政治经济制度，如金融组织、银行制度、公司制度、工会制度、税收制度、教育制度等）的变革。促成制度创新的因素有三种：市场规模的变化，生产技术的发展，以及由此引起的一定社会集团或个人对自己收入预期的变化。②

（二）制度创新的内容

制度创新的核心内容是社会政治、经济和管理等制度的革新，是支配人们行为和相互关系的规则的变更，是组织与其外部环境相互关系的变更，其直接结果是激发人们的创造性和积极性，促使不断创造新的知识和社会资源的合理配置及社会财富源源不断的涌现，最终推动社会的进步。

同时，良好的制度环境本身也是创新的产物，而其中很重要的就是创新型的政府，只有创新型政府，才会形成创新型的制度、创新型的文化。目前科技创新存在和面临体制、机制、政策、法规等诸多问题的解决，很大程度上有赖于中央和地方政府能否以改革的精神拿出创新型的新思路，同时政府从经济活动的主角转为公共服务提供者，努力创造优质、高效、廉洁的政务环境，进一步完善自主创新的综合服务体系，充分发挥各方面的积极性，制定和完善促进自主创新的政策措施，切实执行好已出台的政策，激发各类企业特别是中小企业的创新活力。

（三）制度创新的必要性

自主创新是强国之道，而制度创新是自主创新的保证，是促进自主创新和经济发展的一个非常重要的动力。所以，制度创新应该是需要优先解决的问题，也是在自主创新上取得突破的关键所在。应当从体制改革、机制完善、政策扶持、人才培养、作风建设等方面形成鼓励和支持自主创新的良好文化和制度环境。总之，制度创新是创新之本，没有制度创新，就没有核心竞争力。

制度创新就是在理论创新的基础上和指导下，改革、突破传统体制和制度中种种不合理的制度和规定的束缚和限制，创造出、建立起适合时代发展和国情变化要求的新制度、新体制，通过制度建设来推进我国的改革开放和社会主义现代化事业的发展。

---

① 理论创新，MBA智库·百科，https://wiki.mbalib.com/wiki/%E7%90%86%E8%AE%BA%E5%88%9B%E6%96%B0.

② 制度创新理论，百度百科，https://baike.baidu.com/item/%E5%88%B6%E5%BA%A6%E5%88%9B%E6%96%B0%E7%90%86%E8%AE%BA/6884237?fr=aladin.

第三节 技术创新与组织创新

一、技术创新

技术创新是社会生产力发展的源泉。科技创新是指科学技术领域的创新，涵盖两个方面：自然科学知识的新发现、技术工艺的创新。在现代社会，大学、科研院所是基础科学技术创新的基本主体，而企业是应用工程技术、工艺技术创新的基本主体。

(一)技术创新的内涵

20世纪初期，美籍奥地利经济学家约瑟夫·熊彼特在《经济发展理论》一书中首次提出了技术创新的概念。熊彼特认为，“创新”就是把生产要素和生产条件的新组合引入生产体系，即“建立一种新的生产函数”，其目的是获取潜在的利润。这种组合或变动包括：(1)采用一种新的产品或者一种产品的新的特性；(2)采用一种新的生产方法；(3)开辟一个新的市场；(4)掠取或控制原材料或制成品的一种新的供应来源；(5)实现任何一种工业的新的组织。此后，索罗(Solo)、曼斯费尔德(Mansfield)、弗里曼(Freman)、缪尔塞(Mueser)、傅家骥等著名学者、专家、教授均对有关技术创新概念和定义做了不同程度的研究和论述，丰富和发展了技术创新的概念。

清华大学的傅家骥教授认为，技术创新就是企业家抓住市场的潜在盈利机会，以获取商业利益为目标，重新组织生产条件和要素，建立起效能更强、效率更高和费用更低的生产经营系统，从而推出新的产品、新的生产工艺(方法)，开辟新的市场，获得新的原材料或半成品供给来源或建立企业的新的组织，它是包括科技、组织、商业和金融等一系列活动的综合过程。浙江大学的许庆瑞教授认为，技术创新泛指一种新的思想的形成，得到利用并生产出满足市场用户需要的产品的整个过程。广义而论，它不仅包括一项技术创新成果本身，而且包括成果的推广、扩散和应用过程。西安交通大学的汪应洛教授认为，技术创新就是建立新的生产体系，使生产要素和生产条件重新组合，以获得潜在的经济效益。西安交通大学的李垣教授认为，技术创新是创新者借助于技术上的发明与发现，通过对生产要素和生产条件进行新变革，并使变革成果取得商业上成功的一切活动。①

1999年8月发布的《中共中央 国务院关于加强技术创新、发展高科技、实现产业化的决定》指出：“技术创新，是指企业应用创新的知识和新技术、新工艺，采用新的生产方式和经营管理模式，提高产品质量，开发生产新的产品，提供新的服务，占据市场并实现市场价值。”

技术创新是一个从新产品或新工艺的研究开发到市场实现的完整过程，具体包括研究与开发、中间试验、商业化生产和市场销售等一系列环节，它是企业家为获取潜在商业利益而进行的一种技术经济活动。这个定义包括以下三点：(1)技术创新的主体是企业家；(2)技术创新的目的是获取商业利益；(3)技术创新始于研究开发而终于市场实现。因此，它不仅是一种技术活动，而且是一个技术与经济相结合的过程。

---

① 董景荣，周洪力.技术创新内涵的理论思考[J].科技管理研究，2007(7)：27－29.

(二)技术创新的分类

学术界根据不同的标准对技术创新的类型进行了不同的划分。

根据对企业经营中的冲击程度大小,技术创新可分为渐进型创新与突破型创新。渐进型创新是一种主要依靠市场需求和技术所推动的创新。这种创新所涉及的变化都是以现有技术和生产能力为基础的,并且针对当前的市场和顾客的变化。创新的结果是巩固了现有的技能和资源的利用,而不能明显地改变经济的动力机制。但作为一个整体,它对产品的成本降低和性能提高有显著的累积性效果,从而对延长产品生命周期、提高生产率具有重大的影响。突破型创新是指技术上有根本变化的创新,通常是指企业首次向市场引入的、能对经济产生重大影响的创新产品或技术。它是一种跳跃式的技术变化过程,往往通过全新的方式生产产品和提供服务。一般来说,突破创新与科学上的重大发现有着紧密的关系,其创新周期比较长,在创新过程中要受到其他各种创新的不断充实和完善,同时也会引发出大量其他创新。突破创新是促进产业结构变化的决定性力量,它常常能主导一个产业,最终彻底改变竞争格局和技术格局。

按照创新的目的不同,技术创新分为需求拉动型的技术创新、资源开发及综合利用型的技术创新、效益追逐和竞争驱使型的技术创新、克服负效应的技术创新。[①]

有学者根据我国实际,将企业技术创新划分为四种基本类型,分别是增量型创新、技术开发型创型、市场应用型创新、根本型创新。[②]

也有学者将技术创新类型划分为产品创新与工艺创新、劳动节约型创新和资本节约型创新。[③] 产品创新,是指把新设想、新发明转变成能在市场上销售的新的或者显著改进的产品,包括工业设备。工艺创新是指研究和采用新的或有重大改进的生产方法,这些方法可以包括设备、生产组织方面的变化。通过工艺创新,可以生产现行生产方法无法生产的新的或改进的产品,也可以用于提高已有产品的生产效率。

劳动节约型创新和资本节约型创新。企业进行生产的过程是投入生产要素到产品产出的过程。在西方经济学中,生产要素一般被划分为劳动、土地、资本和企业家才能四种类型。劳动是指人们在生产过程中提供的体力和智力的总和;资本是指实物资本(如厂房、设备、原材料等)和货币资本。在一定时期内,由于土地和企业经营者都相对固定,因此,通常把生产过程看作为劳动和资本的组合。在产量不变的条件下,创新导致劳动和资本的投入量减少如果创新以后劳动和资本投入的比率发生了变化,则:(1)资本不变而劳动减少或劳动减少幅度大于资本减少幅度,称为劳动节约型创新;(2)劳动不变而资本减少或资本减少幅度大于劳动减少幅度,称为资本节约型创新,如果创新后劳动和资本投入同比减少,则称为中性技术创新。

Henderson & Clark 认为,创新活动所运用的新知识可能强化现有知识也可能摧毁现有知识,他们采用元件知识(Component Knowledge)与建构知识(Architectural Knowledge)两个变量(见表 15－1),依据创新对于现有知识破坏和强化的程度,将创新活动分为渐进型创新、建构型创新、模组型创新和激进型创新四类,如图 15－1 所示。[④]

---

① 胡凤英,贾振宏.浅谈技术创新的类型[J].有色金属,2000(1):27－28.

② 柴丽俊.企业技术创新的研究与类型[J].内蒙古科技与经济,2000(6):8－10.

③ 刘文东,万德印.技术创新类型阶段分析与思考[J].冶金经济与管理,2001(5):29－31.

④ 谢洪明,刘常勇.技术创新类型与知识管理方法的关系研究[J].科学研究,2003,21(5):539－545.转引自 Henderson R. M.,Clark K. B. Architectural Inovation:the Reconfiguration of Exiting Product Technologies and the Failure of Established Firms[J]. Administrative Science Quarterly,1990,35:9－30.

表 15－1　　元件知识与建构知识的特性

知识类型	内　容
元件知识	技术性的知识，可编码的显性知识
	有关某一产品中某一零件的知识
	关于产品各项核心设计观念以及这些观念如何在各元件上实施的知识
建构知识	系统性、整合性的隐性知识
	串联某一产品中各零件的知识
	通常存在于组织的例行工作或程序之中，即使对其做任何改革，也是难以观察或表达的知识
	如何将各元件完整地、系统地进行整合的知识

		建构知识（隐性知识）强化现有知识	建构知识（隐性知识）摧毁现有知识
元件知识（显性知识）	强化现有知识	渐进型创新	建构型创新
	摧毁现有知识	模组型创新	激进型创新

图 15－1　技术创新的类型

（1）渐进型创新，即针对现有产品的元件做细微的改变，强化并补充现有产品设计的功能，至于产品架构及元件的连接则不做改变。

（2）建构型创新，即重新设计产品的结构以及元件的连接方式，而对产品的元件以及核心设计基本上不做改变。

（3）模组型创新，这种创新是针对现有产品的几种元件或核心设计做摧毁式的创新变革。对产品结构和产品之间的连接不做改变，新的元件可以同时相容于新的产品结构中。例如，数字电话的发明，改变了拨号盘的核心设计，但整个电话的结构并未改变。

（4）激进型创新，即创造出新的核心设计概念，同时所需的元件、结构及其中的连接都进行变革，此类创新力求产生新的产品。

（三）技术创新的特点

石定环认为，技术创新有五个特点：市场性、创新性、系统性、综合性、企业的主体地位。①吴贵生认为，技术创新有五个特点：创造性、风险性、收益性、系统性、破坏性、实践性。② 综合学者们的观点，技术创新主要有如下特点：

1. 技术创新的市场性

根据市场的需求，用新的技术，或者是创新性的技术，通过生产应用的过程，最后到市场中取得效益。如果仅仅有成果，只是走了一半，只有真正占领了市场，取得了效益，才算技术创新。

2. 技术创新的创新性

创新性也就是创造性，即任何一项技术创新都是以前未做过的，这是创新的最本原的含义

---

① 石定环. 技术创新的五个特点[J]. 中国电力企业管理，2001(5)：35－35.

② 吴贵生. 技术创新的特点与作用. 新浪转燕赵都市报. 2009－12－13. http://news.sina.com.cn/o/2009－12－13/222416765884s.shtml.

所要求和体现的。应用创新的技术，新的生产工艺，不是完全照抄照搬，而是包括引进、消化、吸收的过程，鼓励更多地运用原始创新的东西，所以要强调自主知识产权。民族工业并不是只看在这个企业当中，或者产业部门当中有形资产谁占大股，关键是三条：第一，有没有自己企业的品牌；第二，有没有知识产权；第三，有没有核心技术。

3. 技术创新的系统性

技术的系统性和相关性决定了系统性是技术创新的最主要的特点。技术的系统性主要指技术是由企业技术有机构成的系统。相关性则指技术不是孤立的，与其他技术具有相互依存的关系，如环保技术与冶金、化工、机械、电子等技术相互依赖、相互影响、相互制约，并进一步构成国家的技术体系。技术创新包括研究开发、中间实验、工业实验、大规模生产、进入市场整个全过程，甚至包括售后服务。占领市场不仅仅是靠产品，还要靠服务。无论是研究开发、生产经营、中间实验、转化都是其中一个环节，把所有这些环节连成一个链条才是技术创新。

4. 技术创新的综合性

综合性也就是系统性，主要表现在：(1)技术创新不完全是技术因素，包括新的生产方式、经营管理模式等。以企业为例，在企业内部，创新活动涉及战略、技术研发、生产、营销、财务、人力资源等几乎每个职能部门，贯穿企业经营活动的各个环节。在企业外部，涉及上游供应商、下游用户，提供技术合作的大学、研究院所，提供服务的中介组织以及政府部门。因此，技术创新常常是一项系统工程。(2)技术创新是新旧技术的整合过程。为实现技术发展目标，各种有用的新旧技术被重新组织起来，通过整合，技术关系得到重新调整和优化，落后技术被淘汰，新技术通过选择和进一步开发进入产业，引进技术得到消化吸收，技术的整体功能因此得到增强或升级。(3)技术创新是各种创新手段如自主创新、模仿创新、组合创新、集成创新等综合运用的过程。(4)技术创新是共性技术开发和扩散及个性化过程。一方面，一个产业及不同层次的行业中都会有许多同行企业，同类企业共有的技术即是共性技术，如冰箱行业中，以压缩机为核心的制冷技术即是共性技术。产业及行业的技术发展状况常常通过共性技术的发展表现出来，技术创新就要使共性技术得到进一步提高。另一方面，产业技术的发展最终又是通过企业技术的发展来实现的，各企业还应根据自己的技术状况和市场定位，在共性技术的基础上开发具有个性特色的产品，这即是共性技术的扩散和个性化过程。各个冰箱生产企业生产的冰箱有自己的特点，这便是共性技术扩散和个性化的结果。

5. 技术创新的主体是企业

企业是创新的主体。企业不仅包括传统企业，也包括新经济企业，知识经济企业。研究院所、高等院校等都应围绕企业的需求来做。

6. 技术创新的风险性

技术创新是一项风险活动。技术创新过程中各未知因素往往难以预测，其努力的结果普遍呈随机现象，再加上未来市场的不确定性，给创新带来了极大的风险。国外统计资料表明，技术创新通常只有 2/3 的成功率。如果以技术创新的投资与利润的比值为标准，那么衡量技术开发的可行性不能以“利润/投资＝1”为临界点，因为这样无利可图，事倍功半。如果把税金支付、利润留成、股东分红等因素考虑进去，那么技术创新的临界点应是“利润/投资＝2.5”。如果再进一步去考虑各种风险因素，那么此比率还应增大。国外一些企业在技术创新时，一般是“利润/投资为 3～7”时才肯从事该项创新投入，以增强技术创新的成功率。

7. 技术创新的收益性

创新成功会产生常规经营所不能达到的收益，这是创新最具吸引力的来源。

8. 技术创新的破坏性

有些创新具有破坏性，这被称为“创造性破坏”。创新常常是新旧交替的过程，这对被替代者就有破坏性。破坏性体现在：创新可能打击甚至摧毁一个产业，例如，数码相机对传统相机、胶卷、冲印业的巨大冲击；再比如，我国的 VCD 产业彻底摧毁了当时正在兴起的录像机业。

9. 技术创新的实践性

“干中学”是获得和提升创新能力的必由之路。尽管可以用合作、联盟、模仿学习等途径提高创新能力，但最根本、最重要的还是亲身实践。

10. 技术创新的外部性

技术创新的外部性，即非创新者从创新中获得收益而不需支付相应的报酬。技术创新的外部性主要是由于技术创新的扩散造成的，主要反映在技术的外部性、市场的外部性、创新的利益外部性方面。技术的外部性主要是由非创新者根据创新成果信息进行分析、研究或对新产品实行反向工程，而且有关创新的信息也会从企业的行为活动中反映出来，获得创新技术，进而进行模仿创新。市场的外部性是指由于创新者的科技成果商业化应用后所形成的市场信息的外部性，以及由于创新者开发了市场，剩余市场需求容量的存在，使非创新者节省了市场开发成本，减少了风险，缩短了市场实现的调节。创新的利益外部性主要是由技术的外部性和市场的外部性而形成的。①

(四)技术创新的作用

1. 迅速促进技术升级和产业结构优化

技术创新成果，首先体现在将诞生具有国际竞争力的大型骨干企业，并以其为核心的整个产业技术水平实现质的飞跃，即产业主导技术产品和生产技术达到崭新的水平，业内各项支持技术也在创新过程中达到新的水平。更为重要的是，由于技术之间也是相互联系的，一个技术的发展，必然连带地促进其他的技术升级，进而实现产业结构的优化和整个技术体系的发展，并由于新技术的诞生和应用，可能成为新兴产业的生长点。

2. 提高企业产品竞争力、产业持续发展能力和科技成果转化率

通过技术创新，企业技术及整个产业技术达到一个新的水平，从而提高企业产品竞争力或产业竞争力。同时，以大型骨干企业为核心的企业间的相互协作关系也得到增强，产学研的联合也很好地建立起来了，这实际上是建立起了技术创新体系，使技术有了持续发展的能力。有了产品竞争力和持续发展的能力，就意味着能够不断选择吸收、应用、开发新技术，高新技术成果转化难的问题也就迎刃而解。

3. 有利于实现技术的生态化发展

技术生态化是未来技术发展的方向，也是未来产业技术竞争的关键。产业技术进步是通过企业技术进步来实现的，一个企业可以在自身范围内实现技术的生态化，然而只有整个区域的企业或整个产业乃至整体技术体系实现了技术生态化发展，才具有最终的意义。产业技术创新作为众多企业的集体行为，为实现产业技术及国家技术体系的生态化发展提供了必要的条件。

二、组织创新

(一)组织创新的含义

组织变革是不以人的意志为转移的客观过程。任何组织机构，经过合理的设计并实施后，

① 徐建国，吴声怡等. 论技术创新的特点及创造力[J]. 福建农林大学学报(哲学社会科学版)，2002，5(4)：44－46.

都不是一成不变的。它们如同生物的机体一样，必须随着外部环境和内部条件的变化而不断地进行调整和变革，才能顺利地成长、发展，避免老化和死亡。实行组织变革，就是根据变化了的条件，对整个组织结构进行创新性设计与调整。

企业组织创新，是指随着生产的不断发展而产生的新的企业组织形式，如股份制、股份合作制、基金会制等。换句话说，就是改变企业原有的财产组织形式或法律形式，使其更适合经济发展和技术进步。①

企业组织创新是通过调整优化管理要素人、财、物、时间、信息等资源的配置结构，提高现有管理要素的效能来实现的。作为企业的组织创新，可以有新的产权制、新的用工制、新的管理机制，公司兼并和战略重组，对公司重要人员实行聘任制和选举制，企业人员的调整与分流，等等。

企业组织创新是企业管理创新的关键。现代企业组织创新就是为了实现管理目的，将企业资源进行重组与重置，采用新的管理方式和方法，使企业发挥更大效益的创新活动。

企业组织创新应注意的问题。企业的组织创新，要考虑企业的经营发展战略，要对未来的经营方向、经营目标、经营活动进行系统筹划；要建立以市场为中心的市场信息、宏观调整信号及时做出反应的反馈应变系统；要不断优化各项生产要素组合，开发人力资源；在注重实物管理的同时，应加强价值管理，注重资产经营、资本金的积累等。

（二）组织创新的主要内容

组织创新的主要内容就是要全面系统地解决企业组织结构与运行以及企业间组织联系方面所存在的问题，使之适应企业发展的需要，具体内容包括企业组织的职能结构、管理体制、机构设置、横向协调、运行机制和跨企业组织联系六个方面的变革与创新。②

1. 职能结构的变革与创新

职能结构的变革与创新要解决的主要问题包括：

第一，走专业化的道路，分离由辅助作业、生产与生活服务、附属机构等构成的企业非生产主体，发展专业化社会协作体系，精简企业生产经营体系，集中资源强化企业核心业务与核心能力。

第二，加强生产过程之前的市场研究、技术开发、产品开发和生产过程之后的市场营销、用户服务等过去长期薄弱的环节，同时加强对信息、人力资源、资金与资本等重要生产要素的管理。

2. 管理体制的变革与创新

管理体制是指以集权和分权为中心、全面处理企业纵向各层次特别是企业与二级单位之间权责利关系的体系，亦称为企业组织体制。管理体制的变革与创新应注意以下问题：

第一，在企业的不同层次，正确设置不同的经济责任中心，包括投资责任中心、利润责任中心、成本责任中心等，消除因经济责任中心设置不当而造成的管理过死或管理失控的问题。

第二，突出生产经营部门（一线）的地位和作用，管理职能部门（二线）要面向一线，对一线既管理又服务，根本改变管理部门高高在上，对下管理、指挥监督多而服务少的传统结构。

第三，作业层（基层）实行管理中心下移。作业层承担着作业管理的任务，这一层次在较大的企业中，还可分为分厂、车间、工段、班组等若干层次。可以借鉴先进企业的经验，调整基层

---

①② 企业组织创新，MBA 智库・百科，htps://wiki.mbalib.com/wiki/%E7%BB%84%E7%BB%87%E5%88%9B%E6%96%B0.

的责权结构，将管理重心下移到工段或班组，推行作业长制，使生产现场发生的问题，由最了解现场的人员在现场迅速解决，从组织上保证管理质量和效率的提高。

3. 机构设置的变革与创新

考虑横向上每个层次应设置哪些部门，部门内部应设置哪些职务和岗位，怎样处理好它们之间的关系，以保证彼此间的配合协作。改革方向是推行机构综合化，在管理方式上实现每个部门对其管理的物流或业务流，能够做到从头到尾、连续一贯的管理，达到物流畅通、管理过程连续。具体做法，首先是把相关性强的职能部门归并到一起，做到一个基本职能设置一个部门、一个完整流程设置一个部门。其次是推行领导单职制，即企业高层领导尽量少设副职，中层和基层基本不设副职。

4. 横向协调的变革与创新

横向协调的变革与创新主要有三个措施：

第一，自我协调、工序服从制度，实行相关工序之间的指挥和服从。

第二，主动协作、工作渗透的专业搭接制度。在设计各职能部门的责任制时，对专业管理的接合部和边界处，有意识地安排一些必要的重叠和交叉，有关科室分别享有决定、确认、协助、协商等不同责权，以保证同一业务流程中的各个部门能够彼此衔接和协作。

第三，对大量常规性管理业务，在总结先进经验的基础上制定制度标准，大力推行规范化管理制度。这些标准包括管理过程标准、管理成果标准和管理技能标准。

5. 运行机制的变革与创新

建立企业内部的“价值链”，上下工序之间、服务与被服务的环节之间，用一定的价值形式联结起来，相互制约，力求降低成本、节约费用，最终提高企业整体效益。改革原有自上而下进行考核的旧制度，按照“价值链”的联系，实行上道工序由下道工序考核、辅助部门由主体部门评价的新体系。

6. 跨企业组织联系的变革与创新

前面几项组织创新内容，都是属于企业内部组织结构及其运行方面的内容，除此之外，还要考虑企业外部相互之间的组织联系问题。比如，重新调整企业与市场的边界，重新整合企业之间的优势资源，推进企业间组织联系的网络化，这是新时代企业组织创新的一个重要方向。

（三）企业组织创新的模式

企业组织创新可划分为三种模式：战略先导型组织创新模式、技术诱导型组织创新模式、市场压力型组织创新模式。①

1. 战略先导型组织创新模式

战略先导型组织创新的动力主要来自企业战略导向的变化。在企业高层管理者对内外环境变化的预见或快速反应的驱动下，企业首先将企业家的智力和时间资源以及相应的物质和组织资源集中投入企业战略的变革上，分析外部环境和内部条件，确立组织视野，明确目标规划，调整产品结构，实现战略创新。在此基础上，一方面，转变观念，形成新规范，调整人际关系，进行文化创新；另一方面，着眼于重新配置企业责权结构，使结构创新适应战略创新和文化创新的需要。

战略先导型组织创新的本质在于，由企业战略创新启动，文化创新、结构创新同步进行，从

---

① 企业组织创新，MBA 智库・百科，htps://wiki.mbalib.com/wiki/%E7%BB%84%E7%BB%87%E5%88%9B%E6%96%B0.

而实现企业战略创新、文化创新和结构创新的动态匹配。正是这三类创新的协同匹配，使战略先导型组织创新表现出带有企业内源性根本组织创新的特点。战略先导型组织创新模式的实现，除了要求企业家具有战略眼光和超前决策能力外，还要求企业必须在快速发展的产业环境中，具有充分的成长空间，并能够有效利用各种信息源，尤其善于创造性学习借鉴外部组织创新的经验，以尽量减少创新成本。

2. 技术诱导型组织创新模式

技术诱导型组织创新的动力主要来自企业新技术的发展，尤其是企业带有根本性的产品创新导致的产品结构的变化。由于产品结构的变化，企业的部门设置、资源配置及责权结构都要有相应的调整，从而引发结构创新。在结构创新的基础上，企业价值观念和行为规范会发生潜移默化的转变，完成渐进的文化创新。结构和文化的逐渐变化又会进一步诱致企业战略创新。因此，技术诱导型组织创新总是表现为由结构创新到文化创新，再到战略创新的逻辑顺序。

技术诱导型组织创新的最大特点是源自企业内部产品结构的变化，并由此引起的结构和文化调整也是逐渐进行的，一般不至于导致企业组织在短期内的整体变化，因此，技术诱导型组织创新属于企业内源性的渐进组织创新。

技术诱导型组织创新是企业中常见的组织创新类型，尤其是对于那些正由单一品种生产向多元经营转化的企业来说，适应新产品生产经营的需要，就要进行相应的组织创新。应该注意的是，这种类型的创新应该首先从开发、生产和销售的技术条件和管理条件的角度，考察新产品与企业原有产品之间的关系，以避免机构重叠和资源浪费；其次，结构创新和文化创新应该保持连贯性和循序渐进性，以避免打破企业原有的平衡；最后，一旦结构创新和文化创新得以实现，应适时进行战略调整，使企业战略真正转换到多品种生产经营上来。

3. 市场压力型组织创新模式

市场压力型组织创新的动力主要来自市场竞争压力。市场竞争压力迫使企业求生存、谋发展，努力通过战略创新、文化创新和结构创新来保持和提高企业核心能力，依靠持续的技术创新赢得竞争优势。对于我国大多数企业来说，市场压力型组织创新更多地表现为由文化创新启动，进而诱发大规模战略创新，最终以反复的结构创新来实现企业组织创新的逻辑顺序。

市场压力型组织创新属于企业外源性创新，但它既可能是渐进的，又可能是根本性的，这要视企业具体的内部和外部环境而定。对于国有企业来说，市场压力型组织创新大多表现为从文化创新开始的企业根本性创新。而这种转轨或过渡一旦完成，市场压力型组织创新将主要表现为渐进性创新，而且将成为企业日常占主导地位的创新类型。

一般来说，市场压力型组织创新，要求企业首先要有转变观念的内在需要，最高管理层和基层员工都要意识到竞争的压力；其次，要有进行根本性战略创新的勇气，适应市场的需要重新配置企业资源；最后，要熟悉市场变化，明确竞争来源，及时准确地把握各种内外部创新源的变化，尤其要善于学习外部组织成功创新的经验，以尽量降低创新成本。

（四）组织创新的影响因素

管理心理学对影响和推动组织创新的因素进行了大量的研究与分析。归纳起来，主要影响因素可分为内部因素和外部因素两大类。[①]

---

① 组织创新，百度百科，https://baike.baidu.com/item/%E7%BB%84%E7%BB%87%E5%88%9B%E6%96%B0/4015147#4.

1.组织内部因素

从企业组织自身的角度讲，有三类影响因素对于激发组织创新起着重要的作用，即组织结构、组织文化和人才资源。

(1)组织结构因素。

根据大量的研究结果，组织结构因素对创新的作用很显著。①灵活的有机式组织结构对组织创新有着正面的影响。这是因为在有机式组织结构下，其专业化、正规化和集权化程度比较低，有利于提高组织的应变能力和跨职能工作能力，从而更易于发动和实施组织创新。②充裕的组织资源是实现组织创新的重要基础。组织资源充裕，使管理部门有能力开发创新成果，推行整体性组织创新。③多向的组织沟通有利于克服组织创新的潜在障碍。例如，委员会、项目任务小组及其他组织机构等，都有利于促进部门间交流，达成共识，采用组织创新的解决方案。

(2)组织文化因素。

创新型组织通常具有独特的组织文化，例如，鼓励试验，宽容失败，注重奖励等。研究表明，创新型组织的文化以创新导向为核心，通常具有下列特征：①鼓励多样思路。不强调专一性，鼓励多种工作思路，容忍不切实际的想法和主张。②减少组织监控，组织把规章、条例、政策之类的监控减少到最低限度，加大管理的自由度。③鼓励承担风险。鼓励干部员工大胆试验，不用担心可能失败的后果；把可能的错误作为学习的机会；强调开放系统，随时监控环境的变化并做出快速反应。④容忍群体冲突。鼓励群体中的不同意见，中等程度的群体冲突有利于调节群体气氛，从而实现更高的经营绩效。⑤注重结果导向。鼓励设置明确具体的目标，积极探索实现目标的各种可行途径。注重结果获取与评价，对于给定的问题，需要有若干种正确的解决方法。

(3)人才资源因素。

人才资源是组织创新的基本保证。创新型组织积极地对其干部员工开展培训和发展，加快知识更新。同时，通过职业生涯设计，给员工提供高工作保障，鼓励员工成为创新能手。一旦产生新思想，创新者会主动而热情地将新思想深化提高并克服阻力，以确保组织创新方案得到推行。研究表明，创新型企业家具有共同的个性特征：自信性、坚持性、精力旺盛、冒风险等。另外，他们一般处于拥有相当大决策自主权的职位，这使他们能在组织中引入并推行所提倡的组织创新。

2.组织外部因素

就组织的外部因素而言，市场的变化和组织所处的政治、经济及社会、文化环境等都会影响组织创新的整个过程。

(1)产品与服务市场变化。

市场变化是组织创新的首要外部因素，其中最重要的是需求变化。组织作为市场中的供给方是为满足需求而存在的。另一个重要的市场变化是竞争变化，激烈的竞争往往使组织更倾向于成为适应市场的创新型组织，并通过更低成本和更高质量取得竞争优势。此外，资本与劳务市场变化也能激发创新。

(2)政治、经济及社会、文化因素。

政治、经济与社会、文化因素是推动管理创新的重要外部因素。企业经营规模的不断扩大和技术层次的不断提高，使得管理理念与文化价值观的更新日趋急迫，成为组织创新的必要条件。而管理理念与文化价值观在很大程度上受到政治、经济与社会、文化因素变化的制约，例如，政府的政策、法令、法律、规划、战略等，都直接对组织创新行为具有指导意义和约束力。

组织创新过程是一个系统，不仅会受到组织内部个体创新特征、群体创新特征和组织特征的影响，还要受到整个社会经济环境的制约；组织创新行为又会直接影响组织绩效，包括市场绩效、竞争能力、盈利情况、员工的态度等。同时，组织创新是一个渐进过程，往往从技术与产品开发入手，逐步向生产、销售系统、人力资源、组织结构发展，进而进入战略与文化的创新，表现为一种渐进创新的过程。

思政园地

以党的创新理论引领国企高质量发展

党的理论创新每前进一步，理论武装就要跟进一步。学习贯彻习近平新时代中国特色社会主义思想是新时代新征程开创事业发展新局面的根本要求。以主题教育为契机，国家开发投资集团有限公司牢牢把握"学思想、强党性、重实践、建新功"总要求，坚持学思用贯通、知信行统一，加快建设世界一流资本投资公司，为推进中国式现代化贡献力量。

坚持以党的创新理论凝心铸魂，引领正确发展方向。国有企业是我们党执政兴国的重要支柱和依靠力量，必须坚持和加强党对国有企业的全面领导，提高国有企业党的建设质量。我们创新学习方法，深学细悟习近平新时代中国特色社会主义思想，不断增强政治定力；自觉运用党的创新理论观察新形势、研究新情况、解决新问题，主动识变应变求变，确保各项工作始终沿着正确方向前进。我们党依靠学习走到今天，也必然要依靠学习走向未来。我们要坚持干什么就重点学什么、缺什么就重点补什么，把贯彻落实党中央决策部署体现到谋划企业发展、推进经营管理、部署重点任务全过程。

坚持以党的创新理论坚定信心，不断提升价值创造能力。科学理论是推动工作、解决问题的"金钥匙"，越学就会越有信心，越学就会越有力量。我们深入学习贯彻党的二十大精神，围绕"推进新型工业化，加快建设制造强国、质量强国、航天强国、交通强国、网络强国、数字中国"等重大部署，打造能源产业、数字科技、民生健康、产业金融四大业务板块；深入学习贯彻习近平总书记关于推动高质量发展的重要论述精神，推动投资从偶发项目驱动向战略驱动转变，向聚焦主业重点发展转变，向产业培育、创新引领转变，向增强内生发展能力、注重质量规模实力和行业影响力转变。坚持认识与实践相结合、理论与实际相联系、改造主观世界与改造客观世界相统一，以党的创新理论引领企业高质量发展，才能更好地服务经济社会发展大局。

坚持以党的创新理论指导实践，推动各项工作不断取得新进展。理论的威力，只有付诸实践才能发挥出来。我们深入学习领会习近平总书记关于党的建设的重要思想，发挥好国投党组"把方向、管大局、保落实"重要作用，不断推动党建与生产经营、科技创新、转型发展、深化改革等工作深度融合；深入落实新时代党的建设总要求和新时代党的组织路线，不断提高组织工作质量，突出选优配强各级领导班子，抓好优秀年轻干部培养选拔；认真贯彻习近平总书记关于科技自立自强的重要论述，加快培育发展战略性新兴产业，把国家级产业投资基金更好用于攻克"卡脖子"关键核心技术，努力形成产业带动性强、技术自主可控、具有标志性影响力的创新成果。

理论上清醒，政治上才能坚定。前进道路上，坚持以习近平新时代中国特色社会主义思想为指导，持续深化国有企业改革，全力提高企业核心竞争力，就一定能在高质量发展的道路上不断书写新篇章，为全面建设社会主义现代化国家、全面推进中华民族伟大复兴做出新贡献。

资料来源：断雁. 中国式现代化是文明更新的结果[N]. 人民日报，2023－08－25.

复习思考题

1. 什么是创新？创新与维持在管理过程中的作用有何联系和区别？
2. 组织变革与创新过程中可能遇到哪些阻滞因素？如何克服这些阻滞因素？
3. 创新过程包括哪些阶段的工作？如何进行有效的创新？

自测题

一、填空题

1. 创新是指通过创造或引入新的技术、知识、观念或创意创造出新的________、________、________、________等新事物并将之应用于社会以实现其价值的过程。
2. 创新的五个要素，主要包括________、________、________、________和________。
3. 从创新的概念来看，创新具有以下特征：________、________、________、________和________。
4. 从创新管理研究的演进历程来看，一般认为创新管理经历了________、________和________三个阶段。
5. 创新是一个管理过程，成功的创新管理包括以下四个要素：________、________、________和________。
6. 从纵向来看，创新管理是一项综合管理职能，体现在创新的________、________、________、________和________等多个方面。
7. 管理有四项基本职能：________、________、________和________，创新管理的内容也体现在管理的这四项基本职能中。
8. 依据理论创新实现的不同方式，可以把理论创新分为五种，即________、________、________、________和________。
9. 20 世纪初期，美籍奥地利经济学家约瑟夫・熊彼特在________一书中首次提出了技术创新的概念。
10. 企业组织创新可划分为三种模式：________、________、________。
11. 从创新的规模以及创新对系统的影响程度来考察，可将其分为________和________。
12. 从创新与环境的关系来分析，可将其分为________与________。
13. 从创新发生的时期来看，可将其分为________和________。
14. 从创新的组织程度上看，可分为________与________。
15. 鉴于创新的重要性和创新结果的________，有效的管理要求有组织地进行创新。
16. 由于一定的技术都是通过一定的物质载体和利用这些载体的方法来体现的，因此，企业的技术创新主要表现在________、________以及________。
17. 成功的创新要经历________、________、________、________几个阶段的努力。
18. 要素组合方法创新包括________和________的时空组织两个方面。

19. 要素创新包括________与________两个方面。

20. ________是决定企业其他制度的根本性制度，它规定着企业最重要的生产要素的所有者对企业的权利、利益和责任。

二、单项选择题

1. 下列不属于管理的“维持职能”的是(　　)。

A. 组织　B. 创新　C. 控制　D. 领导

2. 从创新与环境的关系来分析，可将创新分为(　　)。

A. 自发创新与有组织的创新　B. 消极防御型创新与积极攻击型创新

C. 局部创新与整体创新　D. 系统初建期的创新与运行中的创新

3. 最先给出创新的定义的人是(　　)。

A. 约瑟夫·熊彼特　B. 罗纳德·科斯

C. 哈罗德·孔茨　D. 彼得·德鲁克

4. 下列选项中，不属于创新活动的是(　　)。

A. 设备的更新改造　B. 产品的开发

C. 质量的检验　D. 工艺的改进

5. 制度创新需要从(　　)角度来分析企业系统中各成员间的正式关系的调整和变革。

A. 社会经济　B. 技术　C. 社会变化　D. 组织结构

6. 不断寻找机会，通过创新满足需要，赋予资源以生产财富能力的人称为(　　)。

A. 开创者　B. 企业家　C. 企业家精神　D. 领导者

7. 经营制度的创新方向是(　　)。

A. 寻求生产资料的社会成员“个人所有”与“共同共有”的最适度组合

B. 不断地追求和实现报酬与贡献的更高层次上的平衡

C. 不断调整和优化企业所有者、经营者、劳动者三者之间的关系，使各个方面的权力和利益得到充分的体现

D. 不断寻求企业生产资料最有效利用的方式

8. 对成功创新需要经历的几个阶段排列顺序正确的是(　　)。

A. 提出构想、寻找机会、迅速行动、忍耐坚持

B. 寻找机会、提出构想、迅速行动、忍耐坚持

C. 提出构想、寻找机会、忍耐坚持、迅速行动

D. 忍耐坚持、寻找机会、提出构想、迅速行动

9. 关于创造和创新两者间区别的说法正确的是(　　)。

A. 创造与创新是指产生一种新思想

B. 创造与创新都是指引入一种新产品或是一种新的生产方法

C. 创造是指采用新的产品，创新是指变革原有的生产技术

D. 创造可以产生新的思想，创新是把新的思想引入新的领域

10. 经济学大师(　　)早在20世纪上半叶就指出，资本主义的实质就是“破坏性地创造”。

A. 约瑟夫·熊彼特　B. 罗纳德·科斯

C. 哈罗德·孔茨　D. T. 彼得斯

11. (　　)或迟或早会引起整个技术水平的提高。

A. 产品创新 B. 材料创新 C. 工艺创新 D. 手段创新

12. 只有不断地组织并实现( ),企业才能保持持久的竞争优势,充满生命力。

A. 产品创新 B. 材料创新 C. 工艺创新 D. 手段创新

13. ( )是企业技术创新的核心内容。

A. 要素创新 B. 产品创新

C. 要素组合方法创新 D. 流程创新

14. 利用头脑风暴法进行创新时,下列要求错误的是( )。

A. 参加者最好有不同的背景,而且是同一层次的

B. 允许参加者提出疯狂的或是极端的想法

C. 尽可能提出更多的想法和建议

D. 鼓励对他人的想法提出批评

15. 局部创新是指( )。

A. 往往改变系统的目标和使命,涉及系统的目标和运行方式,影响系统的社会贡献的性质

B. 由于外部环境的变化对系统的存在和运行造成了某种程度的威胁,为了避免威胁或由此造成的系统损失扩大,系统在内部开展的调整

C. 在系统性质和目标不变的前提下,系统活动的某些内容、某些要素的性质或其相互组合的方式,系统的社会贡献的形式或方式等发生变动

D. 系统的管理人员根据创新的客观要求和创新活动本身的客观规律,制度化地检查外部环境状况和内部工作,寻求和利用创新机会,计划和组织创新活动

16. 20 世纪 90 年代提出的一种理论,即“企业以先进的信息系统、信息技术(IT)及管理技术(JIT,TQM,MRP)为手段,以顾客需求为中心,通过最大限度地减少对产品价值增值无实质作用的环节和过程,建立科学的组织结构和业务流程,提高企业核心竞争力,”该理论称为( )。

A. 精益生产 B. 学习型组织 C. 全面质量管理 D. 企业流程再造

17. 为适应环境的变化,组织应不断调整系统内部的内容和目标,这在管理上称作管理的( )。

A. 组织职能 B. 维持职能 C. 控制职能 D. 创新职能

18. 能够有效地促进创新的组织通常具有的一个特征是( )。

A. 外部的控制较多 B. 强调目的性和专一性

C. 成员大都高度自信、敢于冒险 D. 组织正规化、集权化程度较高

19. 一般来说,组织中的老员工比新员工更加抵制变革,这主要是因为( )。

A. 他们认为变革不是为了组织的最佳利益

B. 变革使已知的东西变得模糊不清和不确定

C. 变革会威胁到他们为取得现状所做的较多的投资

D. 一旦变革失败,会给企业带来很大的损失

20. 在知识经济时代,各类组织为了快速应变日益复杂的环境,在竞争中求生存,就要善于学习,不断获取新的知识、新技术,不断改进创新。这种类型的组织称为( )。

A. 进取型组织 B. 学习型组织 C. 进攻型组织 D. 知识型组织

三、多项选择题

1. 创新与维持的关系说法正确的是(　　)。
A. 维持是创新基础上的发展
B. 创新是维持的逻辑延续
C. 维持是为了实现创新的成果
D. 创新则是为更高层次的维持提供依托和框架
2. 产品创新(　　)。
A. 是企业技术创新的核心内容
B. 受制于技术创新的其他方面
C. 影响其他技术创新效果的发挥
D. 往往要求企业利用新的机器设备和新的工艺方法
3. 经营制度确定了(　　)。
A. 谁是经营者,谁来组织企业生产资料的占有权、使用权和处置权的行使
B. 谁来确定企业的生产方向、生产内容、生产形式
C. 谁来保证企业生产资料的完整性及其增值
D. 谁来向企业生产资料的所有者负责以及负何种责任
4. 产权制度、经营制度、管理制度这三者之间的关系是(　　)。
A. 一般来说,一定的经营制度决定相应的产权制度
B. 在产权制度不变的情况下,企业具体的经营方式可以不断进行调整
C. 在经营制度不变时,具体的管理规则和方法也可以不断改进
D. 管理制度的改进一旦发展到一定程度,会要求经营制度做相应的调整
5. 就系统的外部说,有可能成为创新契机的变化主要有(　　)。
A. 技术的变化　B. 人口的变化　C. 宏观经济环境的变化　D. 文化与价值观念的转变
6. 关于机构的说法中,正确的是(　　)。
A. 它主要涉及管理劳动的横向分工的问题
B. 与不同层次的管理部门之间的关系有关
C. 它主要涉及管理劳动的纵向分工问题,即所谓的集权和分权问题
D. 组织机构完全相同,但机构之间的关系不一样,也会形成不同的结构形式
7. 下列属于环境创新的是(　　)。
A. 通过企业的公关活动,影响社区政府政策的制定
B. 通过企业的技术创新,影响社会技术进步的方向
C. 通过组织创新,提高管理劳动的效率
D. 通过市场创新去引导消费,创造需求
8. 下列关于市场创新的说法中,正确的是(　　)。
A. 它主要是指通过企业的活动去引导消费,创造需求
B. 新产品的开发是企业创造市场需求的唯一途径
C. 市场创新包括通过市场的物理转移,揭示产品新的使用价值,来寻找新用户
D. 市场创新包括通过广告宣传等促销工作,影响人们对某种消费行为的社会评价来增加产品销量
9. 从系统的外部来讲,有可能成为创新契机的变化主要有(　　)。

A. 文化与价值观念的转变　　B. 人口的变化
C. 宏观经济环境的变化　　D. 技术的变化

10. 企业的技术创新主要表现在(　　)。
A. 产品创新　　B. 制度创新
C. 要素组合方法的创新　　D. 要素创新

11. 熊彼特认为，企业家之所以能成为企业家，是因为其(　　)。
A. 实际地组织了创新　　B. 拥有创新精神
C. 善于抓住机遇　　D. 拥有资本

12. 诱发企业创新的源泉包括(　　)。
A. 意外的成功或失败　　B. 行业和市场结构的变化
C. 企业内外的不协调　　D. 观念的改变

13. 从生产过程的角度分析，可以将与企业生产制造有关的技术创新分为(　　)。
A. 手段创新　　B. 产品创新　　C. 工艺创新　　D. 材料创新

14. 创新是对"生产要素的重新组合"，它包括(　　)。
A. 实现一种新的工业组织
B. 掠取或控制原材料和半成品的一种新的来源
C. 生产一种新的产品
D. 采用一种新的生产方法

15. 技术创新战略是一系列选择的综合结果，这些选择一般涉及(　　)等多个方面。
A. 创新的对象　　B. 创新的水平　　C. 创新的基础　　D. 创新实现的时机

三、简答题

1. 创新职能的基本内容是什么？
2. 制度创新包括哪些内容？
3. 简述创新的过程。
4. 企业如何进行创新活动的组织？

四、问答题

1. 为什么说"维持和创新是管理的本质内容，有效的管理在于适度的维持与适度的创新的组合"？
2. 创新与维持对系统存在的作用是什么？
3. 创新与维持有什么样的关系？
4. 从创新的规模以及创新对系统的影响程度来考察，可将其分为哪些类型？
5. 从创新与环境的关系来分析，可将其分为哪些类型？

请用手机微信扫以下二维码，获取自测题参考答案。

第十五章 自测题
参考答案